JN276805

GLOBAL MANAGER

白木三秀 編著 Mitsuhide Shiraki

グローバル・マネジャーの育成と評価

日本人派遣者**880**人、
現地スタッフ**2192**人の調査より

早稲田大学出版部

はしがき

　日本人派遣者数が2000年代に入り，アジア地域を中心に激増している。本書では，ASEANやアジア新興国市場での日本企業のオペレーションが広がる中で，日本の多国籍企業からアジアに派遣される日本人海外派遣者について，そのミッション達成の度合いとその諸要因，さらには，海外赴任の適性，各種マネジメント能力，対人関係構築能力など日本人海外派遣者のコンピテンシーとそこでの諸課題などについて，いくつかの観点から客観的な検討を行い，それを通じて今後の日本企業のグローバル人材の育成やそれに伴うマネジメント上の諸課題について現実的な提案を試みることにした。

　本書が念頭に置く読者層は，本分野の研究者・大学院生の方々，グローバリゼーションに直面する企業の実務担当者，とりわけ国際関連事業部門，人的資源管理・人事部門の担当者の方々，さらには，本分野に関心を持ってくれる学部学生の諸君である。

　本書が主として依拠する研究プロジェクトとデータは次のとおりである。分析の基礎をなすデータは，2008年～2010年に集められたものであるが，その後の動向や新たなデータも組み込み，一段と踏み込んだ分析となっている。本書で取り扱うデータは，世界に誇りうる質と規模を備えているため，分析結果はそれだけ説得力の強いものとなっている。

　研究プロジェクトは，文部科学省「専門職大学院等における高度専門職業人養成教育推進プログラム」の1つとして2008年夏に選定され2010年3月まで継続した「海外経営専門職人財養成プログラム早稲田大学コンソーシアム」（英語名称：Global Management Program for Japanese Leaders，略称：G-MaP）である。本プロジェクトでは，アジアを主たるフィールドとする基礎研究を踏まえながら，産業界と学術界が手を携えて，日本企業発のグローバル人財の養成を目指してきた。具体的には，調査研究活動から着手し，海外経営専門職人財養成プログラムの開発・実施まで，総合的な取り組みを行う計画を持ち，その間，様々な無料セミナーや研究報告会等を開催してきたのである。G-MaPへの連携企業・団体リストには80の企業・団体が含まれる。

　最も多く利用するデータは，2008年度には中国，2009年度にはASEAN，

インドを対象に実施したヒアリング調査，アンケート調査である。1つは日本人派遣者に対する調査であり，いま1つは，日系企業における現地従業員調査である。後者の現地従業員調査は，上司が日本人派遣者である者と上司が現地国籍である者とに分かれるので，細かく分けると3種類の調査を実施したことになる。日本人派遣者調査の場合は日本本社34社が協力してくれ，調査対象者（サンプル数）は合計880人（回収率60%）であった。他方，現地従業員調査の場合は，事前に日本の本社での交渉・依頼を経て，日系現地法人88社が協力してくれ，現地従業員の調査対象者は，上司が日本人派遣者である者と上司が現地国籍である者とを加えて，合計2,192人（回収率75%）であった。

なお，上記の日本人派遣者調査，現地従業員調査に協力をしてくれた企業は，G-MaPの連携企業を中心としながらも，非連携企業も含んでいる。

本書は，3部から構成されている。第Ⅰ部は「日本人グローバル・マネジャーは使命を果たしているか？」という表題の下，日本人派遣者調査（アンケートならびにヒアリング）を用いて分析を行った全部で4章から構成されている。それらのデータ分析や欧米多国籍企業での事例を踏まえて，海外勤務を魅力あるものにするにはどういう方法があるかという文章も第Ⅰ部に含められている。

第Ⅱ部は「日本人派遣者とローカル・スタッフの関係は良好か？」という表題の下，ローカル・スタッフによる上司評価の調査結果を用いた実証分析を含む全部で3章から構成されている。第Ⅱ部では，同じ調査を用いて，ローカル・スタッフの賃金についての計量分析も行われている。

第Ⅲ部は全部で5章からなり，「グローバル・マネジャーをいかに育成するか？」という表題の下，G-MaPプロジェクトに参画したメンバーが，本プロジェクトの調査結果を用いるか否かを問わず，それぞれの観点からグローバル・マネジャーの育成やその評価方法について論じている。G-MaPプロジェクトの大きな副産物として，人工知能の1つである「進化計算手法」を用いた海外派遣者の適性評価ツールの開発があるが，そのロジックの説明も第Ⅲ部で行われている。

終章は，本書の結論として，日本の多国籍企業が抱える人材マネジメント上の課題とその解決の方向性について論じている。

現下の日本企業がグローバリゼーションとともに抱える諸課題の社会科学的な分析を基礎に，その解決策に関するヒントを随所に含む本書を，ぜひとも味読し，基本情報として活用していただきたい。そのような希望が若干なりとも

達成できれば，編著者として望外の幸いである。

本書の出版に当たり，早稲田大学総合研究機構からは出版助成金を受けた。また編集では早稲田大学出版部取締役の伊東晋氏にプロフェッショナルとしてのご尽力をしていただき大変お世話になった。末筆ながら，特に記して深甚なる謝意を表したい。

 2014 年 6 月

執筆者を代表して

白木　三秀

執筆者紹介 (担当章順)

白木 三秀 (しらき みつひで)　　　　〈編集・序章・第1章・第5章・終章〉
早稲田大学政治経済学術院教授・トランスナショナル HRM 研究所所長
　1951 年,滋賀県生まれ
　早稲田大学大学院経済学研究科博士後期課程修了,博士 (経済学)
　主要著作:『国際人的資源管理の比較分析』有斐閣,2006 年。
　　　　『チェンジング・チャイナの人的資源管理』(編著) 白桃書房,2011 年。
　　　　『新版　人的資源管理の基本』(編著) 文眞堂,2013 年。

Zhaka Pranvera (ザカ プランヴェラ)　　　　〈第2章〉
Senior Manager-Human Resources Department, Nikon Holdings Europe B. V.
　1977 年,アルバニア生まれ
　早稲田大学大学院経済学研究科博士後期課程修了,博士 (経済学)
　Major works:"What is required for a successful overseas assignment?: An empirical examination of Japanese expatriate competence and effectiveness in China,"『日本労務学会誌』12 (2),2011 年。
　　　　"Predicting job performance of Japanese expatriate managers in ASEAN countries: The relative importance of factors perceived to contribute to success,"『国際ビジネス研究』4 (1),2012 年。
　　　　"Expatriate selection practices in Japanese MNCs: A multiple case study,"『日本労務学会誌』14 (1),2013 年。

岸　保行 (きし やすゆき)　　　　〈第2章翻訳〉
新潟大学経済学部准教授・早稲田大学トランスナショナル HRM 研究所招聘研究員
　1979 年,東京都生まれ
　早稲田大学大学院アジア太平洋研究科博士後期課程修了,博士 (学術)
　主要著作:『社員力は「文化能力」: 台湾人幹部が語る日系企業の人材育成』風響社,2009 年。
　　　　「誰が優秀な人材なのか?: 日系ものづくり企業の台湾マネジメントと『セカンド・ベスト・プラクティス型』人材活用」『国際ビジネス研究』2 (2),2010 年。
　　　　"Organizational attractiveness of foreign firms in Asia: Soft power matters,"(共著), Asian Business & Management, 12 (3), 2013.

井上 詔三 (いのうえ しょうぞう)　　　　〈第3章〉
立教大学経営学部教授を経て,茨城キリスト教大学名誉教授・早稲田大学トランスナショナル HRM 研究所招聘研究員
　1942 年,北海道生まれ
　イリノイ大学大学院 School of Labor and Employment Relations (Ph. D.)

主要著作："Transplanting High Performance Work Practices in China: Foreign Capitals as Agent of Business Innovation," in *The Proceedings of the First International Conference on Organization and Management*, Abu Dhabi University, 2015.
「ダイバーシティ・マネジメント」（共著）『立教ビジネスレビュー』第8号, 2015年。
"Human Resource Development at the National and the Firm Level," *Journal of Ibaraki Christian University*, 47（II）, 2013.

梅津　祐良（うめづ　ひろよし）　　　　　　　　　　　　　　　〈第4章〉
元早稲田大学商学学術院教授・元早稲田大学トランスナショナルHRM研究所研究員
　1939年生まれ，2013年死去
　ノースウェスタン大学ケロッグスクール（MBA）
　主要著作：『革新型リーダーシップ』ダイヤモンド社，1988年。
　『MBA人材・戦略マネジメント』生産性出版，2003年。
　ライル・M・スペンサー他『コンピテンシー・マネジメントの展開（完訳版）』（共訳）生産性出版，2011年。

韓　敏恒（カン　ビンコウ）　　　　　　　　　　　　　　　　　〈第6章〉
早稲田大学トランスナショナルHRM研究所招聘研究員
　1977年，中国天津市生まれ
　早稲田大学大学院経済学研究科博士後期課程満期退学
　主要著作：「海外現地法人におけるローカルスタッフの日本人派遣者に対する評価―中国のデータから」『国際ビジネス研究』4（2），2012年。
　「在中国日系企業における管理職人材の育成」白木三秀編著『チェンジング・チャイナの人的資源管理』白桃書房，2011年，所収。
　「在中国日系製造業における現地管理職人材の育成に関する研究」『産業経営』（早稲田大学）Vol.46・47，2010年。

永野　仁（ながの　ひとし）　　　　　　　　　　　　　　　　　〈第7章〉
明治大学政治経済学部教授
　1951年，静岡県生まれ
　慶應義塾大学大学院商学研究科博士後期課程単位取得退学，商学博士
　主要著作：『大学生の就職と採用』（編著）中央経済社，2004年。
　「企業の人材採用の動向」『日本労働研究雑誌』619号，2012年。
　「高齢層の雇用と他の年齢層の雇用」『日本労働研究雑誌』643号，2014年。

杉浦　正和（すぎうら　まさかず）　　　　　　　　　　　　　　〈第8章〉
早稲田大学商学学術院教授・早稲田大学トランスナショナルHRM研究所研究員
　1957年，島根県生まれ
　スタンフォード大学経営大学院修了，修士（MBA）

主要著作:『MBA「つまるところ人と組織だ」と思うあなたへ』同友館，2014 年。
『ビジネスマンの知的資産としての MBA 単語帳』日経 BP，2012 年。
"Occupational Perceptions of Direct Supplier Relations Managers," *The Journal of Japanese Operations Management and Strategy*, 4 (2), 2014.

堀井 惠子（ほりい けいこ） 〈第 9 章〉
武蔵野大学大学院言語文化研究科教授・ビジネス日本語コース長
 1949 年，東京都生まれ
 放送大学大学院文化科学研究科修士課程修了，修士（学術）
 主要著作:『日本語教育への扉』凡人社，2005 年。
  『アカデミック・ジャパニーズの挑戦』（共著）ひつじ書房，2006 年。
  「海外におけるビジネス日本語教育の新たなパラダイム－プロジェクト型ビジネス日本語教育研究の実践から」『21 世紀の世界日本語教育・日本語研究－中日両国国交正常化 40 周年記念論文集』高等教育出版社，2012 年。

今村 俊子（いまむら としこ） 〈第 10 章〉
HOYA 株式会社　アイケアカンパニー　人事総務部部長
 1969 年，福岡県生まれ
 Aston University, U. K. 修士（MSc in Personnel Management and Business Administration）

堀江 徹（ほりえ てつ） 〈第 11 章〉
株式会社堀江コンサルティング代表取締役
 1964 年，大阪市生まれ
 早稲田大学商学部卒業
 主要著作:「グローバル・マインドセットの育み方」『早稲田大学トランスナショナル HRM 研究所会報』第 4 号，2013 年。
  『海外駐在の極意』幻冬舎メディアコンサルティング，2017 年。

松村 幸輝（まつむら こうき） 〈第 12 章〉
元東京福祉大学大学院教授・元早稲田大学トランスナショナル HRM 研究所招聘研究員
 1948 年，大阪府生まれ，2014 年死去
 大阪市立大学大学院工学研究科博士課程修了，工学博士
 主要著作:「進化型計算手法を用いたグローバル経営人材育成のための適性評価システム」（松村幸輝・吉野宏章・木村周平・白木三秀著）『経営情報学会論文誌』Vol.19, No.2, 2010 年。
  「GA と相関ルールを用いたグローバル経営人材育成のための海外派遣適性評価システム」（松村幸輝・衣笠智・白木三秀著）『電気学会論文誌』Vol.134, No.5, 2014 年。
  『基礎からの OR シミュレーション』オーム社，1995 年。

目 次

序章　本書のモチーフとアプローチ：
　　　日本人グローバル人材育成のマネジメントとその課題 ── 白木三秀 ── 1
　1．「グローバル人材」への期待と日本人派遣者の動向 ─────────── 1
　2．研究のモチーフと方法：G-MaP の誕生から調査研究まで ──── 6
　3．日本人海外派遣者とグローバル・リーダーシップ ─────────── 9
　4．本書の構成 ─────────────────────────────────── 13

第Ⅰ部
日本人グローバル・マネジャーは使命を果たしているか？

第1章　日本人派遣者のコンピテンシーと仕事成果（1）
──────────────── 白木三秀 ── 21
　はじめに：調査方法と回収率 ─────────────────────── 21
　1．調査対象者の所属企業の特徴 ─────────────────── 22
　　　現地企業の所在国，業種・規模　　現地企業の資本構成の特徴
　　　現地企業の事業の段階　　日本の派遣元企業の業種と規模
　2．調査対象者の属性と特徴 ───────────────────── 26
　　　年齢と性別　　今回の海外勤務希望の有無　　家族の状況
　　　現地企業での職種と職位　　語学力　　海外勤務年数
　3．コンピテンシーの自己評価 ──────────────────── 36
　4．ミッションならびにその達成度に関する自己評価 ─────── 42
　　　ミッションの種類　　最重要ミッションの達成度　　仕事上の成
　　　果に対する相対的自己評価
　むすび　50

vii

第2章　日本人派遣者のコンピテンシーと仕事成果（2）
――――――――――ザカ・プランヴェラ（岸 保行 訳）―― 53

　はじめに　53
　1．先行研究の紹介 ――――――――――――――――――― 54
　　　多国籍企業はなぜ駐在員を派遣するのか：派遣任務の分類　ア
　　　ジアの日系多国籍企業での派遣任務の分類　海外派遣者の成功
　　　要因　海外赴任のコンピテンシー　アジアにおける日本人派
　　　遣者の海外赴任に関するコンピテンシー　職位階層の特徴
　2．調　査　研　究 ――――――――――――――――――― 60
　　　研究モデル：分析枠組み　サンプル　調査手法　尺度
　3．分　析　結　果 ――――――――――――――――――― 62
　4．ディスカッション ―――――――――――――――――― 65
　5．本章の限界 ――――――――――――――――――――― 66
　6．結論と示唆 ――――――――――――――――――――― 67

第3章　ヒアリングとデータに見る
　　　　日本人グローバル・マネジャーの特徴 ――――井上詔三 ―― 73

　はじめに　73
　1．聞き取り調査結果 ―――――――――――――――――― 74
　　　タイP社　タイB社　タイK社　タイM社　タイA
　　　社　ベトナムZ社　ベトナムK社　ベトナムC社
　2．タイと中国における派遣者のミッション ――――――――― 78
　3．日系企業のパフォーマンス ―――――――――――――― 80
　4．海外派遣者の職業能力 ―――――――――――――――― 83
　5．グローバル・リーダーの職業能力と業績 ――――――――― 86
　6．推計式の応用 ―――――――――――――――――――― 89
　む　す　び　90

第4章　海外勤務を魅力あるものにするには？ ――――梅津祐良 ―― 97
　1．海外勤務に伴う困難性が増している ――――――――――― 97

2．海外勤務を魅力的なものにする方法 ……………………… 98
　　3．魅力ある処遇（給与，福祉）を提供する ………………… 99
　　4．海外勤務での成功をキャリア開発上メリット（功績）とし
　　　て認める ……………………………………………………… 102
　おわりに　105

第Ⅱ部
日本人派遣者とローカル・スタッフの関係は良好か？

第5章　ローカル・スタッフによる日本人派遣者の評価（1）
　　　　　　　　　　　　　　　　　　　　　　　　白木三秀 ── 109

　はじめに　109
　　1．調査被対象者（上司）と調査回答者（部下）の特徴 ……… 110
　　　　調査回答者の所属企業の特徴　　上司の属性　　部下の属性
　　2．日本人海外派遣者に対する現地人直属部下の評価：
　　　　現地人上司に対する評価との比較 ………………………… 115
　　　　中国人部下の上司評価　　ASEAN部下の上司評価　　インド人
　　　　部下の上司評価　　アジア人部下の上司評価
　　3．部下から見たパフォーマンスの高い上司の特徴 …………… 130
　むすび　134

第6章　ローカル・スタッフによる日本人派遣者の評価（2）
　　　　　　　　　　　　　　　　　　　　　　　　韓　敏恒 ── 137

　はじめに：本章の視点　137
　　1．先行研究と本章の課題・調査の概要 ………………………… 140
　　　　海外派遣者の職務成果の評価　　日本人海外派遣者の能力・行動
　　　　に関するローカル・スタッフの評価　　本章の課題　　調査の概
　　　　要：調査対象と質問項目
　　2．日本人海外派遣者の職務成果に影響する要因 ……………… 144
　　　　日本人海外派遣者の職務成果の評価　　日本人海外派遣者の能
　　　　力・行動に関する因子分析　　日本人海外派遣者の現地事情への

　　　　　　理解度　　日本人海外派遣者の職務成果についての重回帰分析
　3．日本人海外派遣者の能力・行動に対する評価 ································ 150
　4．考　　　察 ··· 153
　　　　　　日本人海外派遣者の職務成果ならびにその影響要因について
　　　　　　日本人海外派遣者の能力・行動の評価について　　今後の課題

第7章　ローカル・スタッフの賃金の決まり方
　　　　　　　　　　　　　　　　　　　　　　　　　　　　永野　仁──159
　は じ め に　159
　1．現地人材の賃金に関する先行研究 ·· 160
　2．分析の目的と分析対象 ··· 161
　　　　　　分析の目的と用いるデータセット　　分析対象者の属性
　3．賃金の分布 ··· 162
　　　　　　賃金額区分の構成　　平均賃金の軌跡
　4．多変量解析による推計 ·· 167
　　　　　　賃金決定モデル　　賃金の分析結果　　職位の分析結果　　推計
　　　　　　された賃金の軌跡
　ま と め　174

第Ⅲ部　グローバル・マネジャーをいかに育成するか？

第8章　グローバル・マネジャーに求められる人材マネジメント：
　　　　　　リテンションに関するマネジャーの意識調査より
　　　　　　　　　　　　　　　　　　　　　　　　　　　　杉浦正和──179
　は じ め に　179
　1．目的と構成 ··· 179
　2．リテンションの定義とターンオーバーに関連するコスト ··············· 181
　3．リテンションに関するマネジャーの意識調査 ····································· 184
　　　　　　シンガポールおよび東京における日系企業のマネジャーの意識
　　　　　　調査の方法と概要　　2つの調査の結果の分析（1）：平均値の順

　　　　　位に着目して　　2つの調査の結果の分析（2）：回答の散らばり
　　　　　に注目して
　4．エンプロイアビリティと人材投資 ………………………………… 188
　　　　　エンプロイアビリティの定義　　エンプロイアビリティのパラド
　　　　　ックスと人材投資　　人的資本マネジメントとリテンション
　5．グローバル・マネジャーのコミュニケーション・スキル ……… 195
　さ い ご に　 197

第9章　現地法人における異文化コミュニケーションと
　　　　　その能力開発 ──────────────── 堀井恵子 ── 201
　は じ め に　 201
　1．派遣者に関連した異文化コミュニケーション上の用語 ………… 202
　2．文化の相違と困難度の調査 ………………………………………… 204
　　　　　調査された企業行動とその分類　　日本人派遣者と現地人管理職
　　　　　が感じていた行動
　3．現地人管理職へのインタビュー調査から ………………………… 208
　4．日本語コミュニケーションの特徴 ………………………………… 212
　5．日本人派遣者・経営管理職に求められる異文化コミュニケー
　　　ション能力 …………………………………………………………… 212
　　　　　リテラシーと意思決定力　　その他の注意点　　現地管理職の価
　　　　　値観・労働観への対応
　6．異文化コミュニケーション能力の育成方法 ……………………… 215
　ま　と　め　 217

第10章　本社におけるグローバル人材の育成と内なる国際化
　　　　 ────────────────────── 今村俊子 ── 221
　は じ め に　 221
　1．グローバル化とグローバル人材 …………………………………… 222
　2．グローバル・ビジネスの進展の5つの段階 ……………………… 223
　　　　　第1段階：「輸出」　　第2段階：「事業別展開」　　第3段階：「現
　　　　　地化」　　第4段階：「地域化」　　第5段階：「グローバル化」
　3．海外派遣者に求められるコンピテンシー ………………………… 231

目　次　xi

グローバル化と海外派遣者の要件　　アジア地域における派遣者の課題　　効果的な海外派遣に向けて

4．グローバル人材育成の取り組みと課題 ──────── 235
グローバル人材の育成の意味　　ステップ1："グローバル"を意識する　　ステップ2："グローバル"を体験する　　ステップ3："グローバル"な視座を得る

5．内なる国際化に向けて ─────────────── 243

第11章　外部企業によるグローバル人材の育成 ──── 堀江 徹 ── 249

1．日本企業のグローバル人事への取り組み ────────── 249
〈第1段階〉1990年代後半：海外拠点主導の人事制度改革　　〈第2段階〉2000年代前半：本社主導の人事制度の世界統一　　〈第3段階〉2000年代半ば：本社と現地が共同で外国人人材を育成　　〈第4段階〉2000年代後半：日本人のグローバル化　　〈第5段階〉2010年に入って

2．グローバル人材 ───────────────────── 254

3．日本人社員のグローバル人材化メニュー ──────── 256
グローバル・マネジメント研修　　グローバル・キャリア・デザイン研修　　異文化研修

4．外国人社員の自社化 ───────────────── 263
GBL（Global Business Leader）研修とは　　GBLのいろいろ　　現地人材「自社化」に必要な経営理念の浸透

第12章　グローバル経営人材育成のための適性評価ツール
──────────────── 松村幸輝 ── 271

はじめに　271

1．アンケート調査 ──────────────────── 272
アンケートの目的　　アンケートの内容　　調査の対象　　調査方法　　アンケート調査データ

2．分析方法 ────────────────────── 275
決定木分析　　クラスタリングの分割基準　　進化計算（GA, GP）と遺伝操作

3．決定木の作成 ──────────────────── 280

　　　　　決定木の構造　　クラスタリングとGAの結合手法　　GP手法
　4．実験結果と考察 ———————————————————— 284
　　　　　アンケート結果の概要　　クラスタリングとGAの結合手法
　　　　　GP手法　　他者との比較による達成度評価　　役職別等の各種
　　　　　条件による能力評価　　評価ツール
　5．適正評価ツール開発の成果と課題 ——————————— 296

終 章　グローバル・マネジメントの開発と活用の方向性
　　　　　—————————————————— 白木三秀 —— 301
　はじめに　301
　1．グローバル・リーダーシップと日本人海外派遣者 ———— 302
　2．日本人海外派遣者に対する現地人部下からの評価，
　　　ならびに現地人スタッフの賃金や昇進の決定方法 ———— 304
　3．グローバル・マネジャー育成のための諸方策 —————— 307
　4．むすび：グローバル人材マネジメント・システムの構築と
　　　その方向 ————————————————————— 308

資料①　日本人派遣者への調査票　317
資料②　海外外資系・現地系企業ホワイトカラーへの調査票　325
索　　引　333

序章 | **本書のモチーフと
アプローチ**

日本人グローバル人材育成のマネジメントとその課題

白木 三秀

1. 「グローバル人材」への期待と日本人派遣者の動向

　2008年のリーマン・ショック以降，グローバルな視野を持ちグローバルに活躍できる人材，すなわち「グローバル人材」への需要とそれに関する議論がともに活発化している。日本企業のアジア新興国を含む海外オペレーションの拡大が見られる中，現場では，そのオペレーションを担当する専門家や責任者の不足が発生している。このため，当面は急ごしらえの人材で急場を凌がざるをえない。グローバル化に対応できる社内人材が，日本の多国籍企業内において量的，質的に今後十分に育成・確保されうるかどうかが問われている。

　ところで，そもそも「グローバル人材」とは，どのような人材のことなのだろうか。筆者も関与した「産学人材育成パートナーシップ・グローバル人材育成委員会」(文部科学省と経済産業省が共同で事務局を務めた委員会)の2010年の報告書を見てみると，「グローバル人材」とは「グローバル化が進展している世界の中で，多様な人々と共に仕事をし，活躍できる人材」と定義されている。要するに，グローバル人材とは，日本と比べて複雑性とダイバーシティ度のはるかに高い海外のビジネス環境下で，自分の立ち位置を客観的に把握しながら確実に成果が出せる人材のことといえる。

　もとより，「グローバル人材」という人的資源がそもそも育成できるものかどうかについては様々な議論がある。というのも，「グローバル人材」(Global leaders/managers)には一定のKSAOs (Knowledge, Skill, Abilities, and Other characteristics)が必要で，「知識」「スキル」「能力」と異なり，率直性や柔軟性など「性格」に関するコンピテンシーは，育成あるいは移転が困難とみられ

るためである。このため，「グローバル人材」の育成には，もともとそれに適した人材を採用・選抜し，トレーニングや経験により育成可能な能力をさらに伸ばすべきであるという考え方も生まれる[2]。

しかし，若いうちであれば，それほど豊かな KSAOs に恵まれていない人物であっても，隠れた才能をそこに見出し，あるいは持って生まれた性格や気質をグローバルな仕事環境に耐えうる能力なり志向なりに，ある程度まで伸ばすことも可能であるかもしれない。少なくとも，企業は採用した人材をできる限り，必要とされる方向・レベルにまで育成し，活用していく必要がある。

いずれにせよ，バブルが崩壊して以来，日本国内での投資が伸び悩む中，2000年代に入ってから新興市場の成長とそこを中心とする投資が急増している。それに伴い海外市場を自ら開拓したり，当該現地市場のビジネスを自立的に経営したりできる「グローバル人材」への需要が増大しているのである。日本企業はここ数年，日本における元留学生の採用に本格的に乗り出し，また本社要員として，海外における日本人留学生や現地の学生の採用も始めている[3]。さらに，実務トレーニングの一環として若年社員を自社の海外拠点などに派遣する「海外トレーニー制度」も大手企業を中心に活発化している[4]。しかし，企業におけるこういう努力にもかかわらず，彼らの育成を経てグローバル人材の供給力として実際の効果を持つのはまだ先のことである。

ところで，多国籍企業が，その固有の理念や戦略の下に，海外でのオペレーションを継続するには，中国，インドを含む BRICs やベトナム，ミャンマーなどの新興市場を含む現地での社会・経営環境に的確に反応し，それに適合するような経営を行う必要がある[5]。同時に，その経営活動が本社統制の下に，技術・ノウハウ等の移転・交流，そして蓄積を行い，結果としての競争優位性を獲得し保持する必要がある。

その競争上の優位性確保という大前提を現実のビジネス上で達成するにはグローバルな視野と行動能力を有する「グローバル人材」が不可欠である。グローバル人材としては，本社統制の担い手として世界本社から派遣されるシニアな人材と，育成の意味合いも兼ねた若干の若手人材とから成る「海外派遣者」がまず挙げられる。

海外派遣者はほとんど，現地オペレーションのトップ・マネジメントまたはシニア・マネジメントという経営管理の責任者，あるいは経理財務担当，生産技術担当などの職能の専門家，プロフェッショナルである。本来，海外派遣者

図 序-1　日本の海外直接投資の推移（純投資額，フロー・ベース）

（単位：億USドル）

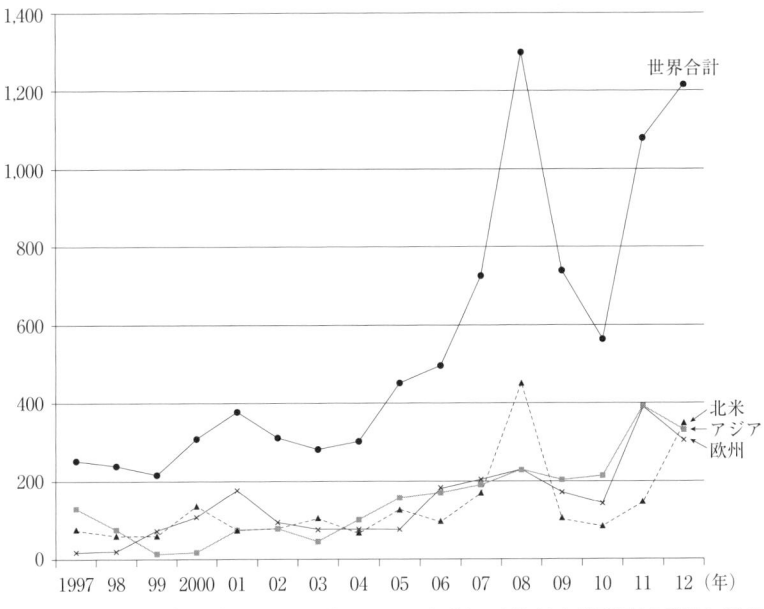

(出所)　ジェトロ資料（ホームページ）による。ただし，原資料は「国際収支状況」（財務省），「外国為替相場」（日本銀行）などによる。

の国籍は問題にならない。本社，親会社の経営理念なりノウハウを体現し，それでもって海外オペレーションを動かし，諸課題に対応できる人材であれば，それで十分であるからだ。しかし実態として日本の多国籍企業からの海外派遣者は日本人である場合がほとんどである。このため，海外直接投資の動向にほぼ沿う形で日本人海外派遣者数が増加してきたのである。

　図序-1，図序-2をみてほしい。図序-1に明らかなとおり，日本の海外直接投資額（純投資額）は，明らかに2005年以降，リーマン・ショック後の著しい落ち込み（2009年，2010年）を除き，激増している。図序-1には，特に投資額の多い北米，アジア，ヨーロッパの3地域の推移も示されている。2005年以降をみると，北米における投資額の変動が特に激しく，他方，アジアでの投資額はリーマン・ショック後の落ち込みも軽微で，ほぼコンスタントに伸びていることが分かる。

　この海外直接投資の純増に対応する形で，「現地民間企業に勤務する日本人」

図 序-2　現地民間企業に勤務する日本人数の推移　　　　（単位：1,000人）

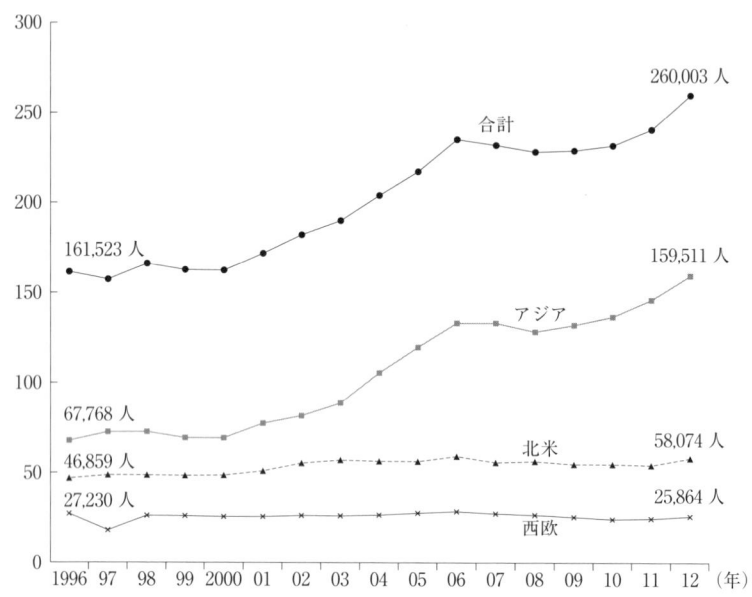

グラフデータ：
- 合計：161,523人（1996年）→ 260,003人（2012年）
- アジア：67,768人 → 159,511人
- 北米：46,859人 → 58,074人
- 西欧：27,230人 → 25,864人

（注）現地に3カ月以上滞在し，現地民間企業に勤務する日本人の数を示している。2005年以降は本人の数ならびに家族の人数の両方が分かるが，2004年以前のデータは家族を含む人数しか分からない。このため，1996年～2004年の本人の数は，2005年～2006年の地域別の本人比率——（本人の数）÷（本人を含む家族の人数）の3年間の平均——を算出し，この比率を各年に当てはめ推計した。地域別に推計したのは，地域により家族帯同の在り方が大幅に異なると考えたためである。この点についての詳細は，注6を参照されたい。
（出所）外務省「海外在留邦人数調査統計」。

の数も2000年に入ってから約16万人から約26万人へと激増した（図序-2参照）。ただし，この数は日本人海外派遣者数そのものではなく，現地採用の日本人ならびに外資系企業に勤める日本人も含んでいる[6]。現地採用日本人の正確な比率は不明であるが，筆者が参加した調査の結果によると，2001年調査（現地法人，支社・支店967社）では20.4％，2003年調査（同851社）では31.3％，2005年調査（同710社）では32.1％となっており，かなりの高さとなっていることがうかがえる[7]。したがって，現地民間企業に勤務する日本人のうち，日本企業からの出向者である日本人海外派遣者の占める比率は，幾分，割引く必要があるかもしれない。

　ともあれ，図序-2から明らかに読み取れることは，2000年以降のアジアで

表 序-1　現地民間企業に勤務する日本人の地域別女性比率（2012年）

(単位：人，％)

	男性	女性	男女合計	地域別構成比	女性比率
合　計	228,871	31,132	260,003	100.0	12.0
アジア	145,836	13,675	159,511	61.3	8.6
大洋州	3,245	1,531	4,776	1.8	32.1
北　米	50,190	7,884	58,074	22.3	13.6
中米・カリブ	2,230	491	2,721	1.0	18.0
南　米	1,754	78	1,832	0.7	4.3
西　欧	19,483	6,381	25,864	9.9	24.7
中・東欧，旧ソ連	2,144	222	2,366	0.9	9.4
中　東	2,614	723	3,337	1.3	21.7
アフリカ	1,375	147	1,522	0.6	9.7
南　極	0	0	0	0.0	0.0

（出所）　外務省「海外在留邦人数調査統計」。

日本人数が激増し，対照的に，北米，ヨーロッパの日本人数が伸び悩んでいることである。なお，図には示していないが，2000年以降のアジアにおいて日本人数が激増したのは，2001年からWTOへの加盟が明らかとなって2005年ころまで投資が集中した中国における増加が大きく寄与している（白木編著，2011年）。ただし2005年以降7年間の伸び率からみると，インドが約4.3倍，ベトナムが2.8倍と伸びており，規模自体はそれぞれ中国の1割にも満たないものの，伸び率で両国は他の諸国を圧倒している[8]。

現地民間企業に勤務する日本人（その多くが日本人派遣者とみられる）の近年の特徴をみると，以下のとおりである（表序-1参照）。2012年10月1日現在，約26万人が現地民間企業に勤務し，その地域別構成はアジア61.3％，北米22.3％，西ヨーロッパ9.9％となっている。これら3地域で全体の93.5％を占め，その中でアジアのシェアは60％を超えている。2000年におけるアジアのシェアは42.7％（注6における推計値による）であったことを考えると，それ以降のアジアへの日本人勤務者の集中化が目覚ましいことが明らかである。日本人海外派遣者の動向も，それと軌を一にしているとみられる。

また同表により，女性比率をみると，全体では12.0％である。特に女性比率の高い地域は，オーストラリア・ニュージーランドを含む大洋州（32.1％），西ヨーロッパ（24.7％），中東（21.7％）などである。これに対し，アジア（8.6％）や南米（4.3％）は女性比率が低い。なお，女性比率が全体で12.0％という

高い水準にあるのは，現地採用の日本人ならびに外資系企業に勤める日本人が多くの女性を含むためとみられる。というのも，筆者も参加した日本人派遣者調査（2006年10月実査，調査対象者数4,242人）における女性の比率は1.0%にとどまり，これまでの調査においても1%を超えることがなかったためである。[9]ちなみに，次章以降で我々が用いるアジア地域における日本人派遣者のデータにおいても，女性比率は0.8%にとどまる。

2. 研究のモチーフと方法：G-MaPの誕生から調査研究まで

以上の考察から，日本人派遣者数は2000年代に入り，アジア地域を中心に激増していることが明らかである。こうした中，当面は日本人海外派遣者がグローバル人材の中核を形成していることは疑いがない。

そこで本書では，ASEANやアジア新興市場での日本企業のオペレーションが広がる中で，日本の多国籍企業からのアジア（中国，ASEAN，インド）に派遣される日本人海外派遣者について，そのミッション達成の度合いとその要因，さらには，海外赴任の適性，各種マネジメント能力，対人関係構築能力など日本人海外派遣者のコンピテンシーとそこでの諸課題などについて，いくつかの観点から客観的な検討を行い，それを通じて今後の日本企業のグローバル人材の育成やそれに伴うマネジメント上の諸課題について現実的な提案を試みることにした。これが本書のリサーチ・クエスチョンとモチーフである。

しかし，その前に本書が主として依拠する研究プロジェクトとデータの由来について説明しておこう。ここでいう研究プロジェクトとは，文部科学省「専門職大学院等における高度専門職業人養成教育推進プログラム」の1つとして2008年夏に選定され，同年10月より2010年3月末まで産学連携で調査研究活動を行い，また人財育成セミナーやシンポジウムを開催するなど，ユニークな活動を展開してきた活動のことである。本プロジェクト名を「海外経営専門職人財養成プログラム 早稲田大学コンソーシアム」（英語名称：Global Management Program for Japanese Leaders，以下では略称G-MaPを用いる）と命名した。

本プロジェクトでは，アジアを主たるフィールドとする基礎研究を踏まえながら，産業界と学術界が手を携えて，日本企業発のグローバル人財の養成を目指してきた。具体的には，調査研究活動から着手し，海外経営人財養成プログラムの開発・実施まで，総合的な取り組みを行う計画を持ち，その間，様々な

無料セミナーや研究報告会等を開催してきたのである[10]。G-MaPへの連携企業・団体リストには80の企業・団体が含まれる[11]。

　2008年度には中国，2009年度にはASEAN，インドを対象にヒアリング調査，アンケート調査を実施した。もちろんそれらの調査に先立ち，われわれがこれまでに手がけた調査を参考にし，またそれらの結果を踏まえて，既述のようなリサーチ・クエスチョンのもとに調査を企画・実施した。日本人派遣者であることを念頭に置き，日本経団連における実業界の現実的な議論と検討結果（日本経団連，2004年）をも参考にしてアンケート調査票を作成した。それ以前に筆者が手がけた調査には，労働政策研究・研修機構における一連の海外日系企業ならびに日本人海外派遣者調査があり，また，早稲田大学特定課題研究による中国人現地従業員の日本人派遣者評価であるパイロット的調査[12]も含まれる[13]。

　さて，2008年度には中国，2009年度にはASEAN（タイ，マレーシア，シンガポール，インドネシア，フィリピン，ベトナム）とインドを対象にアンケート調査を実施した。調査は大別して，2種類に分かれる。1つは日本人派遣者に対する調査であり，いま1つは，日系企業における現地従業員調査である。現地従業員調査は，上司が日本人派遣者である者と上司が現地国籍である者とに分かれるので，細かく分けると3種類の調査を実施したことになる。

　調査に協力してくれた企業は，日本人派遣者調査の場合は日本本社34社であった。日本人派遣者の調査対象者（サンプル数）は，表序-2に示されるように，中国赴任者410人，ASEAN赴任者424人，インド赴任者46人で，合計880人であった。調査票の回収率は，59.7%と高いものであった。日本人派遣者調査結果の詳細な分析は，本書の第Ⅰ部（特に第1章，第2章，第3章）で行うが，日本人派遣者調査の主たる目的を記すと以下のとおりである。

　海外派遣者のミッション（使命や役割）は現地での職位や役割により大きく異なり，トップ・マネジメントまたはそれに近い上位の役職であればあるほど現地法人の統制，経営理念・経営手法の浸透や伝導が重要であり，現場のラインを預かるミドル・マネジャーや技術等の専門家であれば，後任の育成や専門技術やノウハウの移転がより重要なミッションとなる。一般従業員の場合は自らの経験や成長が主たる目的となろう。さらにこれら「海外派遣者の職位・役割」に加えて，「現地法人の成長段階」（操業期間の長短が代理指標となろう），「資本構成のあり方」（単独出資であるか，合弁であるか，合弁の場合に過半数出資であるかどうかなど），そして，「現地法人の戦略的位置づけ」などという諸要素

序章　本書のモチーフとアプローチ　　7

表 序-2　日本人派遣者を対象としたアンケート調査

	中国	ASEAN	インド	計
配布数	732	668	75	1,475
有効回収数	410	424	46	880
有効回収率	56.0%	63.5%	61.3%	59.7%

が，海外派遣者個々人のミッションを規定する。このため，海外派遣者のミッションは1人ずつ異なるということになろう。こういう中で，派遣元である親会社にとって重要な関心事は，派遣者がそれぞれのミッションをどの程度，達成しているかということであろう。その点が最も重要であることは疑いがない。日本人派遣者調査の主たる目的は，派遣者がそれぞれのミッションをどの程度，達成しているか，またそのミッション達成度に与える諸要因にはどのようなものがあるかを明らかにしようとしたことである。

　他方，現地従業員調査の場合は，事前に日本の本社での交渉・依頼を経て，日系現地法人88社が協力してくれることになった。現地従業員の調査対象者は，上司が日本人派遣者である者と上司が現地国籍である者とを加えているが，表序-3のとおり，中国1,110人，ASEAN 926人，インド156人で，合計2,192人であった。サンプル・サイズが2,192ときわめて大きく，また調査票の回収率も75.4%ときわめて高いものとなった。これは，G-MaPメンバーが手分けをして，88社すべての現地法人を訪問し，原則として各現地法人のトップ・マネジメントに調査の主旨を理解してもらい，その協力を仰いだことが大きいものと考えている。現地従業員調査結果の詳細な分析は，本書の第Ⅱ部（第5章，第6章，第7章）で行うが，現地従業員調査の目的も以下に示しておく。

　日本人海外派遣者がそれぞれのミッションを十全に達成することが，結果として現地法人の業績向上に結びつくことは疑いようがない。しかし，それと同時に，当該日本人派遣者が現地スタッフに十分，受け入れられているかどうか，高く評価されているかどうかという点も，当該派遣者と現地スタッフとが協働して経営成果を出すという点を考えれば，現地法人の業績向上の重要な要素となることは明らかである。

　そればかりではなく，直属の現地人部下による日本人派遣者に対する評価と，現地人部下による現地人上司に対する評価とを比較検討することを通じて，当該日本人派遣者がどのような点でトップあるいはミドルのマネジメントとして優れた点を持ち，それと同時に他方で，弱点を抱えているかがかなりの程度，

表 序-3　現地従業員アンケート調査

	中国	ASEAN	インド	計
配布数	1,318	1,327	261	2,906
有効回収数	1,110	926	156	2,192
有効回収率	84.2%	69.8%	59.8%	75.4%

(注)　調査対象は，上司が日本人である現地従業員と上司がローカルである現地従業員。

客観的に明らかとなるであろう。そのことを通じて，日本人派遣者の強みと課題が具体的に示されるはずである。

具体的には，在アジア日系企業に働くホワイトカラーを対象に，調査内容としては日本人海外派遣者に対するものとほぼ同様のアンケート調査を実施した。つまり，彼らが自分の直属上司（現地人上司と日本人上司）に対し，業務遂行能力，問題解決能力，リーダーシップ，部下育成能力，信頼構築能力，異文化リテラシー，そして対人関係構築能力など62項目にわたり，どのような評価をしているのかについて尋ねたのである。現地従業員調査ではより客観的分析を行うため，全く同じ設問項目を設定し，日本人派遣者と現地国籍上司との間で比較検討できるように設計した。

調査方法としては，各現地法人を訪問し，日本人派遣者の直属の部下に対するアンケート調査を依頼し，またそれと同数くらいの現地人上司の直属の部下のアンケートを依頼した。回収方法は秘密性を保持する方法で行い，各現地法人の事情により紙媒体を通じて郵送による回収を行った場合と，電子媒体により被調査者から直接G-MaP事務所の方に回答してもらう場合とを併用した。

なお，上記の日本人派遣者調査，現地従業員調査に協力をしてくれた企業は，G-MaPの連携企業を中心としながらも，非連携企業も含んでいる。

3. 日本人海外派遣者とグローバル・リーダーシップ

前掲の「産学人材育成パートナーシップ・グローバル人材育成委員会」の報告書（2010年4月）によると，「グローバル人材」とは「グローバル化が進展している世界の中で，多様な人々と共に仕事をし，活躍できる人材」であった。あるいは単純に，「グローバル人材」を「グローバルな多様で複雑な環境下でリーダーシップを発揮し成果を出せる人材」と定義することもできよう。する

と、「グローバル人材」は、少なくとも「グローバリゼーション」に対応できる能力と、「リーダーシップ」能力が同時に求められるということになる。

まず、「リーダーシップ」について考えてみよう。ゲリー・ユクルは、「リーダーシップとは、相手に対して影響を与えることにより、何をどのようになすべきかについて理解させ、同意させるプロセスであり、また同時に、共通の目的を達成するために個人ならびに集団が頑張れるように便宜を図るプロセスでもある」(Yukl, 2006) と定義している。

これは、三隅二不二の「PM リーダーシップ」(Misumi, 1985) と相通ずる定義である。つまり、リーダーは、ゴールを設定し達成する（P：パフォーマンス指向行動）と同時に、集団の社会的安定を維持することにも関与する（M：メンテナンス指向行動）必要がある。日本の企業組織においてはPもMも高いPM型リーダーが組織の生産性をより高めるようである。しかし、リーダーは、状況によりパフォーマンス指向行動がより強くなったり、逆にメンテナンス指向行動がより強くなったりする必要がある。

たとえば、企業がスタート・アップの段階にあるときなどはゴールを設定し、メンバーを率いるパフォーマンス指向の強い Pm 型のリーダーが望まれるだろうし、他方、企業が安定的に操業できているときなどは集団の社会的安定をより強く意識するメンテナンス指向の強い pM 型のリーダーが望まれるだろう（図序-3参照）。

次に「グローバリゼーション」への対応について考えてみよう。ゴビンダラジャンとグプタによると、グローバリゼーションとは、「国と国との間で経済的相互依存関係が強まることであり、それは財・サービス、資本、それにノウハウという3種類のものが国境を越えて大量に移動することに現れる」(Govindarajan and Gupta, 2001)。したがって、グローバリゼーションは「複雑性 (complexity) の現れ」(Lane et al., 2006) 以外の何物でもないということになる。なお、「複雑性」には、競争相手や価値観などの「多数性」(multiplicity)、経済関係やバリュー・チェーンなどの「相互依存性」(interdependence)、それに情報や因果関係などの「曖昧さ」(ambiguity) などの要素が含まれる。

以上の見方を人的資源管理の分野に当てはめて考えてみよう。すると、国内のみで活動が完結する企業の「一国内人的資源管理」と、多国籍企業のように国境を越えて活動する企業の「国際人的資源管理」との間に、機能的に見て本質的な違いは存在しないが、両者間には「複雑性」という面で大きな違いが存

図 序-3　PM リーダーシップ

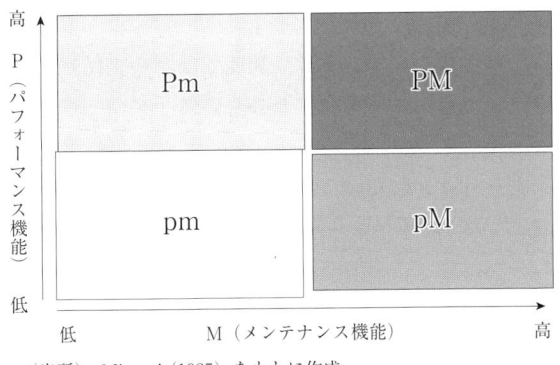

縦軸：高←P（パフォーマンス機能）→低
横軸：低←M（メンテナンス機能）→高

左上：Pm　右上：PM
左下：pm　右下：pM

(出所)　Misumi (1985) をもとに作成。

表 序-4　リーダーシップとマネジメントの役割比較

リーダーシップ	マネジメント
特　徴： 　　変化と運動を引き起こす	特　徴： 　　秩序と整合性をもたらす
具体例： 　1. 方向性を確立する 　2. 人々を結束させる 　3. 動機付けし，発奮させる	具体例： 　1. 計画し，予算化する 　2. 組織化し，人を配置する 　3. 統制し，問題を解決する

(出所)　Kotter (1990).

在するということになる。たとえば国内で活動する企業の場合，複雑な言語の問題や異なる法体系による悩みなどは存在しないであろう。多国籍企業の場合はその問題に，どのように効率的かつ的確に対応し，解決するかということが本質的に重要な問題となる。この意味で，「グローバリゼーション」への対応能力はきわめて重要なものとなる。

　「グローバル人材」を考える場合にもう1つ重要なポイントを指摘する必要がある。それは，リーダーシップとマネジメントの違いをはっきりと分けて考えておく必要があるという点である。表 序-4 に示されるように，リーダーシップの基本的役割は変化と運動を引き起こすことであり，他方で，マネジメントの基本的役割は秩序と整合性をもたらすことにある。

　以上から，グローバル・リーダーシップとは，「多様な文化的，政治的，制度的システムを背景とする個人，グループ，そして組織（グローバル組織の内外を問わない）に対し影響を与え，グローバル組織のゴールの達成を目指して，

それぞれの貢献を引き出すプロセス」(Beechler and Javidan, 2007) ということになる。

しかし，ここでの重要なポイントは，制度ではなくプロセスがより本質的に重要であり，グローバル・リーダーはその基礎に「グローバル・マインドセット」を持つということである。「グローバル・マインドセット」を持たないグローバル・リーダーは存在しない。このため，グローバル人材なり，海外派遣者なりの育成においては，「グローバル・マインドセット」を持たせること，あるいは「グローバル・マインドセット」の素養がある人材を選抜することこそが，基本中の基本の課題であるといえよう。

「グローバル・マインドセット」については，「個人の保有する知的，認知的，心理的特性であり，その特性を持つ個人は，多様な社会文化的背景を持つ個人，グループ，組織に対して影響を与えることができる」(Beechler and Javidan, 2007) という定義が示されうるが，要は，グローバルに広く物事を相対化できる視点と高い知的・認知能力，ならびに積極的あるいは楽観的な心理特性を保有することこそがグローバル・マインドセットであるといえる。

実際，ビーチラーとジャビダンは，グローバル・マインドセットの基本的構成要素として，①グローバル知的能力（グローバル産業・価値連鎖・組織についての知識，文化的洞察力など），②グローバル心理能力（異文化との出会いを求める情熱など），③グローバル・ソーシャル・キャピタル（社会との関係性構築能力など）の3つを挙げている（表序-5参照）。グローバル・マインドセットの重要な基本的構成要素の中にグローバルな「知識」という訓練可能な要素が含まれている点が興味深い。

いずれにせよ，グローバル・マインドセットこそはグローバル・リーダーシップの基礎的要素に他ならない。このため，グローバル・リーダー育成のためには，グローバル・マインドセットの養成と保有が前もって必要とされるということである。

日本人派遣者が海外に派遣される場合に上記の見方を当てはめてみよう。多くの場合，日本人派遣者は日本本社においてはミドル・マネジメントである場合が多く，海外派遣に伴いトップ・マネジメント層に就任することになる。このことは多くの文献で明らかにされているので繰り返さない[14]。問題は，ミドル・マネジメント（マネジメント）とトップ・マネジメント（リーダーシップ）との間には，役割と責任において大きな違いが存在するという点である。優秀

表 序-5　グローバル・マインドセットの基本的構成要素

グローバル知的能力 (global intellectual capital)	グローバル・リーダーの知的・文化的能力のこと。以下のようなものを含む。 ・グローバルな産業についての知識 ・グローバルな価値連鎖についての知識 ・グローバルな組織についての知識 ・複合性の認知 ・文化的洞察力
グローバル心理能力 (global psychological capital)	グローバル・リーダーの知識を良い用途に向かわせる心理的特性のこと。以下のようなものを含む。 ・積極的（楽観的）な心理特性 ・コスモポリタン的考え方 ・異文化との出会いを求める情熱
グローバル・ソーシャル・キャピタル (global social capital)	企業の内外における人間関係や結びつきの構築能力のこと。以下の3種類に分かれる。 ・構造的ソーシャル・キャピタル ・関係的ソーシャル・キャピタル ・認知的ソーシャル・キャピタル

（出所）　Beechler and Javidan（2007）p.159.

なミドル・マネジメントが優秀なトップ・マネジメントになるという因果関係は必ずしも成り立たない。しかも，海外赴任ということには，海外であるが故に上述の「複雑性」が一気に増すのである。ここにおいて，物事を前向きにとらえる心理特性の重要性が増すことになる。

このため，経営理念の体得とテクニカル・スキルの保有を前提として，海外派遣者の育成には，グローバル・マインドセットの理解と獲得，その後にグローバル・リーダーの育成・訓練が続くということになる。より端的に述べれば，海外オペレーションを預かるトップ・マネジメントの育成は，ごく短期の事前訓練で育成されるものではなく，少なくとも数年以上にわたるキャリア開発の一環として計画・設計され，実施されなくてはならないということになる。

4．本書の構成

以上のようなモチーフとアプローチを背景に本書が書かれている。3部から成る本書の構成は以下のとおりである。

第Ⅰ部は，日本人グローバル・マネジャーは使命を果たしているか？という

表題の下，日本人派遣者調査（アンケートならびにヒアリング）を用いて分析を行った4章から構成されている．それらのデータ分析や欧米多国籍企業での事例を踏まえて，海外勤務を魅力あるものにするにはどういう方法があるかという文章も第Ⅰ部に含められている．

第Ⅱ部は，日本人派遣者とローカル・スタッフの関係は良好か？という表題の下，ローカル・スタッフによる上司評価の調査結果を用いた実証分析を含む3章から構成されている．第Ⅱ部では，同じ調査を用いて，ローカル・スタッフの賃金についての計量分析も行われている．

第Ⅲ部は，グローバル・マネジャーをいかに育成するか？という表題の下，G-MaPプロジェクトに参画したメンバーが，本プロジェクトの調査結果を用いるか否かを問わず，それぞれの観点からグローバル・マネジャーの育成やその評価ツールについて論じている．G-MaPプロジェクトの大きな副産物として，人工知能の1つである「進化計算手法」を用いた海外派遣者の適性評価ツールの開発があるが，そのロジックの説明も第Ⅲ部で行われている．

終章は，本書の要約と結論として，日本の多国籍企業が抱える人材マネジメント上の課題とその解決の方向性について論じている．

ぜひとも本書を味読していただきたい．

注
1) 産学人材育成パートナーシップ・グローバル人材育成委員会報告書（2010年4月）．
2) 例えば，Harzing and Pinnington (2011), pp.389-390, の議論を参照されたい．
3) 元留学生を採用している15社における雇用管理上の実態，元留学生の就業上，キャリア上の不満や悩み，離職や離職志向，並びにそれらへの諸対策についての事例研究は早稲田大学トランスナショナルHRM研究所（2010年12月）でなされている．
4) 海外トレーニー制度の実施状況，実施内容，実施効果，それに諸課題などについては，事例研究を行った早稲田大学トランスナショナルHRM研究所（2012年9月）とアンケート調査を行った早稲田大学トランスナショナルHRM研究所（2013年4月）を参照されたい．
5) BRICsは当初，O'Neill (2001) ではブラジル，ロシア，インド，中国の4カ国の潜在的な巨大経済を指していたが，その後，南アフリカも含むようになってきている．後者の場合には，「BRICS」とSを大文字で表示されることが多い．
6) 図序-2の注で示したように，外務省「海外在留邦人数調査統計」により2005年以降は家族を含む人数ならびに本人の数の両方が分かるが，2004年以前のデータ

は家族を含む人数しか分からない。このため，1996年～2004年の本人の数は，2005年～2007年の地域別の本人比率（〔本人の数〕÷〔本人を含む家族の数〕）を算出し，この比率を各年に当てはめ推計したものである。地域別に推計したのは，地域により家族帯同の在り方が大幅に異なると考えたためである。

なお，2005年～2007年の地域別の本人比率は次の表のとおりである。この表から，副産物的に，家族帯同が多いかどうかが地域別に分かる。家族数全体に占める本人比率の全世界平均が56%のところ，この比率が特に高い，したがって単身赴任者が多いのはアジア，中東，アフリカであり，逆に，この比率が特に低い，したがって独身者の比率が同じと仮定すると，家族帯同が多いのは，北米，西欧であることが分かる。

表　民間企業に勤務する本人比率（2005年～2007年の合計，地域別）

（単位：人，%）

	本人（a）	本人＋家族（b）	a/b
総数	684,494	1,228,703	56
アジア	386,239	590,961	65
大洋州	15,712	28,044	56
北米	171,128	395,838	43
中米・カリブ	5,215	8,652	60
南米	3,981	7,403	54
西欧	83,526	169,282	49
東欧（旧ソ連）	6,626	10,992	60
中東	8,517	12,538	68
アフリカ	3,549	4,992	71
南極	1	1	100

7)　労働政策研究・研修機構（2006年10月），ならびに，同（2008年3月）。

8)　アジア主要国における現地民間企業に勤務する日本人数の2005年～2012年の推移は以下のとおりである。

表　アジア主要国における現地民間企業に勤務する日本人数の推移　　　（単位：人）

	2005年	2006年	2007年	2008年	2009年	2010年	2011年	2012年	2012年／2005年（倍）
中国	64,879	76,480	73,726	68,443	69,445	72,162	78,168	83,019	1.3
シンガポール	9,905	10,190	10,514	9,382	9,095	9,587	10,145	10,627	1.1
マレーシア	4,455	4,058	4,161	3,501	3,523	3,747	4,165	7,889	1.8
タイ	17,010	19,151	20,087	20,331	20,928	21,588	22,351	25,512	1.5
フィリピン	4,762	4,515	4,639	5,408	5,519	5,623	4,934	5,344	1.1
インドネシア	5,149	5,109	5,220	5,279	5,185	5,334	5,677	6,772	1.3
ベトナム	2,241	2,654	3,053	3,964	5,298	4,784	5,144	6,249	2.8
インド	852	959	1,250	1,562	1,980	2,205	2,777	3,683	4.3

9)　労働政策研究・研修機構（2008年3月）の147ページ参照。

10) 早稲田大学コンソーシアム（G-MaP）プロジェクトの最後に，上海（2010年2月2日）と東京（2010年3月6日）でセミナーを実施した。その際の次の資料を活動内容の一端として参照されたい。早稲田大学コンソーシアム（G-MaP）『報告書―日本人グローバルマネージャーのミッション達成の秘訣―』（2010年）。
11) G-MaP連携企業・団体のリスト（2010年3月現在，五十音順）は以下のとおりである。

　連携企業（五十音順）　　株式会社アイ・エス・エス，株式会社アイオイ・システム，アイシン精機株式会社，亜才株式会社，味の素株式会社，株式会社アメック，アメリカンマネジメントアソシエーションインターナショナル（日本），イオン株式会社，株式会社インテック・ジャパン，株式会社インテリジェンス，株式会社SRAホールディングス，エーオンコンサルティングジャパン株式会社，NECラーニング株式会社，株式会社NTTデータ，FYコンサルティング株式会社，王子製紙株式会社，オムロン株式会社，オリエンタル・スタンダード・ジャパン株式会社，カシオ計算機株式会社，カゴメ株式会社，キヤノン株式会社，株式会社グローバルマネジメント研究所，株式会社小松製作所，三和シヤッター工業株式会社，CEL英語ソリューションズ，CBDA中国ビジネス研修センター，株式会社ジェイエーエス，新明和工業株式会社，住友商事株式会社，セイコーエプソン株式会社，綜研化学株式会社，ソニーグローバルソリューションズ株式会社，ソラン株式会社，ダイキン工業株式会社，武田薬品工業株式会社，株式会社TCM，帝人クリエイティブスタッフ株式会社，TDCソフトウェアエンジニアリング株式会社，株式会社ディスコ，株式会社ディスコ（人材），株式会社東芝，東洋エンジニアリング株式会社，株式会社TOUA，トヨタ自動車株式会社，株式会社トランスエージェント，株式会社ニトリ，日本航空株式会社，日産自動車株式会社，日本サムスン株式会社，株式会社日本総合研究所，日本電気株式会社，パナソニック電工株式会社，株式会社バンダイナムコホールディングス，日立建機株式会社，株式会社日立製作所，フォースバレーコンシェルジュ株式会社，富士ゼロックスキャリアネット株式会社，富士通株式会社，富士通テン株式会社，プライスウォーターハウスクーパースコンサルタント株式会社，本田技研工業株式会社，丸紅株式会社，三井住友海上火災保険株式会社，株式会社ミツバ，株式会社三菱東京UFJ銀行，三菱UFJリサーチ＆コンサルティング株式会社，株式会社ヤクルト本社，矢崎総業株式会社，YKK株式会社ファスニング事業部。

　連携団体（五十音順）　　公益社団法人　関西経済連合会，一般社団法人　コンピュータソフトウェア協会，財団法人　日本経団連国際協力センター，一般社団法人　日本工作機械工業会，一般社団法人　日本在外企業協会，公益財団法人　日本生産性本部，一般社団法人　日本能率協会。

12) もっとも最近の調査では，労働政策研究・研修機構（2006年10月，回答企業数710社），同（2008年3月，回答者数1,565人）などがある。
13) 2008年度早稲田大学特定課題研究助成費（課題番号：2008B-002）による研究を指す。本調査は，中国沿岸部の天津，青島，北京，上海で操業する日系企業計15社で働く中国人ホワイトカラーを対象に実施した。調査時期は2008年9月〜11月である。有効サンプルが180票であり，有効回収率は85.3%であった。簡単な

紹介は，白木三秀（日本産業訓練協会，2010年2月号，4-12ページ）を参照されたい。
14) 労働政策研究・研修機構における一連の日本人海外派遣者調査を参照されたい。さしあたり，最後に実施された，労働政策研究・研修機構『第7回海外派遣勤務者の職業と生活に関する調査結果』（2008年3月）を参照のこと。

参考文献

産学人材育成パートナーシップ・グローバル人材育成委員会報告書（2010），『産官学でグローバル人材の育成を』2010年4月．
白木三秀（2010），「グローバリゼーション進展下の日系企業における現地人材マネジメントの諸課題」日本産業訓練協会『産業訓練』2010年2月号．
白木三秀編著（2011），『チェンジング・チャイナの人的資源管理』白桃書房．
白木三秀（2012），「日本人海外派遣者の諸課題と事前評価ツールの活用」『月刊グローバル経営』日本在外企業協会，2012年5月号．
白木三秀（2012），「日本企業のグローバリゼーションと海外派遣者―アジアの現地スタッフによる上司評価からの検討―」『日本労働研究雑誌』2012年6月号．
白木三秀（2012），「グローバリゼーションへの企業対応の進展とグローバル・マインドセット」『月刊グローバル経営』2012年12月号．
日本経団連（2004），『日本人社員の海外派遣をめぐる戦略的アプローチ～海外派遣成功サイクルの構築に向けて～』2004年11月16日．
労働政策研究・研修機構（2006），『第4回日系グローバル企業の人材マネジメント調査結果』2006年10月．
労働政策研究・研修機構（2008），『第7回海外派遣勤務者の職業と生活に関する調査結果』2008年3月．
早稲田大学コンソーシアム（G-MaP）（2010），『報告書―日本人グローバルマネージャーのミッション達成の秘訣―』．
早稲田大学トランスナショナルHRM研究所（経済産業省関東経済産業局委託）（2010），『留学生の採用と活用・定着に関する調査報告書』2010年12月．
早稲田大学トランスナショナルHRM研究所（株式会社ウィル・シード委託）（2012），『海外トレーニー制度の実態と効果に関する予備的考察』2012年9月．
早稲田大学トランスナショナルHRM研究所（株式会社ウィル・シード委託）（2013），『日本企業における海外トレーニー制度の運用実態に関する考察』2013年4月．
Beechler, S. and M. Javidan (2007), "Leading with a Global Mindset", in Javidan, Steers and Hitt (2007), pp.131-169.
Govindarajan, V. and A. K. Gupta (2001), *The Quest for Global Dominance: Transforming Global Presence into Global Competitive Advantage*, San Francisco, CA: Jossey-Bass.
Harzing, A. and A. H. Pinnington (2011), *International Human Resource Management*, 3rd ed., London: Sage Publications.
Javidan, M., R. Steers and M. Hitt (2007), *The global mindset*. Oxford: Elsevier.

Kotter, J. P. (1990). *A force for change: how leadership differs from management.* New York: Free Press.

Lane, H., M. Maznevski, M. Mendenhall and J. McNett (eds.) (2006), *Handbook of global management: a guide to managing complexity.* Malden: Blackwell Publishing.

Mendenhall, M., J. Osland, A. Bird, G. Oddou, and M. Maznevski (2008). *Global Leadership: Research, Practice and Development.* Oxon: Routledge.

Misumi, J. (1985), *The behavioral science of leadership: An interdisciplinary Japanese research program.* Ann Arbor, MI: University of Michigan Press.

Misumi, J. and M. F. Peterson (1985), "The performance-maintenance (PM) theory of leadership: review of a Japanese research program", *Administrative Science Quarterly,* 30 (2), 198-223.

O'Neill, Jim (2001), "Building Better Global Economic BRICs", *Global Economics Paper* No.66, Goldman Sachs, 30th November.

Yukl, G. (2006), *Leadership in organizations,* 6th edition, Upper Saddle River, NJ: Pearson.

第 I 部

日本人グローバル・マネジャーは使命を果たしているか？

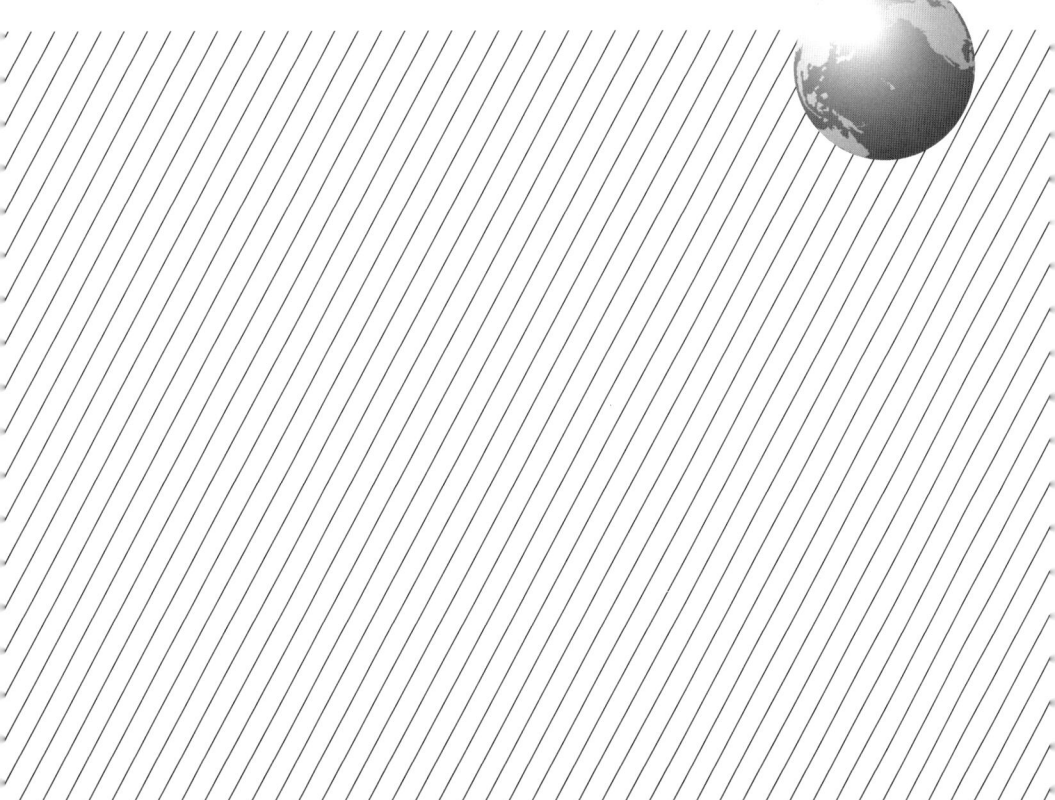

第 1 章　日本人派遣者のコンピテンシーと仕事成果（1）

白 木　三 秀

はじめに：調査方法と回収率

　本調査は，日本の多国籍企業から海外の現地法人に派遣されている日本人を対象としている。本調査に協力してくれた G-MaP 参加企業（後掲の表 1-8 で企業規模が示されているが，そのほとんどが一部上場の大企業であった）は 34 社で，そのうち製造業が 26 社，非製造業が 8 社と，約 8 割が製造業に属していた。

　調査方法は，日本本社に対し，調査対象者にメール利用による電子媒体での配布を依頼し，記入後の調査票は直接，調査対象者からメールにより G-MaP 事務局に送ってもらうという方法を取った。

　地域別の回収率は表 1-1 のとおりである[1]。全体の回収率は，59.7％ と高いものであった。これは，日本本社を通じて配布・回答を依頼したためと考えられる。地域別では，回収率の高い順に ASEAN63.5％，インド 61.3％，中国 56.0％ となっていた。

　次に節を変えて，調査対象となった日本人派遣者の属性等の諸特徴を整理しておきたい。第 2 章，第 3 章，並びに第 12 章の分析はこれらの特徴を有する調査対象者のサンプルやそれに関連する事例を分析した結果であるということに留意していただきたい。

表 1-1　調査票の配布と回収率（地域別）

	中　国	ASEAN	インド	合　計
配布数（人）	732	668	75	1,475
有効回収数（人）	410	424	46	880
有効回収率（％）	56.0	63.5	61.3	59.7

1. 調査対象者の所属企業の特徴

現地企業の所在国，業種・規模

調査対象者が現在勤務する企業の所在国の分布は，表1-2のとおりである。880人のうち46.6%は中国に所在する企業に勤務している。次に多いのがタイで21.9%である。それ以外の国においては，1%から9%の間となっている。

以下では基本的に国別ではなく，地域別の違いを考察する。その際には，サンプルの多い中国，ASEAN，それに，南アジアのインドの3地域に分けて考察することにする。インドのサンプルが全体の5.2%と少ない点にことに留意されたい。

調査対象者が現在勤務する企業の業種は，表1-3に示されるとおりである。全体では，自動車・部品等製造業が最多で25.6%，それに続くのがその他製造業20.2%，電機・電子部品等製造業16.8%，精密機器製造業13.5%となっており，これら製造4業種で76.1%となっており，現地で製造業に勤務する人がほとんどを占めていて，非製造業の比率がきわめて小さいことが分かる。

地域別には，中国とインドでは製造業のうち電機・電子部品が多く，ASEANでは自動車・同部品が突出して多いという特徴がみられる。また中国のサンプルにはその他製造業が多く，インドのサンプルには卸・小売業が多くなっている。

調査対象者が現在勤務する企業の規模は，表1-4に示されるとおりである。企業の規模は従業員数（正社員）により分類している。

全体的には，300人未満が36.9%と最も多くなっている。しかし地域別には大きな違いがある。中国では52.0%，インドでは実に69.6%が300人未満で中小企業に集中している。これに対し，ASEANでは1,000〜2,999人，3,000人以上という大企業の比率（合計で59.9%）が高くなっている。これは，ASEANで自動車・同部品が突出して多いということに起因している。

表1-2 企業の所在国の分布 （単位：人，%）

	度数(人)	比率		度数(人)	比率		度数(人)	比率
1. 中国	410	46.6	4. タイ	193	21.9	7. シンガポール	31	3.5
2. インド	46	5.2	5. フィリピン	36	4.1	8. インドネシア	76	8.6
3. ベトナム	78	8.9	6. マレーシア	10	1.1	合　計	880	100.0

表 1-3　企業の業種別構成（地域別）　　　　　　　　　　　　　（単位：人，％）

業　種	所在国分類			合計
	1. 中国	2. ASEAN	3. インド	
1. 製造業（精密機器）	42 10.2	63 14.9	14 30.4	119 13.5
2. 製造業（自動車・部品等）	22 5.4	201 47.4	2 4.3	225 25.6
3. 製造業（電機・電子部品等）	105 25.6	31 7.3	12 26.1	148 16.8
4. 製造業（化学品・資材）	0 0.0	5 1.2	0 0.0	5 0.6
5. 製造業（その他）	94 22.9	77 18.2	7 15.2	178 20.2
6. 情報技術業	30 7.3	22 5.2	0 0.0	52 5.9
7. 卸・小売業	32 7.8	10 2.4	8 17.4	50 5.7
8. 金融業	0 0.0	9 2.1	0 0.0	9 1.0
9. サービス業	5 1.2	5 1.2	3 6.5	13 1.5
10. その他	80 19.5	1 0.2	0 0.0	81 9.2
合　計	410 100.0	424 100.0	46 100.0	880 100.0

表 1-4　企業の規模別構成（地域別）　　　　　　　　　　　　　（単位：人，％）

従業員数	所在国分類			合　計
	1. 中国	2. ASEAN	3. インド	
1. 300 人未満	213 52.0	80 18.9	32 69.6	325 36.9
2. 300〜999 人	76 18.5	90 21.2	6 13.0	172 19.5
3. 1,000〜2,999 人	69 16.8	125 29.5	0 0.0	194 22.0
4. 3,000 人以上	52 12.7	129 30.4	8 17.4	189 21.5
合　計	410 100.0	424 100.0	46 100.0	880 100.0

現地企業の資本構成の特徴

調査対象者が現在勤務する企業の資本構成は，表1-5に示されるとおりである。明らかに，全体では日本資本100%が65.8%と多く，これに日本資本が過半数の合弁企業が29.5%となっており，日本側が資本的に主導権を握る企業比率が95.3%とほとんどを占めている。

この傾向は地域別にみても大きな差異はないが，中国，インドでは日本資本100%がより多いのに対して，ASEANでは日本資本が過半数の合弁企業が46.7%とかなり多いという特徴がある。

現地企業の事業の段階

企業には，ライフサイクルがあり，立ち上げ期，業務拡大期，安定操業期，それに縮小・撤退期という事業の段階を踏むものと想定される。そこで，調査対象者が現在勤務する企業の事業の段階を尋ねた。その結果は表1-6のとおりである。

企業の事業の段階は，サンプル全体では，業務拡大期（47.2%），安定操業期（45.8%）に集中しており，立ち上げ期と縮小・撤退期がごくわずかであることが分かる。

しかし，これを地域別にみると，中国では業務拡大期，安定操業期を中心と

表 1-5　会社の資本構成（地域別）　　　　　　　　（単位：人，%）

資本構成	所在国分類			合計
	1. 中国	2. ASEAN	3. インド	
1. 現地資本100%	24 5.9	2 0.5	2 4.3	28 3.2
2. 日本資本100%	326 79.5	219 51.7	34 73.9	579 65.8
3. 合弁企業（日本資本が過半数）	52 12.7	198 46.7	10 21.7	260 29.5
4. 合弁企業（日本資本対現地資本が50%：50%）	4 1.0	2 0.5	0 0.0	6 0.7
5. 合弁企業（現地資本が過半数）	4 1.0	0 0.0	0 0.0	4 0.5
不明	0 0.0	3 0.7	0 0.0	3 0.3
合計	410 100.0	424 100.0	46 100.0	880 100.0

表 1-6　企業の事業の段階別構成（地域別）　　　　（単位：人，%）

事業段階	所在国分類			合計
	1. 中国	2. ASEAN	3. インド	
1. 立ち上げ期	17 4.1	6 1.4	1 2.2	24 2.7
2. 業務拡大期	204 49.8	167 39.4	44 95.7	415 47.2
3. 安定操業期	152 37.1	250 59.0	1 2.2	403 45.8
4. 縮小・撤退期	36 8.8	0 0.0	0 0.0	36 4.1
不明	1 0.2	1 0.2	0 0.0	2 0.2
合計	410 100.0	424 100.0	46 100.0	880 100.0

表 1-7　日本の派遣元企業の業種（有効）　　　　（単位：人，%）

	人	比率		人	比率
1. 製造業（精密機器）	132	15.0	7. 卸・小売業	33	3.8
2. 製造業（自動車・部品等）	203	23.1	8. 金融業	9	1.0
3. 製造業（電機・電子部品等）	206	23.4	9. サービス業	7	0.8
4. 製造業（化学品・資材）	7	0.8	10. その他	59	6.7
5. 製造業（その他）	191	21.7	不明	2	0.2
6. 情報技術業	31	3.5	合計	880	100.0

しながらも，立ち上げ期，縮小・撤退期にも分散している。これに対し，ASEANでは安定操業期が59.0%と特に多くなっているが，インドではさらにほとんどの企業（95.7%）が業務拡大期にあたっていることが分かる。インドにおける日本企業のプレゼンスとオペレーションがごく近年のことであることを示している。

日本の派遣元企業の業種と規模

　調査対象者の派遣元企業（親会社）の特徴，すなわち業種と規模は以下のとおりである。まず表1-7で業種をみると，以下のとおりである。

　親会社で多い業種は，電機・電子部品等製造業（23.4%），自動車・部品等製造業（23.1%），その他製造業（21.7%）である。これらに精密機器製造業（15.0%）が続いている。製造業全体で8割を超えており，製造業以外では情報技術業と卸・小売業が数%ずつのシェアとなる。

表 1-8　日本の派遣元企業の規模
（有効）　（単位：人，％）

	度数（人）	比率
1. 300人未満	1	0.1
2. 300～999人	5	0.6
3. 1,000～2,999人	114	13.0
4. 3,000～4,999人	117	13.3
5. 5,000人以上	642	73.0
不　明	1	0.1
合　計	880	100.0

　次に，日本本社単独の従業員数（正社員）は表1-8のとおりである。5,000人以上の企業が73.0％，3,000～4,999人の企業が13.3％，1,000～2,999人が13.0％となっており，全体で1,000以上の企業が99％を占め，ほとんどが大企業であることが分かる。

2. 調査対象者の属性と特徴

年齢と性別

　調査対象者の年齢は，表1-9のとおり，35～39歳（19.8％），40～44歳（25.0％），45～49歳（21.5％），50歳以上（21.0％）の4階級にほぼ均等に分布している。40歳以上のベテランが全体で約7割を占めており，20歳代の若年者は3.1％とごく少ない。

　この傾向は地域別にみても，インドで35～39歳が少ないことを除けば，ほとんど変わらない。

　表1-10で男女別構成をみると，全体の99.1％が男性となっており，女性は1％足らずとなっている。地域別にもこの傾向に変化はない。たまたまであるが，当該サンプルにおいてはインドでは女性の海外派遣者は全くいない。

今回の海外勤務希望の有無

　今回の海外勤務希望の有無とその程度を表1-11に示した。全体では，強く希望した人は21.4％，希望した人は32.8％で，程度は問わず希望していた人の比率は54.2％と過半数を上回っている。他方で，希望しなかった人は10.6％，全く希望しなかった人は5.9％となっており，希望していなかった人の比率は合計で16.5％とごく少ない。したがって，今回の調査対象者には，今回の海

表 1-9　年齢構成（地域別）　　　　　　　　　　　　　　　（単位：人，％）

年　齢	所在国分類			合　計
	1. 中国	2. ASEAN	3. インド	
1. 25歳未満	2 0.5	2 0.5	0 0.0	4 0.5
2. 25～29歳	10 2.4	10 2.4	3 6.5	23 2.6
3. 30～34歳	41 10.0	37 8.7	5 10.9	83 9.4
4. 35～39歳	84 20.5	87 20.5	3 6.5	174 19.8
5. 40～44歳	99 24.1	110 25.9	11 23.9	220 25.0
6. 45～49歳	95 23.2	83 19.6	11 23.9	189 21.5
7. 50歳以上	79 19.3	95 22.4	11 23.9	185 21.0
不　明	0 0.0	0 0.0	2 4.3	2 0.2
合　計	410 100.0	424 100.0	46 100.0	880 100.0

表 1-10　性別構成（地域別）　　　　　　　　　　　　　　（単位：人，％）

性　別	所在国分類			合　計
	1. 中国	2. ASEAN	3. インド	
1. 男　性	405 98.8	421 99.3	46 100.0	872 99.1
2. 女　性	4 1.0	3 0.7	0 0.0	7 0.8
不　明	1 0.2	0 0.0	0 0.0	1 0.1
合　計	410 100.0	424 100.0	46 100.0	880 100.0

外勤務の希望者が多く含まれていることが分かる。

　地域別にみても，この傾向に大きな違いはないが，インドでは強く希望した人は10.9％と少なく，全く希望しなかった人は15.2％と多くなっている。このため，インドでは希望者が，他の地域に比べて相対的に少なかったといえる。

表 1-11　今回の海外勤務の希望の有無（地域別）　　　　　　　（単位：人，％）

派遣希望	所在国分類			合　計
	1. 中国	2. ASEAN	3. インド	
1. 強く希望した	95 23.2	88 20.8	5 10.9	188 21.4
2. 希望した	129 31.5	143 33.7	17 37.0	289 32.8
3. どちらとも言えない	120 29.3	124 29.2	12 26.1	256 29.1
4. 希望しなかった	34 8.3	55 13.0	4 8.7	93 10.6
5. 全く希望しなかった	32 7.8	13 3.1	7 15.2	52 5.9
不　明	0 0.0	1 0.2	1 2.2	2 0.2
合　計	410 100.0	424 100.0	46 100.0	880 100.0

　今回の海外勤務希望の有無とその程度を年齢別に示したのが，表 1-12 である。25 歳未満（サンプルは 4 人と少ない），25〜29 歳，30〜34 歳では強く希望した人の比率は全体を大きく上回って高く，同様に 30〜34 歳では希望した人の比率がきわめて高くなっている。

　こうして，現在赴任中の調査対象者でみる限り，20 歳代・30 歳代前半という比較的若い世代では海外勤務希望がきわめて強かったということができる。

家族の状況

　現地での家族構成の状況は表 1-13 に示されている。全体では，「単身赴任」が 40.7％と最多で，これに「配偶者と子女を帯同」（30.3％），「独身」（15.3％），「配偶者を帯同」（13.1％）が続いている。このため，既婚者はほぼ同じ比率で，単身赴任と家族帯同（配偶者・子女）とに二分されていることが分かる。

　ただしこの分布は地域によりかなり異なる。インドでは他の地域に比べて，「単身赴任」が 71.7％と極端に多く，他方で，「配偶者と子女を帯同」している人の比率は 10.9％と少なくなっている。

　現地での家族構成の状況は，年齢別違いに代表されるライフ・ステージによっても大いに異なることが想定される。実際，表 1-14 をみると，まず若い人ほど独身の比率が高くなっている。逆に，40 歳代後半，50 歳代と年齢が高い

表 1-12　今回の海外勤務の希望の有無（年齢別）　　　　　　（単位：人，％）

年　齢	派遣希望					不　明	合　計
	1.強く希望した	2.希望した	3.どちらとも言えない	4.希望しなかった	5.全く希望しなかった		
1. 25歳未満	3 75.0	0 0.0	0 0.0	1 25.0	0 0.0	0 0.0	4 100.0
2. 25～29歳	12 52.2	6 26.1	4 17.4	1 4.3	0 0.0	0 0.0	23 100.0
3. 30～34歳	28 33.7	35 42.2	9 10.8	6 7.2	5 6.0	0 0.0	83 100.0
4. 35～39歳	37 21.3	64 36.8	49 28.2	11 6.3	13 7.5	0 0.0	174 100.0
5. 40～44歳	53 24.1	54 24.5	65 29.5	36 16.4	11 5.0	1 0.5	220 100.0
6. 45～49歳	23 12.2	73 38.6	65 34.4	17 9.0	10 5.3	1 0.5	189 100.0
7. 50歳以上	31 16.8	56 30.3	64 34.6	21 11.4	13 7.0	0 0.0	185 100.0
不　明	1 50.0	1 50.0	0 0.0	0 0.0	0 0.0	0 0.0	2 100.0
合　計	188 21.4	289 32.8	256 29.1	93 10.6	52 5.9	2 1.2	880 100.0

表 1-13　現地での家族構成（地域別）　　　　　　（単位：人，％）

家族帯同	所在国分類			合　計
	1. 中国	2. ASEAN	3. インド	
1. 独身	61 14.9	69 16.3	5 10.9	135 15.3
2. 単身赴任	169 41.2	156 36.8	33 71.7	358 40.7
3. 配偶者を帯同	58 14.1	54 12.7	3 6.5	115 13.1
4. 配偶者と子女を帯同	121 29.5	141 33.3	5 10.9	267 30.3
5. その他	1 0.2	3 0.7	0 0.0	4 0.5
不　明	0 0.0	1 0.2	0 0.0	1 0.1
合　計	410 100.0	424 100.0	46 100.0	880 100.0

表 1-14　現地での家族構成（年齢別）　　　　　　　　　　　　（単位：人，％）

年　齢	家族帯同					不　明	合　計
	1.独身	2.単身赴任	3.配偶者を帯同	4.配偶者と子女を帯同	5.その他		
1. 25歳未満	3 75.0	1 25.0	0 0.0	0 0.0	0 0.0	0 0.0	4 100.0
2. 25～29歳	10 43.5	4 17.4	5 21.7	3 13.0	1 4.3	0 0.0	23 100.0
3. 30～34歳	23 27.7	8 9.6	21 25.3	30 36.1	1 1.2	0 0.0	83 100.0
4. 35～39歳	35 20.1	30 17.2	24 13.8	84 48.3	1 0.6	0 0.0	174 100.0
5. 40～44歳	21 9.5	78 35.5	29 13.2	91 41.4	0 0.0	1 0.5	220 100.0
6. 45～49歳	22 11.6	106 56.1	12 6.3	48 25.4	1 0.5	0 0.0	189 100.0
7. 50歳以上	20 10.8	131 70.8	24 13.0	10 5.4	0 0.0	0 0.0	185 100.0
不　明	1 50.0	0 0.0	0 0.0	1 50.0	0 0.0	0 0.0	2 100.0
合　計	135 15.3	358 40.7	115 13.1	267 30.3	4 0.5	1 0.1	880 100.0

層では単身赴任者の比率が極めて高く，50歳代の約7割は単身赴任者である。30歳代前半では配偶者のみを帯同する者の比率が高いが，30歳代後半，40歳代前半となると，配偶者と子女の双方を帯同する者の比率が高くなる。

現地企業での職種と職位

　現地企業で従事する仕事内容（職種）を複数回答でみると，表1-15のとおりである。まず，有効回答者879人で合計1,655種類の仕事に従事していたため，1人当たり1.8種類の仕事に従事していることになる。

　その中でスコアの高い職種をみると，技術（33.9％），生産（29.6％），営業（22.2％），全社的管理（20.6％），企画（18.4％）などとなる。

　地域別の違いはほとんどないが，ASEANでは，生産職に従事する者の比率が40.8％と高くなっている。これはASEANで，自動車・同部品の業種が集中していたことと関連するものとみられる。また，インドでは，営業の比率が

表 1-15 現地での仕事（複数回答，地域別） （単位：人，%）

赴任先での仕事	所在国分類			合 計
	1. 中国	2. ASEAN	3. インド	
総 務	48 11.7	45 10.6	7 15.2	100 11.4
経 理	45 11.0	36 8.5	6 13.0	87 9.9
人 事	50 12.2	36 8.5	5 10.9	91 10.4
企 画	82 20.0	67 15.8	13 28.3	162 18.4
営 業	109 26.7	71 16.7	15 32.6	195 22.2
生 産	75 18.3	173 40.8	12 26.1	260 29.6
購買・調達	29 7.1	66 15.6	7 15.2	102 11.6
技 術	134 32.8	150 35.4	14 30.4	298 33.9
研究開発	15 3.7	26 6.1	5 10.9	46 5.2
国際事業	16 3.9	15 3.5	3 6.5	34 3.9
全社的管理（トップ・マネジメント）	75 18.3	93 21.9	13 28.3	181 20.6
その他	65 15.9	33 7.8	1 2.2	99 11.3
合 計	409	424	46	879

他の地域より多い。

　続いて，現地企業で従事する主な仕事（職種）を1つだけ回答してもらった結果が，表1-16である。

　スコアの高い順に職種をみると，技術（21.2%），生産（16.6%），営業（16.2%），全社的管理（13.3%）となっており，この順序は複数回答で尋ねた結果と変わらない。

　地域別の違いはほとんどないが，ASEANでは，生産職に従事する者の比率が高く，インドでは，営業に従事する者の比率が他の地域より多い。この点も，

表 1-16 現地での主な仕事（単数回答，地域別） （単位：人，%）

主な仕事	所在国分類			合計
	1. 中国	2. ASEAN	3. インド	
1. 総　務	11 2.7	6 1.4	1 2.2	18 2.0
2. 経　理	21 5.1	18 4.3	4 8.7	43 4.9
3. 人　事	7 1.7	4 0.9	0 0.0	11 1.3
4. 企　画	23 5.6	12 2.8	2 4.3	37 4.2
5. 営　業	77 18.8	53 12.5	12 26.1	142 16.2
6. 生　産	38 9.3	103 24.3	5 10.9	146 16.6
7. 購買・調達	16 3.9	24 5.7	0 0.0	40 4.6
8. 技　術	90 22.0	89 21.0	7 15.2	186 21.2
9. 研究開発	8 2.0	7 1.7	1 2.2	16 1.8
10. 国際事業	2 0.5	3 0.7	0 0.0	5 0.6
11. 全社的管理（トップマネジメントの仕事）	48 11.7	60 14.2	9 19.6	117 13.3
12. その他	51 12.4	19 4.5	1 2.2	71 8.1
不　明	18 4.4	25 5.9	4 8.7	47 5.3
合　計	410 100.0	423 100.0	46 100.0	879 100.0

複数回答で尋ねた結果とほぼ同様である。

　職位をみると，もっとも多いのが部長クラスで34.1%，次に課長クラスで23.4%となっている。その次に多いのが社長・副社長で12.0%，ライン以外のアドバイザー・顧問などがこれに続いて，8.5%となっている（表1-17参照）。

　いずれにせよ，部長，課長でサンプルの過半数を占めており，課長以上の職位の者が全サンプルの約8割を占め，係長・一般従業員クラスは1割程度を占

表 1-17　現地での職位（地域別）　　　　　　　　　　（単位：人，％）

職　位	所在国分類			合　計
	1. 中国	2. ASEAN	3. インド	
1. 会　長	3 0.7	4 0.9	0 0.0	7 0.8
2. 社長・副社長	60 14.6	37 8.7	9 19.6	106 12.0
3. 拠点長（駐在員事務所所長等）	23 5.6	24 5.7	3 6.5	50 5.7
4. 役員クラス	6 1.5	36 8.5	2 4.3	44 5.0
5. 部長クラス	165 40.2	117 27.6	18 39.1	300 34.1
6. 課長クラス	89 21.7	110 25.9	7 15.2	206 23.4
7. 係長クラス	24 5.9	28 6.6	2 4.3	54 6.1
8. 一般従業員クラス	19 4.6	14 3.3	0 0.0	33 3.8
9. ライン以外のアドバイザー・顧問等	19 4.6	52 12.3	4 8.7	75 8.5
不　明	2 0.5	2 0.5	1 2.2	5 0.6
合　計	410 100.0	424 100.0	46 100.0	880 100.0

めるにすぎない。このような傾向は地域別にも，差異がない。

語　学　力

　母国語レベルを5点，できないというレベルを1点とする自己評価による語学力を尋ねた結果は以下のとおりである。まず現地語については表1-18に示されるとおり，ほぼ9割の者が日常会話レベル以下にとどまっている。

　地域別にみると，インドでは，現地語はヒンズー語を指すかもしれないが，できないという回答が95.7％になっており，突出している。

　同様の設問による英語力をみると，日常会話レベル（35.1％）を中心にしてややできない方に傾く正規分布型に分散している。全くできないという人の比率も14.7％に達している（表1-19参照）。

　地域別の特徴は，インドでは英語が全くできないという人の比率は極めて低

表 1-18　現地語のレベル（地域別）　　　　　　　　　　　　　（単位：人，%）

現地国語力	所在国分類			合　計
	1. 中国	2. ASEAN	3. インド	
1. できない	84 20.5	168 39.6	44 95.7	296 33.6
2. 少しできる	176 42.9	149 35.1	2 4.3	327 37.2
3. 日常会話レベル	99 24.1	82 19.3	0 0.0	181 20.6
4. ビジネスレベル	35 8.5	15 3.5	0 0.0	50 5.7
5. 母国語レベル	14 3.4	1 0.2	0 0.0	15 1.7
不　明	2 0.5	9 2.1	0 0.0	11 1.3
合　計	410 100.0	424 100.0	46 100.0	880 100.0

表 1-19　英語のレベル（地域別）　　　　　　　　　　　　　（単位：人，%）

英語力	所在国分類			合　計
	1. 中国	2. ASEAN	3. インド	
1. できない	75 18.3	52 12.3	2 4.3	129 14.7
2. 少しできる	128 31.2	114 26.9	9 19.6	251 28.5
3. 日常会話レベル	131 32.0	162 38.2	16 34.8	309 35.1
4. ビジネスレベル	65 15.9	90 21.2	17 37.0	172 19.5
5. 母国語レベル	5 1.2	4 0.9	1 2.2	10 1.1
不　明	6 1.5	2 0.5	1 2.2	9 1.0
合　計	410 100.0	424 100.0	46 100.0	880 100.0

表 1-20　海外勤務の通算年数（年齢別）

年　齢	平均値（年）	度数（人）	標準偏差
1. 25歳未満	1.75	4	1.500
2. 25～29歳	1.57	23	1.080
3. 30～34歳	3.04	83	2.335
4. 35～39歳	3.55	174	2.591
5. 40～44歳	4.88	220	4.205
6. 45～49歳	5.79	188	4.551
7. 50歳以上	7.27	185	5.662
不　明	1.00	2	1.414
合　計	5.03	879	4.451

表 1-21　現赴任地における海外勤務年数（国別・地域別）

企業所在国・地域	平均値（年）	度数（人）	標準偏差
1. 中　国	3.63	410	3.326
2. インド	2.36	44	3.163
3. ベトナム	3.00	76	1.980
4. タ　イ	2.88	188	2.552
5. フィリピン	3.21	34	3.033
6. マレーシア	2.80	10	3.584
7. シンガポール	3.27	30	3.194
8. インドネシア	3.36	74	2.773
1. 中　国	3.63	410	3.326
2. ASEAN	3.04	412	2.612
3. インド	2.36	44	3.163
合　計	3.29	866	3.017

く（それでも4.3%いるが），母国語レベルではないが日常会話レベルを超えるという人の比率は37.0%と極めて多いという特徴がある。インドでは英語ができないと仕事にならないという事情を反映しているのではないかとみられる。

海外勤務年数

　現赴任地での年数も含む，これまでの海外勤務の通算年数は，表1-20に示されるとおりである。回答者全体では平均，5.03年である。もちろん，これは年齢により異なる。サンプルが少なく，分散の大きな25歳未満は1.75年であるが，後は，25～29歳1.57年，30～34歳3.04年，……，50歳以上7.27年という具合に，年齢が高くなるとともに海外勤務の通算年数もそれに応じて長くなる傾向がみられる。

　現赴任地における海外勤務年数は，通算で3.29年である（表1-21参照）。こ

れは，インドにおける同年数が2.36年と短いのを除いて，数値の分布は2.80年（マレーシア）から3.63年（中国）の1年以内の範囲に収まっており，国別，地域別に大きな差がないといえる。インドでは既述のとおり，企業の事業段階が業務拡大期という初期の段階にあり，そこへの赴任は初めての場合が多くなっているためではないかとみられる。

3. コンピテンシーの自己評価

調査対象者に対し，コンピテンシーの自己評価をしてもらった。コンピテンシーは62項目にわたる。

さて，コンピテンシーの自己評価は，各質問についてどの程度当てはまるかを，「全くその通り」「ほぼその通り」「どちらとも言えない」「違う」「全く違う」の5段階で回答してもらったものである。それを，「全くその通り」を2点，「ほぼその通り」を1点，「どちらとも言えない」を0点，「違う」をマイナス1点，「全く違う」をマイナス2点に換算することにより，自己評価の程度を測定するという手法をとった。その結果を，スコアの高い順に並べたのが，図1-1である。なお，ここで，平均値（0.68点）より1標準偏差（SD，0.22点）を超えた点数（0.90点）より高い項目を「自己評価の高いコンピテンシー」と呼び，逆に，平均値（0.68点）より1標準偏差（SD，0.22点）を超えた点数（0.46点）より低い項目を「自己評価の低いコンピテンシー」と呼ぶことにする。[2]

図1-1からいくつかのことが分かる。第1に，自己評価結果がマイナスになっている項目が存在しないことである。このため全項目においてかなりポジティブな自己評価結果となっているということができよう。平均値は0.68点で，標準偏差は0.22点であった。

第2に，「自己評価の高いコンピテンシー」には7項目が含まれていた。それは高い順に並べると，以下の項目である。カッコ内のアルファベットは本書の巻末に添付する質問票内の分類である。

1. 自分がミスをした時は素直に認める（E）
2. 他部門からの支援を求められる時，支援する（A）
3. 顧客を大事にしている（E）
4. 責任感が強い（E）
5. 部下が問題に遭遇した際に，適切な手助けをする（A）

6. 意思決定に当たり，周囲の意見を取り入れる（A）
  7. 部下に対する気配りや関心を示している（B）

　これらの項目はほとんど，調査票でA（3項目）とE（3項目）に分類される項目に含まれる。Aに分類される諸項目は，ビジネス・スキルの基本にかかわる項目であり，Eに分類される諸項目は，性格や行動にかかわる項目である。このため，①他部門・部下への支援，広く周囲の意見を踏まえたうえので意思決定力など基本的なビジネス・スキルの保有と，②自己反省力，顧客への配慮，責任感などビジネスマンとしての資質（性格や行動）において強い自信が示されているといえよう。

　第3に，他方で「自己評価の低いコンピテンシー」には10項目が含まれていた。それは低い順に並べると，以下の項目である。カッコ内のアルファベットは，上と同様に，本書の巻末に添付する質問票内の分類である。

  1. 派遣国の言語を熱心に勉強している（F）
  2. 上から高く評価されている（A）
  3. 派遣国の商慣行をよく理解している（F）
  4. 顧客から高く評価されている（A）
  5. 業務上の時間管理が効果的である（A）
  6. 人脈（社内・社外）が広い（E）
  7. 対外交渉力が強い（A）
  8. 他部門の悪口を言わない（E）
  9. 将来のニーズやチャンスを先取りする（A）
  10. 視野・見識が広い（E）

　A（ビジネス・スキルの基本にかかわる項目）に分類されるのが5項目，E（性格や行動にかかわる項目）に分類されるのが3項目，F（派遣先国への関心にかかわる項目）に分類されるのが2項目となっている。①業務上の時間管理，対外交渉力，チャンスの先取りなどのビジネス・スキル上の課題，②人脈構築力，視野・見識の広さなどビジネスマンとしての資質に関する課題，それに③派遣先国への理解や関心が薄いという課題を抱えていると自己評価しているといえる。

　コンピテンシーの自己評価結果を職位別に示したのが，図1-2である。スコアは職位により大きく異なることが明らかである。職位による差が小さい，あるいは逆転しているという若干の例外を除いて，ほとんどの場合，職位が高いほどスコアが高く，自己評価が高いという傾向がみられる。この例外は62項

図 1-1　コンピテンシーの自己評価結果

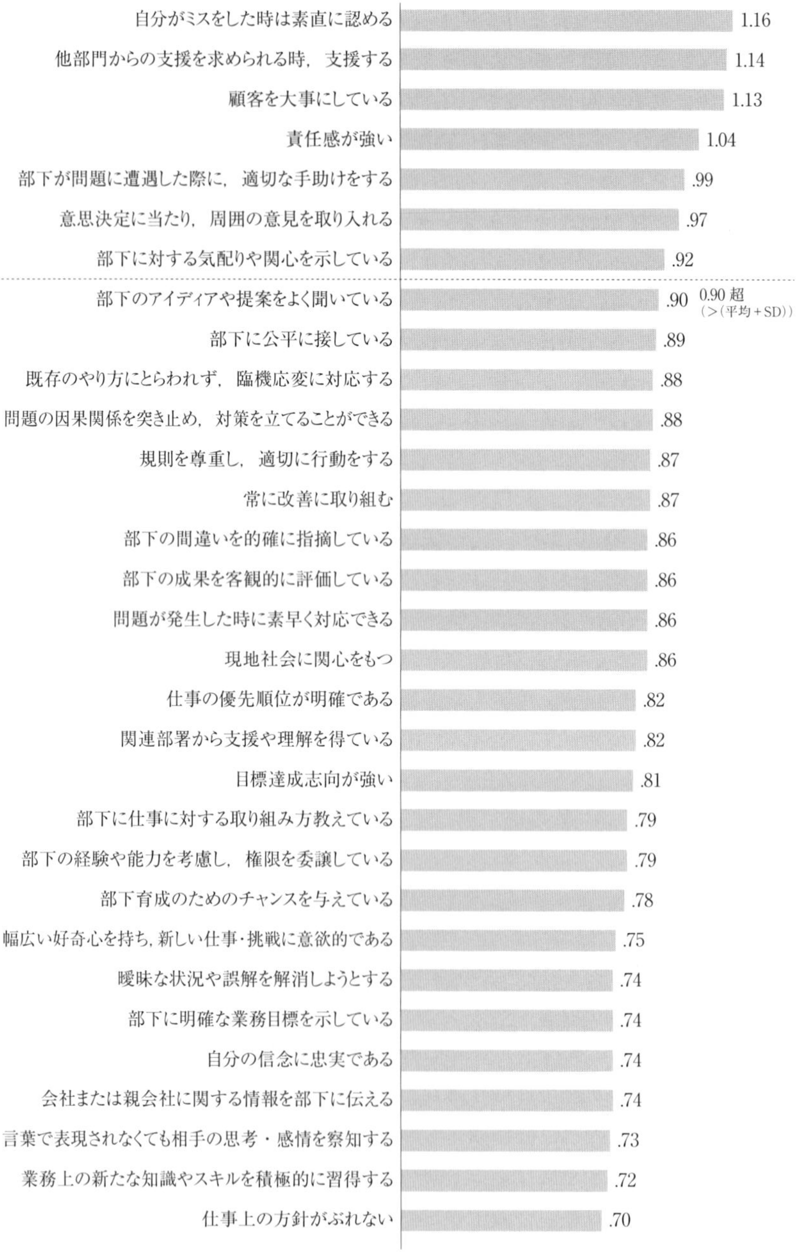

自分がミスをした時は素直に認める	1.16
他部門からの支援を求められる時，支援する	1.14
顧客を大事にしている	1.13
責任感が強い	1.04
部下が問題に遭遇した際に，適切な手助けをする	.99
意思決定に当たり，周囲の意見を取り入れる	.97
部下に対する気配りや関心を示している	.92
部下のアイディアや提案をよく聞いている	.90　0.90 超（>（平均＋SD））
部下に公平に接している	.89
既存のやり方にとらわれず，臨機応変に対応する	.88
問題の因果関係を突き止め，対策を立てることができる	.88
規則を尊重し，適切に行動をする	.87
常に改善に取り組む	.87
部下の間違いを的確に指摘している	.86
部下の成果を客観的に評価している	.86
問題が発生した時に素早く対応できる	.86
現地社会に関心をもつ	.86
仕事の優先順位が明確である	.82
関連部署から支援や理解を得ている	.82
目標達成志向が強い	.81
部下に仕事に対する取り組み方教えている	.79
部下の経験や能力を考慮し，権限を委譲している	.79
部下育成のためのチャンスを与えている	.78
幅広い好奇心を持ち，新しい仕事・挑戦に意欲的である	.75
曖昧な状況や誤解を解消しようとする	.74
部下に明確な業務目標を示している	.74
自分の信念に忠実である	.74
会社または親会社に関する情報を部下に伝える	.74
言葉で表現されなくても相手の思考・感情を察知する	.73
業務上の新たな知識やスキルを積極的に習得する	.72
仕事上の方針がぶれない	.70

(図 1-1 つづき)

会社の進むべき方向を明確に部下に伝える	.70	
問題点を素早く発見できる	.69	
意思決定が速い	.69	
現場の状況を客観的に会社または親会社に伝える	.69	
業務を迅速に遂行できる	.69	
部下を信頼している	.67	0.68 (平均)
目標実現のための各人の役割を部下に自覚させている	.64	
ビジョンの実現進捗状況を部下と共有する	.62	
部下を効果的に褒めている	.61	
目標実現に向けて，リスクをとることができる	.60	
将来部門の進むべき方向をはっきり示す	.60	
専門知識が豊富である	.60	
叱るべき時は部下を適切に叱っている	.58	
部下に対する評価を具体的にフィードバックしている	.57	
指示や説明が分かりやすい	.55	
あらゆる状況において，冷静に対応できる	.55	
戦略立案ができる	.53	
現地の文化や風俗習慣を理解している	.51	
数字分析に強い	.46	
部下に自立的に学べる環境・時間を与えている	.46	
上の人が間違っていたら，はっきり指摘する	.46	
視野・見識が広い	.43	0.46 (<(平均-SD))
将来のニーズやチャンスを先取りする	.42	
他部門の悪口を言わない	.40	
対外交渉力が強い	.38	
人脈（社内・社外）が広い	.38	
業務上の時間管理が効果的である	.36	
顧客から高く評価されている	.31	
現地の商慣行をよく理解している	.27	
上から高く評価されている	.16	
現地国語を熱心に勉強している	.14	

図 1-2　コンピテンシーの自己評価結果（職位別）

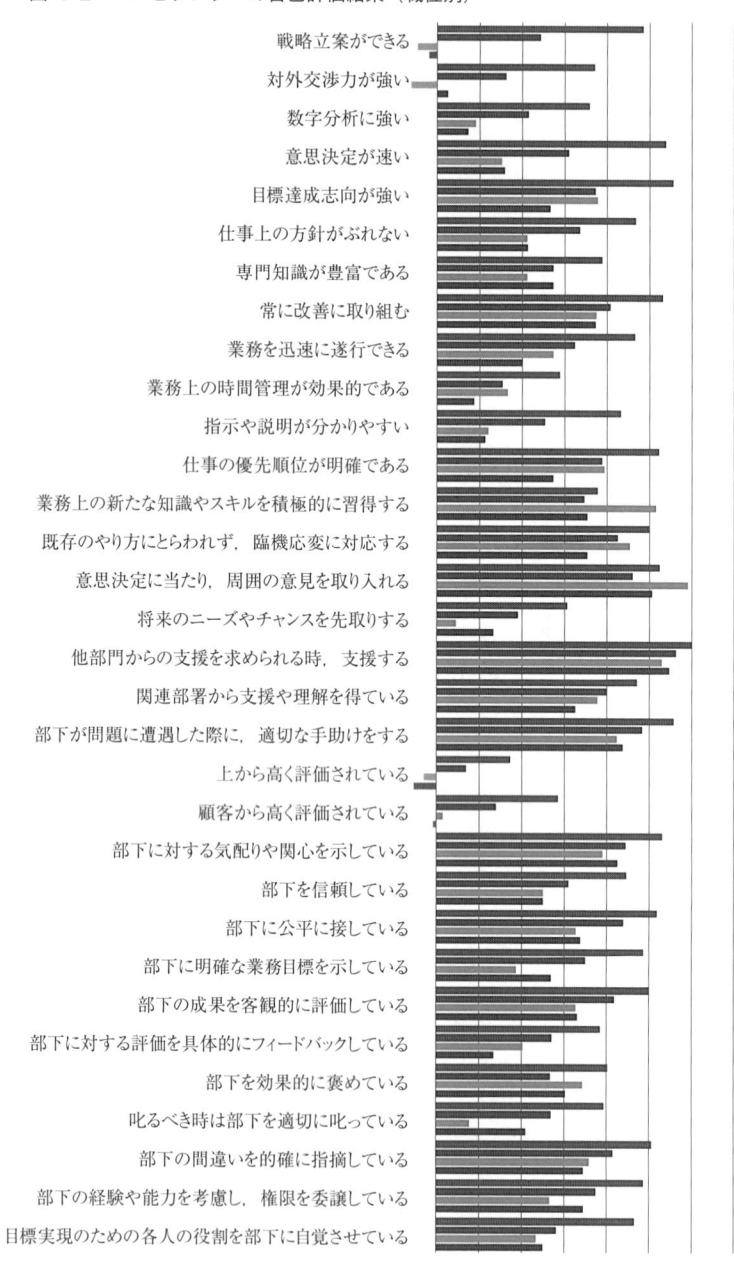

戦略立案ができる
対外交渉力が強い
数字分析に強い
意思決定が速い
目標達成志向が強い
仕事上の方針がぶれない
専門知識が豊富である
常に改善に取り組む
業務を迅速に遂行できる
業務上の時間管理が効果的である
指示や説明が分かりやすい
仕事の優先順位が明確である
業務上の新たな知識やスキルを積極的に習得する
既存のやり方にとらわれず，臨機応変に対応する
意思決定に当たり，周囲の意見を取り入れる
将来のニーズやチャンスを先取りする
他部門からの支援を求められる時，支援する
関連部署から支援や理解を得ている
部下が問題に遭遇した際に，適切な手助けをする
上から高く評価されている
顧客から高く評価されている
部下に対する気配りや関心を示している
部下を信頼している
部下に公平に接している
部下に明確な業務目標を示している
部下の成果を客観的に評価している
部下に対する評価を具体的にフィードバックしている
部下を効果的に褒めている
叱るべき時は部下を適切に叱っている
部下の間違いを的確に指摘している
部下の経験や能力を考慮し，権限を委譲している
目標実現のための各人の役割を部下に自覚させている

40

(図 1-2 つづき)

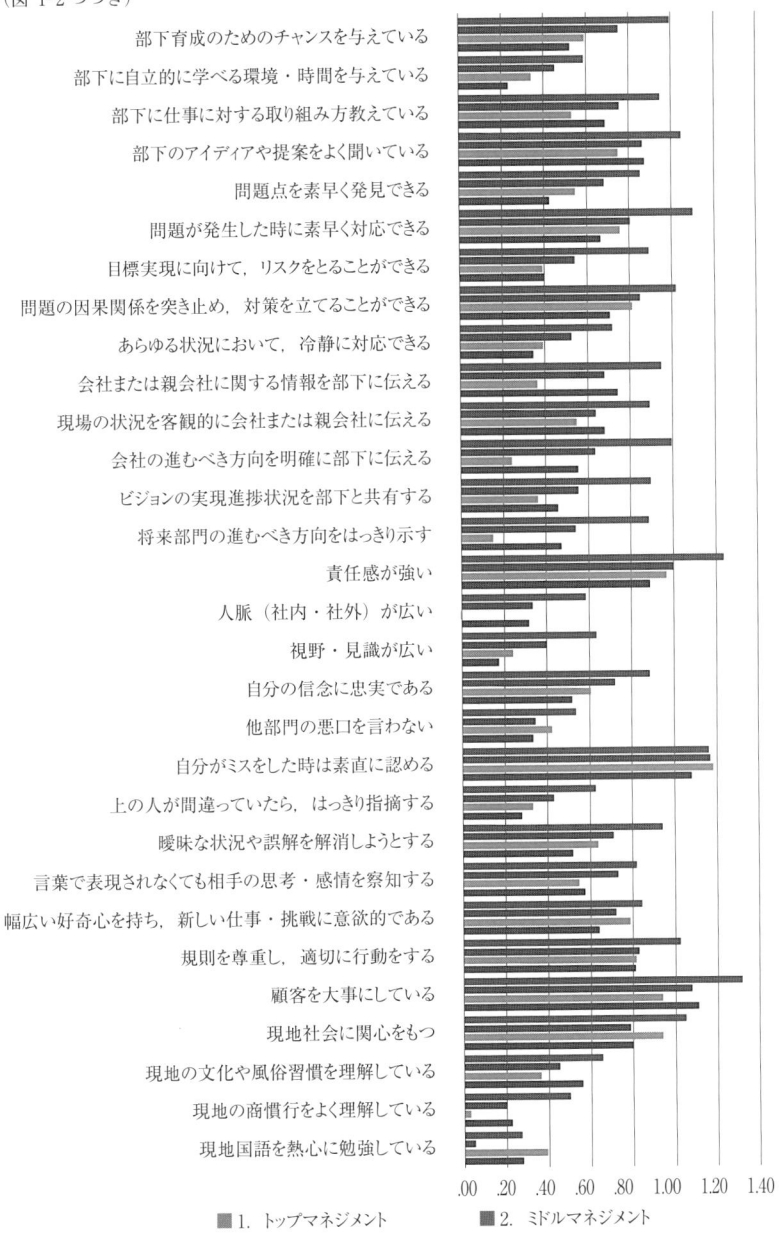

図 1-2（つづき）日本人派遣者のコンピテンシー項目別平均値

項目	1. トップマネジメント	2. ミドルマネジメント	3. 一般従業員	4. ライン以外のアドバイザー・顧問等

- 部下育成のためのチャンスを与えている
- 部下に自立的に学べる環境・時間を与えている
- 部下に仕事に対する取り組み方教えている
- 部下のアイディアや提案をよく聞いている
- 問題点を素早く発見できる
- 問題が発生した時に素早く対応できる
- 目標実現に向けて，リスクをとることができる
- 問題の因果関係を突き止め，対策を立てることができる
- あらゆる状況において，冷静に対応できる
- 会社または親会社に関する情報を部下に伝える
- 現場の状況を客観的に会社または親会社に伝える
- 会社の進むべき方向を明確に部下に伝える
- ビジョンの実現進捗状況を部下と共有する
- 将来部門の進むべき方向をはっきり示す
- 責任感が強い
- 人脈（社内・社外）が広い
- 視野・見識が広い
- 自分の信念に忠実である
- 他部門の悪口を言わない
- 自分がミスをした時は素直に認める
- 上の人が間違っていたら，はっきり指摘する
- 曖昧な状況や誤解を解消しようとする
- 言葉で表現されなくても相手の思考・感情を察知する
- 幅広い好奇心を持ち，新しい仕事・挑戦に意欲的である
- 規則を尊重し，適切に行動をする
- 顧客を大事にしている
- 現地社会に関心をもつ
- 現地の文化や風俗習慣を理解している
- 現地の商慣行をよく理解している
- 現地国語を熱心に勉強している

■ 1. トップマネジメント　　■ 2. ミドルマネジメント
■ 3. 一般従業員　　■ 4. ライン以外のアドバイザー・顧問等

第 1 章　日本人派遣者のコンピテンシーと仕事成果（1）

目中,「業務上の新たな知識やスキルを積極的に習得する」(調査票のA13),「意思決定に当たり,周囲の意見を取り入れる」(同A15),「自分がミスをした時は素直に認める」(同E6),「幅広い好奇心を持ち,新しい仕事・挑戦に意欲的である」(同E10),「派遣国の言語を熱心に勉強している」(同F4)の5項目に過ぎない。ただし,職位が「ライン以外のアドバイザー・顧問など」は,設問が直接ライン管理職に関するものも多く,そういう設問の場合は除外して考える方が適切と考えるため,ここでは除外して議論している。

4. ミッションならびにその達成度に関する自己評価

ミッションの種類

調査対象者は,派遣される前にどのようなミッションを付与されているのだろうか。表1-22は,会社から与えられたミッションを複数回答で尋ねた結果である。30%以上とスコアの高い項目は,収益の向上 (59.6%),日本本社と現地の調整 (51.0%),品質管理の安定・向上 (47.7%),技術の移転 (31.8%),現地法人の統制 (31.7%),市場の開拓・確保 (30.8%) など多岐にわたる。

会社から与えられたミッションは地域によっても異なる。表1-22に明らかなとおり,地域別の違いが顕著に表れているのは,インドにおいてであり,インドでは,「事業の立ち上げ」「市場の開拓・確保」という2つのミッションが特に高くなっている。これは,インドでは,他の地域と比べて,スタート・アップされたばかりの企業が比較的多いためと解釈できる。

ミッションは職位により大きく異なることは容易に想像される。そこで,表1-23をみてほしい。職位別に顕著に高くなっているスコアをみてみると以下のとおりである。トップ・マネジメントの場合「収益の向上」「市場の開拓・確保」「企業理念の浸透」「現地法人の統制」「日本人派遣者のメンター」という5項目でスコアが顕著に高い。トップ・マネジメントにおいては,収益やマーケットなどの経営目標の達成が求められ,また現地法人への企業理念の浸透と現地法人の統制という役割が重要となり,さらに現地に派遣されている日本人部下のメンター (相談役) となることも大いに期待されている。

ミドル・マネジメントの場合,特別に高くなっている項目は存在せず,サンプルも多いためか全体のスコアに近いものとなっている。一般従業員の場合は,「自分自身の経験・研修のため」という項目のスコアが顕著に高くなっており,

表 1-22 会社から与えられたミッション（複数回答，地域別）　（単位：人，％）

与えられたミッション	所在国分類			合　計
	1. 中国	2. ASEAN	3. インド	
事業の立ち上げ	81 19.8	65 15.4	13 28.3	159 18.1
収益の向上	229 56.0	269 63.6	25 54.3	523 59.6
市場の開拓・確保	140 34.2	106 25.1	24 52.2	270 30.8
製品・技術の開発	47 11.5	88 20.8	11 23.9	146 16.6
技術の移転	105 25.7	159 37.6	15 32.6	279 31.8
品質管理の安定・向上	180 44.0	222 52.5	17 37.0	419 47.7
企業理念の浸透	107 26.2	89 21.0	13 28.3	209 23.8
現地法人の統制	142 34.7	119 28.1	17 37.0	278 31.7
日本本社と現地の調整	221 54.0	204 48.2	23 50.0	448 51.0
日本人派遣者のメンター	29 7.1	33 7.8	6 13.0	68 7.7
自分自身の経験・研修のため	51 12.5	68 16.1	6 13.0	125 14.2
特に与えられたミッションはない	4 1.0	6 1.4	0 0.0	10 1.1
その他	43 10.5	20 4.7	3 6.5	66 7.5
合　計	409	423	46	878

今回の海外赴任がキャリア上，本人の能力開発の一環としても位置づけられていることが明らかである。

　管理職でないアドバイザー・顧問などの場合，「技術の移転」のスコアが顕著に高く，現地のスタッフに対し，日本本社の技術的スキルや経営ノウハウなどを教えて移転していくことが重要なミッションとなっていることが示されている。

表 1-23 会社から与えられたミッション（複数回答，職位別）　　（単位：人，%）

与えられたミッション	職位分類				合　計
	1.トップ・マネジメント	2.ミドル・マネジメント	3.一般従業員	4.アドバイザー，顧問等	
事業の立ち上げ	55 26.6	91 16.3	7 21.2	6 8.0	159 18.2
収益の向上	165 79.7	316 56.5	13 39.4	26 34.7	520 59.5
市場の開拓・確保	91 44.0	164 29.3	9 27.3	5 6.7	269 30.8
製品・技術の開発	40 19.3	83 14.8	4 12.1	17 22.7	144 16.5
技術の移転	56 27.1	169 30.2	11 33.3	42 56.0	278 31.8
品質管理の安定・向上	100 48.3	265 47.4	14 42.4	38 50.7	417 47.7
企業理念の浸透	92 44.4	104 18.6	4 12.1	8 10.7	208 23.8
現地法人の統制	123 59.4	142 25.4	5 15.2	8 10.7	278 31.8
日本本社と現地の調整	100 48.3	304 54.4	10 30.3	30 40.0	444 50.8
日本人派遣者のメンター	45 21.7	22 3.9	0 0.0	1 1.3	68 7.8
自分自身の経験・研修のため	16 7.7	81 14.5	12 36.4	16 21.3	125 14.3
特に与えられたミッションはない	2 1.0	4 0.7	1 3.0	3 4.0	10 1.1
その他	10 4.8	47 8.4	4 12.1	5 6.7	66 7.6
合　計	207	559	33	75	874

　以上は，会社から与えられたミッションをすべて挙げてもらった結果であるが，そのうち，最重要のミッションは何かについて尋ねた結果が，表1-24である。

　全般的には，複数回答とほとんど同じ傾向がみられるが，収益の向上，品質管理の安定・向上，市場の開拓・確保，技術の移転などの項目で10%以上の

表 1-24　会社から与えられた最重要のミッション（地域別）　　（単位：人，%）

最も重要なミッション	所在国分類			合　計
	1. 中国	2. ASEAN	3. インド	
1. 事業の立ち上げ	27 6.6	22 5.2	7 15.2	56 6.4
2. 収益の向上	77 18.8	108 25.5	8 17.4	193 21.9
3. 市場の開拓・確保	56 13.7	43 10.1	8 17.4	107 12.2
4. 製品・技術の開発	10 2.4	26 6.1	3 6.5	39 4.4
5. 技術の移転	34 8.3	55 13.0	4 8.7	93 10.6
6. 品質管理の安定・向上	69 16.8	59 13.9	4 8.7	132 15.0
7. 企業理念の浸透	7 1.7	7 1.7	0 0.0	14 1.6
8. 現地法人の統制	45 11.0	28 6.6	4 8.7	77 8.8
9. 日本本社と現地の調整	17 4.1	23 5.4	1 2.2	41 4.7
10. 日本人派遣者のメンター	0 0.0	1 0.2	0 0.0	1 0.1
11. 自分自身の経験・研修のため	5 1.2	4 0.9	0 0.0	9 1.0
12. 特に与えられたミッションはない	3 0.7	2 0.5	0 0.0	5 0.6
13. その他	31 7.6	11 2.6	2 4.3	44 5.0
不　明	29 7.1	35 8.3	5 10.9	69 7.8
合　計	410 100.0	424 100.0	46 100.0	880 100.0

高いスコアとなっている。

　地域別には，インドで，事業の立ち上げという項目が顕著に高くなっており，インドでスタート・アップにある企業が多いことを示唆している。

　さらに，表 1-25 で，会社から与えられた最重要のミッションを職位別に比

べてみると，トップ・マネジメントでは，「収益の向上」のスコアが特に高く，一般従業員では「自分自身の経験・研修」のスコアが特に高く，さらに，アドバイザー・顧問などは「技術の移転」が傑出して高くなっていた。ミドル・マネジメントの場合は，他の職位と比べて特にスコアの高い項目はなかった。

最重要ミッションの達成度

日本本社から与えられた最重要のミッションはどの程度まで達成されているのだろうか。完全に達成できている（2点），……，どちらともいえない（0点），……，全く達成できていない（マイナス2点）までの5段階でその自己評価を尋ねた結果が，表1-26である。

全体では平均0.49点（標準偏差0.788点）であり，標準偏差が平均値を大きく上回る，かなりばらつきの大きい結果であるといえる。0.49点という水準は，「何とかぎりぎり達成できている」という控えめな評価といえる。

ただし，これは職位別に大きな差があり，トップ・マネジメントは平均0.62点（標準偏差0.763点），ミドル・マネジメントは平均0.48点（標準偏差0.780点），一般従業員は平均0.30点（標準偏差0.728点），アドバイザー・顧問などは平均0.18点（標準偏差0.869点）となっており，職位が高いほど，ミッションの達成度の自己評価は高くなっている。

仕事上の成果に対する相対的自己評価

仕事上の成果に対する自己評価は難しい。そこで，前任者，同じ職場の日本人派遣者，同格のローカル・マネジャー，同業他社の日本人派遣者，日本で勤務している同期入社者，さらには，日本で勤務していた時の自分と比べて，現地勤務でどの程度の仕事上の成果を上げているのかを尋ねた。自己評価は，非常に高い（2点），高い（1点），どちらともいえない（0点），低い（マイナス1点），非常に低い（マイナス2点）までの5段階で尋ねた。前任者がいないなどということも考えられるので，「非該当」という選択肢も設けた。その結果が，図1-3である。図1-3には，平均値の高い項目順に並べ，また参考までに「最重要ミッションの達成度の自己評価」も横棒グラフの最上位に加えてある。

仕事上の成果に対する相対的自己評価の単純平均値は0.60点となるが，平均を上回る上位3位は，「同格のローカル・マネジャーと比べて」（0.90点）が最高で，それに「日本で勤務していた時の自分と比べて」（0.75点），「日本で勤務している同期入社者と比べて」（0.62点）である。このため，海外赴任では同格のローカル・マネジャーに負けないくらいに成果を出しており，また日本時

表 1-25　会社から与えられた最重要のミッション（職位別）　　　（単位：人，％）

最も重要なミッション	職位分類				合　計
	1.トップ・マネジメント	2.ミドル・マネジメント	3.一般従業員	4.アドバイザー，顧問等	
1. 事業の立ち上げ	14 6.8	34 6.1	3 9.1	5 6.7	56 6.4
2. 収益の向上	81 39.1	99 17.7	2 6.1	10 13.3	192 21.9
3. 市場の開拓・確保	32 15.5	73 13.0	1 3.0	1 1.3	107 12.2
4. 製品・技術の開発	6 2.9	26 4.6	2 6.1	4 5.3	38 4.3
5. 技術の移転	3 1.4	61 10.9	5 15.2	24 32.0	93 10.6
6. 品質管理の安定・向上	14 6.8	99 17.7	5 15.2	14 18.7	132 15.1
7. 企業理念の浸透	3 1.4	10 1.8	0 0.0	0 0.0	13 1.5
8. 現地法人の統制	31 15.0	43 7.7	1 3.0	2 2.7	77 8.8
9. 日本本社と現地の調整	2 1.0	32 5.7	3 9.1	4 5.3	41 4.7
10. 日本人派遣者のメンター	0 0.0	1 0.2	0 0.0	0 0.0	1 0.1
11. 自分自身の経験・研修のため	0 0.0	3 0.5	5 15.2	1 1.3	9 1.0
12. 特に与えられたミッションはない	0 0.0	3 0.5	1 3.0	1 1.3	5 0.6
13. その他	6 2.9	31 5.5	3 9.1	4 5.3	44 5.0
不　明	15 7.2	45 8.0	2 6.1	5 6.7	67 7.7
合　計	207 100.0	560 100.0	33 100.0	75 100.0	875 100.0

表 1-26 最重要ミッションの達成度（職位別）

職位分類	ミッションの達成度		
	平均値	度数（人）	標準偏差
1. トップ・マネジメント	0.62	198	0.763
2. ミドル・マネジメント	0.48	543	0.780
3. 一般従業員	0.30	33	0.728
4. アドバイザー，顧問等	0.18	67	0.869
合 計	0.49	841	0.788

図 1-3 仕事上の成果に対する相対的自己評価

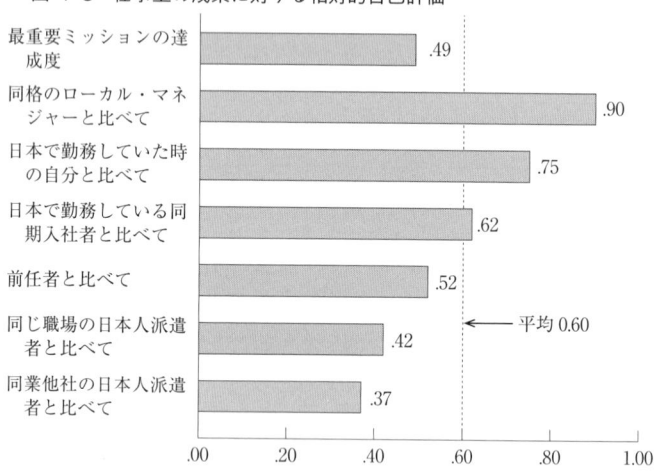

最重要ミッションの達成度	.49
同格のローカル・マネジャーと比べて	.90
日本で勤務していた時の自分と比べて	.75
日本で勤務している同期入社者と比べて	.62
前任者と比べて	.52
同じ職場の日本人派遣者と比べて	.42
同業他社の日本人派遣者と比べて	.37

← 平均 0.60

代の自分や同期と比べて現地で頑張っているという自負が感じ取れる。他の3項目においては，各種日本人派遣者と比べて「やや高め程度」と控えめな評価となっている。

　この評価を職位別にみたのが，図 1-4 であり，より詳細に示したのが，表 1-27 である。なお，「最重要ミッションの達成度の自己評価」は参考までに示した。

　これらの図・表から，職位が高いほど，仕事上の成果に対する自己評価は高くなっているということが明らかである。とりわけトップ・マネジメントの自己評価は全項目で高く，特に「同格のローカル・マネジャーと比べて」は 1.25 点と，きわめて高い。職位別の平均をみると，トップ・マネジメントの自己評価点は 0.88 点，ミドル・マネジメントの自己評価点は 0.54 点，一般従業員の自己評価点は 0.33 点と大きな差があり，職位の高いものほど仕事上の成果に

図 1-4 仕事上の成果に対する相対的自己評価（職位別）

凡例:
1. トップ・マネジメント
2. ミドル・マネジメント
3. 一般従業員
4. アドバイザー，顧問等

項目	1	2	3	4
最重要ミッションの達成度	.62	.48	.30	.18
前任者と比べて	.79	.46	.16	.27
同じ職場の日本人派遣者と比べて	.86	.34	.16	-.02
同格のローカル・マネジャーと比べて	1.25	.83	.67	.70
同業他社の日本人派遣者と比べて	.60	.31	.32	.16
日本で勤務している同期入社者と比べて	.81	.57	.22	.57
日本で勤務していた時の自分と比べて	.95	.70	.45	.71

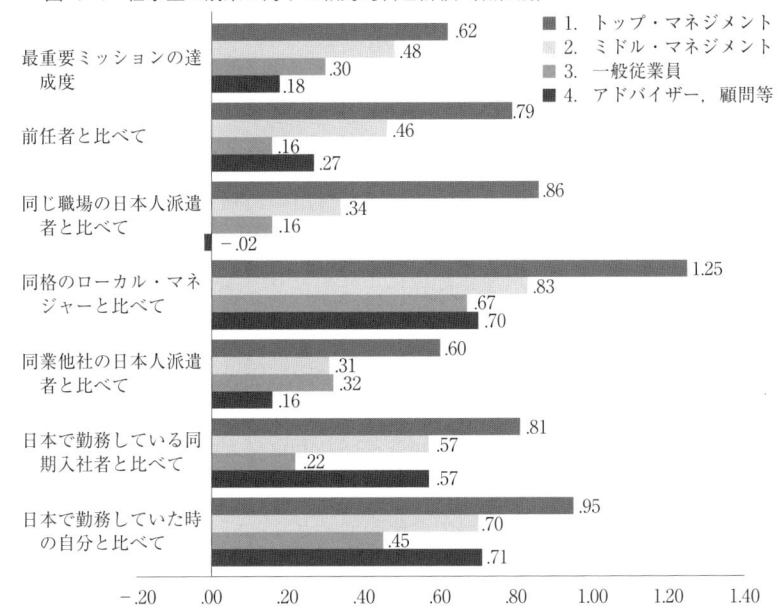

表 1-27 仕事上の成果に対する相対的自己評価（職位別）

職位分類		前任者と比べて	同じ職場の日本人派遣者と比べて	同格のローカル・マネジャーと比べて	同業他社の日本人派遣者と比べて	日本で勤務している同期入社者と比べて	日本で勤務していた時の自分と比べて
1. トップ・マネジメント	平均値	0.79	0.86	1.25	0.60	0.81	0.95
	度数(人)	168	169	146	168	199	203
	標準偏差	0.811	0.718	0.713	0.703	0.667	0.810
2. ミドル・マネジメント	平均値	0.46	0.34	0.83	0.31	0.57	0.70
	度数(人)	427	500	476	452	540	557
	標準偏差	0.875	0.773	0.841	0.687	0.749	0.910
3. 一般従業員	平均値	0.16	0.16	0.67	0.32	0.22	0.45
	度数(人)	19	31	18	25	32	31
	標準偏差	0.834	0.860	0.907	0.802	0.659	0.995
4. アドバイザー，顧問等	平均値	0.27	-0.02	0.70	0.16	0.57	0.71
	度数(人)	56	62	61	55	70	72
	標準偏差	0.944	0.820	0.738	0.660	0.809	0.985
合　計	平均値	0.52	0.42	0.90	0.37	0.62	0.75
	度数(人)	670	762	701	700	841	863
	標準偏差	0.879	0.809	0.828	0.704	0.742	0.903

第 1 章　日本人派遣者のコンピテンシーと仕事成果（1）

対する高い自負が感じられる。

むすび

　本章では，日本人派遣者調査を用いて，まずは後続の章のための調査対象者の特定を行い，その後は，日本人派遣者調査を用いた調査結果の分析を行った。
　調査内容の詳細は繰り返さないが，以下のような点が明らかとなった。
　第1に，現地企業の事業段階は地域により異なり，ASEANでは安定操業期に当たる企業が多いが，インドでは業務拡大期がほとんどであった。そのために地域別に様々に興味深い特徴がみられ，特に海外派遣者にはそれぞれの地域の企業の発展段階特有のミッションが求められた。
　第2に，調査対象者の海外勤務志向は希望していた人が過半数を超えて強かった，あるいは海外勤務志望の高い人が調査対象者となっていたが，相対的にインドへの赴任は他の地域に比べて希望が低めとなっており，また単身赴任の比率が特別に高くなっていた。
　第3に，62項目にわたるコンピテンシーの自己評価結果は，最大値2点，最小値マイナス2点の中で全体の平均が0.68点であり，かなりポジティブなものであったといえる。これを職位別に分析すると，若干の例外を除いて，職位が高いほどスコアが高くなっていた。
　第4に，与えられたミッションをどの程度に達成できているのかをみると，最大値2点，最小値マイナス2点の中で全体の平均が0.49点であり，控えめな結果となっていた。しかし，この場合にも，職位別の差が大きく，職位が高いほどスコアが高くなっていた。
　第5に，仕事上の成果に対する他者と比べた相対的な自己評価は，非常に高い（2点）から非常に低い（マイナス2点）で評価した結果，全体の平均が0.60点であり，比較的前向きに評価する結果となっていた。この場合にも職位が高いほどスコアが高くなっており，特にトップ・マネジメントは同格の現地人トップ・マネジメントと比べた場合，1.25点ときわめて高くなっており，成果に高い自負が感じられた。
　以上のような諸結果，ならびに，ここでは繰り返さなかった調査対象者の諸特徴を念頭に，以下の第2章，第3章，第12章を読んでいただきたい。

注

1) 2009年末現在の回収数・回収率である。回収の締め切りを過ぎてから2009年度末（2010年2月末）までに15票の有効票が回収できたが，その15票はここでは集計から外している。
2) 62項目の平均値の平均は0.68点で，標準偏差は0.22点であった。そこで，0.68±0.22点を超える項目をみると以下のとおりである。なお，0.68±0.22点を超える項目は点数の特に高い項目または特に低い項目と考えることができるためである。0.90（＝0.68＋0.22）点を超える項目は7項目，0.46（＝0.68－0.22）点を下回る項目は10項目で，0.46〜0.90の中に収まる項目は45項目で，62項目中72.6％を占めていた。

参考文献

産学人材育成パートナーシップ・グローバル人材育成委員会報告書『産官学で「グローバル人材」の育成を』2010年4月。
白木三秀『国際人的資源管理の比較分析』有斐閣，2006年。
白木三秀「日本人海外派遣者の諸課題と事前評価ツールの活用」『月刊グローバル経営』日本在外企業協会，2012年5月号。
白木三秀「日本企業のグローバリゼーションと海外派遣者―アジアの現地スタッフによる上司評価からの検討―」『日本労働研究雑誌』2012年6月号。
白木三秀「グローバリゼーションへの企業対応の進展とグローバル・マインドセット」『月刊グローバル経営』日本在外企業協会，2012年12月号。
日本経団連『日本人社員の海外派遣をめぐる戦略的アプローチ〜海外派遣成功サイクルの構築に向けて〜』2004年11月16日。

第2章 日本人派遣者のコンピテンシーと仕事成果（2）

ザカ・プランヴェラ
（岸　保行　訳）

はじめに

　グローバル化の進展にともない，世界中に人員を配置する必要性が高まっている。PricewaterhouseCoopers 社の「タレント・モビリティ 2020」（Talent Mobility 2020）の報告では，2020 年までに海外派遣の数は 50％ 増え，1 つの組織が進出するホスト国の平均数も上昇し，2020 年までには 50％ 増加すると予測している。外務省の「海外在留邦人数調査統計」によれば，海外の日本企業で働く日本人は，ここ 10 年間で 26％ 増加している。2009 年には，海外在留邦人数が 22 万 9,026 人に達し，そのうちの半数以上（58％）が，アジアで働いている。これらの統計的数値は，グローバル化が継続中であることを示すに留まらず，組織で生きる人々が世界中に移動し，高い業績をあげることが求められることを示している。

　Bartlett and Ghoshal（1992）は，多国籍企業の戦略的目的を，「現地適応」「グローバル統合」「イノベーションと組織学習」の 3 つに分類している。親会社から海外子会社への人員の派遣は，多国籍企業がこれらの目的を実現するために重要な役割を担うことになる（Bonache et al., 2001; Jackson and Schuler, 2003）。海外派遣は，多国籍企業におけるソーシャル・キャピタルの発展を促す可能性があり（Makela 2007），社会化や非公式なコミュニケーション・ネットワークを通じて海外子会社のコントロールを実現することで企業統合を強化することが促進されるばかりでなく，異なる国籍の従業員の経験，アイディア，知識の獲得と活用を促進することが可能となる（Collings et al., 2009）。

　多国籍企業の海外子会社の成功にとっては，駐在員が重要となるが，そこに

は多くの困難がともなう。さらには，会社から与えられた任務を遂行するために，この種の従業員は，自国から離れて生活し，慣れない環境に適応し，異なる文化的背景をもつ人々と接し，頻繁に変化する市場環境にすばやく対応しなければならない。自国の外で生活し，働き，成果を上げるコンピテンシーを十分にもっていないマネジャーやそのようなマネジャーを育成できない企業のビジネス活動は，今日のグローバル化した世界においては，失敗に終わる危険性がともなう（Black et al., 1998. 白木・永井・梅澤監訳，2001 年）。そのため，グローバルな次元の経営においては，研究者にとっても，実務家にとっても，何が駐在を成功させる要因となり，どのような人的資源管理が多国籍企業のグローバルな人の異動にともなう課題を解決することになるかを理解することがきわめて大切なことになる。

　本章の目的は，派遣者のコンピテンシーに注目しながら，日本人派遣者の職務パフォーマンスとコンピテンシーとの関係を実証的に探ることにある。本章では，まず海外派遣のタイプ分けと派遣者の成功要因の概観を行う。次に，2009 年に早稲田大学コンソーシアムが中国・ASEAN 6 カ国（シンガポール，マレーシア，フィリピン，タイ，ベトナム，インドネシア），インドで行った日本人派遣者 885 名への質問票調査から得られたデータを用いて，多重回帰分析によるモデルの検証を行う。そして最後に，分析から得られた知見とインプリケーションを議論する。

1. 先行研究の紹介

多国籍企業はなぜ駐在員を派遣するのか：派遣任務の分類

　先行研究では，海外赴任の分類としてさまざまなものが用いられている。この領域の先駆的な研究としては，Hays（1974）の分類がある。彼は，「構造設計者（ホスト国の構造と似たものを構築・設計）」「トラブル・シューター（特定の問題を分析し解決）」「組織運営者（現存する組織構造を機能的に運営）」「CEO（海外子会社の全体を統括）」の 4 つの任務に分類した。Edström と Galbraith（1977）は，なぜ企業が駐在員を派遣するのかについて，「ポジションを埋めるため（ホスト国への技術と知識の移転に関連する駐在員の派遣）」「マネジャーを育成するため（海外駐在経験を通じて個人を育成するための派遣）」「組織を発展させるため（現地法人のコントロールと調整に焦点を当てた組織発展を実現させるための派遣）」の

3つを挙げている。EdströmとGalbraithの分類を基に，Pucik（1992）は海外赴任の理由を「需要主導型（コントロールと調整，知識移転）」と「学習主導型（コンピテンシーの獲得・向上と個人のキャリア強化）」の2つに分類した。さらに，Harzing（2001）は派遣者のコントロールの程度によって，3つのコントロール・タイプを提示している。1つが直接的なコントロールであり，2つ目のタイプが社会化や価値の共有によるコントロールであり，3つ目が非公式なコミュニケーションを通じたコントロールである。さらに，彼女はEdströmとGalbraith（1977）の分類をコントロールと調整の機能として改めている。Caligiuri（1998）は派遣者の任務を4つに分類し，技術的な不足を補う「技術のための任務」，個人の能力を高める「経験を積ませ高いポテンシャルを開花させるための任務」，個人の能力を高めることと同時に特定の責務を担う「戦略的・方針策定のための任務」，技術的・経営管理上の責務と現地人従業員の管理を担う「機能的・戦術的な任務」を挙げている。

上記の分類法は，海外赴任が組織にとっての戦略的重要性，さらには任務の成功のために獲得されるコンピテンシーによって異なることを示している。これらの分類から明らかになった重要な点は，海外赴任は，組織の明確な目的を実現するためにデザインされているということである。企業側の立場に立てば，海外派遣前に与えられた明確なミッションを達成することがもっとも重要なことになる。そのため，本稿では，駐在の成功を測定する尺度として個人の職務パフォーマンスに注目する。

アジアの日系多国籍企業での派遣任務の分類

日本の多国籍企業では，海外派遣者の主要な任務の目的は，本社からのコントロールを受けながら，本社と現地子会社とを調整することであるとみなされてきた（Harzing, 2001; Shiraki, 2002, 2007）。既にみてきたように，派遣者個人の育成が，多国籍企業が駐在員を派遣するもう1つの理由であった。派遣者の機能に焦点を当てた実証的研究は乏しいものの，学習主導型任務は，派遣者がグローバルな視野や考え方を獲得するための有効なツールであるとみなされる（Black et al., 1998; Harzing, 2001; Pucik and Saba, 1998）。グローバルな視野や考え方の獲得は，組織がトランスナショナルな状態に到達するための鍵となる要素であると考えられている（Bartlett and Ghoshal, 1992，梅津訳，1998年）。そのため，コンピテンシーと職務パフォーマンスとの関係を実証的に研究する前に，派遣任務の分類に注目する。このような話は，トランスナショナル・マネジャ

表 2-1　海外赴任のタイプと職位に関するクロス集計表　　　　　　　　（単位：人，％）

海外赴任のタイプ＼職位	トップ・マネジメント層	シニア・マネジメント層	ミドル・マネジメント層	アドバイザー・顧問	合　計
技術・知識の移転	38（20）	104（38）	117（48）	15（48）	274（37）
調整・コントロール	37（19）	47（17）	38（16）	4（13）	126（17）
個人の発展	0（0）	0（0）	3（1）	5（16）	8（1）
その他/与えられた任務なし	118（61）	121（44）	87（36）	7（23）	333（45）
合計	193（100）	272（100）	245（100）	31（100）	741（100）

ーを育成する際に，日本の多国籍企業がアジアで直面する問題に光を当てることになるため，意義のあることである。

　日本人派遣者のキャリアと能力開発に関する調査データ（Waseda Consortium FY2009 Data）を用いて，派遣任務に就く前に与えられた主要なミッションと職位とのクロス集計を行った（表2-1参照）。海外赴任の種別に関しては，Harzing（2001）によって提唱された分類に基づいている。それらは，① 技術・知識の移転，② 調整・コントロール，③ 個人の発展，の3つであり4つ目として，④ その他/与えられた任務なし，を加えた。職位のレベルに関しては，4つのグループに分類した。(1)トップ・マネジメント層：取締役会長，社長・副社長，拠点長，役員クラス，(2)シニア・マネジメント層：部長クラス，(3)ミドル・マネジメント層：課長クラス，係長クラス，(4)アドバイザー：（ライン・マネジャー以外の）アドバイザー・顧問，である。

　741人の「現在の海外赴任で日本本社から与えられているミッションは何ですか」という問いに対する回答をみてみると，274人の回答者（37％）は「技術・知識の移転」が現在の海外赴任における主要なミッションであると捉えており，126人の回答者（17％）は，「日本本社と現地の調整」が現在の海外赴任における主要なミッションであると捉えていた。面白いことに，たった8人の回答者（1％）しか「自分自身の経験・研修のため」に自らが海外に派遣されていると考えていなかった。さらに，回答者のおよそ半分（45％）が，自らの海外赴任の理由が上記のいずれの選択肢にも当てはまらないと回答した。「収益の向上」や「市場の開拓・確保」といったような一般的なミッションを選択していた回答が主流を占めていた。さらには，「特に与えられたミッションはない」という回答もみられた。われわれの調査に協力してくれた何名かの派遣者への聞き取り調査の結果をみてみると，海外に派遣される前に明確なミッシ

表 2-2 海外派遣者の成功要因

著　者	海外派遣者の成功要因
Mendenhall and Oddou (1985)	自己中心性の次元 (Self oriented dimension) 他者中心性の次元 (Others-oriented dimension) 知覚次元 (Perceptual dimension) 文化的強靭性の次元 (Cultural-toughness dimension)
Hiltrop and Janssens (1990)	個人特性 (Personal characteristics) 家族特性 (Expatriate's family characteristics) 現地子会社と親会社の関係 (Subsidiary-parent company relations)
Black et al. (1991)	仕事の要因 (Job factors) 組織の要因 (Organizational factors) 非労働要因 (Non work factors) 個人要因 (Individual factors)
McEvoy and Parker (1995)	個人要因 (Individual factors) 組織要因 (Organizational factors) 環境要因 (Environmental factors)
Shaffer et al. (1999)	Black et al. (1991) の全ての要因 (All included in Black et al. 1991) 地位要因 (Positional factors)
Mol et al. (2005)	性格変数 (Personality variables) 言語能力 (Language skills) 文化的感受性 (Cultural sensitivity)

（注）派遣者の成功を測定する手法は，研究ごとに異なる。

ョンを与えられていない場合がしばしばみられた。このことは，重大な意味をもっている。なぜなら，「役割の明瞭性」が派遣者の職場適応に正の相関をもつことが明らかになっているからである（Black and Gregersen, 1991; Shaffer et al., 1999）。もちろん，派遣者の役割が多目的であるために，そのような結果が得られたとも考えられる。そのため，さらなる調査が必要であるものの，上記の結果は今後の日本の多国籍企業の改善の余地を示していると言える。

海外派遣者の成功要因

海外派遣者に関する研究はこれまで数多く蓄積され，その成功要因が議論されてきた。それらのいくつかを表 2-2 にまとめた。

これらの研究からみえてくるのは，派遣者の任務は，すべてのケースにおいて任務の内容と置かれている環境条件（文脈）によって決まっていることである。そのため，派遣者の成功を決める要因は，海外赴任のすべてで共通に同じである必要はない。むしろ，職務要件に関係する要因（役割の明確性，任務の種

類，階層など），組織的な要因（報酬，本社と子会社との関係性など），仕事と直接関係しない要因（家族の状況，赴任先国など）などの成功を決める要因は状況に応じて変わってくることになる。

海外赴任のコンピテンシー

すべての要素のなかでも，従業員のコンピテンシーは，組織の利益を最大限にすることに貢献する重要な要素である（Barney, 1991; Boyatzis, 1982）。本章では，コンピテンシーを「人が仕事を効率的に行うためのスキルや知識，能力などの諸特質」（Jackson and Schuler, 2003, p.232）として定義する。ビジネス活動の国際化は，組織内部にグローバルな素養をもった人材の必要性を高め，国際任務における多くのコンピテンシー・モデルの発展に寄与してきた（Osland et al., 2006）。

本研究では，アジアにおける日本人派遣者の海外赴任に注目し，それらと職務パフォーマンスとの関係を実証的に明らかにする。コンティンジェンシー・アプローチ（条件適応アプローチ）を用いて，派遣者の職位階層の違いから日本人派遣者の海外赴任に関係するコンピテンシーと職務パフォーマンスとの関係をみることにする。本研究で用いる変数と分析手法については，以下で詳述する。

アジアにおける日本人派遣者の海外赴任に関するコンピテンシー

本研究で用いられるコンピテンシー・モデルは，日本経済団体連合会（経団連）がリストアップした62のコンピテンシーに対して因子分析を行い抽出された以下の4つの因子から作成している。

経営手腕　　経営手腕コンピテンシーは，ある特殊な専門や戦略的思考力，早期の問題発見力と問題解決力，強力な交渉力，粘り強さ等の仕事に直接関連した一連の技術や知識を含んだ能力のことである。この因子に含まれているのは以下のようなものである。意思決定が速い，問題点を素早く発見できる，対外交渉力が強い，仕事上の方針がぶれない，戦略立案ができる，専門知識が豊富である，などである。

パフォーマンス・メンテナンス・リーダーシップ（PMリーダーシップ）コンピテンシーの第2のクラスターを特徴づける行動は，PMリーダーシップ機能の鍵となる要素であり，グループの目標形成と安定維持との双方に関係している（Misumi and Peterson, 1985）。PMリーダーシップ・コンピテンシーは，目標指向性，部下への助言，部下のニーズに対する配慮，人材育成，評価，ビ

ジョンの共有等々に関連した能力から構成されている。この因子に含まれているのは以下のようなものである。部下育成のためのチャンスを与えている，ビジョンの実現進捗状況を部下と共有している，部下に対する評価を具体的にフィードバックしている，部下に明確な業務目標を示している，部下の成果を客観的に評価している，会社の進むべき方向を明確に部下に伝える，部下に仕事に対する取り組み方を教えている，部下に自立的に学べる環境・時間を与えている，などである。

　行動柔軟性　　行動柔軟性は，客観性，適応性，自制心，新しい考えの受容，グループ間協力の推進などの能力を含んでいる。この因子に含まれているのは以下のようなものである。自分がミスをした時は素直に認める，意思決定にあたり周囲の意見を取り入れる，他部門からの支援を求められる時，支援する，部下に対する気配りや関心を示している，規則を尊重し適切に行動をする，などである。

　現地文化へのリテラシー　　現地文化へのリテラシー・コンピテンシーは，ホスト国の価値や社会規範，習慣やビジネス慣行を尊重し理解する個人の能力を指す。この因子に含まれているのは以下のようなものである――派遣国の文化や風俗習慣を理解している，派遣国の言語を熱心に勉強している，派遣国の社会に関心をもつ，派遣国の商慣行をよく理解している，など。

職位階層の特徴

　半世紀前，Katz (1955) は優秀な管理者に必要とされるスキルは，組織の職位階層によって異なることを指摘した。例えば，下位の階層では，人間的スキルがより重要である。なぜなら，上位の階層に比べて，上司と部下の接触の度合いが高くなるためである。Tung (1981) のコンティンジェンシー・アプローチは，これらの示唆を海外赴任者の職務パフォーマンスに応用して考えることができることを示唆する。この議論をサポートする研究として，Shaffer et al. (1999) は，職位が派遣者の適応可能性に影響を与えることを発見した（例えば，職位による裁量権やこれまでの海外赴任経験の違い）。実務的な観点に立てば，職位は重要な選考基準であり (Black, Gregersen and Mendenhall, 1992)，海外赴任コンピテンシーと職務パフォーマンスとの関係をトップ・マネジメント層，シニア・マネジメント層，ミドル・マネジメント層のそれぞれの職位の派遣者ごとにみていくことは重要なことになる。

2. 調査研究

研究モデル：分析枠組

本研究のモデルは，海外赴任コンピテンシー，職位階層，派遣者の職務パフォーマンスの間の関係性を実証的に明らかにするために組まれている（図2-1参照）。

サンプル

回答者は，中国，ASEAN，インドに進出している34の多国籍企業で働く日本人派遣者である。922人の回答を得て，回収率は63％であった。回収した質問票の内，885サンプルで分析を行った。現地法人の概要や派遣者の赴任前の状況，現在の仕事や職位，回答者の属性に関する詳細な情報は，第1章で紹介している。

調査手法

データは，序章で紹介したように，早稲田大学コンソーシアムによって実施された，日本人派遣者のキャリアと人的資源管理に関する調査によって収集されたものを用いる。調査は，2008年度，2009年度に文部科学省の助成金を受けて実施された。調査プロジェクトのメンバーは，それぞれの現地法人を訪れ，紙ベースの質問票と電子ファイル版の質問票を人事部門に配布した。派遣者に

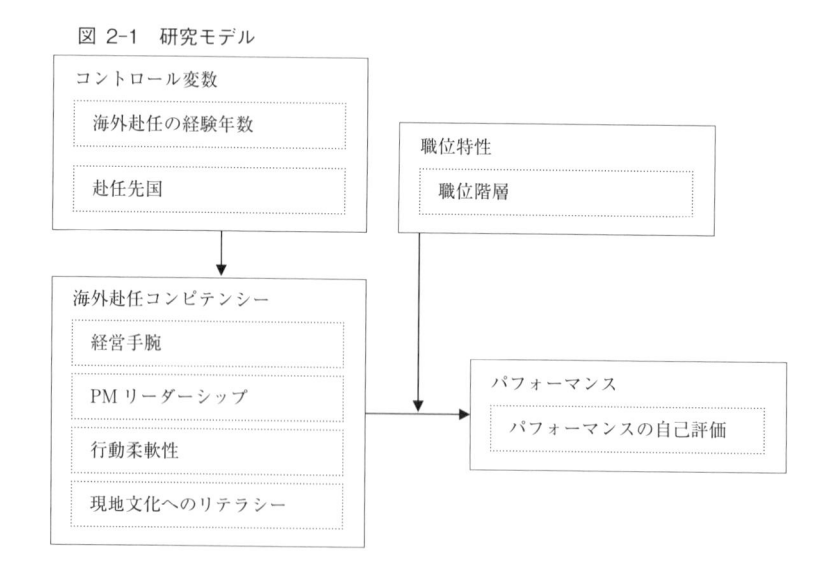

図 2-1 研究モデル

```
┌─────────────────────────┐      ┌─────────────────────────┐
│ コントロール変数          │      │ 職位特性                  │
│ ┌─────────────────────┐ │      │ ┌─────────────────────┐ │
│ │ 海外赴任の経験年数    │ │      │ │ 職位階層              │ │
│ └─────────────────────┘ │      │ └─────────────────────┘ │
│ ┌─────────────────────┐ │      └─────────────────────────┘
│ │ 赴任先国              │ │                   │
│ └─────────────────────┘ │                   │
└─────────────────────────┘                   │
              │                                │
              ▼                                │
┌─────────────────────────┐                   │
│ 海外赴任コンピテンシー    │                   │
│ ┌─────────────────────┐ │      ┌─────────────────────────┐
│ │ 経営手腕              │ │      │ パフォーマンス            │
│ └─────────────────────┘ │      │ ┌─────────────────────┐ │
│ ┌─────────────────────┐ │─────▶│ │ パフォーマンスの自己評価│ │
│ │ PMリーダーシップ      │ │      │ └─────────────────────┘ │
│ └─────────────────────┘ │      └─────────────────────────┘
│ ┌─────────────────────┐ │
│ │ 行動柔軟性            │ │
│ └─────────────────────┘ │
│ ┌─────────────────────┐ │
│ │ 現地文化へのリテラシー │ │
│ └─────────────────────┘ │
└─────────────────────────┘
```

は，質問票に回答してもらい，封筒を厳封して直接プロジェクト・オフィスに郵送してもらうか，あるいは電子ファイル版の質問票に回答してもらいEメールにて送付してもらった。

尺　度

パフォーマンスの自己評価（IJP）　本研究では，パフォーマンスの自己評価は，労働政策研究・研修機構（2008）の6つの質問項目を用いて測定した。回答者は「前任者」「同じ職場の日本人派遣者」「同格のローカル・マネジャー」「同業他社の日本人派遣者」「日本で勤務している同期入社者」「日本で勤務していた時の自分」とそれぞれ比較して相対的にどの程度成果を上げられたかという質問に対して，「1. 非常に低い」から「5. 非常に高い」まで5段階のリッカート・スケールで回答している。回答者には，前任者がいない場合があるため，「6. 非該当（比較する対象が誰もいない）」という選択肢も加えた。当初，6つの選択肢で分析を行う予定であった。しかし，データ分析の最中に，いくつかの項目に関しては「非該当」を選択した回答者の割合が非常に高かった。そのため，分析に用いることができる有効回答数を増やすために，最終的に3項目のみを使用することにした。すなわち，「同じ職場の日本人派遣者」「日本で勤務している同期入社者」「日本で勤務していた時の自分」の3項目を使用した。職務パフォーマンスの信頼性は，信頼性係数（クロンバックのα）で0.72であった。

海外赴任コンピテンシー　既に述べたように，本研究では，経団連が提示したコンピテンシー・リストを用いている。回答者は，62のコンピテンシーがどの程度自分に当てはまるかを5点スケールで回答している。因子構造と全分散の説明を行うために，バリマックス回転をともなった主成分分析を行った。0.40以上の因子負荷量をもつ因子を選択した。寄与率は，43.39％であった。抽出された4つの因子は，「経営手腕」「PMリーダーシップ」「行動柔軟性」「現地文化へのリテラシー」である。信頼性係数（クロンバックのα）は，経営手腕に対して0.94，PMリーダーシップに対して0.91，行動柔軟性に対して0.81，現地文化へのリテラシーに対して0.80であった。分析結果は，章末の付表に示してある。

職位の特性　回答者は，8つの選択肢から自分の職位を選択している。それらは，「会長」「社長・副社長」「拠点長」「役員クラス」「部長クラス」「課長クラス」「係長クラス」「ライン以外のアドバイザー・顧問」である。最初の4

つの職位をトップ・マネジメント層とし，部長をシニア・マネジメント層，それ以外をミドル・マネジメント層として分類した。

　コントロール変数　　コントロール変数は，海外赴任経験年数と現在の赴任先国である。派遣者は，現在の駐在を含めて，海外での赴任経験の総年数を回答している。赴任先国はダミー変数とした。本研究でもっともサンプルの多かった赴任先国は中国で，中国を基準値「0」とした。

3. 分析結果

　モデルにおける変数間の関係を明らかにするために，回帰分析を行った。分析に用いている変数の相関行列表は，表2-3に示してある。はじめに，コントロール変数を投入し，第2段階として主成分分析の結果得られた4つのコンピテンシーを投入した。結果に関しては，表2-4に示してある。

　「海外赴任経験年数」は，個人の職務パフォーマンスに対して正の関係がみられた（$p<.01$）。「派遣国での任務」に関しては，マレーシア，インド，インドネシアの派遣者は，中国の派遣者よりも低い職務パフォーマンスを報告していた（$p<.05$）。反対に，ベトナムの派遣者は，中国の派遣者よりもやや良い職務パフォーマンスの評価を行っていた（$p<.1$）。コンピテンシーに関しては，経営手腕，PMリーダーシップ，行動柔軟性，現地文化へのリテラシーのいずれも職務パフォーマンスに正の影響を与えていた（それぞれ $p<.01$；$p<.01$；$p<.05$；$p<.01$）。コントロール変数に関しては，海外赴任経験年数が職務パフォーマンスに正の影響を与えていた（$p<.01$）。

　効率的な職務パフォーマンスに必要とされるコンピテンシーが職位の階層によって異なるかどうかを探るために，海外赴任経験年数と現在の赴任先国をコントロールして，3つの階層──トップ・マネジメント層，シニア・マネジメント層，ミドル・マネジメント層──に分けて同じ分析を行った。これらの結果は，表2-5に示してある。海外赴任経験年数と個人の職務パフォーマンスの間には，3つの階層すべてにおいて有意な違いがみられ（$p<.01$），サンプル全体での分析結果との一貫性がみられた。派遣国での任務に関しては，3つの階層によって違いがみられた。とはいっても，インドネシアのトップ・マネジメント層とマレーシアのシニア・マネジメント層のみが，中国のそれぞれの階層よりも有意に低いパフォーマンスを示していた（どちらの場合も $p<.05$）。コン

表 2-3 相関行列表

変数	1	2	3	4	5	6	7	8	9	10	11	12	13	14
1 IJP	—													
2 海外赴任経験年数	.30**	—												
3 中国	.08*	.01	—											
4 シンガポール	-.01	-.03	-.18**	—										
5 マレーシア	-.04	.07*	-.15**	-.03	—									
6 フィリピン	.021	.03	-.19**	-.04	-.03	—								
7 インド	-.03	.06	-.22**	-.05	-.04	.05	—							
8 タイ	-.04	-.08*	-.48**	-.10**	-.09*	-.11**	-.12**	—						
9 ベトナム	.06	-.00	-.29**	-.06	-.05	-.06	-.07*	-.16**	—					
10 インドネシア	-.10**	.01	-.28**	-.06	-.05	-.06	-.07	-.16**	-.19**	—				
11 経営手腕	.39**	.15**	.04	.08*	.04	-.03	.01	.09	-.03	-.12**	—			
12 PMリーダーシップ	.21**	.10**	.02	.09*	.01	-.00	.08*	-.06	.02	.01	0	—		
13 行動柔軟性	.04	-.14**	.07*	.02	-.04	.02	-.09**	-.00	-.02	-.04	0	0	—	
14 現地文化へのリテラシー	.14**	.08*	-.07	.10**	.10**	.03	.04	.03	-.09**	-.01	0	0	0	—

（注）　**は p＜.01, *は p＜.05

表 2-4 職務パフォーマンスに対する階層的回帰分析

変数	全サンプル		
	係数	標準誤差	標準化係数(ベータ)
海外赴任経験年数	0.052	0.008	0.223**
シンガポール	−0.195	0.172	−0.038
マレーシア	−0.537	0.212	−0.084*
フィリピン	−0.005	0.160	0.000
インド	−0.318	0.150	−0.071*
タイ	−0.079	0.084	−0.033
ベトナム	0.2203	0.117	0.059†
インドネシア	−0.247	0.121	−0.070*
経営手腕	0.355	0.033	0.362**
PMリーダーシップ	0.189	0.033	0.188**
行動柔軟性	0.077	0.034	0.074*
現地文化へのリテラシー	0.139	0.033	0.140**
N	691		
R^2	0.285		
F	22.476**		

(注) **は $p<.01$, *は $p<.05$, †は $p<.1$

表 2-5 職位による個人のパフォーマンスに関する階層的回帰分析

変数	トップ・マネジメント層		シニア・マネジメント層		ミドル・マネジメント層	
	標準誤差	標準化係数(ベータ)	標準誤差	標準化係数(ベータ)	標準誤差	標準化係数(ベータ)
海外赴任経験年数	0.012	0.225**	0.015	0.209**	0.022	0.213**
シンガポール	0.559	0.060	0.319	−0.079	0.267	−0.037
マレーシア	0.454	−0.087	0.335	−0.166**	0.365	0.015
フィリピン	0.251	−0.022	0.645	0.045	0.255	−0.038
インド	0.281	−0.111	0.241	−0.086	0.334	−0.079
タイ	0.170	−0.013	0.163	−0.052	0.146	−0.020
ベトナム	0.243	−0.056	0.230	0.036	0.187	0.107
インドネシア	0.205	−0.194*	0.213	−0.037	0.298	−0.037
経営手腕	0.075	0.225**	0.059	0.348**	0.064	0.361**
PMリーダーシップ	0.080	0.225**	0.062	0.123*	0.062	0.158*
行動柔軟性	0.075	0.161*	0.064	0.010	0.057	0.173**
現地文化へのリテラシー	0.070	0.101	0.064	0.082	0.057	0.197**
N	155		234		219	
R^2	0.301		0.236		0.246	
F	5.088**		5.685**		5.597**	

(注) **は $p<.01$, *は $p<.05$

ピテンシーに関してはトップ・マネジメント層で，経営手腕，PMリーダーシップ，行動柔軟性が職務パフォーマンスに有意な関係を示した（それぞれ $p<.01$；$p<.01$；$p<.05$）。反対に，現地文化へのリテラシーは，職務パフォーマンスに有意な影響を与えていなかった（$p>.1$）。シニア・マネジメント層に関しては，経営手腕，PMリーダーシップのどちらも個人の職務パフォーマンスに正の影響を与えていた（それぞれ $p<.01$；$p<.05$）。

行動柔軟性と現地文化へのリテラシーに関するコンピテンシーのどちらも職務パフォーマンスに対して正の関係がみられたものの，有意な関係ではなかった（$p>.1$）。ミドル・マネジメント層に関しては，全サンプルでの分析結果と同様に，4つすべてのコンピテンシーが職務パフォーマンスに有意な影響を与えていた（それぞれ $p<.01$；$p<.05$；$p<.01$；$p<.01$）。

4. ディスカッション

コンピテンシーの4つのクラスターのなかで，経営手腕とPMリーダーシップの2つが派遣者のパフォーマンスと有意な関係にあった。3つの階層ごとに分析を行った結果からは，Tung（1981, 1998）によって提唱されたコンティンジェンシー・アプローチを選択することが支持された。本章で紹介したコンピテンシーの重要性は，派遣者の職位によって異なっていた。経営手腕がすべての職位で職務パフォーマンスに対して正の影響を与えていた。日本企業は，この領域に大変熱心に取り組んでおり，海外派遣者の選定の際に技術的専門知識やマネジメント・スキルを選定基準にしている。同様に，PMリーダーシップも職務パフォーマンスに対して正の影響を与えていた。そのため，海外赴任の成功のために，派遣者には本社のビジョンを現地の部下と共有したり，会社の進むべき方向を明確に部下に伝えたり，部下のニーズに注意深い配慮を示したり，部下が自立的に学べる環境・時間を提供する能力が求められる。同時に，多国籍企業として広く認知されるために，派遣者は現地の習慣やビジネス規範に対する十分な知識と理解，さらには現地国への興味を示すことが求められる。それにもかかわらず，現地文化へのリテラシーの重要性は，派遣者の職位階層によって異なっていた。現地文化リテラシーは，とりわけミドル・マネジメント層の派遣者で職務パフォーマンスに正の影響を与えていた。現実的に，職位が高くなれば，部下との直接的な接触が減る。職位が高くなれば，より戦略的

な意思決定に関わることが多くなり,現地人従業員との接触は減少する。そのため,効果的な人間関係構築能力や現地文化に対する知識が,下位の職位の派遣者のようには求められない。日本で重要とされる行動柔軟性コンピテンシーに関しては,トップ・マネジメント層とミドル・マネジメント層で職務パフォーマンスに正の影響を与えていた。このコンピテンシーを特徴づける行動は,文化の違いにより国ごとに異なって理解されるかもしれない。Den Hartog (2004) は,文脈依存度の高い社会では,エンパワーメント管理やセルフ・マネジメントを実施する際には,注意を払わなければならないと指摘している。行動柔軟性コンピテンシーは日本では重要であるものの,このコンピテンシーを特徴づける行動は他のアジアの社会・文化的文脈においては十分良く理解されないかもしれない。例えば,中国では,日本人派遣者がインフォーマルなコミュニケーションを促進しようと努力することが,中国人の部下からはその行為が能力と自信の不足であると誤解されるかもしれないのである (Zhaka 2011)。そのため,現地人スタッフに新しいスタイルの働き方を説明することが大切になる。

　これまでの研究結果と同様に,本研究の結果からも,アジアにおいては派遣者の海外赴任経験年数が職務パフォーマンスを高めるための重要な要因であることがわかった。回帰分析の結果から,派遣者の職務パフォーマンスは,国ごとに違いがみられた。この結果は,仕事とは直接関連のない親会社と子会社の間の文化的距離や,子会社の操業年数,発展段階,労働力の質といった要因によって異なってくるかもしれないことを示唆している。

5. 本章の限界

　本研究には,いくつかの制約がともなっているため,結果の解釈には注意を払わなければならない。派遣者に与えられるミッションは,現地法人の発展段階に大きく依存している。現地法人が設立された当初1,2年の間は,派遣者は会社の方針やビジネス慣行を現地の環境に適応させることや技術や知識を現地法人に移転することに力を注いで働かなければならない。さらに成熟した段階になると,現地法人は市場機会の拡大に迫られ,現地の人材を育てることが求められるようになる。本研究では,赴任先国しかコントロールしてこなかった。しかし,一国のなかでも,任務の役割やそれを成し遂げるために関連する

要因は数多く存在する。より多くの変数で分析を行うことは本章の域を超えるが，われわれの研究がクロス・セクションによるという調査設計に関連する制約や，赴任の成功を測定するためにパフォーマンスの自己評価を用いているといった制約は，今後の研究の方向性に示唆を与えてくれる。

6. 結論と示唆

本章の目的は，海外赴任に必要となるコンピテンシーと日本人派遣者の職務パフォーマンスとの関係を実証的に研究することであった。結果が示したことは派遣者の成功には，以下の4つの能力が必要であるということであった。(a) 経営手腕：仕事に直接的に関連した独特なスキルや知識，(b) PM リーダーシップ：本社のビジョンを共有し，現地人スタッフにそれを伝えたり，ビジネスの目標を明確に示したり，部下のニーズに注意深い配慮を示したり，部下の成長のためのプラットフォームを供給する能力，(c) 行動柔軟性：新しい考えに適応し受け入れたり，さらにはグループ間の協力を促進させる能力，(d) 現地文化へのリテラシー：現地の習慣やビジネス規範を尊重し理解し，さらには現地社会に興味を示す能力。これらのコンピテンシーの重要性は，職位により変化する。トップ・マネジメント層では，もっとも重要なコンピテンシーは経営手腕，PM リーダーシップ，行動柔軟性であった。シニア・マネジメント層では，職務パフォーマンスは，経営手腕と PM リーダーシップに依存していた。ミドル・マネジメント層では，4つすべてのコンピテンシーが，派遣任務の成功と関連していた。

本研究の結果からは，日本企業は派遣者の選抜と育成を行うために，職位や赴任先国といった仕事の内容とは直接関係のない要因から職務要件に関連する要因まで幅広く考慮に入れて，コンティンジェンシー・アプローチをとらなければいけないことが示唆される。例えば，トップ・マネジメント層とシニア・マネジメント層では，現地文化へのリテラシーは派遣者の職務パフォーマンスに影響を与えていなかった。そのため，この層の派遣者にとっては，派遣前に異文化研修プログラムを受講することは重要ではあるものの，それが中心的な研修とはならない。その代わりに，経営能力やリーダーシップ能力に関係するコンピテンシーを高める研修プログラムを受ける必要がある。さらに，赴任前に派遣される目的を明確にし，また，技術・知識の移転，調整とコントロール

が目的の赴任に加えて，個人の育成を第一に考えての赴任者数を増加させることにより，派遣者選抜プロセスに対し，戦略的アプローチを採用すべきである。

参考文献

Bartlett, C. A. and S. Ghoshal (1992), *Transnational Management: Text, Cases and Readings in Cross-Border Management*, Home-wood, Illinois: Irwin.（梅津祐良訳『MBAのグローバル経営』日本能率協会マネジメントセンター，1998年。）

Barney, J. (1991), "Firm resources and sustained competitive advantage," *Journal of Management*, 17, 99-120.

Black, J. S. and H. B. Gregersen (1991), "Antecedents to cross-cultural adjustment for expatriates in Pacific Rim assignments," *Human Relations*, 44, 497-515.

Black, J. S., M. E. Mendenhall and G. Oddou (1991), "Toward a comprehensive model of international adjustment: an integration of multiple theoretical perspectives," *The Academy of Management Review*, 16 (2), 291-317.

Black, J. S., H. B. Gregersen and M. E. Mendenhall (1992), *Global assignment: successfully expatriating and repatriating international managers*, San Francisco, CA: Jossey-Bass.

Black, J. S., H. B. Gregersen, M. E. Mendenhall and L. K. Stroh (1998), *Globalizing people through international assignments*, U. S.: Addison-Wesley.（白木三秀・永井裕久・梅澤隆監訳『海外派遣とグローバルビジネス―異文化マネジメント戦略―』白桃書房，2001年。）

Bonache, J., C. Brewster and V. Suutari (2001), "Expatriation: a developing research agenda," *Thunderbird International Business Review*, 43 (1), 3-20.

Boyatzis, R. E. (1982), *The competent manager*, New York: John Wiley & Sons.

Caligiuri, P. (1998), *Evaluating the success of global assignments: performance measurement in a cross-national context*, Paper presented at the Academy of Management, San Diego, CA, August.

Collings, D. G., H. Scullion and P. J. Dowling (2009), "Global staffing: a review and thematic research agenda," *The International Journal of Human Resource Management*, 20 (6), 1253-1272.

Den Hartog, D. N. (2006), "Leading in a global context: vision in complexity," in H. W. Lane, M. L. Maznevski, M. E. Mendenhall and J. McNett (eds.), *The Blackwell handbook of global management: a guide to managing complexity*, Malden, US: Blackwell Publishing, 175-198.

Edström, A. and J. R. Galbraith (1977), "Transfer of managers as a coordination and control strategy in multinational organizations," *Administrative Science Quarterly*, 22 (2), 248-263.

Harzing, A. (2001), "Of bears, bumble-bees, and spiders: the role of expatriates in controlling foreign subsidiaries," *Journal of World Business*, 36 (4), 366-379.

Hays, R. D. (1974), "Expatriate selection: insuring success and avoiding failure,"

Journal of International Business Studies, 5 (1), 25-37.

Hiltrop, J. M. and M. Janssens (1990), "Expatriation: Challenges and recommendations," *European Management Journal,* 8 (1), 19-26.

Jackson, S. E. and R. S. Schuler (2003), *Managing human resources through strategic partnerships* (8th ed.), Mason, OH: South-Western.

Japan Federation of Economic Organizations: KEIDANREN (2004), "Strategic approach to overseas transfer of Japanese employees: building a successful model of overseas assignment," *Policy proposal series.*

Katz, R. L. (1955), "Skills of an effective administrator," *Harvard Business Review,* 33 (1), 33-42.

Makela, K. (2007), "Knowledge sharing through expatriate relationships: a social perspective," *International Studies of Management and Organization,* 37 (3), 108-125.

McEvoy, G. M. and B. Parker (1995), "Expatriate adjustment: causes and consequences," in J. Selmer (ed.), *Expatriate management: new ideas for international business,* US: Greenwood Publishing Group, pp.99-114.

Mendenhall, M. and G. Oddou (1985), "The dimensions of expatriate acculturation: a review," *Academy of Management Review,* 10 (1), 39-47.

Misumi, J. and M. F. Peterson (1985), "The performance-maintenance (PM) theory of leadership: review of a Japanese research program," *Administrative Science Quarterly,* 30 (2), 198-223.

Ministry of Foreign Affairs; MOFA (2010), *Annual report of statistics on Japanese nationals overseas,* Retrieved from http://www.mofa.go.jp/mofaj/toko/tokei/hojin/index.html.

Mol, S. T., M. E. Willemsen and H. T. Van der Molen (2005), "Predicting expatriate job performance for selection purposes: a quantitative review," *Journal of Cross-Cultural Psychology,* 36, 590-620.

Osland, J. S., A. Bird, M. Mendenhall and A. Osland (2006), "Developing global leadership capabilities and global mindset: a review," in G. K. Stahl & I. Bjorkman (eds.), *Handbook of research in International Human Resource Management,* Cheltenham, UK: Edward Elgar Publishing Limited, pp.197-222.

PricewaterhouseCoopers (2010). *Talent Mobility 2020: the next generation of international assignments.*

Pucik, V. (1992), "Globalization and Human Resource Management," in V. Pucik, N. M. Tichy and C. K. Barnett (eds.), *Globalizing Management,* New York: John Wiley & Sons, pp.61-81

Pucik, V. and T. Saba (1998), "Selecting and developing the global vs. the expatriate manager," *Human Resource Planning,* 21 (4), 40-54.

Shaffer, M. A., D. A. Harrison and K. M. Gilley (1999), "Dimensions, determinants, and differences in the expatriate adjustment process," *Journal of International Business Studies,* 30 (3), 557-581.

Shay, J. P. and S. A. Baack (2004), "Expatriate assignment, adjustment and effectiveness: an empirical examination of the big picture." *Journal of International Business Studies*, 35 (3), 216-232.

Shiraki, M. (2002), "Why can't Japanese multinationals utilize both international and local human resources in ASEAN?: a comparative analysis," *Journal of Enterprising Culture*, 10 (1): 23-37.

Shiraki, M. (2007), "Role of Japanese expatriates in Japanese Multinational Corporations: From the perspective of the 'Multinational Internal Labor Market'," *Working paper-Waseda University School of Political Science and Economics*, 42: 1-40.

The Japan Institute for Labour Policy and Training: JILPT (2008), *Survey on work and life among expatriates in Japan: survey results*, 40. (労働政策研究・研修機構『第7回 海外派遣勤務者の職業と生活に関する調査結果』No.40, 2008年。)

Tung, R. L. (1981), "Selection and training of personnel for overseas assignments," *Columbia Journal of World Business*, 16 (1), 68-78.

Tung, R. L. (1998), "A contingency framework of selection and training of expatriates revisited," *Human Resource Management Review*, 8 (1), 23-37.

Zhaka, P. (2011), "Transfer and adaptation of Japanese management practices in a different cultural context: case study of Technocentre (TNC), Shenzhen region of China," *Toyo Gakuen University Business and Economic Review*, 2 (4-5), 25-59.

付表　海外任務のコンピテンシーの因子分析

コンピテンシー	因子負荷			
	経営手腕	PMリーダーシップ	行動の柔軟性	現地文化への理解
意思決定が速い	0.73			
業務を迅速に遂行できる	0.71			
問題点を素早く発見できる	0.67			
問題が発生した時に素早く対応できる	0.65			
仕事の優先順位が明確である	0.63			
視野・見識が広い	0.62			
対外交渉力が強い	0.6			
戦略立案ができる	0.6			
仕事上の方針がぶれない	0.59			
目標達成志向が強い	0.58			
問題の因果関係を突き止め、対策を立てることができる	0.68			
目標実現に向けて、リスクをとることができる	0.58			
業務上の時間管理が効果的である	0.56			
数字分析に強い	0.53			
曖昧な状況や誤解を解消しようとする	0.53			
顧客から高く評価されている	0.53			
指示や説明が分かりやすい	0.52			
責任感が強い	0.52			
自分の信念に忠実である	0.51			
上司から高く評価されている	0.51			
既存のやり方にとらわれず、臨機応変に対応する	0.5			
専門知識が豊富である	0.5			
あらゆる状況において、冷静に対応できる	0.49			
上司が間違っていたら、はっきり指摘する	0.48			
常に改善に取り組む	0.45			
人脈（社内・社外）が広い	0.43			
部下育成のためのチャンスを与えている		0.68		
目標実現のための各人の役割を部下に自覚させている		0.66		
ビジョンの実現進捗状況を部下と共有する		0.64		
将来のニーズやチャンスを先取りする		0.62		
部下に明確な業務目標を示している		0.6		
部下に対する評価を具体的にフィードバックしている		0.59		
部下の経験や能力を考慮し、権限を委譲している		0.58		
叱るべき時は部下を適切に叱っている		0.57		
会社の進むべき方向を明確に部下に伝える		0.56		
部下の成果を客観的に評価している		0.56		
部下に仕事に対する取り組み方を教えている		0.56		
部下の間違いを的確に指摘している		0.52		
部下に自立的に学べる環境・時間を与えている		0.51		
部下のアイディアや提案をよく聞いている		0.5		
会社または親会社に関する情報を部下に伝える		0.47		

部下を効果的に褒めている		0.45		
部下を信頼している		0.43		
自分がミスをした時は素直に認める			0.65	
意思決定にあたり，周囲の意見を取り入れる			0.59	
他部門からの支援を求められる時，支援する			0.53	
規則を尊重し，適切に行動をする			0.52	
部下に対する気配りや関心を示している			0.5	
部下に公平に接している			0.5	
顧客を大事にしている			0.46	
部下が問題に遭遇した際に，適切な手助けをする			0.44	
他部門の悪口を言わない			0.43	
派遣国の文化や風俗習慣を理解している				0.74
派遣国の言語を熱心に勉強している				0.7
派遣国の商慣行をよく理解している				0.7
派遣国の社会に関心をもつ				0.66
固有値	19.73	2.92	2.31	1.93
分散（％）	31.83	4.72	3.73	3.12
クロンバッハのα	0.94	0.91	0.81	0.8

（注）　バリマックス回転を伴う主成分分析法による。

第3章 ヒアリングとデータに見る日本人グローバル・マネジャーの特徴

井上 詔三

はじめに

　我が国の企業の間で，海外事業を重視する傾向が一層強まっている。しかし，海外事業を経営する能力を組織として備えるのは，易しいことではない。例えば，品質をめぐる意思決定の権限を日本の本社に集中してきたトヨタ自動車は，米国で起こったリコール問題への対応が不適切であったことを米下院公聴会で認識させられた。社長が，企業の成長に組織体制が追い付いていなかったことを認めた上で，組織の変革，権限委譲，意思決定のスピード・アップなどの対策をとった。組織，マネジメント・プロセス，そして，これらの仕事を担う人材が，企業の経営成果を左右することを示して余りある出来事であった。そこで本章では，海外事業にかかわる以下の3点を中心に，調査結果をまとめることにする。

(1) 派遣者が担うミッションについて，聞き取り調査をもとに検討する。ここでは，オペレーション・レベルからトップマネジメント・レベルに至る各段階で，高い組織成果をあげるためにどのような工夫をしているかをみる。

(2) そうした工夫を可能にする派遣者の職業能力・コンピテンシーと業績の関連について，質問紙調査データを用いて考察する。

(3) 質問紙データから導いた関係式に派遣者アンケートの回答数値を代入することにより，派遣先国で達成するであろう業績を予測する。推計値をふまえて，派遣前研修で伸ばすべき分野を特定することができ，研修の効果を高めることができよう。

1．聞き取り調査結果

タイP社

G-MaP 国別訪問調査のうち，タイとベトナムに進出している日系企業の聞き取り調査ケースを用いる。タイの輸送用機器製造業は，アジア地域の核となるべく発展し続けている。それには在タイ日系企業における生産方式の移転が大いに貢献しているとみなされている (Chaipong, 2009)。実際，日系企業は国際競争力の源として品質の良さを掲げ，親会社の経営戦略と一貫性を保ち経営している。例えば，タイP社（自動車部品製造業）は，製造工程従事者の採用試験で，国語と算数の筆記試験を行っている。親会社で実践しているように，職場のリーダーに頼らず，製造工程従事者一人ひとりが改善提案書をまとめるためには，基礎学力が必要であると，タイP社社長は考えているからである。親会社から指示されて改善活動を移植しようとしているわけではない。改善活動を専門職にまかせるのではなく，全員参加の経営が製造ラインで品質を作りこむうえで有用であるという，日本での製造経験を拠り所としたタイP社社長のイニシアティブに多くを負っている。

タイB社

QC活動がよく定着している例は，タイB社（自動車部品製造業）にみられる。日本人が駐在することによって，QC活動を計画的に定着することができているとして，派遣者の貢献が認められている。タイB社における改善提案は，日本の本社工場が一足先に経験した事項が多い。提案内容も日本での提案に遜色はなく，本社工場に追いついてきていると，派遣者は受け止めている。タイB社でQC導入当初，高卒の製造工程従事者が，問題解決提案を大卒管理者たちの前で行うということ自体が，現地の従業員にとって想像を絶することであったに違いない。長年の努力の結果，B社はQC世界大会で上位に入賞するまでになっている。派遣者による指導と長年の継続が，タイB社のたゆまぬ進歩に寄与している。

タイK社

次に，品質保証のために2つの工夫をしているタイK社（重機製造業）のケースを見ておこう。タイK社は，日本工場をベンチマークとし，以下の2点を実践している。

(1) 現地人の標準作業指導員を育て，生産工程従事者に仕事の手順を徹底す

(2) 品質チェックポイントを最終組立ラインの中間と最終点に置いて，品質保証を確かなものとする。

　この2点は，組立と品質管理のための工数を日本のベンチマーク工場より高くする。しかし，日本とタイの人件費の差が，その追加コストを埋めて余りある。こうしたオペレーション上の工夫は，派遣者の裁量に任されている。様々なアイデアをリードする社長は，自ら1日に一度は工場を見回り，オペレーションの状況を直接観察している。工場は5S（整理・整頓・清掃・清潔・躾）がいきとどき整然としている。社長が側を通ると社員はきちんと挨拶する。本社工場からの視察者から，タイK社に追いつかれてしまったというコメントを聞くたびに，派遣者たちは努力の成果を確認して充実感を味わっている。

　このタイK社は，世界市場での需要の変動に対して，生産量を柔軟に調整する役割を担っている。そのため，日本本社を介した調整が欠かせない。さらに，品質と効率を確かなものとするために，日本のサプライヤーに近接地域への進出を勧めている。このように，タイK社は日本本社と一体となって対外関係業務をも担う。K社は本社中心の世界企業として知られているが，派遣者からなるタイK社のマネジメント・チームは，現地のオペレーションばかりでなく広く国境を越えた役割にもコミットしている。

タイM社

　タイM社（自動二輪製造）は，アジア仕様の車種を開発・導入するさいにリーダーシップを発揮した人材が社長を務めている。本社の海外製品戦略を修正して，アジア諸国のマーケットに受け入れられる製品を投入するまでには，自身のキャリアを賭して本社案に対抗しなければならなかったという。強い主張ができた背景には，ヨーロッパ駐在，中国事業開設準備等の経験をふまえて，アジアの市場が日米欧と違うことを肌で感じ取ることができるからであるという。アジア仕様車は，中国，ベトナム，タイ市場でよく受け入れられ，対前年30％を超える伸びを実現している。在外経験に裏打ちされたグローバルな視点，市場洞察力，そして何よりもリーダーシップは，国内に留まっていたのでは身につかなかったであろうと，タイM社社長は自らの海外勤務中心のキャリアを振り返っている。

タイA社

　タイA社（食品化学）は，早くから東南アジア諸国に進出している企業で，

飲料製品を受入国の人々の嗜好に合わせることができるまでになっている。また，現地の購買力水準に合わせて，調味料などは少量パッケージの一袋売りをしている。人里離れた村の小売店でも売られていて，日系企業の中では，営業担当者が国の隅々まで一番よく回っている会社であろうと，タイ内務省の役人が脱帽するほどである。最近，医薬品用の中間財を新たな事業分野とするべく力を入れており，タイA社のトップ自らが医学会の国際会議に出席して，事業の動向を見極める役割を担っている。タイにおける操業経験が長くタイ人スタッフが育っているだけに，派遣者は存在価値を示す力量を発揮しなければならない。短期間の見習いのための日本人派遣を歓迎する組織風土はもはやない。タイA社に高度な人材を日本から派遣することによって，アジア地域内のグループ企業の中でも先輩格にふさわしい位置づけをしていることを目に見える形で示すことが，現地人マネジャーから期待されている。

ベトナムZ社

ベトナムでは，進出する日系企業が増え続け，製造工程従事者の雇用機会が増えているため，労働市場の流動性は高い。ベトナムZ社（自動車部品製造）は，現地で人を育てては離職されることの繰り返しで，本社社長の「社会貢献だと思って続けなさい」という言葉を支えに訓練投資を繰り返している。聞き取りのため訪問した時期には，日本のサプライヤーから調達している一部の部品が品薄で，午前中の組み立て作業を訓練に充てる日が続いていた。タイ工場の他に，日本工場も同じサプライヤーから調達しているので，部品の調達合戦を毎日行うという異常対応をトップが率先して行っている。異常事態への対応こそが日常業務ともいえ，在外企業経営の業務がいかに多様で複雑な要素を多く含んでいるかが見て取れる。

ベトナムK社

ベトナムK社（縫製用品製造）では，派遣者は，育成を兼ねて現地人スタッフとペアで顧客回り，市場開拓をしている。中国の競合相手が低価格で勝負しているため，成果目標を達成する競争は厳しい。小規模な客が多く，足で稼ぐ労の多い業務になっている。ただ，派遣者はアジアの他の国での経験が生かせるので，数値目標を達成できると考えている。K社では，ひとたび海外に駐在すると，なかなか日本に戻れず，海外を転々とする傾向がある。隣国カンボジアの市場開拓もベトナムK社の所管である。ベトナム以上にマーケットは小さい。さらに，言語，病院，学校など日常生活面で不便なことが少なくない。

任地としては厳しいほうであろう。派遣者に対するサポートが欠かせない。日本本社による公式のサポート行事というよりは，本社の最高顧問の自主的な活動のようだが，海外事業に精通した最高顧問の訪問を受けることがある。来訪時には，アジア各国支社に派遣されている責任者が集まり，深い体験から多くを学ぶばかりでなく，激励されるよい機会となっているという。経験豊かな先達からは，業務の面ばかりでなく，グローバル人材としての器についても学ぶことが多い。

ベトナムC社

ベトナムC社（エレクトロニクス機器製造）では，設計は日本で行い，生産に特化している。製品のライフサイクルが短く，低価格帯の機種の世界市場で競争していくための生産拠点である。現地社員は他社の時給に敏感である。工業団地内に立地しているので，他社の賃金動向を参照して賃金水準を調整している。また，何事につけても，現地人社員を尊重する経営行動を重視している。例えば，現地人マネジャーに対して，彼らが理不尽であると受け止めるような指示をするわけにはいかない。（この調査依頼に対しても，協力することのメリットを彼らが納得したうえでなければ，実施できない。）どこの国で事業するにせよ，時間と手間を要するが，マネジメント・プロセスとして欠かすことのできない行動基準である。

以上の聞き取り調査結果から，次のポイントが導かれる。

派遣者の担うミッションは，派遣前から全てが明確になっているとは限らない。現地での勤務を通じて，自分で一層確固としたものにしていくことが求められる。それは，派遣された海外事業所の組織レベルの目標を明確にしたうえで，機能レベルに下ろし，経営プロセスをへて達成することである。派遣者は，この2つのレベルでリーダーシップを発揮することが期待されている。ただし，派遣者の役割は，組織に蓄積された操業経験に影響されよう。

また，派遣者の役割行動は，各人の力量（タレント）に依存する。力量は人材マネジメント（HRM）論の教えるところによれば，職業能力，能力を発揮して高い成果をあげる行動，そしてこの行動を支えるモチベーションとからなる（Dessler, 2010）。本国における業務経験に加えて，経営環境として，さらに事業環境としての受入国に関する理解と業務経験の蓄積が，派遣先での仕事ぶりの良し悪しに影響する（Mendenhall et al., 2007）。

このように在外日系企業の成果は，企業組織，組織目標達成のためのマネジメント・プロセス，派遣者，の 3 要素に依存する (Furuya et al., 2009)。

こうした聞き取り調査による発見を，量的なデータで確認するのが，次節以降の主題である。

2. タイと中国における派遣者のミッション

G-MaP「日本人派遣者アンケート調査」から，タイと中国の 2 カ国について考察する。タイ駐在者 193 名，中国駐在者 410 名から回答を得ている。タイは，多くの日本企業が望ましい直接投資対象国として早くから進出し，経営経験を積んできている。いっぽう，中国への進出は改革解放後のことで，タイに比べると経営経験が浅い。両国を取り上げることで，企業に蓄積された経験の差が，派遣者に求められる力量に差をもたらすであろうことを考察することができよう。

表 3-1 は，回答者の働いている企業の事業がどの段階にあるかをみたものである。タイでは安定操業期の事業所で働いている派遣者が最も多い。それに対して，中国では，安定操業期は 3 分の 1 強で，事業拡大期の企業に駐在している者が半数を占める。データは企業数を示すものではないが，企業の目標，そして派遣者の担う役割が，タイと中国で異なることを示唆している。

表 3-2 は，経営幹部か否かに分けて，担当しているミッションをみたものである。ここで，経営幹部とは取締役会長・社長・副社長，役員クラス，支店長・事務所長などの拠点長である。部長以下，一般社員，アドバイザーなどを非幹部とした。収益の向上，品質の安定・向上，日本本社との調整といったミッションは，多くの派遣者が担っている。中でも，収益の向上については，ほとんどの経営幹部のミッションとなっている。幹部に比べ部長以下の非幹部では，割合は下がるがなお過半数を超える。現地法人の統制ミッションについては，両国で経営幹部の役割とされているが，中国のほうが高い割合となっている。さらに，国別の違いをみると，タイに比べて中国では，市場の開拓・確保，企業理念の浸透が幹部の間で目立つ。いっぽう，タイの非幹部では，技術の移転が 4 番目に入っている。両国での事業の展開ステージの差を反映しているようだ。

表 3-1 海外事業のステージ（企業数：上段，比率：下段）

(単位：社，％)

	立ち上げ期	事業拡大期	安定操業期	縮小/撤退期	計
タ　イ	0 .0%	32 16.6%	161 83.4%	0 .0%	193 100.0%
中　国	17 4.2%	204 49.9%	152 37.2%	36 8.8%	409 100.0%

表 3-2 派遣者のミッション —— 国別・地位別　　(単位：人，％)

担当ミッション	タイ			中国		
	経営幹部	部長以下	タイ計	経営幹部	部長以下	中国計
1 事業の立ち上げ	8 20.5%	16 10.7%	24	35 38.0%	46 15.0%	81
2 収益の向上	32 82.1%	87 58.4%	119	67 72.8%	162 52.8%	229
3 市場の開拓・確保	10 25.6%	34 22.8%	44	48 52.2%	92 30.0%	140
4 製品・技術の開発	6 15.4%	40 26.8%	46	16 17.4%	31 10.1%	47
5 技術の移転	11 28.2%	62 41.6%	73	18 19.6%	87 28.3%	105
6 品質の安定・向上	24 61.5%	77 51.7%	101	39 42.4%	141 45.9%	180
7 企業理念の浸透	14 35.9%	14 9.4%	28	43 46.7%	64 20.8%	107
8 現地法人の統制	18 46.2%	23 15.4%	41	51 55.4%	91 29.6%	142
9 日本本社と現地の調整	16 41.0%	75 50.3%	91	42 45.7%	179 58.3%	221
10 日本人派遣者のメンター	10 25.6%	4 2.7%	14	15 16.3%	14 4.6%	29
11 自分自身の経験・研修のため	4 10.3%	29 19.5%	33	5 5.4%	46 15.0%	51
回答者数	39	149	188	92	307	399

(注) 多重回答，上段は実数，下段（％）の分母はセルごとの幹部・非幹部別回答者計．

3. 日系企業のパフォーマンス

表3-2でみたミッションは事業目標の根幹を成す。派遣者がこれらのミッションをどの程度達成するかは、海外事業の組織レベルでの成果を左右する。表3-3は多重回答ではなく、派遣者の担う最も重要なミッションを1つだけ選んだ場合の回答を集計したものである。傾向は表3-2と類似している。両国とも項目2の収益の向上が上位を占め、項目6の品質の安定・向上が次いでいる。多くの日本企業で実践されている改善活動は、"kaizening"と英語化していることが示すように、高い業績をあげた世界の優良企業の革新的経営慣行の構成

表 3-3 派遣者の最重要ミッション —— 国別, 地位別　　　　（単位：人, %）

担当ミッション	タイ			中国		
	経営幹部	部長以下	タイ計	経営幹部	部長以下	中国計
1 事業の立ち上げ	1 2.9%	5 3.5%	6 3.4%	11 12.6%	16 5.4%	27 7.1%
2 収益の向上	20 58.8%	33 23.4%	53 30.3%	29 33.3%	48 16.3%	77 20.2%
3 市場の開拓・確保	1 2.9%	13 9.2%	14 8.0%	16 18.4%	40 13.6%	56 14.7%
4 製品・技術の開発	1 2.9%	15 10.6%	16 9.1%	0 .0%	10 3.4%	10 2.6%
5 技術の移転	0 .0%	27 19.1%	27 15.4%	1 1.1%	33 11.2%	34 8.9%
6 品質の安定・向上	5 14.7%	24 17.0%	29 16.6%	8 9.2%	61 20.7%	69 18.1%
7 企業理念の浸透	4 11.8%	5 3.5%	9 5.1%	1 1.1%	6 2.0%	7 1.8%
8 現地法人の統制	1 2.9%	11 7.8%	12 6.9%	15 17.2%	30 10.2%	45 11.8%
9 日本本社と現地の調整	0 .0%	1 .7%	1 .6%	1 1.1%	16 5.4%	17 4.5%
10 日本人派遣者のメンター	0 .0%	1 .7%	1 .6%	0 .0%	5 1.7%	5 1.3%
11 自分自身の経験・研修のため	0 .0%	1 .7%	1 .6%	0 .0%	3 1.0%	3 .8%
回答者数	34	141	175	87	294	381

（注）　上段は実数、下段（%）の分母はセルごとの幹部・非幹部別回答者計で、表から除外した選択肢「その他のミッション」を含む。

表 3-4 派遣者の最重要ミッション達成度 —— 国別，地位別　（単位：人，%）

担当ミッション	タイ			中国		
	経営幹部	部長以下	タイ計	経営幹部	部長以下	中国計
1 まったく未達成	0 .0%	2 1.4%	2 1.1%	0 .0%	3 1.0%	3 .8%
2 どちらかというと未達成	5 12.5%	15 10.3%	20 10.8%	8 9.3%	36 12.0%	44 11.4%
3 どちらとも言えない	7 17.5%	49 33.6%	56 30.1%	14 16.3%	89 29.6%	103 26.6%
4 どちらかというと達成	26 65.0%	76 52.1%	102 54.8%	57 66.3%	163 54.2%	220 56.8%
5 完全に達成	2 5.0%	4 2.7%	6 3.2%	7 8.1%	10 3.3%	17 4.4%
回答者数	40	146	186	86	301	387

要素となっている（Osterman, 1994）。在外日系企業に派遣された日本人マネジャーは，派遣先での改善活動を率先して品質の安定・向上を達成する眼前の目標と，事業の競争優位を強化してグローバル事業の一翼を担う長期的役割を強く認識しているといえよう。そこで，頻度の低い項目 10，11 を除いた 1〜9 の達成度で，組織レベルの成果を測ることができよう。

表 3-4 は，派遣者が最も重要だとしたミッションの達成度を 5 段階で自己評価したものである。達成度は両国とも同様に高い（タイ平均 3.48, 標準偏差 0.773；中国平均 3.53, 標準偏差 0.783）。また，タイ・中国とも，経営幹部のほうが非幹部よりも達成度は高いようだ。

個人レベルの仕事上の業績については，他との比較で達成度を尋ねている。比較対象は，現地の日本人（表 3-5 の派遣先の前任者，現地で同僚の日本人派遣者，同業他社の日本人派遣者），派遣先の現地人スタッフ（同格のローカル・マネジャー），そして，日本で働いている同期入社の仲間（表 3-5 の 5），あるいは日本で働いていた時の自分（表 3-5 の 6）である。比較対象者が，必ずしも現在の自分と同じ業務を担当しているわけではない。しかし，派遣者との面接によれば，ベンチマークとはいかないまでも何らかの準拠枠（レファレンス・グループ）に照らして，自分の仕事ぶりを判断している場合が少なくない。以前の自分に比べて海外着任後仕事の上でどれだけ成長しているかということについても関心が高い。なぜか。現場主義に根差した改善活動（QC）による品質の安定・向

表 3-5 個人レベルの業績──国別

	タイ			中国		
	平均値	ケース数	標準偏差	平均値	ケース数	標準偏差
1 前任者と比べて	3.43	171	.888	3.59	303	.852
2 同じ職場の日本人派遣者と比べて	3.35	169	.750	3.52	347	.773
3 同格のローカル・マネジャーと比べて	3.88	166	.777	3.96	313	.858
4 同業他社の日本人派遣者と比べて	3.21	149	.629	3.43	332	.719
5 日本で勤務している同期入社者と比べて	3.58	189	.722	3.64	391	.772
6 日本で勤務していた時の自分と比べて	3.69	191	.932	3.75	405	.912

上は、全社的な品質改善（TQC）さらに経営品質向上（TQM）へと発展している。入門的な改善活動に留まっていては他国のグローバル企業の後塵を拝することになりかねない。海外事業のミッションを担う派遣者が自分自身の行動について成果を評価する、振り返る、そして改善していくことは経営品質向上の第一歩だからである。一方、現地人スタッフの間では、前任者や現地人スタッフとの対比で派遣者を評価することがよくあり、現地語のブログに派遣者の評判が書き込まれていることもあるという。また、現地人社員の間では、日本人派遣者にまつわる話題がエスニック・ジョークを交えて口にのぼる。こうした事情を念頭におくと、レファレンス・グループをふまえた主観的評価点を、個人レベルの業績を測る代理指標として用いることができよう。

表3-5は、この6項目に関する5段階自己評価の平均点を示している。タイ、中国とも、派遣者の達成度は高い。特に、同格の現地人同僚との対比では、評価はかなり高くなっている。また、日本にいた頃の自分よりは高い成果をあげていて、任地で成長していることを自ら前向きに評価している。これらの6項目で個人レベルの業績指標を構成すると、その信頼性係数（クロンバックのα）は0.866である。この因子得点で派遣者個人の業績をとらえることにしよう。

個人が高い成果をあげることで、組織レベルでも高い成果が達成されると考

えられる。そこで，個人レベルの業績と組織レベルの業績を組み合わせて，総合的な業績指標を作っておこう。第一次接近として，表3-4の最も重要なミッションと表3-5の6項目の自己評価点，計7項目を用いて因子分析をすると，1つの因子に集約される。この総合業績因子の信頼性係数（クロンバックのα）は，0.861である。この総合業績因子の変動は，組織，マネジメント・プロセス，そして，業務を担う人材などに依存するであろう（井上・宋，2010）。中でも人材が競争力の源であるという見解は，Becker, Huselid and Beatty（2009）の主張を待つまでもなく，日本の工業化をリードした事業経営者，例えば大原孫三郎，武藤山路，松下幸之助等が大事にした経営原則であった。時代の流れとともに，温情的な要素が薄れ，冷厳な経済計算にマネジメントの重点が移ったにしても，人材（ヒューマン・リソース）を人財（タレント）と表記してまで人材重視の経営姿勢を見える化しようとする日本企業は少なくない。こうした傾向はG-MaP調査に参加した企業にも含まれており，派遣人材が海外事業の競争力を左右する重要な資源であるとみなされている。そこで，日系企業の人材の備えている力量がどのような要素からなるか，そして，発揮された力量が業績に効率よくつながっているかどうかを次に検討する。

4. 海外派遣者の職業能力

　高い業績を達成する派遣者の行動特性を把握することができれば，派遣候補者の選出，派遣前の教育訓練，派遣後の育成など，グローバル人材の発掘・育成に有用な情報となる。

　経営管理に携わる者に求められる能力をKatz（1955）は3つに集約した。業務関連能力（technical skill），関係構築コミュニケーション力（human skill），総合的判断力（conceptual skill）がそれである。これらは，少ない概念で簡潔に経営者の備えるべき能力分野を整理している。しかし，国境を越えた事業活動を担うには，さらに別の能力が必要である。例えば，経済産業省（2010）『グローバル人材育成委員会報告書』によれば，「グローバル人材」に共通して求められる能力は，国内業務に就くために必要な「社会人基礎力」に加えて，「外国語でのコミュニケーション能力」と「異文化理解・活用力」とされている。この産学官プロジェクトは，大学生あるいは社会人で初期キャリアにある働き手の能力開発にとって有用であろう。本章は，トップマネジメント・チームを

含むグローバル・リーダーに求められる力量を考察しようとしている。職業能力とコンピテンシーという点では，経産省報告書の主張を一歩進めることになろう。

　Osland（2013）は先行研究を大変よく整理して，グローバル・リーダーシップを構成する24の要素を析出した。そして海外派遣前研修と，任地における研修・仕事経験の組み合わせによって，グローバル人材の能力開発を進める育成プランを提示した。海外事業の経営にあたっては，国内企業の経営とは異なるリーダーシップが求められることを重視している。一方，我が国では，日本経団連（2004：8-11）がグローバル人材に求められる能力を列挙している。そこではミドル・マネジメントあるいは高技能海外派遣者に必要な仕事能力が，次の諸項目に集約されている――業務知識，管理能力・危機管理力，コミュニケーション（本社～子会社間，子会社内派遣者～現地従業員間），異文化適応力（本人，家族），健康管理力。この健康管理力を除けば，Katz（1955）のいう経営者に求められる能力に異文化適応能力を付け加えたことになる。日本企業の実態をよく反映しているせいか，求められるグローバル・リーダーシップという視点は弱いものの，経営能力全般をまんべんなく網羅している。我が国では，日本経団連の報告に馴染んでいる企業のほうが多いであろう。そこで，この項目をふまえて派遣者に求められる能力を考察していこう。

　以下では，タイまたは中国の日系企業で働いている日本人派遣者からの回答データを用いる。我が国の多国籍企業で働く海外要員の職業能力と業績との関係を考察した研究の蓄積は少ない（白木，2005；永井，2005）。新たな発見があるだろう。

　G-MaP「日本人派遣者調査」の問4は，職業能力を発揮する役割行動を5段階リッカートスケールで把握している。その海外派遣者に求められる職業能力とコンピテンシーにかんする回答を，探索的因子分析を用いて考察する。「派遣者調査」質問項目の回答数値を標準化したデータを用いる。天井効果を示した2問を除き，主因子法により計測する。4つの主因子を特定すると，質問項目の全分散の48.1％を説明することができる。第5因子まで含めると51％となるが，増分は小さい（表3-6）。そこで第2章の解析に合わせて，本節でも4因子を用いることにする。ただし，本章ではプロマックス回転を用いている。働き手は，何か一点強みを持っていると，その強みとは関係のなさそうにみえるところでも力量を発揮するというZenger（2005）の経験的な発見を

表 3-6　説明された分散の合計

因子	初期の固有値			抽出後の負荷量平方和			回転後の負荷量平方和
	合計	分散の%	累積%	合計	分散の%	累積%	合計
1	15.383	34.184	34.184	14.829	32.954	32.954	13.016
2	2.307	5.128	39.312	1.758	3.906	36.860	11.997
3	2.119	4.709	44.021	1.582	3.516	40.376	8.617
4	1.850	4.112	48.133	1.267	2.815	43.191	5.008
5	1.291	2.870	51.002				

（注）　因子抽出法：主因子法。

念頭において，派遣者の職業能力を構成する因子が相互に影響しあって高い業績をあげるという可能性を考慮しようとしているからである。

　4因子で，因子抽出後の共通性がやや低い設問項目，回転後の因子負荷量の低い項目を除外し，45問を用いて分析する。第2章では，因子負荷量0.4を上回る項目だけを使用しているので，本節より少ない項目で効率よく同程度の説明力を達成している。しかし，本節では0.4をわずかに下まわる因子負荷量となっている「常に改善に取り組む（因子負荷量0.393）」「規則を尊重して行動する（0.392）」「部下に公平である（0.363）」）を含めている。これらは，日本企業が従業員に求める行動基準の重要な要素であると考えるからである。

　第1因子は20項目，第2因子13項目，第3因子8項目，第4因子4項目からなる。4因子のうち，第1～第3因子は相互に関連しあう傾向がみられる（表3-7）。第1因子は多くの項目を含んでいるため，さらに2つに細分化（parceling）して特徴をみておこう。第1の構成概念は，戦略立案ができる，意思決定が速い，仕事の優先順位が明確であるなど，経営管理行動そのものがよくできるかどうかを示す11項目からなる（以下，各因子の構成要素については付表1参照）。これらの項目間の相関係数は，いずれも0.5以上（1%有意）である（付表2）。MT1（経営管理基幹コンピテンシー）と名付けておこう。また，第2の構成概念は，視野・見識が広い，自分の信念に忠実である，仕事上の方針がぶれない，社内外の人脈が広いなど9項目で，経営管理行動を裏打ちする個人特性と，高い自己効力感につながる上司や顧客による高評価などが含まれている。この9項目間の相関は，概ね0.4以下（1%有意）で，第1グループMT1因子を構成する項目間の相関よりは弱い。第1グループMT1とこの第2グループを合わせた第1因子を「経営管理コンピテンシー」と呼ぶことにしよう。

表 3-7　因子相関行列

因子	1	2	3	4
1	1.000	0.696	0.574	0.419
2		1.000	0.601	0.395
3			1.000	0.272
4				1.000

(注)　因子抽出法：主因子法。プロマックス回転。

　第2因子には，会社の進むべき方向を明確に部下に伝える，ビジョンの実現進捗状況を部下と共有する，部門の進むべき将来方向をはっきり示す，部下の経験や能力を考慮し権限を委譲しているなど，13項目が含まれている。組織の抱える人材の力量をふまえながら，組織目標を達成する派遣者の役割を集約している。チームを率いて組織の目標を達成するリーダーシップに相当し，「チームマネジメント・コンピテンシー」とする。

　第3因子は，意思決定に当たり周囲の意見を取り入れる，他部門からの支援を求められる時に支援する，関連部署から支援や理解を得ているなど，8項目からなる。これらは，他者との関係において行動する調整型の役割行動であり，「調整コンピテンシー」と呼ぶことにしよう。

　第4因子は以下の4項目からなる。派遣国の社会に関心を持つ，派遣国の商慣行をよく理解している，派遣国の文化や風俗習慣を理解している，派遣国を熱心に勉強している。派遣先国の社会・文化に対する受容力を示している。これらはダイバーシティ・マネジメントにかかわるコンピテンシーの一部を構成するので，「多様性受容力」(diversity & inclusion) としておこう。

　これらの4因子と派遣者の業績に関する数量的関係を考察するのが次節の課題である。

5. グローバル・リーダーの職業能力と業績

　初めに，個人レベルの業績の変動を規定する変数を検討する。海外派遣者は，国内で担当した業務に比べれば，より広く重い役割を担う（白木，2005）。役割上のストレッチは，意思決定力を育てる（Zenger, 2005）。在外経験は国内勤務では身につけることのできない貴重な学習機会を派遣者に提供することになる。したがって，在外経験の長い派遣者は業務達成度が高いはずである。職位はど

うであろうか。経営幹部と非経営幹部との対比では，経営幹部の業績のほうがより高得点をとっているようにみえる（表3-4）。CEOの率いるエグゼクティブ・チームが組織の成果を左右するという見解（Nadler and Spencer, 1997）をふまえると，企業レベルの成果をみるうえでは職位を配慮する必要があろう。さらに，タイでは既に安定的に操業している段階に達した日系企業が多い。これに対して，中国では総じて日系企業の事業経営経験が浅く，現地人マネジャーの層が薄い。そのため，日本人派遣者の力量がタイ派遣者と同等であっても，業務達成への貢献度は大きくなると考えられる。そこで，派遣者の在外経験年数，経営幹部ダミー（経営幹部=1，非経営幹部=0），国ダミー（中国=1，タイ=0）を統制変数としよう。在外経験が長ければその係数の符号は+となり，経営幹部であれば+，中国であれば+となることを想定している。

　独立変数は，表3-6で特定した4因子である。その内，第4因子で捉えられる派遣先国の社会文化的な特徴を尊重する程度が，派遣者による経営環境の評価や経営戦略の実現を下支えするとみなすことができる。この点は，グローバル・コンピテンシーを，グローバルな視野，異文化コミュニケーションなどの上に組織とビジネスに関するノウハウを配置したピラミッド型に整理したBird and Osland（2004）に依拠している。そこで，初めに派遣者の力量を表す第1～第3因子を，次に第4因子を投入する階層的重回帰分析を用いてデータ解析することになる。第1～第3因子の値が高いほど業務達成レベルは高い，さらに第4因子の多様性受容力が加わることで，業務達成度が一層高まるという仮説を検定するわけである。

　表3-8はその推計結果である。コンピテンシーでは，第1因子の経営管理コンピテンシーが正の値で有意である（式2）。多様性受容力変数を投入すると（式3），その係数は正で有意である。すなわち，式全体の説明力が増し，派遣先国についての社会文化の理解が深いほど仕事の成果が押し上げられることを示している。なお，統制変数の符号はいずれも正で係数は有意である。すなわち，在外勤務経験が長いものが高い成果をあげている。経営幹部のほうが成果は高い。国ダミー変数では，中国駐在者のほうがタイより高い成果をあげていることがわかる。なお，チームマネジメント・コンピテンシーと調整コンピテンシーは，有意な値をとらなかった。この因子は個人レベルの成果とは異なる事業活動面に作用するのかもしれない。

　派遣者のミッション達成度はどうであろうか。表3-3のミッション1～9ま

表 3-8　個人レベルの業績の回帰分析結果

	式1	式2	式3
在外勤務経験	.246**	.221**	.205**
経営幹部ダミー	.256**	.139**	.141**
中国ダミー	.111*	.093*	.104*
経営管理コンピテンシー		.417**	.374**
チームマネジメント・コンピテンシー		.068	.027
調整コンピテンシー		−.065	−.077
多様性受容力			.156**
調整済 R^2	.179	.341	.356

（注）　標準化回帰係数で，*は 5% 有意，**は 1% 有意。
　　　タイ 193 ケース，中国 410 ケースの内，個人業績 6 項目に回
　　　答したケースを集計。

表 3-9　ミッション達成度の回帰分析結果

	式1	式2
在外勤務経験	−.008	−.009
経営幹部ダミー	−.008	−.008
中国ダミー	.024	.025
経営管理コンピテンシー	.340**	.337**
チームマネジメント・コンピテンシー	.152*	.146*
調整コンピテンシー	−.100	−.102
多様性受容力		.017
調整済 R^2	.149	.147

（注）　標準化回帰係数で，*は 5% 有意，**は 1
% 有意。ミッション 1〜9 に回答のあった
タイと中国からの 508 ケースを集計。

表 3-10　個人レベルの業績と企業成果の回帰分析結果

	式1	式2
経営管理基幹コンピテンシー（MT1）	.278**	.176**
チームマネジメント・コンピテンシー	.144†	.083
個人業績		.323**
調整済 R^2	.145	.225

（注）　従属変数は，ミッション達成度（項目
1〜9）。表の数値は標準化回帰係数で，
*は 5% 有意，**は 1% 有意，†は 10%
有意。ミッション達成度と個人業績 6 項
目に回答したケースを集計。

でを日系企業の掲げている組織目標の達成度とみなそう。表 3-9 の式 1 は，3つの統制変数と第 1〜第 3 因子を用いて計測し，式 2 で多様性受容力を追加投入した結果を示している。ミッション達成度の変動の約 15% が説明される。経営管理コンピテンシーとチームマネジメント・コンピテンシーの回帰係数は正で統計的に有意である。調整コンピテンシーと多様性受容力は統計的に有意とはならなかった。また，いずれのコントロール変数も有意とはならなかった。

　この企業成果は，個人レベルの業務達成度に依存する。その量的な関係をみておこう。表 3-10 は，経営管理コンピテンシーを構成する 11 項目の基幹的コ

ンピテンシー MT1 変数を用いた階層的重回帰分析の結果である。ここでは，統計的に有意ではない統制変数を外した簡略式の推計結果を表掲している。企業レベル成果の変動の約 15% は，経営管理基幹コンピテンシー MT1（1% 有意）とチームマネジメント・コンピテンシー（10% 有意）とで説明される。個人レベルの業績変数を投入すると，MT1 の値はやや低くなるが，なお正の効果を持つ。これに対して，チームマネジメント・コンピテンシーの係数は有意ではなくなる。個人レベルの業績を媒介して組織レベルの成果が高まることを示している。

　以上の推計結果をまとめると，個人レベルの業績を高めるには，海外勤務経験の蓄積が大事だが，何よりも経営管理コンピテンシーの蓄積を基軸とする。これに加えて，派遣者の多様性受容力が高いと一層高い成果をもたらすことが明らかである。いっぽう，海外派遣者の経営管理コンピテンシーが高いほど，あるいは，チーム・マネジメント・コンピテンシーが高いほど，企業のミッションがよりよく達成される。加えて，個人業績の高い派遣者ほど高い組織成果をあげる。良いチーム・マネジメントを通して個人成果を高め，組織成果を高めているということであろう。したがって，海外派遣者を育成するには，まず初めに派遣候補者を仕事のできる人材に育てておくことが肝心である。これをベースに，より広い業務を担う駐在経験を付与することが有効であることを示している。

6. 推計式の応用

　表 3-8 の推計式 3 を用いると，タイあるいは中国への赴任候補者が現地でどの程度の個人業績をあげることができそうかを推計できる。手順は以下の通りである。① 巻末調査票のアンケート項目の内，本省末に掲げた項目について，候補者から回答を集める。② その得点を加工して表 3-8 の独立変数の値を計算する。③ この値を式 3 に代入して，個人業績点を推計する。④ この得点の高い順に派遣候補者リストを作成する。赴任候補者のモチベーションなど，調査項目に含まれていない要素については，面談など次の選考ステップにゆだねる。

　試みに，中国派遣者 209 名の回答（ベースデータ）を用いて求めた係数の値を使って，今回の調査で業績に関する問いに無回答であった 172 人（推計グル

ープ）の個人業績を求めてみよう。在外勤務経験について中国着任前までの年数を用いると，中国着任時点での業績の近似値が求められる。候補者選考では，良い成果を上げそうな者を選ぶことに関心があるから，業績上位25％を高業績達成者として個人成果得点をみることにしよう。ベースデータでのカッティングポイントは.734となる。推計グループの個人成果得点を計算した上で，上位25％を画する値を求めると.760で，47名の派遣者が含まれる。派遣候補者の人財プールから高業績達成候補者の選出基準点を決めて，個人を特定できるわけである。

　ここで，推計グループの得点がわずかながら高いのは，中国赴任以降に向上した経営管理，チームマネジメント，調整力，多様性受容力など，コンピテンシー変数の向上効果を反映しているからであると思われる。今回使用したデータにはコントロールグループがないため，赴任後の成長を厳密に測ることは難しい。しかし，在外勤務経験変数の値を動かすことで，赴任地での勤務経験の効果を推測することができる。

　推計式の有用な使途の1つは，派遣前に実施したアンケート結果を用いて派遣後の業績を予測することである。本章で取り上げなかったアセアンあるいは南アジア諸国からより多くのアンケート・データを収集することで推計対象国を広げる，そうして業績予測の応用先国を広げることが今後の課題である。

むすび

　本章では，初めに聞き取り調査結果から，次の点を導いた。

　派遣者の担うミッションは，明確であらねばならないが，派遣前から全てが明示されているとは限らない。現地での勤務を通じて，自ら一層明確なものにしていくことができなければならない。それは，派遣された海外事業所の組織レベルの目標を確定したうえで，機能レベルに下ろし，経営プロセスをへて達成していくことの基幹をなす。

　派遣者は，この戦略的な役割遂行上リーダーシップを発揮することが期待されている。ここで，派遣者の役割は，組織に蓄積された操業経験度に影響される。さらに，派遣者の役割行動は，本人の仕事に関する力量（タレント）に依存する。この力量は，職業能力，能力を発揮して高い成果を上げる行動，そしてこの行動を支えるモチベーションからなる。また，本国における業務経験に

加えて，経営環境として，あるいは事業環境としての派遣先国に関する理解と業務経験の蓄積が，派遣先での業務成果に影響する。
　このように，在外日系企業の成果は，企業組織，組織目標達成のためのマネジメント・プロセス，そして派遣者の力量という3要素に依存する。
　次に，タイと中国で収集したアンケート調査の記述統計を観察したうえで，派遣者の仕事の上での力量を構成する因子を特定した。経営管理コンピテンシー，チームマネジメント・コンピテンシー，調整コンピテンシー，そして，多様性受容力の4因子がそれである。さらに，これらの力量に関する個人差が，個人レベルの成果，組織レベルの成果にどのように関連するかを，アンケート・データを用いて考察した。個人レベルの成果は，経営管理コンピテンシーだけでも達成されるが，多様性受容力が備わると一層高まる。グローバル企業でダイバーシティ・マネジメントを経営行動の支柱とすることが重要であることを示している。いっぽう，組織レベルの成果は，経営管理コンピテンシーとチームマネジメント・コンピテンシーがプラスに作用する。さらに，個人レベルの業績を媒介して，企業成果は一層高められる。
　海外駐在業務は，国内の仕事に比べより守備範囲の広い業務を担う傾向がある。そのため，海外駐在経験は，経営に求められるコンピテンシーを伸ばすまたとないよい機会となる。オドゥー（2007：225）も指摘しているように，派遣前に国内で伸ばすことのできる部分と，在外経営経験を通して強化するコンピテンシーの組み合わせを念頭に置いた高度海外経営人材育成プランが，グローバル人材の育成に有用であることを示している。

参考文献

Becker, Brian, Mark A. Huselid and Richard W. Beatty (2009), *The Differentiated Workforce: Transforming Talent into Strategic Impact*, Harvard Business Press.
Black, J. Stewart et al., (1998), *Globalizing People through International Assignments*, Addison-Wesley. （白木三秀他監訳『海外派遣とグローバルビジネス』白桃書房，2001年。）
Bird, Allan and Joyce S. Osland (2004), "Global Competencies: An Introduction," H. W. Lane et al., *The Blackwell Handbook of Global Management*, Blackwell, pp.57-80.
Chaipong, Pongpanich (2009), "Strategy and operations," *Sasin Research Paper*, Chulalongkorn University.
Dessler, Gary (2010), *Human Resource Management*, 12th ed., Prentice Hall.
Katz, Robert (1955), "Skills of an effective administrator," *Harvard Business Review*.

33 (Jan-Feb.): pp.33-42.
Mendenhall, Mark E. et al., (2008), *Global Leadership*, Routledge.
Mendenhall, Mark E, Gary R. Oddou and Günter Stahl (2007), *Readings and Cases in International Human Resource Management*, 4th ed., Routledge.
Nadler, David, Janet L. Spencer and associates (1997), *Executive Teams*, Jossey-Bass.（斎藤彰悟監訳 『エグゼクティヴ・チーム』春秋社，1999 年。）
Osland, Joyce S. (2013), "An Overview of the Global Leadership Literature," in Mendenhall, Mark E. et al., *Global Leadership*, 2nd ed., Routledge, pp.40-79.
Osterman, Paul (1994), "How Common is Workplace Transformation and Who adopts It?" *Industrial and Labor Relations Review*, 47 (2), pp.173-188.
Ulrich, Dave, Jack Zenger and Norm Smallwood (1999), *Results-Based Leadership*, Harvard Business School Press.（DIAMOND ハーバードビジネスレビュー編集部訳『脱コンピテンシーのリーダーシップ』ダイヤモンド社，2003 年。）
Zenger, Jack (2005), "The Exceptional Leader," *Stanford Executive Briefings*.
Bruning, N. Sue (2009), "The Knowledge-based View of the Firm and Expatriate Staffing," *Rikkyo Business Review*, No.2, pp.4-8.
Furuya, Norihito et al. (2009),「グローバルコンピテンシー醸成のメカニズム」『立教ビジネスレビュー』第 2 号，22-28 頁。
井上詔三・宋丹 (2010),「ハイパフォーマンス・ワークプラクティスは有効か」『立教ビジネスレビュー』第 3 号，70-78 頁。
オドゥー，G. (2007),「グローバル・リーダーシップ開発」日向野幹也＝アラン・バード他編著『入門ビジネス・リーダーシップ』日本評論社，207-230 頁。
経済産業省 (2010),『産学人材育成パートナーシップグローバル人材育成委員会報告書』。
白木三秀編著 (2005),『チャイナ・シフトの人的資源管理』白桃書房。
日本経営者団体連合会 (2004),『日本人社員の海外派遣をめぐる戦略的アプローチ』。
グローバルリーダーシップ・コンピテンシー研究会（永井裕久代表）編著 (2005),『パフォーマンスを生み出すグローバルリーダーの条件』白桃書房。

付表 1　グローバル・コンピテンシーの構成要素

第1因子：経営管理コンピテンシー 　基幹項目（MT1）：戦略立案ができる，意思決定が速い，目標達成志向が強い，目標実現に向けてリスクをとることができる，仕事の優先順位が明確である，業務を迅速に遂行できる，業務上の時間管理が効果的である，常に改善に取り組む，問題点を素早く発見できる，問題の因果関係を突き止め対策を立てることができる，問題が発生した時に素早く対応できる。 　サブ項目（第2グループ）：仕事上の方針がぶれない，あらゆる状況において冷静に対応できる，自分の信念に忠実である，既存のやり方にとらわれず臨機応変に対応する，対外交渉力が強い，社内外の人脈が広い，視野・見識が広い，上から高く評価されている，顧客から高く評価されている。
第2因子：チームマネジメント・コンピテンシー 　会社の進むべき方向を明確に部下に伝える，ビジョンの実現進捗状況を部下と共有する，将来部門の進むべき方向をはっきり示す，部下に明確な業務目標を示す，目標実現のための各人の役割を部下に自覚させている，部下の経験や能力を考慮し権限を委譲している，部下に仕事に対する取り組み方を教えている，部下のアイデアや提案をよく聞いている，部下の成果を客観的に評価する，部下に対する評価を具体的にフィードバックする，叱るべき時は部下を適切に叱っている，部下の間違いを的確に指摘している，部下育成のためのチャンスを与えている。
第3因子：調整コンピテンシー 　意思決定に当たり周囲の意見を取り入れる，他部門から支援を求められるとき支援する，関連部署から支援や理解を得ている，責任感が強い，自分がミスをした時は素直に認める，規則を尊重し適切に行動をする，顧客を大事にしている，部下に公平に接している。
第4因子：多様性受容力 　本文記載の4項目。

付表 2　相関：Factor1

	A4	A9	C2	C1	E3	A12	A2	A5	C3
A4 意思決定が速い	1	.610**	.568**	.519**	.434**	.536**	.496**	.523**	.497**
A9 業務を迅速に遂行できる		1	.557**	.466**	.447**	.587**	.449**	.498**	.399**
C2 問題が発生した時に素早く対応できる			1	.563**	.442**	.509**	.464**	.521**	.541**
C1 問題点を素早く発見できる				1	.439**	.446**	.398**	.448**	.500**
E3 視野・見識が広い					1	.418**	.468**	.353**	.423**
A12 仕事の優先順位が明確である						1	.398**	.489**	.383**
A2 対外交渉力が強い							1	.436**	.427**
A5 目標達成志向が強い								1	.459**
C3 目標実現に向けてリスクをとることができる									1
A10 業務上の時間管理が効果的である									
A1 戦略立案ができる									
A6 仕事上の方針がぶれない									
A21 顧客から高く評価されている									
C4 問題の因果関係を突き止め対策を立てることができる									
E2 人脈（社内・社外）が広い									
A20 上から高く評価されている									
E4 自分の信念に忠実である									
C5 あらゆる状況において冷静に対応できる									
A14 既存のやり方にとらわれず、臨機応変に対応する									
A8 常に改善に取り組む									

（注）　**は 1% 有意（両側）。

の項目間相関係数

A10	A1	A6	A21	C4	E2	A20	E4	C5	A14	A8
.437**	.453**	.484**	.417**	.436**	.367**	.332**	.419**	.343**	.432**	.399**
.577**	.388**	.425**	.388**	.443**	.376**	.391**	.329**	.387**	.350**	.467**
.443**	.444**	.440**	.410**	.587**	.341**	.333**	.427**	.481**	.449**	.436**
.407**	.439**	.445**	.396**	.575**	.313**	.332**	.470**	.482**	.433**	.388**
.335**	.470**	.365**	.457**	.379**	.530**	.382**	.374**	.444**	.396**	.331**
.555**	.401**	.478**	.359**	.441**	.309**	.322**	.352**	.391**	.425**	.390**
.343**	.619**	.376**	.533**	.338**	.484**	.388**	.372**	.366**	.350**	.326**
.428**	.511**	.496**	.389**	.448**	.233**	.359**	.437**	.326**	.368**	.539**
.328**	.494**	.397**	.382**	.568**	.332**	.327**	.433**	.396**	.490**	.396**
1	.323**	.366**	.351**	.364**	.269**	.338**	.278**	.353**	.297**	.297**
	1	.468**	.426**	.437**	.300**	.421**	.382**	.303**	.434**	.424**
		1	.342**	.477**	.258**	.366**	.506**	.367**	.374**	.420**
			1	.395**	.420**	.483**	.383**	.355**	.324**	.295**
				1	.251**	.340**	.478**	.468**	.453**	.471**
					1	.329**	.265**	.365**	.337**	.188**
						1	.312**	.327**	.324**	.328**
							1	.352**	.394**	.433**
								1	.357**	.296**
									1	.448**
										1

第4章 海外勤務を魅力あるものにするには？

梅津 祐良

1. 海外勤務に伴う困難性が増している

もともと海外勤務には困難と苦労が伴ってきたが，今日ではさらにその困難と複雑性が増している。

『週刊東洋経済 2010 年 6 月 19 日号』の「あなたは世界で戦えますか？」の特集では，海外勤務者のメンタルヘルス・ケア事業を展開する MD.ネットが 2006 年 7 月と 2009 年 11 月に，500 人の海外駐在員を対象に行った調査結果が紹介されている。

この調査結果を見ると，「精神的な疲れを感じる」が 2006 年の 6.8％ から 2009 年は 12.6％ に，「不眠に悩む」が 8.5％ から 15.8％ に，「高血圧」が 12.4％ から 28.3％ に，「肩こり・頭痛」が 11.6％ から 38.5％ に上昇したと報告されている。

海外勤務者のストレスの増加の原因として東洋経済誌特約記者の田中信孝は次のような理由をあげている。

・海外事業の重要性が増したことにより，赴任者に対するプレッシャーが急上昇している。また現地社員が実力をつけており，日本人赴任者にとってそのマネジメントに今まで以上の能力が必要となっている。
・人員削減のプレッシャーのもと，赴任者の過重労働が日常化している。
・文書や報告書の作成業務が増え，業務量自体が増加している。また日本からの視察や出張者が増え，その対応に追われている。
・待遇の低下もストレス増に拍車をかけている。現地の生活環境向上を理由に各種手当の削減が相次ぎ，海外赴任の経済的メリットが薄れている。

2009年から2010年にかけて実施されたG-MaPの聴き取り調査でも，中国，ASEAN諸国に派遣されている日本人勤務者からいくつかの問題点が指摘された。

・30歳台から50歳台の働き盛りの派遣者は，子弟の教育や老親の介護のために，奥さんと子供を日本に帰しており，単身赴任を余儀なくされている。日本の各事業所では，30～40％の社員が単身赴任を続けており，事業所によっては50％を超える単身赴任者が存在している。

・経費削減のプレッシャーから日本からの派遣者の数が徐々に減らされ，1人当たりの業務量が増えている。その結果，マネジャー用の単身赴任者用の寮に帰って，夜遅くまで残業に取り組むケースが増えている。

・企業によっては，赴任中の処遇条件が見直され，しだいに所得，諸手当，日本への帰国のベネフィットが減らされている。その結果，きつい労働に見合った処遇が維持され難くなっている。

　上記の海外勤務に伴う困難性の増加に加え，日本の若者の内向き志向の強まりが懸念される。最近の日本の若者は就職してもできれば海外ではなく国内での勤務を続けて，海外勤務は避けたいと考える人が増えている。産業能率大学が2010年6月に，新卒入社した18～26歳の男女を対象にインターネットで実施した調査によると，「海外では働きたくない」とした若者が49％に達した。2007年調査の36％に較べても大幅に増加している。その理由は「海外はリスクが高い」(56％)，「能力に自信がない」(55％)，「海外に魅力を感じない」(44％) としている。一方企業側では，海外でのビジネスを急激に拡大させる必要に迫られている。しかし今後企業側が海外勤務を魅力的なものに高めていかないかぎり，海外勤務を希望する人材が減少することは目に見えている。

　最近日本企業も現地ビジネスのマネジメントはローカル人材に任せ，日本人派遣者の数を減らす傾向を強めている。とはいえ，どうしても日本人人材を派遣しなければならないポジションが残ることは間違いない。この意味でも，海外勤務を魅力あるものにして，優秀な日本人人材を必要に応じて海外へ派遣することができる仕組みを築いておくことが求められている。

2. 海外勤務を魅力的なものにする方法

　海外勤務を魅力あるものにする方法は，数多く存在するであろうが，そのう

ち主要な方法としては，
- ①　赴任中の処遇（給与，福祉）を魅力あるものにする。もちろんかつてのように，海外勤務を5年間続けて日本に帰国すると，日本で家が建つ，といった極端な処遇は必要ではない。しかし先に述べたように海外勤務には大きな困難とストレスが伴うわけだから，任地では安心して生活を続け，満足できる生活レベルが保てる，魅力が感じられる処遇が提供されるべきだ。
- ②　海外勤務で成功を収め，すぐれた業績をあげた人材にはキャリア開発上でも十分にそのメリットが認められるべきだ。かつての日本企業では，一度海外勤務のサイクルに配属されると，なかなかそのサイクルから抜け出すことが困難となり，本社の経営陣に昇進することは期待ができなかった。最近は，トヨタの張富士夫氏，キヤノンの御手洗冨士夫氏，パナソニックの中村邦夫氏のように，長い海外勤務で成功を収め，本社のトップ経営者に昇進した人材もでてきている。しかしなおその数は少ない。今後は，海外勤務で成功を収めたマネジャー，スペシャリストにはそのキャリア設計上でその功績が十分に考慮され，報いられる仕組みを確立することが求められる。

3．魅力ある処遇（給与，福祉）を提供する

　筆者はかつて米国系多国籍企業のモービル（現在はエクソンと合併してエクソンモービルとなっている）に勤務していた。その23年間の勤務のうち，約6年間ニューヨーク，ハンブルグ，ケープタウン等で海外勤務を経験した。モービルでは海外勤務者（国籍を問わず）に対して，公平で，納得性の高い，かつ魅力的な処遇と福祉制度が提供されていた。
　その概要を図4-1を用いて説明しよう。まず最初に日本における典型的な所得構造を紹介する。最初に年間総所得を算出する。日本企業では夏冬に賞与（ボーナス）が支給されているので，基準内給与に賞与額と諸手当を足して年間総所得を算出して，それを12分の1に割って月額所得を算出する。その額から税金（国税と地方税を合算），各種保険（厚生年金，雇用保険，健康保険等）の本人負担額，住宅関連費用を差し引くと，本人の可処分所得が算出される。一般的にはこの可処分所得から日常の生活費，子弟の教育費，自動車保険等が支出

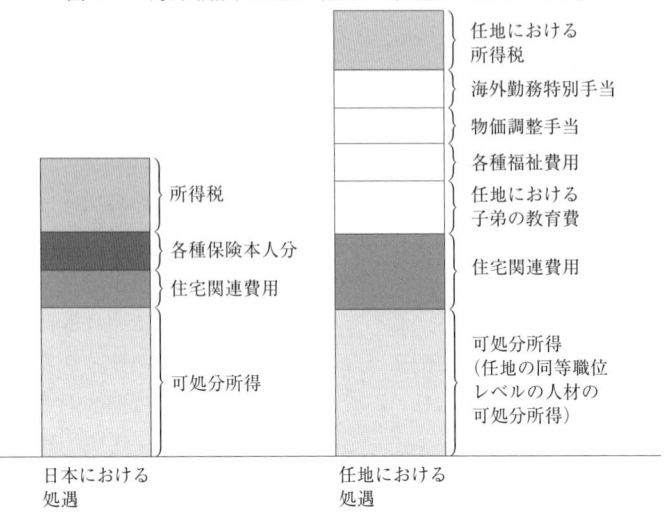

図 4-1 海外勤務中の処遇（日本と海外任地における処遇）

日本における処遇：可処分所得／住宅関連費用／各種保険本人分／所得税

任地における処遇：可処分所得（任地の同等職位レベルの人材の可処分所得）／住宅関連費用／任地における子弟の教育費／各種福祉費用／物価調整手当／海外勤務特別手当／任地における所得税

され，さらに残りが貯蓄に回される。

　ここで注目すべきは住宅関連支出である。日本においてはこの住宅関連支出は様々な形でなされる。まず本人が自宅を所有している場合。この形態でも住宅ローンを返済中と完済したケースが含まれる。ローンを完済している場合には家屋の維持保険のための費用が住宅関連支出となる。このほかに社宅に安い費用で入居しているケース，一般の借家に入居しているケースもある。それぞれのケースで住宅関連支出の月額を算出することが求められる。あるいは便法として，すべてのケースを勘案して，標準的な住宅関連支出をポジションレベルごと（役員，部長，課長，一般職別）に算出して用いることもできる。この場合には，人材にとって納得性の高い住宅費月額が用いられるべきだ。

　次に海外赴任中の所得構造について検討する。まず基本給として日本における可処分所得が支払われるべきだろう。この対案として任地の同等職位レベルの人材に支払われている可処分所得に変換する方法も考えられる。しかし，後者によると様々な問題が生ずる。これは実際に起こったケースであるけれども，日本に残った大学生の子弟の学費を支払い続けなければならない，あるいは老親を有料老人ホームに入居させており，その費用を払い続けなければならないといったケースが挙げられる。日本で勤務していれば，日本における可処分所得によってこれらの支出がカバーできる。しかし海外勤務中に任地における同

等職位レベルの可処分所得に変換されると，多くの場合，この額は日本における可処分所得を下回るために本人にかなりの不利益が生ずる。従って海外勤務中も日本における可処分所得が原則適用されるべきであろう。もし任地における同等職位に対する可処分所得が日本における可処分所得を上回る場合には任地の可処分所得が適用されるべきである。任地において本人にとってその職位に見合った支出が求められるからである。

この基本給部分に加えて，任地における住宅関連費用，現地の学校に子弟を入学させた場合の教育費用，各種福祉費用（医療費等），任地における所得税，さらに物価調整手当，海外勤務特別手当（プレミアム）の支給が考慮されなければならない。

任地における住宅関連費用については，任地の同等職位の人材と同様，もしくはそれを若干上回るレベルの住宅が提供される必要がある。とくに海外赴任者の安全と快適性を考慮して相応な住宅環境が確保されなければならない。もし赴任者が日本に持家を保有し，それを貸している場合には，その家賃収入を差し引く調整が求められる。

任地の学校に子弟を入学させた場合の教育費用は会社が負担すべきだろう。まだ日本人に対するフル・スケールの小中学校が世界中に設置されるに至ってはいない。従って，子弟をインターナショナル・スクール，現地の公立や私立学校へ入学させる必要がでてくる。これは海外赴任に伴う余分な支出のひとつに数えられ，この費用は会社が負担すべきだろう。アメリカの公立小中学校はかつては無料に近かったけれども，最近ではかなりの費用がかかると報告されている。

任地における各種福祉費用は，日本での本人負担相当レベルを超える部分については会社が補てんすべきだ。とくに医療費は国によって高額になるケースも多く，日本の健康保険のカバーできない費用は会社負担とすべきである。

任地における所得税は，本人の日本における国税と地方税分はすでに本人の所得から差し引かれていることから，任地における所得税分は会社が負担すべきである。ここで注意すべきは，国によっては，会社が支払った所得税分を本人の総所得に加算し，その総額に所得税率をかけてくるケースもある。いわゆる"tax on tax"の形態だ。各国の税制をしっかり研究して，この状況を合法的に回避する方法を探ることが求められる。

最後に物価調整手当と海外勤務特別手当（プレミアム）について検討する。

物価調整手当（cost of living allowance）は，日本での日常必需品（米，みそ，しょう油ほか）を任地で購入したときに生ずる物価の差額を意味する。ほとんどの場合，現地での価格は日本での価格を上回ることが多いので，この差額を物価調整手当として会社が支給する。

海外勤務特別手当（プレミアム）は，困難な海外勤務に対する，会社からの特別な配慮を示す特別手当である。モービルではとくに困難な勤務が求められる産油国やアフリカ諸国の勤務には現地の給与の50％がプレミアムとして支払われていた。先に述べたように，海外勤務にはかなりの程度の困難と苦労が伴うわけだから，日本企業でも適切な特別手当の支給が考慮されるべきであろう。

以上の給与部分に加えて，各種の福祉関連の費用が発生する。任地への家財等運送費（航空便と船便），着任時に発生する費用（引っ越し費用，カーテン設置等のsettling-in費用），現地における自動車購入と保険，メイド等雇用のための費用，日本への帰国のための費用，家族の語学研修費用等が含まれる。とくに日本（本国）への帰国についてモービルでは，原則年に一度，本人の有給休暇分（4週間～5週間），家族全員で帰国することが認められていた。日本企業ではモービルほどの好条件は提供できないにしても，適切なレベルの帰国条件と手当は提供されるべきであろう。

以上の検討で，海外勤務中の処遇，福祉制度の運用がきわめて複雑なものであることは理解頂けたと思う。基本的な考え方としては，本人の日本における所得と福祉レベルをできる限り保障する，また海外勤務の困難を配慮して適切なレベルの手当や福祉関連プログラムを提供する，という考え方に要約される。決して法外な処遇は必要ではないけれども，本人が任地で，安全で快適な生活が保障され，かつ海外勤務に魅力が感じられるレベルの処遇が提供されるべきである。

4. 海外勤務での成功をキャリア開発上メリット（功績）として認める

かつて日本の商社では，一度海外赴任のサイクルに組み込まれると，なかなか本社の本流部門にもどりにくいと言われてきた。最近では，先にも指摘したように海外勤務で成功を収めた人材が本社のトップ経営陣に昇進する例も増えてきている。しかしその数はまだ決して多いとは言えない。今後は各企業とも，

海外勤務で成功を収めた人材にその功績を認め，経営陣やシニア・ポジションへの昇進の途を積極的に開くべきである。この慣行が定着すれば若手の人材にとっても海外勤務が魅力の感じられるものになり，能力の高い人材が海外勤務を希望する割合を増加させることが可能になるだろう。

G-MaP 調査チームは，2009 年 3 月に YKK ジッパー事業部の中国広州事業所を訪問した。この事業所では各種のジッパーを生産し，製品を中国，その他の国々へ供給していた。われわれの面接に応じてくれた日本人のトップ経営陣は例外なく，海外勤務を 10 年から 20 年にわたり経験していた。そのキャリアのうち，アジア，中南米，ヨーロッパ，そのほかの国々での勤務を数回ずつ経験していたのだ。

YKK ジッパー事業部は，欧米の多国籍企業に比べると小規模ながら，本格的なグローバル規模の多国籍企業に成長している。世界 70 の国，地域に進出し，ジッパーの総生産量の約 90％ を海外で生産している。現在本社採用で海外に赴任している社員は 450 人。海外赴任可能な人材約 1,000 人のほぼ 50％ を占めている（『朝日新聞』2010 年 7 月 5 日，『グローブ』第 43 号）。

YKK 創業者の吉田忠雄は「社員は現地に永住する覚悟を」と語ったと報告されている。80 年代前半に米ジーンズ会社リーバイス社から独占的に 100％ の発注を受けた。また 1997 年にはアディダス社からも同様な要請が寄せられた。ここで「YKK はアディダスの開発部門と開発会議を重ね，使用する製品や数量の計画を作成。全世界に散らばるアディダスの生産委託工場に最短で納品するために，各国の YKK の工場の生産能力を調整し，1 年以内で受注態勢を整えた。」（YKK の現社長吉田忠裕インタビュー。『朝日新聞』2010 年 7 月 5 日，『グローブ』第 43 号。）

YKK ジッパー事業部は，その創設当初から各国ニーズにきめ細かく応えるために，世界各国に生産拠点を築いてきた。さらにリーバイス，アディダス等との提携を通じて，さらなるグローバル化を推進してきた。

G-MaP の調査で判明した事実は，「YKK ジッパー事業部では，海外赴任が当たり前のことと社員によって認識されている。本社の経営陣に加わることができるのは幾度かの海外勤務で成功を続けた人材だ」と社員によって認識されている点であった。

G-MaP で調査対象となった，ほかの企業でも，現在かなり多数の人材が海外派遣されている。たとえばオムロン，コマツの 200〜300 人ほどの規模から，

東芝の1,000人規模まで，その規模は多岐にわたっている。元来海外勤務はキャリア開発上，きわめて効果的な開発機会を提供してくれる。というのは，日本人のマネジャーが海外に派遣される場合，海外では日本にいるときより，1段階か2段階，上の職位を担うことが一般的だからだ（たとえば日本で課長職の人材が任地では部長職またはそれより上のポジションを担う）。さらに職域のスコープ（範囲）も広がることが多い（経理部長が財務も担当，総務担当が人事も担当する）。従って現地での職位を満足にこなせば，より上位の職位レベルとより大きな職域スコープをこなすコンピテンシーを身につけることができる。この際企業として留意すべきことは，海外勤務で成功を収め，能力を向上させた人材が日本に帰った際に，その成長を全く考慮せず，赴任前と同じ，または同等の職位レベルに就けることを避けるべき点だ。向上したコンピテンシーに見合った職位（レベル）に就けることが本人のモティベーションを高めるだけでなく，まわりの人材やこれから海外赴任する人材にとって大きな励みとなり，海外勤務に魅力を感ずるように導くことになる。

　最近日本企業は海外派遣者の数を減らしはじめている。その第1の理由は，日本人を海外に派遣することに伴うコスト増の問題である。このような状況では，日本人を派遣しなければ立ち行かない主要なポジションにのみ限定して日本人を派遣することを選択せざるを得ない。第2の理由は，優秀な現地人材を積極的にトップ・ポジションに登用する傾向が高まっている点だ。この方策により，優秀な現地人材の定着率を高め，さらに日本人材によるよりも効果的に現地ビジネスを展開する可能性も高まる。

　典型的な成功例として，ユニクロの例が挙げられる。ユニクロは1980年代に北京を中心とした中国進出を試みたが，あまり成果があがらなかった。しかし1990年代に至り，上海を中心とした中国進出に再挑戦し，大きな成功を収めている。この際に日本の大学を卒業し，日本のユニクロの店舗で修業し，成功を収めた2人の中国人を上海本社に派遣し，トップ・ポジションに就けたうえで中国ビジネスを彼らに委せている。その結果ユニクロのビジネスは現在中国で大成功を収め，なお拡大を続けている。今回のG-MaP調査でも，現地の優秀な人材をトップ・ポジションに就けて成功している例が確認された（カシオ広州等）。

おわりに

以上の分析から，日本企業に対していくつかの提言が導きだされる。
- 海外勤務を魅力的なものにするために，派遣者によって魅力が感じられるレベルの処遇（給与，福祉）を提供する。
- 海外勤務で成功を収めた人材には，その功績（メリット）に応えるためにキャリア開発上で魅力的な職位を提供する。
- 今後もなお日本人を派遣する必要が続くために，海外派遣に意欲を示し，適切なコンピテンシーを備えた人材のプールを作る――たとえば1990年代のモービル石油では，海外留学経験者，モービルでの海外勤務経験者，他社での海外勤務者を250人ほど確保し，海外派遣要員のプールを築いていた。それは大卒ホワイトカラー800人の30%を占めていた。
- さらに優秀な現地採用人材を発掘し，その人材プールを作る。当面は現地法人のトップ・ポジションへの登用がメインになるだろうけれども，将来的には日本本社の主要なポジションへの就任，ほかの国々の事業所の主要ポジションへの配置も一般的になるだろう。

第II部

日本人派遣者とローカル・スタッフの関係は良好か？

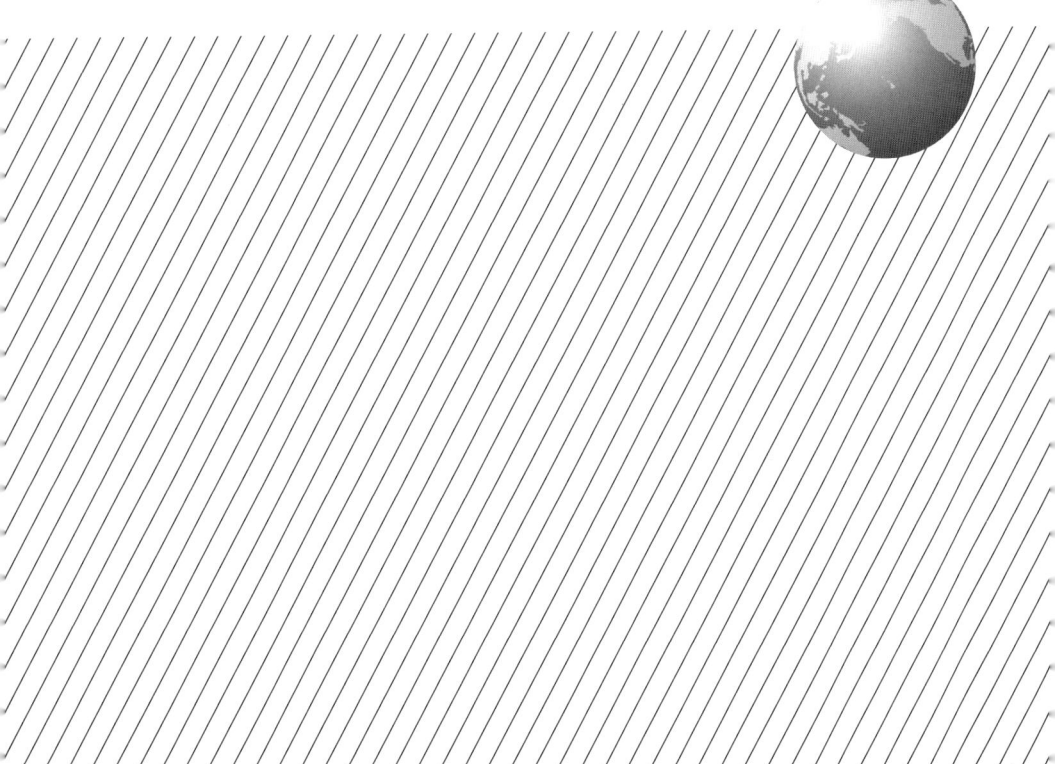

第5章 ローカル・スタッフによる日本人派遣者の評価（1）

白木 三秀

はじめに

　派遣元の日本企業にとって，日本人海外派遣者が自らに与えられたミッションを達成することが最も重要である。そのためには，海外派遣者が世界本社からの十分な権限委譲とサポートを受けることを前提として，経営管理者としての専門的技術・知識，リーダーシップ能力，コミュニケーション能力などの資質を保有することが重要であることは言うまでもない。

　同時に，日本人派遣者が現地スタッフにどの程度，好意的に受け入れられているのかどうか，現地スタッフからどの程度，高く評価されているのかどうかは，現地法人において日本人派遣者と現地スタッフとが協働して経営成果を出すという点を考えれば，その「程度」が現地法人の業績を左右する要素となることは明らかである。

　そればかりではなく，直属の部下からの評価を検討することを通じて，日本人派遣者がどのような点でトップあるいはミドルのマネジメントとして優れた点を持ち，他方で，弱点を抱えているかがかなりの程度まで明らかとなるであろう。そのことを通じて，日本人派遣者の強みと課題が具体的に示されるはずである。

　そこで，アジアにおける現地法人のローカルの部下から海外派遣者である日本人上司がどのように評価されているかを，現地人上司に対する評価と比較する中で，検討してみたい。具体的には，在アジア日系企業に働く現地人ホワイトカラーを対象に，彼らが自分の直属上司（現地人上司と日本人上司）に対し，業務遂行能力，問題解決能力，リーダーシップ，部下育成能力，信頼構築能力，

異文化リテラシー,そして対人関係構築能力など62項目にわたり,どのような評価をしているのかについてアンケート調査を実施することを通じて上述の状況を具体的に把握しようとした。ただし,日本人上司と現地人上司間の比較は,異文化理解に関する4項目においては比較ができないため,58項目で行った。アジアの中で中国,ASEAN,それにインドに所在する88社の日系企業の協力を得た[1]。本書の第Ⅱ部は,これらのデータに基づく分析を行った3章で構成されている。

調査方法としては,各現地法人を訪問し,直接,経営責任者(社長)に対し,日本人派遣者の直属の部下(現地人スタッフ)に対するアンケート調査を依頼し,またそれと同数くらいの現地人上司の直属の部下(現地人スタッフ)のアンケートを依頼した。回収方法は秘密性を保持する方法で行い,各現地法人の事情により紙媒体を通じて郵送による回収を行う方法と,電子媒体により被調査者から直接われわれの方に回答してもらう方法とを併用した。有効回収率は中国84.2%,ASEAN 69.8%,インド59.8%で,全体では75.4%であった。

1. 調査被対象者(上司)と調査回答者(部下)の特徴

最初に,以下で調査被対象者(以下「上司」と呼ぶ)と現地スタッフである調査回答者(以下「部下」と呼ぶ)の属性等を整理しておきたい。

調査回答者の所属企業の特徴

調査回答者がどのような業種に属するかを示したのが,表5-1である。全体で多いのが,製造業(電気・電子機器),製造業(自動車・部品),製造業(機械)で,これら3業種で約6割を占める。製造業以外では,情報技術業と卸・小売・貿易業がそれぞれ1割ずつを占めている。

国・地域別の特徴を見ると,中国では製造業(電気・電子機器)が傑出して多いという特徴がある。ASEANは製造業(自動車・部品)がとりわけ多く,同時に非製造業では卸・小売・貿易業が比較的多くなっている。インドは,製造業(電気・電子機器)と製造業(機械)に集中しており,2業種だけで85%と集中している。

所属企業の従業員規模ごとに見た場合の調査回答者の分布を示したのが表5-2である。この表から,全体では,300人未満が約4割,300〜999人が約3割と,1,000人未満に集中していることが分かる。

表 5-1 調査回答者の所属企業の業種（国・地域別） （単位：人，％）

	中国		ASEAN		インド		合計	
1. 製造業（精密機器）	30	2.7	0	0.0	0	0.0	30	1.4
2. 製造業（自動車・部品）	74	6.7	353	38.1	16	10.3	443	20.3
3. 製造業（電気・電子機器）	407	37.0	69	7.5	75	48.1	551	25.3
4. 製造業（化学・医薬）	6	0.5	7	0.8	0	0.0	13	0.6
5. 製造業（機械）	176	16.0	121	13.1	57	36.5	354	16.2
6. 製造業（金属製品）	112	10.2	73	7.9	0	0.0	185	8.5
7. 製造業（食料品）	19	1.7	56	6.0	0	0.0	75	3.4
8. 情報技術業	131	11.9	91	9.8	0	0.0	222	10.2
9. 卸・小売・貿易業	79	7.2	136	14.7	0	0.0	215	9.9
10. 運輸業	66	6.0	6	0.6	8	5.1	80	3.7
11. 金融業	0	0.0	10	1.1	0	0.0	10	0.5
12. その他	0	0.0	4	0.4	0	0.0	4	0.2
合計	1,100	100.0	926	100.0	156	100.0	2,182	100.0

表 5-2 調査回答者の所属企業の従業員規模（国・地域別） （単位：人，％）

	中国		ASEAN		インド		合計	
1. 300人未満	463	42.1	280	30.2	101	64.7	844	38.7
2. 300〜999人	287	26.1	292	31.5	23	14.7	602	27.6
3. 1,000〜2,999人	219	19.9	121	13.1	0	0.0	340	15.6
4. 3,000人以上	131	11.9	233	25.2	32	20.5	396	18.1
合計	1,100	100.0	926	100.0	156	100.0	2,182	100.0

表 5-3 調査回答者の所属企業の資本構成（国・地域別） （単位：人，％）

	中国		ASEAN		インド		合計	
1. 日本資本100％	860	78.2	398	43.0	88	56.4	1,346	61.7
2. 合弁企業（日本資本が過半数）	221	20.1	464	50.1	68	43.6	753	34.5
3. 合弁企業（日本資本対現地資本が50％：50％）	0	0.0	64	6.9	0	0.0	64	2.9
4. 合弁企業（現地資本が過半数）	19	1.7	0	0.0	0	0.0	19	0.9
合計	1,100	100.0	926	100.0	156	100.0	2,182	100.0

　中国の調査回答者の従業員規模別分布は全体の分布に近いのに対し，ASEANの分布は3,000人以上の大企業にも多く含まれているという特徴がある。インドの場合は，300人未満の中小企業に集中しており，65％の回答者は中小企業に属している。

　表5-3は，調査回答者がどのような資本構成の企業に所属しているのかを示したものである。全体では，日本資本100％の企業に所属する場合が62％と

表 5-4　日本人上司・現地人上司の男女別構成（国・地域別）　　　（単位：人，％）

			中国		ASEAN		インド		合計	
日本人上司	1.	男性	522	98.9	510	98.8	84	100.0	1,116	98.9
	2.	女性	6	1.1	6	1.2	0	0.0	12	1.1
		合計	528	100.0	516	100.0	84	100.0	1,128	100.0
現地人上司	1.	男性	427	76.7	297	75.6	70	98.6	794	77.8
	2.	女性	130	23.3	96	24.4	1	1.4	227	22.2
		合計	557	100.0	393	100.0	71	100.0	1,021	100.0

表 5-5　日本人上司・現地人上司の職位別構成（国・地域別）　　　（単位：人，％）

		中国		ASEAN		インド		合計	
日本人上司	役員以上	132	24.9	225	42.9	55	64.7	412	36.1
	部長クラス	307	57.8	198	37.7	26	30.6	531	46.5
	課長クラス	78	14.7	80	15.2	2	2.4	160	14.0
	係長以下	4	0.8	12	2.3	1	1.2	17	1.5
	アドバイザー	10	1.9	10	1.9	1	1.2	21	1.8
	合計	531	100.0	525	100.0	85	100.0	1,141	100.0
現地人上司	役員以上	44	7.9	99	24.8	24	33.8	167	16.2
	部長クラス	305	54.6	182	45.6	32	45.1	519	50.4
	課長クラス	189	33.8	89	22.3	11	15.5	289	28.1
	係長以下	19	3.4	27	6.8	4	5.6	50	4.9
	アドバイザー	2	0.4	2	0.5	0	0.0	4	0.4
	合計	559	100.0	399	100.0	71	100.0	1,029	100.0

多く，合弁企業（日本資本が過半数）が35％で，それに続いている。

　このような傾向は中国で特に顕著で，中国では日本資本100％の企業に所属する回答者は78％に上る。これに対し，ASEANとインドの分布は合弁企業（日本資本が過半数）が多くなっている。

上司の属性

　まず，上司の性別を見ると以下の通りである（表5-4参照）。日本人上司の場合，ほぼ100％が男性である。これには地域別の違いはない。これに対し，現地人上司の場合，男性比率は78％にとどまる。ただし，インドのみは98.6％と，ほとんどが男性となっている。つまり，調査対象となった日本人上司はほとんどが男性であるが，現地人上司の場合の同比率は約8割にとどまるのである。

　次に日本人上司と現地人上司の職位を示したのが，表5-5である。この表から，日本人上司の場合，役員以上が36.1％，部長クラスが46.5％，課長クラス

表 5-6 日本人上司の部下と現地人上司の部下の年齢構成（国・地域別）

(単位：人, %)

		中国		ASEAN		インド		合計	
日本人上司を持つ部下	1. 25歳未満	13	2.4	9	1.7	4	4.7	26	2.3
	2. 25～29歳	101	18.9	77	14.7	7	8.2	185	16.2
	3. 30～34歳	137	25.7	93	17.8	14	16.5	244	21.4
	4. 35～39歳	148	27.8	114	21.8	26	30.6	288	25.2
	5. 40～44歳	73	13.7	122	23.3	20	23.5	215	18.8
	6. 45～49歳	42	7.9	65	12.4	5	5.9	112	9.8
	7. 50～54歳	14	2.6	32	6.1	7	8.2	53	4.6
	8. 55～60歳	5	0.9	10	1.9	2	2.4	17	1.5
	9. 61歳以上	0	0.0	1	0.2	0	0.0	1	0.1
	合計	533	100.0	523	100.0	85	100.0	1,141	100.0
現地人上司を持つ部下	1. 25歳未満	18	3.2	8	2.0	7	9.9	33	3.2
	2. 25～29歳	188	33.6	59	14.8	16	22.5	263	25.5
	3. 30～34歳	162	28.9	95	23.8	14	19.7	271	26.3
	4. 35～39歳	114	20.4	116	29.1	10	14.1	240	23.3
	5. 40～44歳	42	7.5	83	20.8	10	14.1	135	13.1
	6. 45～49歳	27	4.8	27	6.8	6	8.5	60	5.8
	7. 50～54歳	7	1.3	9	2.3	5	7.0	21	2.0
	8. 55～60歳	2	0.4	2	0.5	3	4.2	7	0.7
	合計	560	100.0	399	100.0	71	100.0	1,030	100.0

が14.0%となっているが，現地人上司の場合はそれぞれ，16.2%，50.4%，28.1%となっており，日本人上司の場合には役員以上が，他方，現地人上司の場合には課長クラスが相対的に多くなっていることが分かる。国・地域別に見ると，まず日本人上司においてはインドで役員以上が多く，中国で役員以上が少なく，部長クラスが多いことが分かる。現地人上司においてもインドで役員以上が多く，中国で役員以上が少なく，部長クラスが比較的多いことが分かる。

部下の属性

調査回答者（部下）の属性は以下の通りである。まず表5-6で年齢について見ると，日本人を上司とする部下も現地人を上司とする部下も30代が最も多く，それぞれ46.6%，49.6%となっているが，20代は現地人を上司とする部下に多く，日本人を上司とする部下に比較的少なくなっており，40代の場合はその逆で日本人を上司とする部下の方で多くなっている。つまり，日本人を上司とする部下の年齢構成は現地人を上司とする部下よりやや高めとなっていることを表す。これは，日本人上司の役職が現地人上司の役職よりやや高くなっていた表5-5の結果と整合的であると考えられる。つまり，直属上司の役職

表 5-7 日本人上司の部下と現地人上司の部下の男女別構成（国・地域別）

(単位：人, %)

			中国		ASEAN		インド		合計	
日本人上司を持つ部下	1.	男性	303	56.8	335	64.2	74	87.1	712	62.5
	2.	女性	230	43.2	187	35.8	11	12.9	428	37.5
		合計	533	100.0	522	100.0	85	100.0	1,140	100.0
現地人上司を持つ部下	1.	男性	350	62.3	231	58.0	61	85.9	642	62.3
	2.	女性	212	37.7	167	42.0	10	14.1	389	37.7
		合計	562	100.0	398	100.0	71	100.0	1,031	100.0

表 5-8 日本人上司の部下と現地人上司の部下の学歴別構成（国・地域別）

(単位：人, %)

			中国		ASEAN		インド		合計	
日本人上司を持つ部下	1.	高卒	19	3.6	26	5.0	2	2.4	47	4.1
	2.	短大卒	142	26.6	60	11.4	2	2.4	204	17.8
	3.	大卒	322	60.3	356	67.8	55	64.7	733	64.1
	4.	修士卒	43	8.1	79	15.0	26	30.6	148	12.9
	5.	博士卒	4	0.7	1	0.2	0	0.0	5	0.4
		不明	4	0.7	3	0.6	0	0.0	7	0.6
		合計	534	100.0	525	100.0	85	100.0	1,144	100.0
現地人上司を持つ部下	1.	高卒	65	11.6	47	11.8	2	2.8	114	11.0
	2.	短大卒	148	26.3	56	14.0	8	11.3	212	20.5
	3.	大卒	305	54.3	258	64.5	41	57.7	604	58.5
	4.	修士卒	38	6.8	35	8.8	18	25.4	91	8.8
	5.	博士卒	5	0.9	0	0.0	0	0.0	5	0.5
		不明	1	0.2	4	1.0	2	2.8	7	0.7
		合計	562	100.0	400	100.0	71	100.0	1,033	100.0

が高ければ部下の年齢もそれにつれて高めとなるのであろう。

表5-7で性別構成について見ると、日本人を上司とする部下も現地人を上司とする部下も男性の比率はそれぞれ62.5%、62.3%とほぼ同じである。つまり、上司で特に日本人派遣者の場合は100%近くが男性であったが、部下の場合は38%くらいが女性となっている。国・地域別では、インドで男性への偏りが大きい。インドでは本調査で見る限り、上司も部下も男性のプレゼンスが大きいといえる。

さらに表5-8で学歴構成を見ると、日本人を上司とする部下も現地人を上司とする部下も大卒比率がそれぞれ64.1%、58.5%となっており、過半数が大卒以上の学歴であるという点で共通している。ただし若干ではあるが、日本人を

上司とする部下の方で学歴水準が高いといえる。地域別では，インドでは大学院卒が特に多く，中国で短大卒が多いという特徴がある。

以上のような日本人上司・現地人上司ならびに日本人上司の部下・現地人上司の部下の諸特徴を念頭に置きながら，現地人部下の直属上司への62項目のうち異文化リテラシーに関する4項目（これは現地人上司に対しては該当しない項目であるため）を除く58項目にわたる評価に関する日本人上司（日本人派遣者）と現地人上司との差異を中国，ASEAN，インドの順に検討しよう。なお，各設問は，「全くその通り」から「全く違う」までの5段階で評価してもらった結果である。

2. 日本人海外派遣者に対する現地人直属部下の評価：現地人上司に対する評価との比較

海外派遣者のミッション（使命や役割）は現地での職位により大きく異なる。トップ・マネジメントまたはそれに近い上位の役職であればあるほど現地法人の統制，経営理念・経営手法の浸透や伝導が重要であり，現場のラインを預かるミドル・マネジャーであれば，後進の育成や専門技術やノウハウの移転がより重要なミッションとなる。

さらにこれら①「海外派遣者の職位」に加えて，②「現地法人の成長段階」（操業期間の長短が代理指標となろう），③「資本構成のあり方」（単独出資であるか，合弁であるか，合弁の場合に過半数出資であるかどうかなど），そして④「現地法人の戦略的位置づけ」（それら現地法人の特性と密接に関連しながら決定される）という諸要素が，海外派遣者個々人のミッションを規定すると考えられる。

中国人部下の上司評価

表5-9は，中国人部下の直属上司への評価に関する日本人上司（派遣者）・中国人上司別差異をt-検定により比較し，現地での役職別に示したものである。そこからは以下のようなことが分かる。

役員以上の場合，「部下を適切に叱る」（以上，部下管理能力），「戦略立案ができる」「改善に取り組む」「方針を堅持」（以上，業務遂行能力），「規則を尊重する」「他部門の悪口を言わない」「自分の信念に忠実」（以上，組織責任感），「幅広い好奇心」（以上，開放性）の8項目で日本人上司の方が高く評価されている。日本人上司の方で有意に低く評価される項目はない。トップ・マネジメントに

表 5-9 中国人部下から見た直属上司の国籍別評価（t-検定結果）

		トップ・マネジメント (n=176)					ミドル・マネジメント (n=902)				
		日本人 n=132 (標準偏差)	現地人 n=44 (標準偏差)	t-値			日本人 n=389 (標準偏差)	現地人 n=513 (標準偏差)	t-値		
対人能力	部下に公平に接している	3.98 (0.98)	3.91 (1.02)	0.40			3.80 (0.96)	3.84 (0.93)	-0.60		
	部下を信頼している	3.99 (1.00)	3.88 (0.99)	0.63			3.83 (1.00)	3.94 (0.86)	-1.69		
	部下のアイディアや提案をよく聞いている	4.20 (0.90)	4.16 (0.86)	0.30			3.98 (0.93)	4.01 (0.84)	-0.40		
	部下に対する気配りや関心を示している	4.04 (0.89)	4.12 (0.99)	-0.47			3.84 (0.98)	3.96 (0.86)	-1.99 *		
	部下の成果を客観的に評価している	4.08 (0.89)	4.07 (0.85)	0.11			3.91 (0.92)	4.01 (0.82)	-1.70		
	部下の経験や能力を考慮し、権限を委譲している	4.11 (0.95)	4.02 (0.93)	0.52			3.85 (0.99)	3.96 (0.89)	-1.82		
	意思決定に当たり、周囲の意見を取り入れる	4.16 (0.89)	4.14 (0.85)	0.15			3.96 (1.01)	4.01 (0.90)	-0.74		
	部下を効果的に褒めている	3.99 (0.98)	4.07 (0.85)	-0.49			3.80 (1.00)	3.86 (0.87)	-1.04		
	部下が問題に遭遇した際に、適切な手助けをする	4.30 (0.88)	4.09 (1.01)	1.25			4.07 (0.95)	4.14 (0.77)	-1.12		
	部下に対する評価を具体的にフィードバックしている	3.95 (0.98)	3.98 (1.01)	-0.13			3.73 (0.94)	3.75 (0.92)	-0.29		
	部下に自立的に学べる環境・時間を与えている	3.95 (0.84)	3.77 (1.03)	1.06			3.62 (0.98)	3.75 (0.93)	-1.98 *		
	叱るべき時は部下を適切に叱っている	4.05 (0.81)	3.75 (0.94)	2.01 *			3.76 (0.90)	3.85 (0.81)	-1.53		
	部下育成のためのチャンスを与えている	3.92 (0.94)	3.86 (1.21)	0.30			3.61 (1.03)	3.79 (0.96)	-2.61 **		
	部下の間違いを的確に指摘している	4.09 (0.80)	3.98 (0.85)	0.78			3.84 (0.93)	3.96 (0.79)	-2.13 *		
	部下に仕事に対する取り組み方を適切に教えている	3.94 (0.88)	3.86 (1.03)	0.44			3.66 (0.99)	3.87 (0.93)	-3.22 **		
	自分がミスをした時は素直に認める	4.12 (0.93)	3.93 (1.00)	1.08			3.95 (0.93)	3.90 (0.85)	0.90		
	目標実現のための各人の役割を部下に自覚させている	4.19 (0.82)	4.21 (0.80)	-0.13			3.98 (0.90)	4.02 (0.78)	-0.55		
	言葉で表現されなくても相手の思考・感情を察知する	4.05 (0.86)	3.89 (1.02)	0.94			3.75 (0.94)	3.82 (0.89)	-1.21		
	部下に明確な業務目標を示している	4.24 (0.87)	4.14 (0.88)	0.69			4.03 (0.88)	4.05 (0.83)	-0.40		
	あらゆる状況において、冷静に対応できる	4.15 (0.85)	3.91 (1.02)	1.43			3.90 (0.93)	3.95 (0.83)	-0.87		
	曖昧な状況や誤解を解消しようとする	4.10 (0.87)	4.05 (0.87)	0.36			3.77 (0.90)	3.95 (0.85)	-3.03 **		

他部門からの支援を求められる時，支援する	4.30	(0.77)	4.23	(0.86)	0.52	4.10	(0.87)	4.12	(0.78)	-0.39	
業務を迅速に遂行できる	4.21	(0.83)	4.20	(0.85)	0.02	3.91	(0.93)	4.05	(0.84)	-2.36	*
業務上の時間管理が効果的である	4.24	(0.89)	4.05	(0.96)	1.21	3.97	(0.91)	4.05	(0.88)	-1.32	
意思決定が速い	4.22	(0.91)	4.11	(0.97)	0.61	3.76	(1.02)	3.98	(0.92)	-3.49	**
目標達成志向が強い	4.59	(0.75)	4.49	(0.74)	0.79	4.27	(0.85)	4.23	(0.85)	0.63	
仕事の優先順位が明確である	4.38	(0.85)	4.34	(0.89)	0.25	4.10	(0.92)	4.27	(0.77)	-3.00	**
戦略立案ができる	4.26	(0.78)	3.88	(0.98)	2.30	*	3.73	(1.03)	3.77	(0.96)	-0.68	
数字分析に強い	4.36	(0.82)	4.07	(0.95)	1.85	4.11	(0.91)	3.92	(0.92)	3.20	**
問題が発生した時に素早く対応できる	4.22	(0.84)	4.23	(0.80)	-0.04	3.98	(0.94)	4.11	(0.82)	-2.28	*
専門知識が豊富である	4.26	(0.80)	4.02	(1.11)	1.30	4.12	(0.87)	4.01	(0.86)	2.03	*
問題点を素早く発見できる	4.20	(0.92)	4.16	(0.89)	0.25	3.92	(0.90)	3.98	(0.85)	-0.92	
指示や説明が分かりやすい	4.21	(0.89)	4.25	(0.89)	-0.28	3.98	(0.90)	4.06	(0.87)	-1.36	
対外交渉力が強い	4.21	(0.91)	4.16	(0.91)	0.32	3.66	(0.96)	3.99	(0.89)	-5.47	**
常に改善に取り組む	4.24	(0.83)	3.91	(0.98)	2.02	*	3.93	(0.92)	3.93	(0.85)	0.04	
仕事上の方針がぶれない	4.42	(0.87)	4.00	(1.00)	2.49	*	4.17	(0.91)	4.12	(0.86)	0.75	
問題の因果関係を突き止め，対策を立てることができる	4.21	(0.76)	4.14	(0.85)	0.53	3.96	(0.88)	4.04	(0.77)	-1.29	
将来のニュースやチャンスを先取りする	3.94	(0.86)	3.95	(0.96)	-0.10	3.63	(0.89)	3.77	(0.87)	-2.38	*
業務上の新たな知識やスキルを積極的に習得する	4.15	(0.85)	4.05	(1.02)	0.57	3.96	(0.94)	4.09	(0.81)	-2.21	*
責任感が強い	4.52	(0.77)	4.30	(0.90)	1.45	4.29	(0.85)	4.31	(0.84)	-0.37	
既存のやり方にとらわれず，臨機応変に対応する	4.19	(0.89)	4.02	(0.93)	1.05	3.80	(0.97)	4.03	(0.82)	-3.82	**
上から高く評価されている	4.05	(0.89)	4.07	(0.97)	-0.09	3.80	(0.93)	4.02	(0.80)	-3.70	**
顧客から高く評価されている	4.10	(0.83)	3.89	(1.02)	1.26	3.67	(0.94)	3.85	(0.84)	-3.03	**
目標実現に向けて，リスクをとることができる	3.96	(0.84)	4.02	(0.90)	-0.39	3.74	(0.92)	3.85	(0.84)	-1.76	
関連部署から支援や理解を得ている	4.19	(0.79)	3.93	(0.87)	1.73	3.81	(0.87)	3.93	(0.78)	-2.02	*
会社の進むべき方向を明確に部下に伝える	4.39	(0.74)	4.30	(0.98)	0.60	4.00	(0.90)	3.99	(0.85)	0.24	
ビジョンの実現進捗状況を部下と共有する	4.38	(0.78)	4.32	(0.83)	0.41	3.99	(0.89)	4.00	(0.85)	-0.19	

情報発信	会社または親会社に関する情報を部下に伝える	4.26 (0.79)	4.25 (0.97)	0.04	4.02 (0.95)	4.06 (0.80)	-0.67
	将来部門の進むべき方向をはっきり示す	4.20 (0.88)	4.16 (1.03)	0.24	3.88 (0.96)	3.95 (0.90)	-1.14
	現場の状況を客観的に会社または親会社に伝える	4.18 (0.81)	4.07 (0.93)	0.72	4.00 (0.87)	3.99 (0.80)	0.21
組織責任感	規則を尊重し、適切に行動する	4.48 (0.75)	4.18 (0.92)	2.15 *	4.36 (0.78)	4.25 (0.83)	1.99 *
	顧客を大事にしている	4.59 (0.67)	4.48 (0.76)	0.87	4.33 (0.78)	4.31 (0.75)	0.31
	他部門の悪口を言わない	4.35 (0.81)	3.95 (0.94)	2.49 *	4.17 (0.88)	4.09 (0.87)	1.29
	自分の信念に忠実である	4.48 (0.72)	4.19 (1.01)	1.89 *	4.11 (0.84)	4.17 (0.76)	-1.20
開放性	人脈（社内・社外）が広い	4.14 (0.87)	4.32 (0.83)	-1.21	3.61 (0.98)	4.11 (0.85)	-8.16 **
	視野・見識が広い	4.20 (0.88)	4.02 (1.01)	1.00	3.82 (0.92)	4.04 (0.85)	-3.72 **
	幅広い好奇心を持ち、新しい仕事・挑戦に意欲的である	4.15 (0.88)	3.82 (0.99)	2.08 *	3.77 (0.90)	3.87 (0.90)	-1.61
	上の人が間違っていたら、はっきり指摘する	3.62 (0.84)	3.68 (0.96)	-0.35	3.44 (0.93)	3.57 (0.95)	-2.12 *
異文化理解	現地社会に関心をもつ	4.25 (0.93)			3.82 (0.91)		
	現地の文化や風俗習慣を理解している	3.81 (0.94)			3.36 (1.00)		
	現地の商慣行をよく理解している	3.80 (0.87)			3.43 (0.97)		
	現地語を熱心に勉強している	4.00 (1.16)			3.86 (1.02)		

（注） ＊は p＜0.05　＊＊は p＜0.01　▨は日本人上司＞現地人上司　▨は日本人上司＜現地人上司

はそういうことのできる有能な人材が親会社から派遣されている結果と見ることもできるし，同時に海外赴任経験が長く，現地経営経験の豊富な人が多く含まれているためと見ることもできよう。

これに対し，ミドル・マネジメント（部課長）の場合，「数字分析に強い」「専門知識が豊富である」（以上，業務遂行能力），「規則を尊重する」（以上，組織責任感）という3項目においては，日本人上司の方が高く評価されている。これに対し，組織責任感に含まれるカテゴリーを除くすべてのカテゴリーにおいて，合計20項目において中国人上司の方が高く評価されている。際立つのは，業務遂行やリーダーシップにかかわる多くの項目で日本人上司の方が低く評価されている点である。

また，部下管理能力のカテゴリーにおいても「部下に対する気配りや関心を示している」「部下に自立的に学べる環境・時間を与えている」「部下育成のためのチャンスを与えている」「部下の間違いを的確に指摘している」「部下に仕事に対する取り組み方を教えている」の5項目で中国人上司・日本人上司間に有意差が見られた。もちろん，数年間滞在するだけの日本人派遣者の置かれた立場とそこに永住する中国人上司の置かれた立場に相違がある以上，日本人派遣者には不利になっている可能性があり，これらの違いは割り引いて考える必要があるため，一般化することは難しい。

ともあれ，現地のビジネス・チャンスが広がり，現地人材の確保・育成・活用がますます重要になっていく中，ミドル・マネジメントの日本人派遣者は同レベルの中国人上司より多くの点で劣ると指摘されている。これらは，語学力不足を超えて，中国をはじめとする新興国市場において日本人派遣者が多くの課題を抱えていることを示唆している。

ASEAN部下の上司評価

表5-10に示されるように，ASEANにおける調査結果はこれ以上に厳しくなっている。有意水準をクリアする項目で見て中国の状況と著しく異なる点は，トップ・マネジメントにおいても，ミドル・マネジメントにおいても，日本人派遣者が現地の同僚を上回る項目が全くないことである。トップ・マネジメントにおいては，13項目で日本人派遣者にマイナスの有意差がある。ミドル・マネジメントにおいてはさらに深刻で，実に44項目において日本人派遣者は統計的に有意に劣位に立っており，プラスの項目は見られない。操業年数の長いASEANにおいては現地人材の蓄積が進んでおり，日本人派遣者への評価

表 5-10 ASEAN 各国の現地人部下から見た直属上司の国籍別評価（t 検定結果）

	トップ・マネジメント (n=317)				ミドル・マネジメント (n=595)			
	日本人 n=220 (標準偏差)	現地人 n=97 (標準偏差)	t 値		日本人 n=295 (標準偏差)	現地人 n=300 (標準偏差)	t 値
部下に公平に接している	3.81 (0.77)	3.85 (0.85)	−0.45		3.69 (0.98)	3.69 (0.92)	0.08
部下を信頼している	3.83 (0.79)	3.81 (0.92)	0.18		3.55 (0.97)	3.70 (0.93)	−1.78
部下のアイディアや提案をよく聞いている	3.83 (0.76)	3.94 (0.90)	−1.02		3.69 (0.90)	3.82 (0.82)	−1.76
部下に対する気配りや関心を示している	3.76 (0.82)	3.88 (0.86)	−1.08		3.54 (0.96)	3.77 (0.86)	−2.88 **
部下の成果を客観的に評価している	3.70 (0.86)	3.91 (0.78)	−1.97 *		3.66 (0.94)	3.72 (0.92)	−0.80
部下の経験や能力を考慮し, 権限を委譲している	3.84 (0.79)	3.94 (0.87)	−1.02		3.63 (1.00)	3.84 (0.87)	−2.62 **
意思決定に当たり, 周囲の意見を取り入れる	3.85 (0.81)	3.94 (0.85)	−0.80		3.68 (0.96)	3.78 (0.91)	−1.26
部下を効果的に褒めている	3.61 (0.83)	3.65 (0.85)	−0.36		3.38 (0.91)	3.47 (0.85)	−1.24
部下が問題に遭遇した際に, 適切な手助けをする	4.01 (0.82)	4.15 (0.89)	−1.32		3.78 (0.97)	3.95 (0.86)	−2.23 *
部下に対する評価を具体的にフィードバックしている	3.59 (0.83)	3.65 (0.89)	−0.51		3.50 (0.97)	3.69 (0.87)	−2.40 *
部下に自立的に学べる環境・時間を与えている	3.75 (0.91)	3.99 (0.87)	−2.19 *		3.62 (0.94)	3.80 (0.83)	−2.36 *
叱るべき時は部下を適切に叱っている	3.67 (0.78)	3.81 (0.86)	−1.45		3.43 (0.92)	3.70 (0.88)	−3.42 **
部下育成のためのチャンスを与えている	3.66 (0.95)	3.92 (0.88)	−2.22 *		3.59 (1.03)	3.83 (0.87)	−2.97 **
部下の間違いを的確に指摘している	3.64 (0.76)	3.72 (0.85)	−0.85		3.47 (0.89)	3.60 (0.88)	−1.70
部下に仕事に対する取り組み方を教えている	3.58 (0.88)	3.77 (0.86)	−1.87		3.46 (0.92)	3.72 (0.81)	−3.48 **
自分がミスをした時は素直に認める	3.78 (0.81)	3.83 (0.99)	−0.47		3.66 (0.99)	3.64 (0.89)	0.16
目標実現のための各人の役割を部下に自覚させている	3.79 (0.71)	3.91 (0.83)	−1.25		3.55 (0.91)	3.78 (0.82)	−3.14 **
言葉で表現されなくても相手の思考・感情を察知する	3.48 (0.79)	3.67 (0.81)	−1.94		3.27 (0.93)	3.52 (0.86)	−3.18 **
部下に明確な業務目標を示している	3.82 (0.82)	4.00 (0.89)	−1.70		3.57 (0.92)	3.81 (0.85)	−3.17 **
あらゆる状況において, 冷静に対応できる	3.61 (0.93)	3.91 (0.90)	−2.68 **		3.59 (1.04)	3.72 (1.01)	−1.53
曖昧な状況や誤解を解消しようとする	3.65 (0.75)	3.96 (0.74)	−3.33 **		3.48 (0.91)	3.67 (0.88)	−2.47 *
他部門からの支援を求められる時, 支援する	3.99 (0.76)	4.18 (0.79)	−1.94		3.91 (0.84)	4.11 (0.75)	−3.05 **

業務を迅速に遂行できる	3.87 (0.75)	4.04 (0.81)	−1.75	3.59 (0.92)	3.85 (0.81)	−3.43	**
業務上の時間管理が効果的である	3.88 (0.80)	4.03 (0.81)	−1.56	3.48 (0.97)	3.72 (0.90)	−3.07	**
意思決定が速い	3.78 (0.90)	4.00 (0.91)	−2.02 *	3.44 (0.97)	3.75 (0.86)	−4.03	**
目標達成志向が強い	4.08 (0.74)	4.24 (0.83)	−1.71	3.79 (0.89)	3.96 (0.86)	−2.17	*
仕事の優先順位が明確である	3.91 (0.79)	4.02 (0.85)	−1.09	3.60 (0.97)	3.76 (0.88)	−2.01	*
戦略立案ができる	3.88 (0.83)	4.01 (0.74)	−1.37	3.40 (0.88)	3.79 (0.82)	−5.35	**
数字分析に強い	3.95 (0.82)	4.06 (0.79)	−1.15	3.67 (0.87)	3.90 (0.85)	−3.03	**
問題が発生した時に素早く対応できる	3.82 (0.87)	3.98 (0.85)	−1.54	3.51 (0.98)	3.82 (0.88)	−3.90	**
専門知識が豊富である	3.81 (0.83)	3.99 (0.83)	−1.74	3.60 (0.93)	3.79 (0.92)	−2.39	*
問題点を素早く発見できる	3.76 (0.84)	3.96 (0.81)	−1.99 *	3.51 (0.92)	3.74 (0.85)	−2.94	**
指示や説明が分かりやすい	3.75 (0.79)	3.94 (0.86)	−1.88	3.41 (1.04)	3.75 (0.90)	−4.06	**
対外交渉力が強い	3.67 (0.82)	4.09 (0.80)	−4.30 **	3.36 (0.97)	3.82 (0.93)	−5.70	**
常に改善に取り組む	3.77 (0.85)	3.96 (0.89)	−1.73	3.52 (1.03)	3.83 (0.95)	−3.62	**
仕事上の方針がぶれない	3.97 (0.79)	3.95 (0.86)	0.24	3.77 (0.90)	3.87 (0.86)	−1.37	
問題の因果関係を突き止め、対策を立てることができる	3.79 (0.82)	3.91 (0.85)	−1.13	3.52 (0.92)	3.79 (0.88)	−3.60	**
将来のニーズやチャンスを先取りする	3.81 (0.76)	3.91 (0.78)	−1.02	3.53 (0.87)	3.77 (0.79)	−3.51	**
業務上の新たな知識やスキルを積極的に習得する	3.89 (0.80)	4.06 (0.86)	−1.71	3.67 (0.91)	3.87 (0.91)	−2.58	**
責任感が強い	4.33 (0.68)	4.39 (0.83)	−0.64	4.02 (0.88)	4.11 (0.87)	−1.19	
既存のやり方にとらわれず、臨機応変に対応する	3.80 (0.84)	4.00 (0.78)	−2.05 *	3.64 (1.00)	3.84 (0.88)	−2.55	*
上から高く評価されている	3.82 (0.78)	3.91 (0.79)	−0.83	3.53 (0.86)	3.72 (0.86)	−2.51	*
顧客から高く評価されている	3.66 (0.78)	3.74 (0.79)	−0.82	3.34 (0.81)	3.56 (0.86)	−3.01	**
目標実現に向けて、リスクをとることができる	3.65 (0.88)	3.86 (0.92)	−1.90	3.35 (1.01)	3.61 (0.94)	−3.12	**
関連部署から支援や理解を得ている	3.83 (0.82)	3.90 (0.76)	−0.69	3.56 (0.83)	3.76 (0.76)	−2.95	**
会社の進むべき方向を明確に部下に伝える	3.70 (0.91)	3.91 (0.87)	−1.92	3.42 (1.03)	3.60 (0.91)	−2.23	*
ビジョンの実現進捗状況を部下と共有する	3.67 (0.88)	3.86 (0.78)	−1.89	3.37 (1.00)	3.58 (0.83)	−2.69	**
会社または親会社に関する情報を部下に伝える	3.70 (0.85)	3.83 (0.85)	−1.28	3.43 (1.02)	3.72 (0.85)	−3.65	**

業務遂行能力 / 情報発信

カテゴリ	項目						
情報発信	将来部門の進むべき方向をはっきり示す	3.60 (0.93)	3.75 (0.83)	−1.46	3.38 (1.06)	3.65 (0.91)	−3.12 **
	現場の状況を客観的に会社または親会社に伝える	3.83 (0.83)	3.97 (0.84)	−1.35	3.48 (0.98)	3.77 (0.88)	−3.59 **
組織責任感	規則を尊重し、適切に行動する	4.10 (0.73)	4.32 (0.74)	−2.48 *	4.01 (0.85)	4.02 (0.86)	−0.16
	顧客を大事にしている	4.25 (0.72)	4.34 (0.78)	−1.03	4.09 (0.85)	4.00 (0.85)	1.24
	他部門の悪口を言わない	3.95 (0.84)	3.96 (0.94)	−0.03	3.85 (0.97)	3.71 (0.98)	1.73
	自分の信念に忠実である	4.04 (0.77)	4.25 (0.75)	−2.25 *	3.80 (0.86)	3.97 (0.77)	−2.48 *
開放性	人脈（社内・社外）が広い	3.64 (0.85)	4.09 (0.88)	−4.24 **	3.44 (0.91)	3.75 (0.90)	−4.01 **
	視野・見識が広い	3.81 (0.85)	4.04 (0.82)	−2.29 *	3.51 (0.89)	3.73 (0.90)	−2.85 **
	幅広い好奇心を持ち、新しい仕事・挑戦に意欲的である	3.77 (0.80)	3.95 (0.89)	−1.71	3.52 (0.91)	3.77 (0.91)	−3.30 **
	上の人が間違っていたら、はっきり指摘する	3.37 (0.90)	3.50 (0.82)	−1.22	3.13 (0.92)	3.40 (0.88)	−3.51 **
異文化理解	現地社会に関心をもつ	3.66 (0.85)			3.45 (1.02)		
	現地の文化や風俗習慣を理解している	3.42 (0.84)			3.20 (0.95)		
	現地の商慣行をよく理解している	3.47 (0.77)			3.23 (0.91)		
	現地語を熱心に勉強している	3.14 (1.06)			3.13 (1.17)		

（注）　*は $P<0.05$　　**は $p<0.01$　　■は日本人上司＜現地人上司

も厳しく出やすいためと見られる。それにしても，経験豊富なトップ・マネジメントでさえ ASEAN においてはもはや優位性を担保できなくなってきているのか，という感慨をわれわれに与えずにはおかない結果である。

インド人部下の上司評価

表5-11に示されるように，インドはサンプルが少なく，また操業年数が短いこともあって，有意差のある項目はごく少なく，またその中でも多くは日本人派遣者の方が高く評価されている。これは中国における状況と一部通底するものがあると見られる。

アジア人部下の上司評価

上記の地域・国ごとの評価結果を総括する形で全サンプルによる直属上司の評価を比較してみると，トップ・マネジメント，ミドル・マネジメントを問わず，日本人上司の方が現地人上司より統計的に有意に高く評価されている項目は全くないという結果になっている（表5-12）。

トップ・マネジメントにおいては，日本人トップ・マネジメントの方が高く評価される項目はなかったものの，劣ると評価される項目には，「対外交渉力」「社内外の人脈」という2項目が含まれるにとどまっていた。これらの項目は，日本人派遣者が現地社会に溶け込んだ人脈を築けず，その実力を発揮できていないということを示すと同時に，その性質上，現地人材の方に一日の長があるためであろう。

このように，トップ・マネジメントについては，日本人トップ・マネジメントと現地人トップ・マネジメントとの間に部下からの評価で差はそれほど大きくはないといえる。トップ・マネジメントにはそういうことのできる人材が親会社から派遣されている結果と見ることもできるし，同時に海外赴任経験が長く，高いパフォーマンスを出せるような人が多く含まれているためと見ることもできる。むしろ，そうでないと困るであろう。

しかし，ミドル・マネジメントの場合，その様相は全く異なる。すなわち，まず，日本人ミドル・マネジメントが現地人ミドル・マネジメントより高く評価される項目は，皆無であった。他方で，日本人ミドル・マネジメントが現地人ミドル・マネジメントより低く評価される項目には，対人能力・部下育成能力から業務遂行能力や行動特性にまで幅広く広がり，58項目の実に45項目が含まれていた。

これはショッキングな結果といわざるを得ない。もちろん，数年間滞在する

表 5-11　インド人部下から見た直属上司の国籍別評価（t 検定結果）

		トップ・マネジメント (n=79)					ミドル・マネジメント (n=593)				
		日本人 n=55 (標準偏差)		現地人 n=24 (標準偏差)		t値	日本人 n=29 (標準偏差)		現地人 n=47 (標準偏差)		t値
	部下に公平に接している	4.25	(0.70)	3.92	(0.97)	1.53	4.17	(0.85)	4.04	(0.98)	0.61
	部下を信頼している	4.13	(0.93)	3.79	(1.38)	1.27	3.86	(0.95)	4.17	(0.94)	-1.38
	部下のアイディアや提案をよく聞いている	4.35	(0.73)	3.79	(1.22)	2.51 *	4.03	(0.78)	4.04	(0.95)	-0.04
	部下に対する気配りや関心を示している	4.16	(0.81)	3.92	(1.06)	1.02	3.90	(0.98)	4.11	(0.85)	-0.96
	部下の成果を客観的に評価している	4.07	(0.88)	4.13	(0.95)	-0.23	3.83	(0.93)	4.00	(0.81)	-0.85
	部下の経験や能力を考慮し、権限を委譲している	4.20	(0.95)	3.75	(1.19)	1.64	4.17	(0.85)	4.06	(0.82)	0.55
	意思決定に当たり、周囲の意見を取り入れる	4.16	(0.81)	3.58	(1.21)	2.50 *	4.04	(0.92)	4.00	(0.93)	0.16
	部下を効果的に褒めている	3.76	(0.88)	3.50	(1.29)	1.06	3.72	(0.88)	3.96	(0.86)	-1.13
	部下が問題に遭遇した際に、適切な手助けをする	4.24	(0.79)	4.17	(0.96)	0.31	4.31	(0.76)	4.13	(0.92)	0.94
	部下に対する評価を具体的にフィードバックしている	3.89	(0.81)	3.75	(0.85)	0.69	3.59	(1.05)	3.91	(0.72)	-1.62
	部下に自立的に学べる環境・時間を与えている	4.04	(0.82)	3.79	(0.98)	1.07	3.79	(1.01)	3.89	(0.81)	-0.48
	叱るべき時は部下を適切に叱っている	3.79	(0.77)	3.79	(0.83)	0.00	3.78	(0.80)	3.89	(0.71)	-0.61
	部下育成のためのチャンスを与えている	3.89	(0.98)	3.57	(1.16)	1.18	3.76	(1.02)	3.87	(0.88)	-0.52
	部下の間違いを的確に指摘している	4.07	(0.84)	4.00	(0.93)	0.33	3.90	(0.98)	4.19	(0.74)	-1.40
	部下に仕事に対する取り組み方を教えている	3.93	(0.88)	3.88	(1.15)	0.20	3.72	(1.00)	4.02	(0.90)	-1.31
	自分がミスをした時は素直に認める	4.25	(0.78)	3.83	(1.13)	1.66	4.14	(0.93)	3.91	(1.00)	1.00
	目標実現のための各人の役割を部下に自覚させている	4.24	(0.77)	4.04	(1.08)	0.91	4.00	(0.89)	4.02	(0.74)	-0.11
	言葉で表現されなくても相手の思考・感情を察知する	3.65	(0.95)	3.45	(1.10)	0.75	3.66	(0.94)	4.02	(0.94)	-1.65
対人能力	部下に明確な業務目標を示している	4.29	(0.71)	4.21	(0.98)	0.37	3.79	(0.90)	4.11	(0.76)	-1.56
	あらゆる状況において、冷静に対応できる	4.20	(0.80)	3.71	(1.00)	2.13 *	4.10	(0.98)	4.02	(0.97)	0.36
	曖昧な状況や誤解を解消しようとする	3.83	(1.02)	3.87	(1.18)	-0.13	3.93	(0.73)	3.94	(0.87)	-0.05

124

	項目	平均	(SD)	平均	(SD)	差	平均	(SD)	平均	(SD)	差
	他部門からの支援を求められる時、支援する	4.25	(0.73)	4.13	(1.03)	0.56	4.28	(0.70)	4.04	(0.88)	1.27
	業務を迅速に遂行できる	4.15	(0.82)	4.00	(0.98)	0.66	3.93	(0.92)	4.15	(0.84)	-1.04
	業務上の時間管理が効果的である	4.31	(0.77)	4.04	(1.08)	1.27	3.97	(0.82)	4.17	(0.84)	-1.04
	意思決定が速い	4.05	(0.97)	4.00	(1.18)	0.20	4.00	(0.85)	3.96	(0.81)	0.22
	目標達成志向が強い	4.27	(0.76)	4.21	(1.02)	0.28	4.14	(0.74)	4.17	(0.79)	-0.18
	仕事の優先順位が明確である	4.31	(0.86)	4.21	(0.83)	0.51	4.07	(0.77)	4.32	(0.69)	-1.40
	戦略立案ができる	4.16	(0.76)	4.38	(0.82)	-1.07	4.17	(0.85)	4.09	(0.69)	0.48
	数字分析に強い	4.38	(0.68)	4.29	(0.86)	0.46	4.43	(0.69)	4.06	(0.92)	1.95
	問題が発生した時に素早く対応できる	4.05	(0.93)	4.17	(1.20)	-0.41	3.90	(1.05)	3.87	(0.85)	0.11
	専門知識が豊富である	4.06	(0.90)	4.38	(0.65)	-1.77	3.97	(1.02)	3.93	(0.86)	0.15
業務遂行能力	問題点を素早く発見できる	4.09	(0.97)	4.38	(0.92)	-1.24	3.93	(1.07)	3.96	(0.81)	-0.11
	指示や説明が分かりやすい	4.15	(0.76)	4.04	(1.04)	0.51	3.96	(0.88)	4.32	(0.84)	-1.72
	対外交渉力が強い	3.80	(0.80)	4.38	(0.88)	-2.75 **	3.83	(0.71)	4.17	(0.93)	-1.72
	常に改善に取り組む	4.31	(0.77)	3.96	(1.00)	1.55	3.86	(0.79)	4.07	(0.83)	-1.07
	仕事上の方針がぶれない	4.13	(0.82)	4.13	(0.95)	0.01	4.07	(0.72)	4.17	(0.76)	-0.56
	問題の因果関係を突き止め、対策を立てることができる	4.02	(0.80)	4.17	(1.13)	-0.66	4.07	(0.92)	4.06	(0.82)	0.02
	将来のニーズやチャンスを先取りする	4.04	(0.79)	4.00	(1.06)	0.15	4.03	(0.87)	4.09	(0.75)	-0.26
	業務上の新たな知識やスキルを積極的に習得する	4.31	(0.74)	4.08	(1.02)	0.98	4.17	(0.85)	4.23	(0.89)	-0.30
	責任感が強い	4.56	(0.60)	4.38	(0.97)	0.88	4.24	(0.74)	4.19	(0.92)	0.26
	既存のやり方にとらわれず、臨機応変に対応する	4.00	(0.88)	3.88	(1.15)	0.47	4.00	(0.78)	4.02	(0.71)	-0.12
	上から高く評価されている	4.04	(0.83)	4.04	(0.86)	-0.02	3.93	(0.87)	4.13	(0.80)	-0.99
	顧客から高く評価されている	3.81	(1.12)	3.96	(1.15)	-0.52	3.69	(0.88)	3.98	(0.90)	-1.32
	目標実現に向けて、リスクをとることができる	3.89	(1.01)	3.83	(1.24)	0.20	3.72	(0.88)	3.94	(0.96)	-0.98
	関連部署から支援や理解を得ている	4.18	(0.70)	3.96	(1.00)	1.00	4.00	(0.65)	3.96	(0.72)	0.26
情報発信	会社の進むべき方向を明確に部下に伝える	4.11	(0.86)	3.79	(1.28)	1.29	3.90	(0.90)	3.81	(0.82)	0.43
	ビジョンの実現進捗状況を部下と共有する	3.93	(0.93)	3.50	(1.25)	1.67	3.76	(0.99)	3.87	(0.82)	-0.52

情報発信	会社または親会社に関する情報を部下に伝える	3.81	(0.95)	3.67	(1.09)	0.58	3.93	(0.96)	3.98	(0.71)	-0.25
	将来部門の進むべき方向をはっきり示す	4.02	(0.88)	3.75	(1.26)	1.08	3.76	(0.95)	4.00	(0.83)	-1.16
	現場の状況を客観的に会社または親会社に伝える	4.13	(0.83)	3.88	(1.12)	1.00	3.83	(0.80)	3.87	(0.61)	-0.26
組織責任感	規則を尊重し、適切に行動する	4.65	(0.55)	4.33	(0.70)	1.99	4.03	(0.82)	4.06	(0.76)	-0.16
	顧客を大事にしている	4.67	(0.70)	4.38	(0.97)	1.36	4.48	(0.63)	4.13	(0.85)	2.08 *
	他部門の悪口を言わない	4.29	(0.83)	4.13	(0.99)	0.72	4.31	(0.76)	4.13	(0.85)	0.97
	自分の信念に忠実である	4.27	(0.78)	4.25	(0.90)	0.11	4.25	(0.65)	4.00	(0.92)	1.37
開放性	人脈（社内・社外）が広い	3.78	(1.08)	4.13	(1.10)	-1.28	3.48	(0.91)	3.91	(1.15)	-1.80
	視野・見識が広い	4.05	(0.85)	4.17	(1.09)	-0.45	4.00	(0.71)	3.94	(0.96)	0.33
	幅広い好奇心を持ち、新しい仕事・挑戦に意欲的である	3.89	(0.90)	4.04	(1.27)	-0.53	3.90	(0.98)	4.09	(0.89)	-0.85
	上の人が間違っていたら、はっきり指摘する	3.65	(1.04)	3.59	(1.10)	0.23	3.56	(1.25)	3.89	(0.84)	-1.39
異文化理解	現地社会に関心をもつ	3.70	(0.92)				3.70	(1.03)			
	現地の文化や風俗習慣を理解している	3.48	(0.93)				3.61	(0.99)			
	現地の商慣行をよく理解している	3.70	(0.88)				3.79	(0.96)			
	現地語を熱心に勉強している	2.56	(1.25)				2.36	(1.47)			

（注）　*はP＜0.05　　**はp＜0.01　　▨は日本人上司＞現地人上司　　■は日本人上司＜現地人上司

表5-12 アジア人部下から見た直属上司の国籍別評価(全サンプルのt検定結果)

		トップ・マネジメント (n=572)				ミドル・マネジメント (n=1,573)			
		日本人 n=407 (標準偏差)	現地人 n=165 (標準偏差)	t-値		日本人 n=713 (標準偏差)	現地人 n=860 (標準偏差)	t-値
対人能力	部下に公平に接している	3.92 (0.85)	3.88 (0.91)	0.56		3.77 (0.97)	3.80 (0.93)	-0.63
	部下を信頼している	3.92 (0.89)	3.83 (1.01)	1.06		3.71 (1.00)	3.86 (0.90)	-3.24 **
	部下のアイディアや提案をよく聞いている	4.02 (0.83)	3.98 (0.94)	0.55		3.86 (0.92)	3.94 (0.84)	-1.87
	部下に対する気配りや関心を示している	3.91 (0.85)	3.94 (0.93)	-0.45		3.71 (0.98)	3.90 (0.87)	-3.95 **
	部下の成果を客観的に評価している	3.88 (0.89)	3.98 (0.83)	-1.30		3.80 (0.94)	3.91 (0.87)	-2.45 *
	部下の経験や能力を考慮し、権限を委譲している	3.98 (0.88)	3.93 (0.89)	0.51		3.77 (0.99)	3.92 (0.89)	-3.21 **
	意思決定に当たり、周囲の意見を取り入れる	4.00 (0.85)	3.94 (0.93)	0.67		3.84 (1.00)	3.92 (0.91)	-1.66
	部下を効果的に褒めている	3.75 (0.90)	3.74 (0.94)	0.18		3.61 (0.98)	3.72 (0.89)	-2.37 *
	部下が問題に遭遇した際に、適切な手助けをする	4.14 (0.85)	4.13 (0.93)	0.01		3.96 (0.96)	4.07 (0.82)	-2.42 *
	部下に対する評価を具体的にフィードバックしている	3.75 (0.89)	3.75 (0.93)	0.00		3.62 (0.96)	3.72 (0.90)	-2.20 *
	部下に自立的に学べる環境・時間を与えている	3.85 (0.88)	3.90 (0.93)	-0.57		3.62 (0.96)	3.76 (0.90)	-3.01 **
	叱るべき時は部下を適切に叱っている	3.81 (0.81)	3.79 (0.87)	0.16		3.62 (0.92)	3.79 (0.84)	-3.81 **
	部下育成のためのチャンスを与えている	3.78 (0.96)	3.85 (1.02)	-0.80		3.60 (1.03)	3.80 (0.93)	-3.98 **
	部下の間違いを的確に指摘している	3.84 (0.81)	3.83 (0.87)	0.15		3.68 (0.93)	3.85 (0.84)	-3.73 **
	部下に仕事に対する取り組み方を率直に認める	3.74 (0.90)	3.81 (0.95)	-0.83		3.57 (0.97)	3.82 (0.89)	-5.22 **
	自分がミスをした時は素直に認める	3.95 (0.87)	3.86 (1.01)	1.09		3.83 (0.96)	3.80 (0.89)	0.60
	目標実現のための各人の役割を部下に自覚させている	3.98 (0.78)	4.01 (0.87)	-0.36		3.80 (0.93)	3.94 (0.80)	-3.16 **
	言葉で表現されなくても相手の思考・感情を察知する	3.68 (0.87)	3.70 (0.92)	-0.17		3.54 (0.96)	3.72 (0.90)	-3.78 **
	部下に明確な業務目標を示している	4.02 (0.85)	4.07 (0.90)	-0.58		3.82 (0.92)	3.96 (0.84)	-3.13 **
	あらゆる状況において、冷静に対応できる	3.86 (0.93)	3.88 (0.94)	-0.15		3.77 (0.99)	3.87 (0.91)	-1.94
	曖昧な状況や誤解を解消しようとする	3.82 (0.85)	3.97 (0.84)	-1.88		3.65 (0.91)	3.85 (0.87)	-4.42 **
	他部門からの支援を求められる時、支援する	4.13 (0.77)	4.18 (0.85)	-0.72		4.02 (0.86)	4.11 (0.78)	-2.02 *

	項目	M (SD)	M (SD)	差	M (SD)	M (SD)	t
業務遂行能力	業務を迅速に遂行できる	4.02 (0.80)	4.08 (0.84)	−0.80	3.78 (0.94)	3.98 (0.84)	−4.45 **
	業務上の時間管理が効果的である	4.05 (0.85)	4.04 (0.89)	0.22	3.76 (0.96)	3.94 (0.90)	−3.72 **
	意思決定が速い	3.96 (0.93)	4.03 (0.97)	−0.85	3.62 (1.01)	3.89 (0.91)	−5.51 **
	目標達成志向が強い	4.27 (0.78)	4.30 (0.84)	−0.38	4.06 (0.89)	4.12 (0.86)	−1.44
	仕事の優先順位が明確である	4.12 (0.85)	4.13 (0.86)	−0.24	3.88 (0.97)	4.09 (0.84)	−4.62 **
	戦略立案ができる	4.04 (0.82)	4.03 (0.83)	0.15	3.60 (0.99)	3.78 (0.90)	−3.77 **
	数字分析に強い	4.14 (0.83)	4.10 (0.84)	0.59	3.94 (0.91)	3.90 (0.90)	0.85
	問題が発生した時に素早く対応できる	3.98 (0.89)	4.07 (0.90)	−1.12	3.77 (0.99)	3.99 (0.85)	−4.74 **
	専門知識が豊富である	3.99 (0.85)	4.05 (0.89)	−0.79	3.89 (0.94)	3.91 (0.90)	−0.23
	問題点を素早く発見できる	3.95 (0.90)	4.07 (0.85)	−1.58	3.74 (0.94)	3.89 (0.86)	−3.20 **
	指示や説明が分かりやすい	3.95 (0.85)	4.04 (0.90)	−1.08	3.74 (1.00)	3.96 (0.90)	−4.63 **
	対外交渉力が強い	3.86 (0.88)	4.15 (0.85)	−3.70 **	3.54 (0.97)	3.93 (0.91)	−8.36 **
	常に改善に取り組む	4.00 (0.87)	3.95 (0.93)	0.62	3.76 (0.97)	3.89 (0.89)	−2.79 **
	仕事上の方針がぶれない	4.14 (0.85)	3.99 (0.91)	1.85	3.99 (0.93)	4.03 (0.86)	−0.88
	問題の因果関係を突き止め、対策を立てることができる	3.96 (0.82)	4.01 (0.90)	−0.59	3.78 (0.92)	3.94 (0.82)	−3.71 **
	将来のニーズやチャンスを先取りする	3.88 (0.80)	3.93 (0.87)	−0.65	3.60 (0.89)	3.78 (0.84)	−4.29 **
	業務上の新たな知識やスキルを積極的に習得する	4.03 (0.82)	4.06 (0.92)	−0.42	3.84 (0.94)	4.02 (0.85)	−3.79 **
	責任感が強い	4.42 (0.70)	4.36 (0.87)	0.83	4.17 (0.87)	4.22 (0.86)	−1.21
	既存のやり方にとらわれず、臨機応変に対応する	3.95 (0.88)	3.99 (0.88)	−0.43	3.74 (0.98)	3.96 (0.84)	−4.90 **
	上から高く評価されている	3.93 (0.83)	3.97 (0.85)	−0.53	3.69 (0.91)	3.91 (0.84)	−4.84 **
	顧客から高く評価されている	3.82 (0.87)	3.81 (0.91)	0.14	3.53 (0.91)	3.75 (0.87)	−4.88 **
	目標実現に向けて、リスクをとることができる	3.79 (0.90)	3.90 (0.97)	−1.34	3.58 (0.97)	3.77 (0.89)	−4.04 **
	関連部署から支援や理解を得ている	4.00 (0.81)	3.91 (0.82)	1.06	3.72 (0.85)	3.86 (0.78)	−3.58 **
情報発信	会社の進むべき方向を明確に部下に伝える	3.98 (0.91)	3.99 (0.98)	−0.21	3.75 (1.00)	3.84 (0.89)	−2.02 *
	ビジョンの実現進捗状況を部下と共有する	3.93 (0.91)	3.93 (0.91)	−0.03	3.72 (0.99)	3.85 (0.87)	−2.70 **
	会社または親会社に関する情報を部下に伝える	3.89 (0.88)	3.92 (0.94)	−0.34	3.76 (1.02)	3.94 (0.83)	−3.75 **

	項目			t値			t値
情報発信	将来部門の進むべき方向をはっきり示す	3.85 (0.95)	3.86 (0.97)	−0.15	3.66 (1.03)	3.84 (0.92)	−3.79 **
	現場の状況を客観的に会社または親会社に伝える	3.98 (0.84)	3.98 (0.90)	0.01	3.77 (0.95)	3.89 (0.83)	−2.70 **
組織	規則を尊重し、適切に行動する	4.30 (0.75)	4.28 (0.79)	0.15	4.19 (0.83)	4.15 (0.84)	1.01
	顧客を大事にしている	4.42 (0.72)	4.38 (0.80)	0.43	4.23 (0.81)	4.19 (0.80)	0.87
責任感	他部門の悪口を言わない	4.13 (0.85)	3.98 (0.94)	1.70	4.04 (0.93)	3.95 (0.93)	1.92
	自分の信念に忠実である	4.21 (0.78)	4.23 (0.84)	−0.28	3.98 (0.85)	4.08 (0.79)	−2.34 *
開放性	人脈（社内・社外）が広い	3.82 (0.91)	4.16 (0.90)	−4.05 **	3.53 (0.95)	3.96 (0.91)	−9.19 **
	視野・見識が広い	3.97 (0.88)	4.06 (0.91)	−1.08	3.70 (0.91)	3.92 (0.89)	−4.83 **
	幅広い好奇心を持ち、新しい仕事・挑戦に意欲的である	3.91 (0.86)	3.93 (0.98)	−0.24	3.67 (0.91)	3.84 (0.90)	−3.67 **
	上の人が間違っていたら、はっきり指摘する	3.49 (0.91)	3.56 (0.90)	−0.84	3.31 (0.95)	3.52 (0.92)	−4.54 **
異文化理解	現地社会に関心をもつ	3.86 (0.92)			3.66 (0.98)		
	現地の文化や風俗習慣を理解している	3.55 (0.90)			3.30 (0.98)		
	現地の商慣行をよく理解している	3.61 (0.83)			3.35 (0.95)		
	現地語を熱心に勉強している	3.34 (1.23)			3.49 (1.18)		

（注）＊はＰ＜0.05　＊＊はｐ＜0.01　▤は日本人上司＜現地人上司

だけの日本人派遣者の場合，とりわけ部下との関係において，これらの評価の違いは割り引いて考える必要があろう。

しかし，現地におけるビジネス・チャンスが広がり，日本人派遣者の役割と現地人材の確保と活用がますます重要になっていく中，日本人派遣者が同ランクのアジア人上司より全般的に厳しく評価されていることは否めない。これらの事実は，中国，インドなど新興国市場やASEANにおいて日本人派遣者が語学力不足を超えて，多くの課題を抱えていることを示唆している。

3. 部下から見たパフォーマンスの高い上司の特徴

在アジア日系企業における日本人派遣者に対する現地の直属の部下による上記の評価結果は，きわめてショッキングなものであった。しかし，これらの結果は統計的に有意な差のある項目だけに着目したものである。統計的に有意でなくとも，日本人派遣者に対する現地の直属の部下による評価が，現地人上司に対する部下による評価よりも良いものもあることを指摘しておく必要があろう。

例えば，在中国，在ASEAN，在インドのミドル・マネジメントが，統計的には有意でないが現地人部下から相対的に高く評価されている項目は，「自分がミスをした時は素直に認める」「数字分析に強い」「規則を尊重し，適切に行動する」「顧客を大事にしている」「他部門の悪口を言わない」の5項目となっている。これらは，おそらく日本人ビジネスマンが日本国内で培われ，海外でも実践しているモラル的長所なのであろう。そしてこのことが実は日本人海外派遣者の人的資産となっていると見られる。

とはいえ，縷々見てきたように，日本人派遣者がアジアの各国の部下から厳しい批判の矢面に立たされていることは否めない。日本人派遣者には，上記のモラル的長所を維持しながらも，国外でリーダーシップを発揮して外国人部下を育成，活用できるコンピテンシーが求められる。

ちなみに，前掲の表5-12により，日本人派遣者の直属の部下による評価スコアをトップ・マネジメントとミドル・マネジメントを別にして高い順に並べると次の通りとなっている。

A. トップ・マネジメント（407サンプル，括弧内は平均スコア）
 第1位：責任感が強い（4.42）

第 2 位：顧客を大事にしている（4.42）
第 3 位：規則を尊重し，適切に行動する（4.30）
第 4 位：目標達成志向が強い（4.27）
　　　……
第 59 位：現地の商慣行をよく理解している（3.61）
第 60 位：現地の文化や風俗習慣を理解している（3.55）
第 61 位：上の人が間違っていたら，はっきり指摘する（3.49）
第 62 位：現地語を熱心に勉強している（3.34）

B．ミドル・マネジメント（713 サンプル，括弧内は平均スコア）
第 1 位：顧客を大事にしている（4.23）
第 2 位：規則を尊重し，適切に行動する（4.19）
第 3 位：責任感が強い（4.17）
第 4 位：他部門の悪口を言わない（4.04）
　　　……
第 59 位：現地語を熱心に勉強している（3.49）
第 60 位：現地の商慣行をよく理解している（3.35）
第 61 位：上の人が間違っていたら，はっきり指摘する（3.31）
第 62 位：現地の文化や風俗習慣を理解している（3.30）

　このように，日本人のビジネスマンは，トップ・マネジメントであるかミドル・マネジメントであるかを問わず，「責任感が強い」「顧客を大事にしている」「規則を尊重し，適切に行動する」という点において共通して現地の部下から高く評価されている。これらの点は，日本人ビジネスマンのコンピテンシー上のアセット（資産）であり，今後とも維持・確保していく価値があるといえる。

　他方で，「現地の商慣行をよく理解している」「現地の文化や風俗習慣を理解している」「現地語を熱心に勉強している」，さらに「上の人が間違っていたら，はっきり指摘する」という点では，日本人のビジネスマンは，トップ・マネジメント，ミドル・マネジメントともに，現地の部下から厳しく評価されている。要するに，派遣先の商慣行，文化，言語に対する関心が欠如しているのである。これらは，現地社会・ビジネス界でネットワーク，ソーシャル・キャピタルを形成していくうえで不可欠のコンピテンシーであり，今後の大きな課題を提示されている。また「上の人が間違っていたら，はっきり指摘する」という点は，

表 5-13　上司のパフォーマンスの高さと各設問項目との相関係数（ランク別）

設問項目	トップは本社の期待通りの成果を上げている	ミドルは本社の期待通りの成果を上げている
戦略立案ができる	.574**	.595**
対外交渉力が強い	.539**	.559**
数字分析に強い	.534**	.494**
意思決定が速い	.560**	.560**
目標達成志向が強い	.545**	.539**
仕事上の方針がぶれない	.493**	.568**
専門知識が豊富である	.563**	.508**
常に改善に取り組む	.478**	.581**
業務を迅速に遂行できる	.519**	.614**
業務上の時間管理が効果的である	.565**	.597**
指示や説明が分かりやすい	.528**	.591**
仕事の優先順位が明確である	.568**	.630**
業務上の新たな知識やスキルを積極的に習得する	.510**	.526**
既存のやり方にとらわれず，臨機応変に対応する	.458**	.544**
意思決定に当たり，周囲の意見を取り入れる	.421**	.565**
将来のニーズやチャンスを先取りする	.545**	.571**
他部門からの支援を求められる時，支援する	.537**	.537**
関連部署から支援や理解を得ている	.592**	.583**
部下が問題に遭遇した際に，適切な手助けをする	.530**	.581**
上から高く評価されている	.586**	.567**
顧客から高く評価されている	.576**	.606**
部下に対する気配りや関心を示している	.511**	.520**
部下を信頼している	.525**	.571**
部下に公平に接している	.470**	.546**
部下に明確な業務目標を示している	.571**	.607**
部下の成果を客観的に評価している	.516**	.582**
部下に対する評価を具体的にフィードバックする	.478**	.510**
部下を効果的に褒めている	.497**	.572**
叱るべき時は部下を適切に叱っている	.488**	.577**
部下の間違いを的確に指摘している	.544**	.558**
部下の経験や能力を考慮し，権限を委譲している	.516**	.571**
目標実現のための各人の役割を部下に自覚させる	.519**	.635**
部下育成のためのチャンスを与えている	.439**	.476**
部下に自立的に学べる環境・時間を与えている	.444**	.506**
部下に仕事に対する取り組み方を教えている	.544**	.584**
部下のアイディアや提案をよく聞いている	.494**	.570**
問題点を素早く発見できる	.611**	.618**
問題が発生した時に素早く対応できる	.624**	.642**
目標実現に向けて，リスクをとることができる	.573**	.612**
問題の因果関係を突き止め，対策を立てられる	.623**	.629**
あらゆる状況において，冷静に対応できる	.483**	.540**
会社または親会社に関する情報を部下に伝える	.442**	.538**

表 5-13 つづき

設問項目	トップは本社の期待通りの成果を上げている	ミドルは本社の期待通りの成果を上げている
現場の状況を客観的に会社または親会社に伝える	.500**	.563**
会社の進むべき方向を明確に部下に伝える	.563**	.602**
ビジョンの実現進捗状況を部下と共有する	.494**	.580**
将来部門の進むべき方向をはっきり示す	.529**	.588**
責任感が強い	.545**	.600**
人脈（社内・社外）が広い	.539**	.540**
視野・見識が広い	.598**	.670**
自分の信念に忠実である	.526**	.531**
他部門の悪口を言わない	.484**	.490**
自分がミスをした時は素直に認める	.471**	.559**
上の人が間違っていたら、はっきり指摘する	.432**	.492**
曖昧な状況や誤解を解消しようとする	.537**	.626**
言葉で表現されなくても相手の思考・感情を察知する	.550**	.550**
幅広い好奇心を持ち新しい仕事・挑戦に意欲的である	.494**	.544**
規則を尊重し、適切に行動する	.528**	.522**
顧客を大事にしている	.510**	.503**
現地社会に関心をもつ	.470**	.496**
現地の文化や風俗習慣を理解している	.406**	.476**
現地の商慣行をよく理解している	.486**	.519**
現地語を熱心に勉強している	.314**	.398**

（注）　**の付く相関係数は1%水準で有意（両側）。0.6以上の相関係数には■を付けた。

「上」は上司であったり親会社の人であったりすると解釈され、現地法人の立場での発言が求められていると解釈される。

　最後に、アジアでパフォーマンスの高い上司はどのような特徴を持つのかという点について検討したい。表5-13は、前掲の現地人部下からの上司評価のデータを用いて、「上司は本社の期待通りの成果を上げている」という項目と62項目との相関を見たものである。相関係数であるが故に、因果関係を示していないことに留意する必要がある。すべての項目の相関係数が有意となっているが、その中で特に相関の高い項目を見るため、仮に相関係数が0.6以上の項目を見てみると以下のようなことが分かる。

　第1に、トップ・マネジメントの場合、パフォーマンスの高い上司は、「問題点を素早く発見できる」「問題が発生した時に素早く対応できる」「問題の因果関係を突き止め、対策を立てられる」という、すべて業務遂行能力に関連する項目との相関が高かった。

第2に，ミドル・マネジメントの場合は，相関の高い項目の数が13と多く，能力の種類も多岐にわたるが，業務遂行能力に関連する項目が8項目と最多であった。その次が対人能力（部下管理能力も含む）で，「部下に明確な業務目標を示している」「目標実現のための各人の役割を部下に自覚させる」「曖昧な状況や誤解を解消しようとする」の3項目で相関が高かった。これら以外では，情報発信力（「会社の進むべき方向を明確に部下に伝える」）と開放性（「視野・見識が広い」）が各1項目となっている。こうして，ミドル・マネジメントの場合，業務遂行能力と対人能力（部下管理能力も含む）が高いパフォーマンスと関連すると，現地人部下から見られている。

　第3に，異文化理解能力にかかわる項目のうち，とりわけ「現地語を熱心に勉強している」「現地の文化や風俗習慣を理解している」という項目のパフォーマンスとの相関が低くなっている。これをどのように理解するべきだろうか。ここでは，異文化理解能力，そのための努力は重要であるが，そのことだけで経営のパフォーマンスにつながるわけではなく，やはりパフォーマンスにつながるのは基本的に業務遂行能力であり，ミドルの場合にはこれに部下管理能力も加わることになる，というように理解したい。異文化理解に関連する項目のうち，「現地の商慣行をよく理解している」という項目は他の異文化理解関連項目と比べてパフォーマンスとの関連がより強くなっている。

　以上から，海外赴任で高いパフォーマンスを発揮する人材の特徴は，異文化環境の中でも高い業務遂行能力を発揮できるという点であり，そのためには仕事を通じての日頃からの人材育成が基本となるということを示している。意思決定能力を含む業務遂行能力はランクが高くなればなるほど，パフォーマンスの高さとの関連が強くなっている点が重要であろう。

むすび

　本章では，日本企業が海外で様々な課題を抱える中で，特に親会社から海外オペレーションを預かる日本人海外派遣者に焦点を当て，これまでの海外派遣者はどのような人材で，どのような役割を果たし，そして，どのような課題に直面しているのかを直属の部下による評価を通じて検討してきた。

　調査結果によると，とりわけミドル・マネジメントとして派遣されている日本人派遣者は同レベルの現地人上司と比べて，業務遂行能力，リーダーシップ

能力，部下育成能力などにおいて劣ると指摘されていた。旧 ASEAN 諸国ではとりわけ厳しく，トップ・マネジメント層までが厳しい評価となっていた。これらは，語学力不足を超えて，日本人派遣者が多くの業務上の課題を抱えているのみならず，現地スタッフのモチベーションの維持，人材の採用・確保においても厳しい状況にあることを示唆している。

すなわち，操業年数の比較的長い旧 ASEAN 諸国においては現地人材の蓄積が進んでおり，経験豊富な日本人トップ・マネジメントさえ，もはや優位性を担保できなくなってきている面が少なくなかったのである。最近の筆者のヒアリング経験によると，タイの日系企業においては，A 損保企業や B 精密機器メーカーにおいてはタイ人社長が生まれており，他の多くの日系企業においても日本人の役割を，現地人ライン・マネジャーに対する技術的・経営的サポート役，世界本社や本社直属の R&D センターとの連携役に徹しているところがきわめて多くなってきている。

さて，これまで見てきた調査結果は，部下の評価によるものであり，調査技法の制約上，現地法人の組織的特性，上司のこれまでのキャリアなどの属性が十分にはとらえられていないため，その面からの分析はほとんどできないという制約が残ったことは否めない。また，日本人海外派遣者が一貫して現地上司より高く評価されている項目として，① 責任感が強い，② 他部門の悪口を言わない，③ 自分がミスをしたときは素直に認める，④ 規則を尊重し適切に行動する，それに，⑤ 顧客を大事にしているという 5 項目がある。コンプライアンスの尊重や真面目さ，さらには責任感や倫理観という特質は日本人派遣者の長所として特筆できるであろう。

他方で，有意性に欠ける場合もあるが，共通して現地上司より低く評価される項目として，① 対外交渉力の強さ，② 人脈の広さなどがある。さらに，現地の上司との比較はされていないが，① 現地の文化や風俗習慣を理解している，② 現地の商慣行をよく理解しているという 2 項目のスコアは全項目の中でも低いものであったことも，今後の日本人派遣者の現地での行動姿勢に修正を迫るべく一定の示唆を与えるものであろう。

注
1) 本調査は序章で詳述したように，2008 年度，2009 年度の文部科学省の早稲田大学コンソーシアム（G-MaP と略称）で実施した調査の一部である。中国，東南アジア，インドに派遣されている日本人派遣者ならびに現地スタッフを対象としたア

ンケート調査を実施した。本章で用いる現地スタッフのサンプル数は 2,192 人（88 社）である。全体で 2,192 人のサンプルのうち，中国 1,110 人（有効回収率 84.2％），ASEAN 926 人（同 69.8％），およびインド 156 人（同 59.8％）であった。なお，アンケート調査項目の設計に際しては，日本経団連（2004 年 11 月 16 日）における議論を参考にした。

参考文献

白木三秀「日本人海外派遣者の諸課題と事前評価ツールの活用」『月刊グローバル経営』（日本在外企業協会）2012 年 5 月号。

白木三秀「日本企業のグローバリゼーションと海外派遣者―アジアの現地スタッフによる上司評価からの検討―」『日本労働研究雑誌』2012 年 6 月号。

日本経済団体連合会『日本人社員の海外派遣をめぐる戦略的アプローチ～海外派遣成功サイクルの構築に向けて～』2004 年 11 月 16 日。

第6章 ローカル・スタッフによる日本人派遣者の評価（2）

韓　敏恒

はじめに：本章の視点

　日本企業のアジアへの海外展開が活発化している。アジアは今や日本企業の最大の進出地域であり，法人数も年々増加している（図6-1）。アジアへの進出に伴い，日本人海外派遣者数も年々増える傾向にある（図6-2）。2008年のサブプライム問題に端を発したリーマン・ショック以降急速に世界経済が減速するのにつれ，派遣費用の削減または一部企業の撤退に伴い，派遣者数が一時減

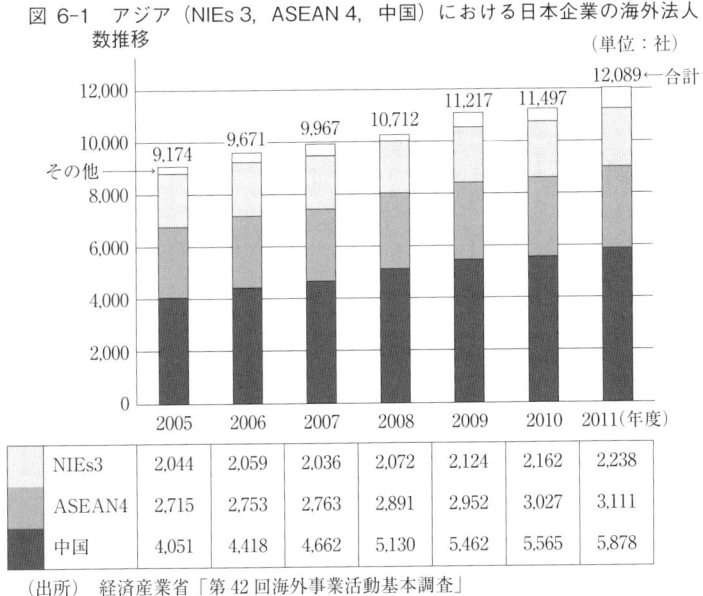

図6-1　アジア（NIEs 3，ASEAN 4，中国）における日本企業の海外法人数推移

（単位：社）

	2005	2006	2007	2008	2009	2010	2011(年度)
NIEs3	2,044	2,059	2,036	2,072	2,124	2,162	2,238
ASEAN4	2,715	2,753	2,763	2,891	2,952	3,027	3,111
中国	4,051	4,418	4,662	5,130	5,462	5,565	5,878
合計	9,174	9,671	9,967	10,712	11,217	11,497	12,089

（出所）経済産業省「第42回海外事業活動基本調査」

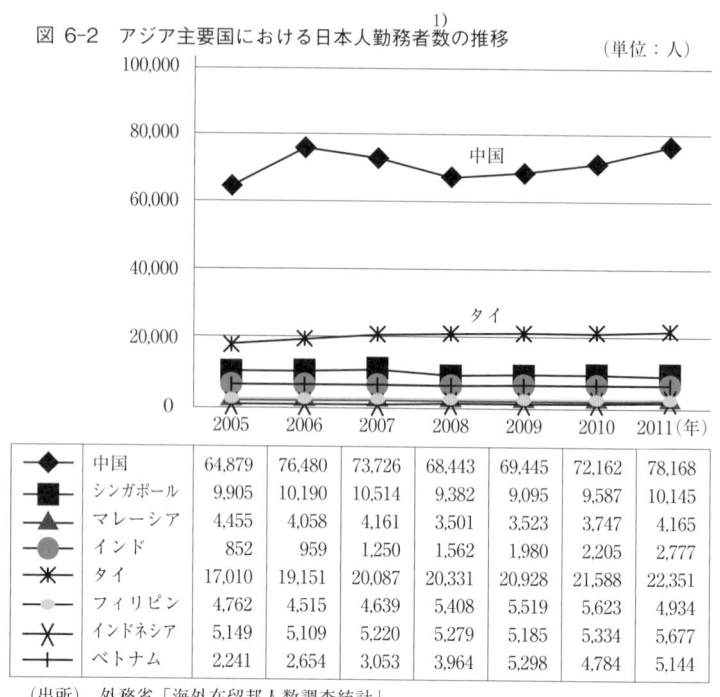

図 6-2　アジア主要国における日本人勤務者数の推移[1)]　　　　　（単位：人）

		2005	2006	2007	2008	2009	2010	2011
◆	中国	64,879	76,480	73,726	68,443	69,445	72,162	78,168
■	シンガポール	9,905	10,190	10,514	9,382	9,095	9,587	10,145
▲	マレーシア	4,455	4,058	4,161	3,501	3,523	3,747	4,165
●	インド	852	959	1,250	1,562	1,980	2,205	2,777
＊	タイ	17,010	19,151	20,087	20,331	20,928	21,588	22,351
	フィリピン	4,762	4,515	4,639	5,408	5,519	5,623	4,934
×	インドネシア	5,149	5,109	5,220	5,279	5,185	5,334	5,677
＋	ベトナム	2,241	2,654	3,053	3,964	5,298	4,784	5,144

（出所）　外務省「海外在留邦人数調査統計」

少したが，中国をはじめとするアジア各国の経済回復に伴い，その数は再び増加傾向に転じた。

　労働政策研究・研修機構（2008）「第7回海外派遣勤務者の職業と生活に関する調査結果」によれば，日本人海外派遣者の45.1％は会長・社長クラス，12.7％が役員クラスで，合わせて経営者クラスが57.8％となっている。そして，18.3％が部長クラス，12.1％が課長クラス，2.9％が係長クラスに就任している。日本人海外派遣者のほとんどが管理職であることが分かる。

　また，海外に派遣される理由は，労働政策研究・研修機構（2006）「第4回日系グローバル企業の人材マネジメント調査結果」によれば，取締役以上の場合，「現地法人の経営管理」が80.0％で最も多く，続いて，「本社の経営理念・経営手法の浸透」が70.7％，「日本本社との調整」が61.3％となっている。部課長クラスについては，「本社との調整」が51.0％と最も多く，続いて「現地人が育成されていない」が36.8％，「技術移転」が36.1％となっており，派遣される理由が現地での職位により異なることが分かる。

日本企業の親会社にとって，海外派遣者がそれぞれの任務あるいは職務成果を派遣先でどれほど達成できているかが重要な関心事である。しかし日本人海外派遣者の任務達成あるいは職務成果を判断するには，通常国内にいる場合のように，上位上司の直接評価，あるいは売上高や損益率など目に見える業務基準だけでは，判断がつかないところがある。なぜならば，海外派遣者の職務成果はこれらの明確な基準以外に，赴任先国の経済状況，企業の発展段階，企業の組織構成，さらにローカル・スタッフの資質などの要素が介在するからである。特に，海外派遣者の任務には，特定の業務だけではなく，現地社会との関係づくりやローカル・スタッフの育成・動機づけ，そして，現地における企業のイメージ向上のための働きといった背景的業務も存在しており，これらの側面については，数値的な成果目標などで明確に評価できない部分がある。

　日本企業のアジアにおける海外派遣者問題についての研究は多くなされているが，日本人海外派遣者の職務成果や派遣者の能力あるいは行動に関する研究の蓄積はまだ少ない。特に，ローカル・スタッフがどのように海外派遣者を評価しているのか，彼らの視点からの派遣者の職務成果に必要な能力あるいは行動は何かという問題意識に基づいた研究はほとんどなされていない。なぜローカル・スタッフからの視点が必要であるか？ Black et al. (1998) によれば，ローカル・スタッフから出される評価は，派遣者と同じ国籍を持つ直属上司による「ハロー効果」を相殺する。ローカル・スタッフである部下からの評価によって，異文化の管理スキル，コミュニケーション・スキル，リーダーシップ能力，および派遣者が違う文化を持った人々の中でいかに効率よく仕事ができるかということが分かるからである。[2]

　本章は，上記の問題意識に基づき，日本企業のアジア現地法人において，日々日本人海外派遣者と接して，直接指示命令を受けるローカル・スタッフに，日本人海外派遣者の職務成果そして，彼らの能力・行動について，評価をしてもらい，日本人海外派遣者の異文化におけるリーダーシップ像の実態解明を図ろうとする。なお，本研究で使われるデータセットは，筆者も調査員として参加した早稲田大学コンソーシアム G-MaP [3] の調査である。

　本研究の方法は以下の通りである。第1に，ローカル・スタッフによる日本人海外派遣者の職務成果の評価を明らかにしたうえ，派遣者の職務成果を被説明変数とし，日本人海外派遣者の能力・行動要因，企業の組織要因そして，部下要因を説明変数とし，職務成果に影響を持つ要因を探るための重回帰分析を

行う。そして，第2に，日本人海外派遣者の職務成果につながる能力・行動に対するローカル・スタッフの評価を分析する。その分析のために同ランクのローカル管理職との比較のためのt検定を行う。

　日本人海外派遣者の職務成果や能力・行動はローカル・スタッフのモチベーションと職務成果にも直接関係しており，日本人海外派遣者がローカル・スタッフと協働して組織成果を出すという観点から，ローカル・スタッフから見た派遣者の評価を明らかにし，その上，職務成果に影響する要因を究明することは今後の効果的な海外派遣に資することになろう。

1. 先行研究と本章の課題・調査の概要

海外派遣者の職務成果の評価

　海外派遣者の職務成果の評価について，まず，Caligiuri（1997）は海外派遣の成否を判断する基準として，① 海外派遣の無事終了，② 派遣中の異文化適応，そして③ 海外派遣の成果の3つにまとめ，さらに，③の海外派遣の成果について，Borman and Motowidlo（1997）が提唱した課題業績と背景的業績の業績理論を参考に，海外派遣者の職務成果を，(1)技術的成果，(2)向社会的成果，(3)管理的成果，(4)海外派遣者特有の業務成果の4つの側面に分類した。海外派遣者の職務成果を評価するときは，「技術的成果」そして「特有の業務成果」だけではなく，「向社会的成果」や「管理的成果」を見ることが重要であると彼女は指摘する。

　国内の研究者においても，茂垣（1994），白木（2009），北川（2009）などは評価手法について，有形な評価指標だけではなく，組織能力の開発に結び付く無形の職務成果の側面も評価すべきとし，さらに，異なる派遣目的に準じた評価が望ましいという方向性を示した。

　しかし，これまで，海外研究者による海外派遣者の職務成果に関する実証研究は一部行われているが（例えば，Gregersen et al., 1996; Caligiuri, 1997; Kraimer et al., 2001; Raduan et al., 2010 など），日本人派遣者の職務成果に関する実証研究はまだ極めて少ない。また，海外の実証研究についても，多くの研究は，海外派遣者の職務成果の評価を派遣者本人の自己評価としているため，評価結果の客観性について，議論の余地が残されている。さらに，派遣者の職務成果は，派遣者自身の能力，行動要因という以外に派遣先の状況，企業の発展段階，さ

らに業種，規模などからも影響を受けることが考えられるが，これらの組織要因を取り入れた研究はほとんどなされていない。

日本人海外派遣者の能力・行動に関するローカル・スタッフの評価

日本人上司を持つローカル・スタッフ自身の職務意識に関する研究（例えば，尼子，1990；永井，1997；澤木，1996；西原，1997など）は数多くなされているが，日本人派遣者自身の能力，行動に対するローカル・スタッフの評価をメインとした研究はまだ少ない。

限られた先行研究を概観すると，まず，尼子（1990）は，ベルギーで操業する日系企業18社で勤務するローカル・スタッフを対象として調査を行った結果，同ランクのローカル管理職と比べ，日本人派遣者の人間関係への配慮に関する行動の評価が低く，仕事面の行動については，ローカル管理職との差がほとんど見られないが，「他業務との関連性の説明が弱い」「仕事のコツを教えない」「段取りに無駄がある」「期限を明確にしない」「信賞必罰ではない」「日本本社に対して腰が弱い」「意思決定が遅い」という問題点があると指摘した。さらに被評価者を国籍別，職位別に分けてみた場合，多くの評価項目において，ローカル・トップ・マネジメントの評価の平均値が他グループ（日本人トップ・マネジメント，ローカル・ミドル・マネジメント，日本人ミドル・マネジメント）の平均値より，高いことを示した。日本人派遣者が抱えている課題を具体的に示した点，さらに評価結果を職位別に分けて分析を行った点については，大きな研究成果であると言える。しかし，本研究はローカル・スタッフの職務意識の分析を併せて行っているため，評価項目がPM理論の集団維持能力，目標達成能力に限定されており，日本人派遣者が異文化環境において，抱えている問題点の提示が限られているという限界は否めない。

次に，白木（2009）は，中国の天津・青島の日系企業合計15社で働くホワイトカラーを対象とし，日本人海外派遣者に対して，業務遂行能力，問題解決力，部下育成力，情報伝達力，パーソナリティー，人間関係，現地事情理解に関し合計34項目を使用し，評価を依頼した。その結果，日本人派遣者の業務遂行能力については，中国人管理職との有意差は特に見られないが，日本人派遣者の部下育成については，「部下に対する気配りや関心がある」「部下を信頼している」「部下を叱るより褒めることが多い」「部下の成果を客観的に評価する」「部下の間違いを的確に指摘する」「部下のキャリアに関心を持つ」「部下の要望をよく聞く」の7項目において，両者に有意な差が見られた。この研究

は異文化環境において、日本人派遣者に必要とされる能力や行動に特定した設問を使用し、日本人派遣者の抱えている問題点をトータルに示した点については、実務的な貢献が大きいといえよう。しかし、調査はサンプル数の制約があるため、尼子（1990）で論じた職位別の差異まで検討することができなかった。また日本人派遣者の能力、行動に関する評価項目もやや不足している点も指摘できる。

本章の課題

以上の先行研究の研究成果及び限界を踏まえ、本研究は次の2つの課題を設定する。

課題1： 日本人海外派遣者の職務成果の評価を明らかにし、そのうえ職務成果に影響する要因を探索する。

課題2： 日本人海外派遣者の職務成果につながる能力・行動に対するローカル・スタッフの評価を確認する。

日本人海外派遣者のほとんどが赴任先において管理職の職位に就いているのは前述のとおりである。しかし、一概に管理職といっても、派遣目的と業務内容は、赴任先企業の発展段階、または業種や企業規模などによって異なる。実際、派遣先での役割について、労働政策研究・研修機構（2006）「第4回日系グローバル企業の人材マネジメント調査結果」によれば、取締役以上の場合、「現地法人の経営管理」「本社の経営理念・経営手法の浸透」などの回答が多いのに対し、部課長クラスについては、「現地人の育成」「技術移転」などの回答が多いという結果となっている（複数回答による）。

管理職に必要とされる能力として、Katz（1974）によれば、① テクニカル・スキル、② ヒューマン・スキル、③ コンセプチュアル・スキルの3つの基本スキルが求められている。[4] Katzは、管理職の職位が低い場合、テクニカル・スキルが重要になるが、管理職の職位があがるにつれ、テクニカル・スキルの重要度が相対的に下がり、コンセプチュアル・スキルとヒューマン・スキルの重要度が高まると主張している。

日本人海外派遣者の場合、Katz（1974）が主張する管理職の3つの能力分野に加え、国境を越えた事業活動において、さらなる能力や行動が加えられるが、それらの能力・行動についても、赴任先の組織要因と与えられた役割によって異なることが想像できる。したがって、本研究においては、設定された2つの課題の分析にあたって、日本人海外派遣者に必要とされる能力・行動には、赴

任先での職位による差異があることを念頭に置きながら，分析を進めることとする。

調査の概要：調査対象と質問項目

調査は中国，インド，ベトナム，タイ，フィリピン，マレーシア，シンガポール，インドネシア計8カ国で操業する計88社の日系企業に勤務するローカル・スタッフのホワイトカラーを対象として，行った。最終的に中国における有効回収率は84.2%で（配布数1,318票，有効回収数1,147票），ASEANにおける有効回収率は69.8%で（配布数1,327票，有効回収数926票），そして，インドにおける有効回収率は59.8%であった（配布数261票，有効回収数156票）。

質問項目は，4つの部分から構成される。① 企業の属性（業種，規模，出資形態），② 回答者の属性（年齢，性別，最終学歴，所属部門，日本滞在経験，語学力，入社年数，給与水準），③ 直属上司の属性（国籍，年齢，性別，職位，赴任年数,語学力，部下数），④ 直属上司に対する評価。このうち，④については，職務成果に関する評価と能力・行動に関する評価の2つに分けられる。前者の職務成果に関しては，4つの項目を取り入れた。評価項目として，(1)あなたの上司は本社の期待どおりの成果をあげていますか，という主観的な指標に加え，(2)前任者と比べて，あなたの上司はどの程度成果をあげていますか。(3)別の同格の現地人管理職と比べて，あなたの上司はどの程度成果をあげていますか。(4)同じ職場の日本人海外派遣者と比べて，あなたの上司はどの程度成果をあげていますか，というより客観的な指標を3つ取り入れた。

後者の能力・行動は62項目から成る。それらは業務遂行能力，部下育成能力，情報発信力，問題解決能力，コミュニケーション力や行動，パーソナリティー，現地事情理解度の7つに分類される。これらの項目のうち現地事情理解度のみ日本人派遣者にだけ適用されたが，それ以外はすべて日本人派遣者，ローカル管理職の両方に適用した。

それぞれの評価項目については，リッカートの5点尺度を使用した（1=非常に低い，2=低い，3=どちらとも言えない，4=高い，5=非常に高い）。また分析の便宜上，回答の1を−2に，2を−1に，3を0に，4を1に，5を2に変換し，分析作業を行った。

企業属性，回答者属性，それに，日本人海外派遣者とローカル管理職の属性については，第5章を参照されたい。

表 6-1　日本人海外派遣者の職務成果に関する主成分分析の結果

評価項目	成分 I
あなたの上司は，本社の期待どおりの成果をあげていますか？	.78
前任者と比べて，あなたの上司はどの程度成果をあげていますか？	.87
別の同格の現地人管理職と比べて，あなたの上司はどの程度成果をあげていますか？	.88
同じ職場の日本人海外派遣者と比べて，あなたの上司はどの程度成果をあげていますか？	.85
固有値	2.86
寄与率（%）	71.46
累計寄与率（%）	71.46

2. 日本人海外派遣者の職務成果に影響する要因

日本人海外派遣者の職務成果の評価

　部下評価による日本人海外派遣者の職務成果の総合評価得点を推定するため，上述した4つの評価項目について，主成分分析を行った。4つの質問項目が1つの主成分に集約されることになり，信頼性α係数は0.866であり，全体の累計寄与率が71.46％である。表6-1は主成分分析の結果である。

　主成分得点に基づいた日本人海外派遣者の地域・職位別の職務成果を示したのが表6-2である。トップ・マネジメントの職務成果の平均として，中国では0.492点，ASEANでは0.069点，インドでは0.726点となっており，いずれの地域においてもトップ・マネジメントの職務成果の評価は高い結果になっている。しかし，それと比較してミドル・マネジメントの職務成果はいずれもローカル・スタッフに低く評価されている。特に，中国と比べ，ASEANにおけるミドル・マネジメントの場合は－0.288，インドにおけるミドル・マネジメントの場合は－0.372と極めて低い結果となっている。インドの場合，サンプル数が少なく全体状況を代表していると言えないが，中国と比べ，ASEANにおける日本人海外派遣者の職務成果は低いと言えよう。ASEANでは，操業年数の経過に伴い，ローカル・スタッフが成長してきているため，その分，日本人海外派遣者に対する評価が相対的に厳しくなっているのが理由であるかもしれない。

日本人海外派遣者の能力・行動に関する因子分析

　日本人派遣者とローカル管理職との共通項目である能力・行動に関する58の評価項目について，その潜在の共通要因を探るために探索的因子分析を行った。バリマックス回転を用い，固有値が1以上のものであることを抽出基準と

表 6-2　日本人海外派遣者の地域・職位別の職務成果

	トップ・マネジメント			ミドル・マネジメント		
	平均値	度数	標準偏差	平均値	度数	標準偏差
中国	.492	63	1.021	−.107	233	1.021
ASEAN	.069	117	0.821	−.288	146	0.972
インド	.726	16	0.942	−.372	8	0.938

した。その結果，5つの因子が得られた。全体の累計寄与率は62.86％である（表6-3）。

抽出した第1因子（寄与率：20.48，α係数：0.971）には部下育成能力と部下との関係，あるいは他部署との関係といった対人関係の能力が含まれているため，対人関係能力と名付けた。第2因子（寄与率：19.73，α係数：0.969）については，業務能力，専門知識，問題対応能力といった組織内業務遂行に関する内容が含まれているため，業務遂行能力と名付けた。そして，第3因子（寄与率：9.77，α係数：0.931）については，ビジョンの提示と情報の伝達といった情報発信能力が含まれているため，情報発信力と名付けた。そして，第4因子（寄与率：6.55，α係数：0.826）と第5因子（寄与率：6.33，α係数：0.837）については，それぞれ，組織責任感と開放的志向（Open-mindedness）と名付けた。

① 対人関係能力

第1因子の対人関係能力には，部下育成に関連する項目と組織内の関係づくりに関する項目が含まれている。日本人海外派遣者には本社から与えられた短期的なミッションに加え，ローカル・スタッフである部下を育成するという中長期的なミッションも持っている。また，業務を遂行するにあたり，他部門との調整や，他部門との良好な関係づくりなど多様な対応力が日本人海外派遣者にとって必要不可欠な能力である。

② 業務遂行能力

第2因子の業務遂行能力には，組織内における業務遂行に関する項目と問題解決能力に関する項目が含まれている。業務遂行能力は海外派遣に当たって，第一に優先される能力である。また，業務目標に向けて進めるなか，突発の問題が発生したときの迅速かつ適切な対応，あるいは未然防止のための工夫も必要となってくる。さらにそのプロセスにおいて，本社で蓄えた保有スキル，知識のみで対応するだけではなく，常に新しい知識やスキルの習得に努めることも求められる。

表 6-3　日本人海外派遣者の能力・行動に関する因子分析の結果

評価項目	F1	F2	F3	F4	F5	共通性
1. 対人関係能力						
部下に公平に接している	.71	.29	.16	.26	.14	.70
部下を信頼している	.71	.30	.18	.23	.16	.70
部下のアイディアや提案をよく聞いている	.68	.30	.27	.24	.15	.71
部下に対する気配りや関心を示している	.66	.31	.24	.21	.20	.67
部下の成果を客観的に評価している	.65	.34	.24	.23	.18	.69
部下の経験や能力を考慮し, 権限を委譲している	.65	.28	.25	.17	.20	.63
意思決定に当たり, 周囲の意見を取り入れる	.62	.35	.18	.27	.11	.63
部下を効果的に褒めている	.62	.30	.31	.14	.21	.63
部下が問題に遭遇した際に, 適切な手助けをする	.59	.43	.17	.24	.17	.66
部下に対する評価を具体的にフィードバックしている	.59	.31	.32	.13	.18	.60
部下に自立的に学べる環境・時間を与えている	.57	.23	.30	.14	.25	.56
叱るべき時は部下を適切に叱っている	.56	.34	.26	.11	.25	.57
部下育成のためのチャンスを与えている	.55	.23	.33	.14	.24	.54
部下の間違いを的確に指摘している	.54	.40	.30	.12	.23	.61
部下に仕事に対する取り組み方を教えている	.54	.39	.33	.10	.27	.64
自分がミスをした時は素直に認める	.53	.27	.22	.41	.21	.62
目標実現のための各人の役割を部下に自覚させている	.53	.39	.38	.18	.23	.67
言葉で表現されなくても相手の思考・感情を察知する	.51	.32	.24	.26	.39	.63
部下に明確な業務目標を示している	.50	.45	.39	.20	.15	.66
あらゆる状況において, 冷静に対応できる	.49	.38	.21	.28	.24	.56
曖昧な状況や誤解を解消しようとする	.48	.36	.30	.27	.38	.66
他部門から支援を求められる時, 支援する	.46	.36	.20	.38	.11	.53
2. 業務遂行能力						
業務を迅速に遂行できる	.31	.72	.21	.18	.16	.72
業務上の時間管理が効果的である	.35	.68	.23	.21	.10	.69
意思決定が速い	.30	.67	.20	.08	.24	.65
目標達成志向が強い	.20	.65	.28	.27	.12	.63
仕事の優先順位が明確である	.42	.63	.24	.24	.10	.69
戦略立案ができる	.26	.61	.27	.13	.24	.59
数字分析に強い	.22	.60	.19	.25	.14	.52
問題が発生した時に素早く対応できる	.37	.59	.27	.19	.35	.72
専門知識が豊富である	.29	.59	.19	.24	.18	.57
問題点を素早く発見できる	.36	.58	.29	.17	.33	.69
指示や説明が分かりやすい	.47	.58	.22	.18	.12	.66
対外交渉力が強い	.29	.58	.20	.05	.37	.60
常に改善に取り組む	.38	.57	.30	.19	.15	.61
仕事上の方針がぶれない	.34	.56	.26	.33	.07	.61
問題の因果関係を突き止め, 対策を立てることができる	.40	.54	.29	.21	.33	.69
将来のニーズやチャンスを先取りする	.39	.50	.22	.18	.32	.59
業務上の新たな知識やスキルを積極的に習得する	.39	.50	.25	.28	.14	.56
責任感が強い	.33	.49	.27	.47	.22	.68
既存のやり方にとらわれず, 臨機応変に対応する	.47	.48	.16	.14	.23	.55

項目						共通性
上から高く評価されている	.29	.48	.16	.20	.33	.49
顧客から高く評価されている	.41	.47	.18	.24	.36	.61
目標実現に向けて，リスクをとることができる	.37	.47	.31	.15	.39	.63
関連部署から支援や理解を得ている	.44	.44	.20	.27	.19	.54
3. 情報発信力						
会社の進むべき方向を明確に部下に伝える	.32	.33	.74	.20	.15	.82
ビジョンの実現進捗状況を部下と共有する	.33	.31	.73	.20	.18	.80
会社または親会社に関する情報を部下に伝える	.32	.28	.64	.21	.15	.66
将来部門の進むべき方向をはっきり示す	.37	.36	.63	.16	.24	.74
現場の状況を客観的に会社または親会社に伝える	.34	.29	.58	.26	.20	.64
4. 組織責任感						
規則を尊重し，適切に行動をする	.33	.29	.26	.60	.15	.64
顧客を大事にしている	.30	.33	.25	.52	.23	.59
他部門の悪口を言わない	.45	.23	.17	.52	.10	.57
自分の信念に忠実である	.19	.38	.29	.39	.33	.52
5. 開放的志向（Open-mindedness）						
人脈（社内・社外）が広い	.34	.35	.19	.16	.52	.58
視野・見識が広い	.36	.47	.24	.27	.48	.72
幅広い好奇心を持ち，新しい仕事・挑戦に意欲的である	.32	.41	.30	.24	.43	.60
上の人が間違っていたら，はっきり指摘する	.32	.26	.30	.16	.38	.43
固有値	11.88	11.44	5.67	3.80	3.67	
寄与率（％）	20.48	19.73	9.77	6.55	6.33	
累計寄与率（％）	20.48	40.21	49.97	56.52	62.86	

③ 情報発信力

第3因子の情報発信力には，「ビジョンの提示」と「情報の伝達」と2つのカテゴリーを包括している。ローカル・スタッフを育成していくなか，業務における技術やノウハウの移転だけではなく，本社の経営理念や戦略，方針などをローカル・スタッフに共有させる一方，現地から収集した情報等を本社関連部署に正確に伝え，情報の共有，そして双方の意思疎通を促進する能力として必要である。

④ 組織責任感

第4因子の「組織責任感」においては，組織内で，規則ルールを守り，顧客に対する信頼関係を重視し，他部門に責任を押し付けない，自分の信念に忠実という組織における強い責任感を示している。このような責任感は，異文化環境において日本人海外派遣者のイメージアップにつながり，ローカル・スタッフとの信頼関係の構築に貢献するのに間違いない。

⑤ 開放的志向

第5因子の「開放的志向」については，広い人脈，広い視野・見識，チャレンジ精神を持ち，上司に対しても積極的に意見を言えるという意欲・積極性，あるいは思考の柔軟性などを含めている。このような資質については，異文化への強い関心や受容力，そして異文化における自己啓発，自分自身の成長，さらにローカル・スタッフとの良好な人間関係づくりに貢献すると考えられる。

日本人海外派遣者の現地事情への理解度

日本人海外派遣者にとって，現地の文化や風俗習慣，そしてビジネスにおける現地の法制度や商習慣を理解することが必要不可欠である。自国文化と異なる価値観などについては，偏見を持たず，相手の立場を考えた上，意思疎通を図ることが求められる。

調査では，日本人海外派遣者の現地事情への理解度について，項目を4つ設けた。それぞれ，① 現地社会に関心を持つ，② 現地の文化や風俗習慣を理解している，③ 現地の商慣行をよく理解している，④ 現地語を熱心に勉強している，の4つである。信頼性分析の結果，①と④の2項目が信頼性が低いとされているため，日本人海外派遣者の現地事情への理解度に関する分析においては，②と③との2項目のみを使用した。この2項目に対し，主成分分析を行い，1つの主成分が得られ，その主成分得点について，「現地事情理解度」と名付けた。主成分分析の結果は表6-4のとおりである。

日本人海外派遣者にとって，赴任先の文化や風俗習慣，そして現地の商習慣などへの理解が赴任の条件として重要視されている。これらは赴任前の研修として，異文化研修という形で盛んに実施されている。現地事情をさらに深く理解するには，語学能力の習得などが必要とされる場合もあるが，それよりも，赴任先の事情に対し，自国の価値観だけで判断するのではなく，相手国あるいは相手の立場にも立ち，意思疎通をはかることが重要であろう。

日本人海外派遣者の職務成果についての重回帰分析

上記の分析で得られた日本人海外派遣者の職務成果を被説明変数として，因子分析で抽出した5つの能力・行動要因（対人関係能力，業務遂行能力，情報発信力，組織責任感，開放的志向），現地事情理解度，そして，評価者であるローカル・スタッフの要因（最終学歴，入社年数，日本滞在経験）を説明変数として分析を行う。ローカル・スタッフの要因を入れた理由として，最終学歴，入社年数，日本滞在経験については，当該ローカル・スタッフの能力や資質の代理変数として考えられ，ローカル・スタッフの能力等によっては，海外派遣者の職務成

表 6-4 現地事情理解度に関する主成分分析の結果

評価項目	成分 I
現地の文化や風俗習慣を理解している	.95
現地の商慣行をよく理解している	.95
固有値	1.81
寄与率（％）	90.58
累計寄与率（％）	90.58

果にも影響を与えうると考えたからである。最後に，業種，あるいは企業の出資形態，進出年数といった組織要因による影響があるかどうかを確認するため，企業の業種，出資形態，進出年数をコントロール変数として投入した[6]。

重回帰分析を行った結果は表6-5が示している。比較のために，現地人管理職のミドル・マネジメントについても職務成果に関する重回帰分析を行った[7]。

表6-5の重回帰分析の結果から分かるように，まず，日本人海外派遣者トップ・マネジメントの職務成果について，派遣者の対人関係能力，業務遂行能力，情報発信力，組織責任感，開放的志向の5つの能力・行動要因のいずれもが職務成果に有意に正の影響をもたらすことが確認できた。しかし，現地事情理解度という要因は，日本人トップ・マネジメントの職務成果に今回の調査では影響していない。

次に，日本人海外派遣者ミドル・マネジメントの場合，日本人トップ・マネジメントと同様に，対人関係能力，業務遂行能力，情報発信力，組織責任感，開放的志向の5つの能力・行動要因が職務成果に有意に正の影響をもたらしていることが確認できた。またトップ・マネジメントの分析では有意に影響することが確認できなかった現地事情理解度について，有意に正の影響をもたらすことが検証された。また組織要因について，合弁企業で働く日本人ミドル・マネジメントは日本資本100％の企業で働くミドル・マネジメントより業績が高いことが分かった。

最後にローカルのミドル・マネジメントの職務成果について見てみると，これまでの日本人海外派遣者の職務成果と同様に，5つの能力・行動要因のほかに，組織要因としての企業の進出年数も有意に影響していることが分かった。つまり，進出年数の長い企業にいるローカル・ミドル・マネジメントほど，職務成果が高いということになる。

表 6-5　日本人海外派遣者とローカル管理職の職務成果に関する重回帰分析

被説明変数：職務成果		日本人トップ		日本人ミドル		現地人ミドル	
		β	t値	β	t値	β	t値
組織要因	非製造業（ダミー）	−.093	−1.744	−.073	−1.876	−.055	−1.806
	合弁企業（ダミー）	−.006	−.097	.087	2.144*	−.023	−.705
	進出年数	−.052	−.873	.037	.867	.129	3.835**
上司要因	対人関係能力	.363	7.163**	.284	7.477**	.310	10.838**
	業務遂行能力	.410	8.143**	.538	14.936**	.500	17.520**
	情報発信力	.127	2.527*	.267	7.190**	.193	6.766**
	組織責任感	.312	6.613**	.181	5.229**	.255	8.855**
	開放的志向	.290	5.582**	.202	5.516**	.312	11.132**
	現地事情理解度	−.007	−.120	.090	2.030*		
国別	インド（ダミー）	.137	2.385*	−.046	−1.327	.036	1.251
	ベトナム（ダミー）	.003	.061	−.046	−1.309	−.016	−.530
	タイ（ダミー）	.135	2.070*	.087	2.176*	.003	.107
	フィリピン（ダミー）	.004	.075	−.035	−.942	−.118	−3.902**
	マレーシア（ダミー）	.068	1.343	.009	.267	−.007	−.265
	シンガポール（ダミー）	−.004	−.072	.138	3.731**	.032	1.007
	インドネシア（ダミー）	−.041	−.681	.021	.532	−.076	−2.350*
部下要因	最終学歴	.016	.329	.040	1.095	.046	1.525
	入社年数	−.011	−.207	−.002	−.042	.008	.261
	日本滞在経験あり（ダミー）	.093	1.970	−.009	−.249	.033	1.145
	R^2	0.67		0.63		0.72	
	F-値	17.26**		30.53**		52.96**	
	サンプルサイズ	196		387		415	

(注)　**：$p<0.01$，*：$p<0.05$

3. 日本人海外派遣者の能力・行動に対する評価

　ここまで，日本人海外派遣者の職務成果に影響する要因を探ることを試みた。以下では，日本人海外派遣者の能力・行動について，ローカル・スタッフの評価を検討する。ローカル・スタッフによる評価の客観性を保つため，調査では，同ランクのローカル管理職に対しても，部下であるローカル・スタッフに評価をしてもらったため，ここでは，日本人海外派遣者の評価結果と同ランクのローカル管理職との評価結果の有意差を調べるためのt検定を行う。

　t検定に用いるデータは前項で行った因子分析から得られた因子得点である。表6-6と表6-7はそれぞれ，日本人海外派遣者とローカル管理職の職位別のt検定の結果を示している。

表 6-6　トップ・マネジメントの能力・行動に関する評価の比較結果

	日本人海外派遣者 n=407		ローカル管理職 n=165		t 値
	平均値	標準偏差	平均値	標準偏差	
対人関係能力	−0.020	0.854	−0.076	0.842	0.673
業務遂行能力	0.136	0.839	0.218	0.863	−0.973
情報発信力	0.041	0.891	0.067	0.880	−0.296
組織責任感	0.140	0.727	−0.065	0.769	2.765**
開放的志向	−0.036	0.775	0.287	0.781	−4.239**
現地事情理解度	0.184	0.912	−	−	

注）　**：p<0.01，*：p<0.05

表 6-7　ミドル・マネジメントの能力・行動に関する評価の比較結果

	日本人海外派遣者 n=713		ローカル管理職 n=860		t 値
	平均値	標準偏差	平均値	標準偏差	
対人関係能力	−0.044	1.022	0.058	0.898	−2.02*
業務遂行能力	−0.173	1.025	0.048	0.860	−4.42**
情報発信力	−0.033	1.021	0.005	0.842	−0.77
組織責任感	0.130	0.861	−0.173	0.843	6.69**
開放的志向	−0.220	0.849	0.138	0.792	−8.19**
現地事情理解度	−0.106	1.037	−	−	

（注）　**：p<0.01，*：p<0.05

　表6-6と6-7で分かるように，日本人海外派遣者は職位に関わらず，「組織責任感」については，同ランクのローカル管理職より，ローカル・スタッフに高く評価されていることが分かった。しかし，対照的に，日本人海外派遣者の「開放的志向」については，トップ・マネジメント，ミドル・マネジメントに関わらず，いずれもローカル管理職と比べ，非常に低い評価を受けている。

　日本人海外派遣者のミドル・マネジメントは，「対人関係能力」と「業務遂行能力」については，同ランクのローカル管理職よりローカル・スタッフに低く評価されていることが分かった。これらの能力について，日本国内においてもリーダーとして職務成果に必要不可欠な能力であり，特に海外派遣という異文化環境において，ローカル・スタッフと信頼関係を保ち，彼らの強力なサポートを得るためにも早急な強化が必要であると思われる。

　上記で，アジア全体の分析結果を確認したが，日本企業の進出の歴史が相対的に短い中国と進出が相対的に長いASEANの日系企業との間に違いがある

表 6-8　中国における管理職の能力・行動評価の比較結果

	日本人トップ n=132		中国人トップ n=44		t 値	日本人ミドル n=389		中国人ミドル n=513		t 値
	平均値	標準偏差	平均値	標準偏差		平均値	標準偏差	平均値	標準偏差	
対人関係能力	0.002	0.972	0.003	0.850	−0.005	−0.032	1.022	0.084	0.854	−1.76
業務遂行能力	0.381	0.785	0.202	0.894	1.115	0.008	1.017	0.120	0.856	−1.71
情報発信力	0.406	0.699	0.483	0.881	−0.492	0.238	0.907	0.120	0.801	1.94
組織責任感	0.238	0.802	−0.226	0.821	3.061*	0.225	0.889	−0.066	0.826	4.80**
開放的志向	0.113	0.757	0.172	0.845	−0.384	−0.263	0.909	0.167	0.772	−7.17**
現地事情理解度	0.435	0.961	−	−	−	−0.027	1.059	−	−	−

(注)　**：p<0.01，*：p<0.05

表 6-9　ASEANにおける管理職の能力・行動評価の比較結果

	日本人トップ n=220		ASEANトップ n=97		t 値	日本人ミドル n=295		ASEANミドル n=300		t 値
	平均値	標準偏差	平均値	標準偏差		平均値	標準偏差	平均値	標準偏差	
対人関係能力	−0.077	0.824	−0.076	0.799	−0.01	−0.065	1.030	−0.038	0.964	−0.31
業務遂行能力	−0.017	0.825	0.156	0.853	−1.59	−0.431	0.993	−0.103	0.868	−4.07**
情報発信力	−0.172	0.922	−0.014	0.746	−1.41	−0.377	1.049	−0.194	0.890	−2.17*
組織責任感	0.037	0.669	−0.003	0.752	0.43	0.005	0.826	−0.336	0.840	4.74**
開放的志向	−0.060	0.730	0.326	0.745	−4.06**	−0.178	0.774	0.067	0.825	−3.54**
現地事情理解度	0.030	0.836	−	−	−	−0.256	0.989	−	−	−

(注)　**：p<0.01，*：p<0.05

かもしれないと考えられるため，次のステップとして，中国とASEANについて，それぞれ地域別に分析を行った。インドについては，サンプル数が少なく，データによるバイアスがありうるとして，今回は分析しないことにした。中国とASEANの地域別の分析結果を示したのは表6-8，表6-9である。

　表6-8で分かるように，中国において，日本人海外派遣者は職位に関わらず，「組織責任感」について，同ランクのローカル管理職よりローカル・スタッフに高く評価されていることが分かった。しかし，ミドル・マネジメントの場合，「開放的志向」について，日本人海外派遣者が前述した全体の評価結果と同様に，同ランクのローカル管理職よりローカル・スタッフに低く評価されていることが分かった。また，「対人関係能力」については，有意差がみられていないもいのの，平均値が「−0.032」と低い結果であった。「業務遂行能力」が認められている一方，「対人関係能力」がまだ不足していると言える。

　ASEANにおける日本人海外派遣者の評価については，表6-9で分かるよう

に，職位に関わらず，「開放的志向」について，同ランクのローカル管理職よりローカル・スタッフに低く評価されている。これは全体の評価と一致した結果となった。一方，日本人ミドル・マネジメントの場合，「組織責任感」が同ランクのローカル管理職よりローカル・スタッフに高く評価されているものの，「業務遂行能力」「情報発信力」「開放的志向」のいずれも低く評価されている結果となり，中国の場合と比べ，より厳しいものであった。また，「対人関係能力」についても，中国の場合と同様に，ローカル管理職との間に有意差は認められていないものの，平均値が「-0.065」と低い結果であった。

4. 考　察

本研究は日本人海外派遣者の職務成果に関する重回帰分析を通じ，部下であるローカル・スタッフの視点から，日本人海外派遣者の職務成果に影響する要因を特定することを試みた。また，ローカルの同クラス管理職との比較を通じ，日本人海外派遣者の職務成果に影響する能力・行動に対する評価も明らかにした。

日本人海外派遣者の職務成果ならびにその影響要因について

まず，職務成果の評価について，トップ・マネジメントはミドル・マネジメントと比べ，ローカル・スタッフに高く評価されていることが分かった。また，日本人海外派遣者の職務成果に影響する要因として，職位による差異も見られた。共通の要因として，「対人関係能力」「業務遂行能力」「情報発信力」「組織責任感」「開放的志向」が正の影響を持つことが確認できたが，「現地事情理解度」について，ミドル・マネジメントの職務成果に正の影響を持つことが確認できたのに対し，トップ・マネジメントには影響を持たない結果となった。前述したKatzの理論にもあるように，トップ・マネジメントの場合の役割能力がミドル・マネジメントと違い，事業体の経営任務を担い，会社のビジョンの設定，最終的な意思決定を含めたコンセプチュアル・スキルがより重要視されることになる。そのため，日常の業務をメインとするミドル・マネジメントと違い，「現地事情理解度」が他の能力・行動ほど，職務成果に強く影響していないかもしれない。

次に，組織要因として，合弁企業で勤務する日本人ミドル・マネジメントの職務成果が日本資本100%の企業で勤務する日本人ミドル・マネジメントより

高い結果となった。これは合弁企業のほうが本来，合弁相手側の既存技術，販売ルート，労務・人事ノウハウなどを利用できるメリットがあり，現地でのビジネスが効率よく進められていることに起因しているかもしれない。あるいは日本企業が合弁相手を気にしてより優秀な人材を送り込んだ可能性もあることが考えられる。

　最後に，日本人海外派遣者の職務成果という課題とは別に，ローカル管理職の職務成果に関する重回帰分析の結果，非常に興味深い発見があった。ローカル管理職の職務成果に，影響する要因として，「対人関係能力」「業務遂行能力」「情報発信力」「組織責任感」「開放的志向」という5つの能力・行動要因に加え，組織要因である企業の「進出年数」が正の影響をもたらしていることが今回の調査で分かった。これは操業年数の長期化に伴い，現地法人において，技術やノウハウが蓄積していく中，ローカル・スタッフも徐々に成長してきていることを裏付けていると言えよう。

日本人海外派遣者の能力・行動の評価について

　まずローカル・スタッフによる日本人海外派遣者の能力・行動の評価のうち，「組織責任感」については，トップ・マネジメントとミドル・マネジメントに関係なく，同ランクのローカル管理職と比べて，高い評価を得られていることが分かった。日本人海外派遣者が赴任先において，日本本社のイメージを代表するだけではなく，日本人全体のイメージを体現しているともいえるため，現地国の法令遵守をはじめ，組織内における適切な行動，そして，他部門や現地顧客と協調関係を維持するための取り組みといった「組織責任感」がローカル・スタッフに高く評価されていることは，ローカル・スタッフとの信頼関係の構築によい働きをもたらすのは確かであろう。

　一方，日本人海外派遣者の「開放的志向」については，職位に関わらず，同ランクのローカル管理職と比べてローカル・スタッフに非常に低く評価されていることが分かった。設問レベルに戻ってみると，これは「人脈（社内・社外）が広い」「視野・見識が広い」「幅広い好奇心を持ち，新しい仕事・挑戦に意欲的である」「上の人が間違っていたら，はっきり指摘する」の4つの項目からなるが，社内外における良好な人間関係，広い視野，そして好奇心を持ち，常に新しい仕事に挑戦し，誰に対しても，はっきり自分の考えを示すという姿勢については，日本人ミドル・マネジメントはまだ不足していることを示唆する結果となった。開放的な考えを持つ海外派遣者は，自国のやり方が唯一の「正

しい」方法と決めつけることなく，異なる文化やローカル・スタッフの行動を客観的に評価し，柔軟に行動するため，異文化環境に対する適応力がある。このことは，海外派遣の成功要因としてしばしば指摘される（Black et al., 1998; Caligiuri, 2000; Shaffer et al., 2006; Raduan et al., 2010 など）。今回の調査でも，「開放的志向」が日本人派遣者の職務成果に正の影響をもたらすことが確認された。今後の海外派遣において，これらを意識した選抜あるいは教育訓練の強化が望まれる。

　次に，日本人海外派遣者のミドル・マネジメントについて，管理職として，必要不可欠な「対人関係能力」と「業務遂行能力」両方とも同ランクのローカル管理職と比べてローカル・スタッフに低く評価されていることが分かった。「対人関係能力」の因子に含まれる項目は，部下育成に関連する項目が殆どであるため，換言すれば，日本人海外派遣者のミドル・マネジメントの部下育成力が不足していることとなる。また，「業務遂行能力」は単なる業務を円滑にさせる能力だけではなく，ローカル・スタッフに当該派遣者が経験と知識，ノウハウを備えた専門家であると認知されれば，彼らの信頼や協力を得るためにも非常に有効な手段となる。限られた赴任期間のなか，本社から与えられた任務達成という短期的な目標，そして，ローカル・スタッフを育成するという中長期的な目標を達成するには，今後派遣者本人のさらなる能力の向上や，本社の赴任中におけるトレーニングの強化も必要であろう。

　最後に，海外派遣者の能力・行動に関するローカル・スタッフの評価について，地域による差異も確認された。中国と比べて，ASEANにおける日本人海外派遣者，とりわけ，ミドル・マネジメントが極めて低く評価されていることが分かった。進出年数が相対的に短い中国において，日本人海外派遣者がローカル・スタッフと比べ，より進んだ技術，ノウハウを持っているため，ローカル・スタッフにしてみれば，学べることが多く，そのため相対的に高い評価を得ているではないかと考えられる。反対に，進出歴史の長いASEANにおいて，ローカル・スタッフの成長により，評価が相対的に厳しくなっている面もあると考えられる。今後，派遣者選定は，ASEANの方で難しくなることを示唆しているかもしれない。

今後の課題

　本研究は産学連携プロジェクト早稲田コンソーシアムの連携企業に協力をしてもらい，データ収集を行ったため，分析結果が大手企業の属性に影響される恐れがある。また今回の調査は職務成果に影響を与える要因を中心に，分析を行ったが，職務成果は海外派遣の成否を判断する唯一の指標ではないことに注意しなければならない。派遣者自身の仕事への満足度や組織コミットメント，派遣者の離職率，また現地への寄与度など様々な角度から海外派遣者問題を分析することが可能である。これらについては，今後の研究課題にしたい。

　本研究にはこのような限界があるが，これまで日本人海外派遣者の能力や行動，そして特にそれらと職務成果の因果関係に関する実証研究がほとんどなされていないため，今後，日本人社員の効果的な派遣を図るための基礎研究として，意義があると思われる。

　注

1) 統計上，日本人勤務者数には現地採用の日本人と外資系企業で勤務する日本人が含まれているが，日本本社からの派遣者が大多数を占めていることが考えられる。
2) ブラック他著（白木三秀・永井裕久・梅澤隆監訳）『海外派遣とグローバルビジネス―異文化マネジメント戦略―』白桃書房，2001年，252ページ。
3) 海外経営専門職人財養成プログラム。2年間にわたり，中国，インド，ベトナム，タイ，フィリピン，マレーシア，シンガポール，インドネシア計8カ国で，海外派遣者を対象とした調査とその海外派遣者の部下である現地ホワイトカラーを対象としたアンケート調査計2本を同時に行った。本研究では，後者の現地ホワイトカラーを対象とした調査結果について考察を行う。
4) テクニカル・スキルは，業務を遂行する上で必要な知識やスキルである。ヒューマン・スキルは協働して働く上で重要なスキルである。コンセプチュアル・スキルは状況を構造的に，概念的にとらえ，その本質を見極めるスキルである。またそれに加え，ビジョンを描く構想力や思考力やさまざまな環境変化に対応できる応用力という意味合いもある。
5) 基本評価対象をローカル・スタッフ部下の直属上司としているが，直属上司がいない場合は，直接指示命令を受ける上司を対象とした。
6) 調査表には，進出年数の設問が入っていなかったので，『海外進出企業総覧』（東洋経済）に記載されている当該企業の設立年から，調査時点までの経過年数を計算し，それを進出年数とした。
7) ローカル管理職の職務成果について，回答の欠損値を除いた場合，ローカル・トップ・マネジメントのサンプル数が少なく，統計的分析に相応しくないと判断したため，ローカル管理職の場合の回帰分析はミドル・マネジメントに限定した。

参考文献

尼子哲男（1990），「日系企業のヨーロッパでの成長と現地採用管理職の職務満足について―在ベルギー18社における数量的分析―」『経営学論集』No.60, 131-136。

北川浩伸（2009），「我が国企業における海外派遣員に関する研究再考と戦略的国際人的資源管理理論への展開可能性について」『国際ビジネス研究』第1巻第1号，69-82。

澤木聖子（1996），「在台湾日系企業における現地雇用管理職の人材育成に関する研究―直属の上司の国籍別にみた職務意識の比較分析を通じて―」『日本労務学会年報』38-43。

白木三秀（2009），「日本企業のグローバル人材マネジメント上の諸課題―調査結果からの考察―」『JBIC国際調査室報』(2), 67-78。

永井裕久（1997），「日系企業における中国人ホワイトカラーのHRM：PM理論によるリーダーシップ分析と部下の意識への影響」『組織行動研究』No.27, 55-61。

西原博之（1997），「在中日系企業の中国人ホワイトカラー従業員の意識調査―上司の国籍別，資本形態別，地域別による影響の比較―」『組織行動研究』No.27, 63-80。

日本経団連（2004），報告書「日本人社員の海外派遣をめぐる戦略的アプローチ」。

労働政策研究・研修機構編・白木三秀他（2001），『日本企業の海外派遣者―職業と生活の実態』労働政策研究・研修機構。

茂垣広志（1994），「国際人的資源管理の基本的視座と本社志向的エクスパトリエイト」『横浜経営研究』第15巻第2号，140-152。

労働政策研究・研修機構（2006），「第4回日系グローバル企業の人材マネジメント調査結果」。

労働政策研究・研修機構（2008），「第7回海外派遣勤務者の職業と生活に関する調査結果」。

Black, J. S., H. B. Gregersen, M. E. Mendenhall and L. K. Stroh (1998), *Globalizing People through International Assignments*.（白木三秀・永井裕久・梅澤隆監訳『海外派遣とグローバルビジネス―異文化マネジメント戦略―』白桃書房，2001年。）

Borman, W. C. and S. J. Motowidlo (1997), "Task performance and contextual performance: The meaning for personnel selection research," *Human Performance*, 10, 99-109.

Caligiuri, P. (1997), "Assessing expatriate success: Beyond just 'being there'," *New Approaches to Employee Management*, Vol.4, 117-140.

Caligiuri, P. (2000), "The big five personality characteristics as predictors of expatriate success," *Personnel Psychology*, Vol.53, 67-88.

Gregersen, H. B., J. M. Hite and J. S. Black (1996), "Expatriate performance appraisal in U. S. multinational firms," *Journal of International Business Studies*, Vol.27, 711-738.

Kraimer, M. L., S. J. Wayne and R. A. Jaworski (2001), "Sources of support and expatriate performance: The mediating role of expatriate adjustment," *Personnel Psychology*, Vol.54, 71-99.

Raduan, C. R., S. R. Subramaniam, U. Jegak and K. Naresh (2010), "Expatriate performance in international assignments: The role of cultural intelligence as dynamic intercultural competency," *International Journal of Business and Management*, Vol.5, No.8, 76-85.

Katz, R. L. (1974), "Skills of an effective administrator," *Harvard Business Review*, Vol.52, Issue 5, 90-102.（ロバート・L・カッツ「スキル・アプローチによる優秀な管理者への道」『DIAMOND ハーバード・ビジネス』7（3），1982，75-91。）

Shaffer, M. A., D. A. Harrison, H. B. Gregersen, J. S. Black and L. A. Ferzandi (2006), "You can take it with you: Individual differences and expatriate effectiveness," *Journal of Applied Psychology*, 91, 109-125.

第7章 ローカル・スタッフの賃金の決まり方

永野 仁

はじめに

　グローバル・マネジャーにはさまざまなミッションがあるが，その達成のためには，「現地人材（ローカル・スタッフ）の処遇」という課題を解決しなければならない。なぜなら，具体的な業務を実行していくのは現地人材であるので，彼らに，仕事に対する意欲や能力の維持・向上を促すことが不可欠であり，そのためには，彼らに対する適切な処遇が必要だからである。そのように重要な「処遇」の中で，最も基本的なものは「賃金」といってよい。実際，しばしば話題になる中国での労働争議は，賃金の問題が主要な争点の1つとなることが多い。

　では，現状の現地人材の賃金は，上記のような観点から適切なものといえるのだろうか。もしそうでないならば，どのような対策が求められるだろうか。このような論点が想起されるが，実は適切か否かを論ずる前に，そもそも現地人材の賃金がどうなっているかを明らかにする必要がある。というのは，ある程度の人数を確保して賃金を分析した統計的な研究が少ないからである。

　そこでこの章では，G-MaPが実施したアンケート調査のうち，現地人材に回答を求めた調査（管理職のキャリアと能力開発に関する調査）データを用い，彼らの賃金を分析する。それによって，現地人材の賃金の現状を明らかにし，今後の方向性を検討したい。

1. 現地人材の賃金に関する先行研究

　日系企業（海外に進出した日本企業）の現地人材に関する研究には，さまざまなものがある。ここでは，それらのうち，彼らの賃金に関する研究がどのように展開されてきたかを見よう。

　現地人材に関する研究の中で，まず指摘すべきは，育成に関する研究であろう。人材育成を通じての技術移転が，進出企業の経営成果を高めるためには不可欠であるので，納得できる論点である。そのような研究の代表的なものに小池（2008）がある。そこでは育成の具体的なプロセスが，丹念な事例分析によって明らかにされている。しかし賃金に関しては，それが育成を促進する手段という点を考慮して，賃金決定の基準や決定の仕組みには言及されるものの，その現状を統計的・計量的に明らかにしてはいない。

　他方，育成という領域に特化せずに，現地人材に対するマネジメント全般を扱ったものも多い。このような研究の中で最近のものとして白木（2005）があるが，これは中国に限定して，この点を見たものである。この研究の中心も事例分析だが，やはり賃金制度の紹介はあっても，それに関する統計的な分析は見られない[1]。

　しかし，現地人材の賃金に関する統計的な分析が，全くないわけではない。近年，海外企業の進出が急増してきている中国について，その現地人材の賃金を分析したものに，Knight and Lina（1991）や馬（2009）がある。共に中国政府の都市部家計調査の個票データを用いた分析で，データの性格上，日系企業のみを対象としたものではないが，逆に中国全体の勤労者の賃金の状況を知ることができるという利点がある[2]。これらの研究の多変量解析による賃金関数の推計によれば，年齢は正，年齢の二次項は負で（Knight and Lina, 1991），年齢でなく，経験年数とその二次項を用いた場合[3]，年齢と同様に，前者は正で後者は負であった（馬，2009）。年齢が高まったり勤続が長くなったりすると，徐々に上がり方が低下するものの，賃金が高まることを示している。また，どちらの研究でも共通して，学歴や職位は，それが高いほど賃金が高くなるという関係が確認された。

　ここで年齢をどう解釈するかは議論のあるところだが，経験の代理変数と考えれば人的資本理論の主張と整合的である。二次項が負なので徐々に伸び方が低下するものの，経験を積むに従い習熟を増し，また高学歴者の方がより高度

な知識や技能を身につけるので良い仕事ができ,その結果賃金が高くなると理解されるからである。なお本章の関心である日系企業に関しては,これらの研究では,勤務先組織の資本関係に関するダミー変数として投入されているが,国営企業と比べて,日系企業も含めた外資企業の方が賃金が高いという関係が見られている。[4]

　他方,中国の日系企業4社に限定し,そこに勤務する現地人材のうち中間管理職105人の賃金データを計量的に分析したものが,松繁・徐（2002）である。彼らの関心の1つは,これらの企業では労働市場の内部化,つまり内部昇進がどの程度見られるかにあった。それゆえ,まず昇進関数が推計された。そこでは勤続が長くなるほど,昇進確率が高まっていて,内部化現象が確認された。他方,賃金に関しては,このようにして決まる職位の影響が大きく,職位を考慮すると,勤続の長さは直接賃金に影響していなかった。つまり勤続は,職位を媒介として賃金に間接的に影響するということである。日本企業でも職位は賃金に影響を与えるが,職位が同じでも勤続が長くなれば賃金も高まる。この点が,日系企業と日本企業の差異というのが彼らの指摘である。

　このように松繁・徐の研究は興味深い発見事実を報告しているが,調査対象者が少ないことや,調査時点から既に10年以上が経過していることが課題として残る。その後の,日本企業の海外展開,特に中国へのそれを考慮すれば,より最近のより大規模なデータを用いた分析が必要である。

2. 分析の目的と分析対象

分析の目的と用いるデータセット

　上記のような研究の現状を考慮して,本章では,最近のより大規模なデータを用いて,現地人材の賃金が,どのように決定されているのかを明らかにしよう。

　その際用いるのは,現地人材を対象としたG-MaPによる質問紙調査,「管理職のキャリアと能力開発に関する調査」のデータである。この調査は,現地人材にその上司に対する評価を問うために設計されたものであるが,回答者の主観的な評価を尋ねたものなので,どのような回答者による評価かということも分析上重要な情報である。そのために,回答者自身に関する設問が通常よりやや多く設けてあり,月額給与（諸手当を含む手取り額）等も尋ねている。そこ

で以下では，この調査のうち，この回答者自身に関する部分のデータを分析する。

なお，この調査の有効回答数は2,182件であったが，月額給与，年齢，勤続年数は，分析上不可欠な情報であるので，これらに関して無効な回答は除外した。またこのうち月額給与は金額そのものではなく金額の該当範囲を尋ねていて，その最高額の範囲は US$ 1,500 以上である。この最高範囲は上限がないので，この範囲の割合が多いと分析上は好ましくない。しかし，職位別に見ると最高職位の役員では 90% 以上がそこに含まれ，国別に見るとシンガポールは 80% 以上の回答者が，ここに該当していた。そこで，役員とシンガポールいずれかの回答も除外した。さらに，国別にもある程度まとまった数を確保したいと考え，100件に満たない件数の国の回答は，除外することにした。

このような一連の手続きの結果，分析対象となったのは1,700件となった。この国別の構成は，中国が60.9%と過半数を占め，次いでタイが16.9%，以下，インド8.1%，インドネシア7.2%，ベトナム6.8%となった。

分析対象者の属性

これらの1,700件について，いくつかの属性別構成比を示したものが表7-1である。性別では，5つの国「合計」で，62.5%とほぼ3分の2が男性となった。しかし国別の違いも見られ，インドネシアとインドは，ほぼ9割を男性が占めている。年齢に関しては，5歳刻みの区分による構成比と，これをもとに算出した近似的な平均値を示してある[5]。その平均値を見ると，全体では約35歳だが，最も年齢が高いのはインドネシアで39歳である。インドネシアの回答者は，男性が多く，年齢構成もやや高いという特徴がある。

学歴構成は，「合計」でも6割以上を大卒者が占めていて，高学歴者が多くなっている。しかも大学院の修士修了者は，インドで27.7%，タイ21.5%に達している。相当の高学歴者集団と見てよい。なお，職位別の構成は，部長クラスと課長クラスでほぼ半数に達している。

3. 賃金の分布

賃金額区分の構成

これらの人々の月額給与（諸手当を含む手取り額）は，どうなっているだろうか。5歳刻みの年齢区分ごとと年齢計について，調査で実際に尋ねた月額区分

表 7-1　対象者の属性別構成（国別）　　　　　　　　　　　　　　（単位：%）

		中国	インド	ベトナム	タイ	インドネシア	合計
	計	(1,036件) 100.0	(137件) 100.0	(116件) 100.0	(288件) 100.0	(123件) 100.0	(1,700件) 100.0
性別	男性	59.7	86.9	49.1	54.5	90.2	62.5
	女性	40.3	13.1	50.9	45.1	9.0	37.4
	無回答	−	−	−	0.4	0.8	0.1
年齢別	25歳未満	2.8	7.3	−	2.4	0.8	2.8
	25〜29歳	26.2	14.6	21.6	20.5	4.1	22.4
	30〜34歳	27.0	18.2	25.9	22.2	13.8	24.5
	35〜39歳	24.3	24.8	44.8	20.5	30.1	25.5
	40〜44歳	10.8	16.8	6.0	19.1	35.8	14.2
	45〜49歳	6.5	6.6	1.7	9.0	11.4	6.9
	50〜54歳	1.7	8.0	−	4.5	3.3	2.7
	55〜59歳	0.7	3.6	−	1.7	0.8	1.1
	近似平均	34.20歳	36.96歳	34.03歳	36.36歳	39.36歳	35.15歳
学歴別	高卒	7.2	2.2	9.5	2.1	13.8	6.6
	短大卒	26.3	7.3	6.0	6.6	16.3	19.3
	大卒	57.7	61.3	81.9	69.4	65.9	62.2
	修士卒	7.7	27.7	2.6	21.5	4.1	11.1
	博士卒	0.9	−	−	−	−	0.5
	無回答	0.2	1.5	−	0.3	−	0.3
職位別	部長クラス	15.8	33.6	21.6	37.8	34.1	22.7
	課長クラス	32.7	22.6	18.1	20.5	27.6	28.5
	係長クラス	13.5	15.3	36.2	13.9	13.0	15.2
	一般従業員	37.9	28.5	24.1	27.8	25.2	33.6

ごとの構成比を示したものが，図7-1である。金額に関しては，調査で現地通貨額で尋ねたものを調査時点のUS$に換算している。「年齢計」では，最高月額のUS$1,500以上が20.2%を占める一方，US$300未満も含めたUS$450未満も17%に達し，ばらつきが見られる。

これを年齢区分ごとに見ると，年齢が高くなると徐々に高賃金区分の割合が増えている。US$1,500以上の人は，45〜49歳で40%を超え，55〜59歳では50%を占めている。それに対し，若年層では賃金の低い人が多い。

平均賃金の軌跡

これ以降の分析では，簡便化のために，この月額区分データの賃金をそれぞれの中央値に置き換え[6]，連続数として処理をする。それを用いて近似的に平均月額給与を算出すると，合計ではUS$1,017.7（標準偏差578.9）となり，国別に

図 7-1　月額給与の分布

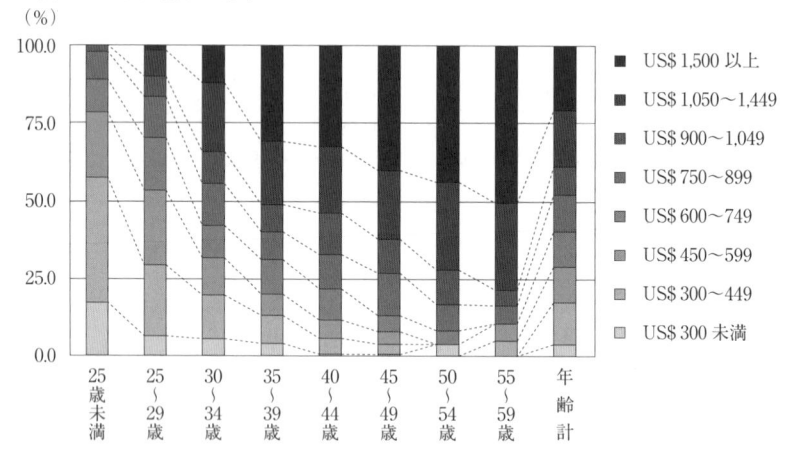

図 7-2　年齢別平均賃金（国別）

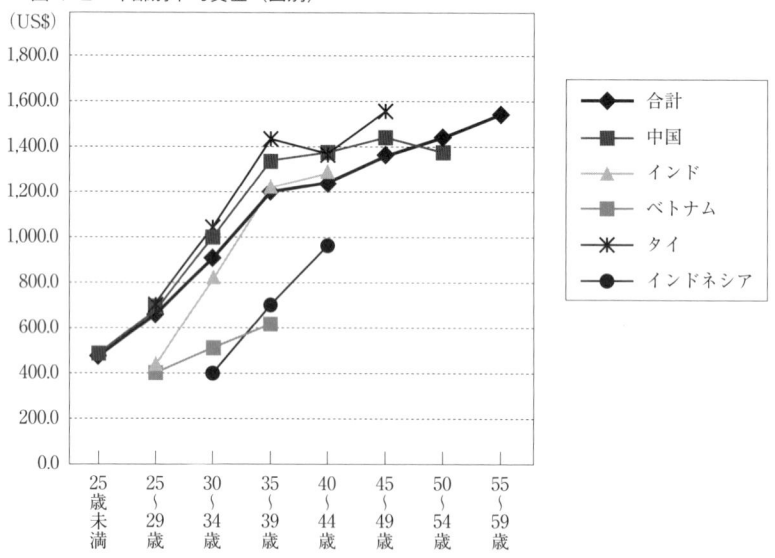

はタイが US$ 1,189.3 と最も高く，次いで中国が US$ 1,055.0，以下，インドが US$ 991.2，インドネシアが US$ 777.4，ベトナムが US$ 545.3 と続いた。

　この月額平均を 5 歳刻みの年齢区分ごとに算出し，国別に示したものが，図 7-2 である。合計では，年齢と共に賃金が上昇し，その上昇程度が徐々に低下するという，年功的な曲線が見られる。なお，国別の結果は，年齢区分の件数

図 7-3 職位別平均賃金

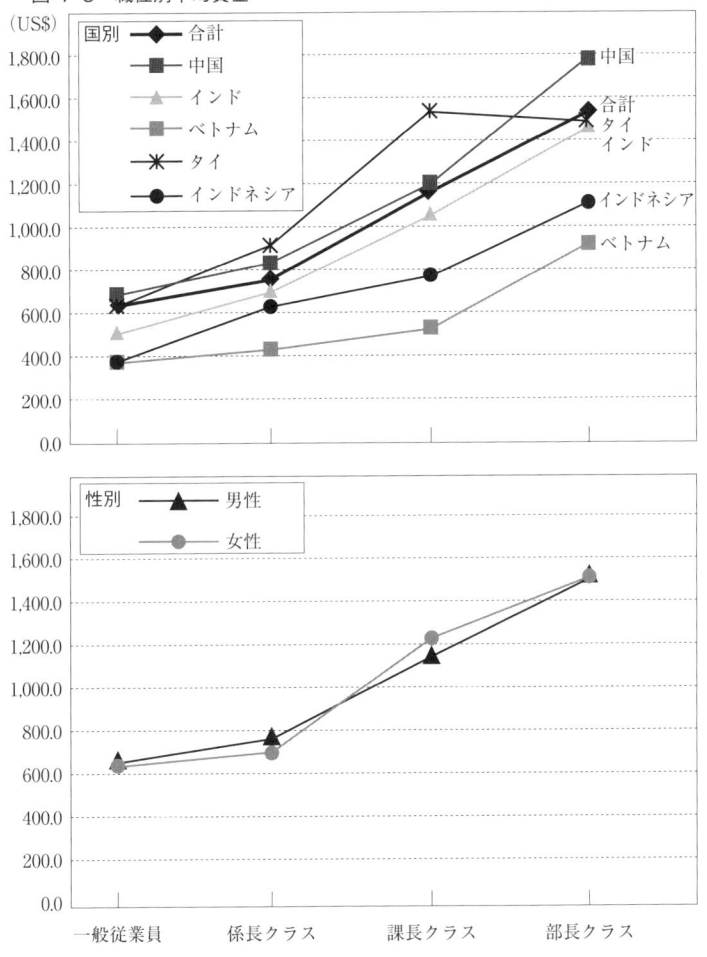

が15件以上を確保できた箇所のみを表示したものである[7]。上昇の仕方には差異が見られるものの，やはり，年齢が高い人の方が賃金が高いという関係が確認できる。

　同様の方法で，職位別に平均賃金を算出して示したものが，図7-3の上図である。合計では，「係長クラス」までは緩やかだが，その後上昇程度がやや高くなる。このような，職位が高くなると，より上昇程度が高くなるという傾向は，タイを除いて，確認できる。そのタイでは，課長クラスの方がむしろ部長

第7章　ローカル・スタッフの賃金の決まり方

図 7-4 学歴別平均賃金（国別）

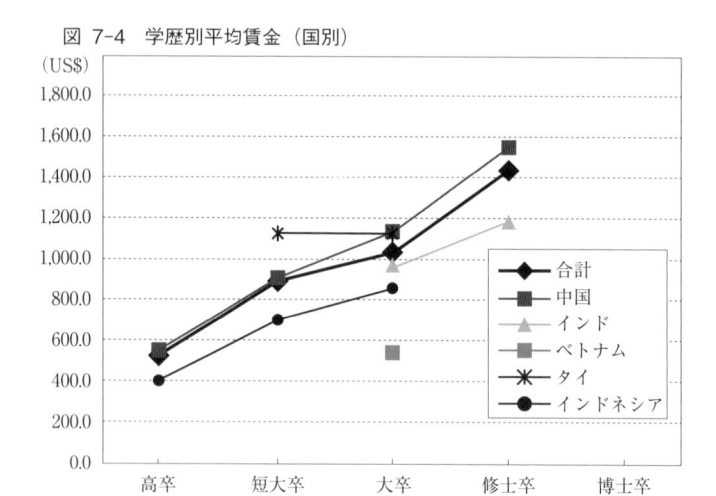

クラスより高くなっている。しかし，課長クラスがやや高いのを除けば，理解可能な軌跡である。

　次に，性別の平均賃金を比較しよう。図7-3の下図が，職位別に比較した結果である。職位別に見たのは，同じレベルの仕事をしている場合に，どの程度差があるかを見たかったからである。職位が低いところでは，わずかに男性の方が高いが，課長クラスではむしろ逆であるし，部長クラスではほとんど同じである。ちなみに図表は省略するが，年齢別に見ると男性の方がわずかに高いが，その差はかなり小さかった。性による賃金格差は，無いわけではないが，その差は小さいとみてよい。[8]

　最後に，図7-4で学歴別の平均賃金を見よう。ここでも先ほどと同様に，15件に満たない箇所はプロットしていない。その結果，大学院の博士卒は「合計」でも点がなく，全体として閑散としている感は否めない。しかし，学歴が高い人の賃金が高いという関係が確認できる。

　このように見ていくと，賃金は，年齢や職位，さらに学歴という要因によって，高まっていると考えることができる。しかし，現実にはこれらの要因が同時に作用するので，本当に何が影響しているかを分析するためには，クロス集計という手法だけでは限界がある。そこで次に，多くの要因の作用を一度に考慮できる多変量解析の手法を用いて，賃金を分析していこう。

4. 多変量解析による推計

賃金決定モデル

　上記のような特徴を示す賃金は，何によって決まっているのだろうか。以下ではこの点に接近するが，これまでの分析で，年齢が賃金に影響を与えていることが推測された。人的資本理論の考え方によれば，経験の積み重ねが能力の向上をもたらすことになるので，年齢は経験や能力の代理指標と見ることができる。つまり，年齢が高い人の賃金が高いのは，経験や能力が高いからとなる。しかしそれならば，年齢よりむしろ，仕事の経験年数や，企業内の経験を示す勤続年数の方が，能力の代理指標としてふさわしいかもしれない。

　調査では，現在の勤務先への入社年を，年齢とは別に尋ねているので，勤続年数を知ることができる。しかし，年齢も勤続年数も1年ごとに1つずつ数値が大きくなるので，両者の相関が強くなることが懸念される。そこで，従属変数となる賃金とこの2つの変数について，それぞれの単相関係数を算出してみた。結果が表7-2である。年齢と勤続年数の相関係数は0.612とやや高い。多変量解析では，この2つを同時に説明変数として投入しない方が望ましい。そこで以下では，年齢と勤続年数を，代替的に説明変数として用いることにする。

　その場合，勤続年数が自社内での経験の量を示す変数とすると，年齢は入社前の社外経験，あるいは他社経験も含めたこれまでの経験の量を示していると考えられる。それ以外にも，社内・社外を問わず，社会での経験を積むことによる成熟度の大きさも示していると見ることもできる。それゆえ，ここでは年齢は，自社経験，他社経験，さらに社会経験も含めた，広範な経験を示す変数とする。もちろん，年功賃金に対する伝統的な理論によれば，年齢によって賃金が上昇するのは，年齢に応じて高まるその人の生計費を企業が保障するからということになる。しかし，調査回答企業が現地人材に対しそのような施策を展開しているかどうかが不明なので，ここでは，そのような見方もあるということだけを指摘しておく。

表 7-2　相関係数

	賃金	年齢	勤続年数
賃金	1	－	－
年齢	.442	1	－
勤続年数	.200	.612	1

なお、年齢や勤続年数別に賃金を見ると、図7-2で見たように湾曲するので、分析では二次項を含めて投入する。これら以外では、職位や学歴、および性別という変数の賃金への影響も知りたいところであるし、これらの変数の影響をコントロールした上でないと、年齢や勤続の真の効果を知ることができない。そこで、これらの変数も説明変数として投入する。ただし、いずれも質的な変数であるのでダミー変数の形で投入する。また、賃金の水準は国によって異なっているので、その差異を調整するために、コントロール変数として国ダミーを投入する。そして、これらの説明変数を用いて説明する変数、すなわち従属変数は、これまでの図表で示した賃金（近似的月収額）である[9]。

これらを関数形で示すと

$$\text{賃金額} = f(\text{年齢}, \text{年齢}^2 \text{［または勤続年数, 勤続年数}^2\text{］, 性別ダミー,}$$
$$\text{学歴ダミー, 職位ダミー, 国ダミー})$$

となる。ここで、想定される符号は、年齢（または勤続）は正（＋）、年齢^2（勤続^2）は負（－）、性別は女性が負（ただし、これは有意にならないかもしれない）、学歴と職位はそれが高いほど正である。

賃金の分析結果

① 年齢を用いた分析

年齢を説明変数として、重回帰分析を行った結果が表7-3である。表には、(a)～(c)の3つの推計結果を示してある。ここでの従属変数は、US$表示の賃金月額なので、＊の付いている有意な変数に関しては、その変数が1単位変化するとBの数値の大きさだけ、US$で賃金が変化することを示している。なお、ダミー変数の場合はRefと示されている基準変数と比べてどう異なるかを、それぞれのBが示している。

職位ダミーのない(a)の結果を見よう。国ダミーは中国を基準（Ref）としたものである。(a)で投入された変数によって賃金が決まるとすると、タイで有意水準が低いものの、それぞれの国の賃金は、中国よりBの大きさだけ低くなることを示している。この中で一番マイナス数値が大きいのはベトナムであるが、その－546.927という数値は中国と比較してベトナムの賃金は約US$ 550低いことを意味している。なおこの差は、既述した単純平均での中国とベトナムの差（－509.7）より若干大きい。これはベトナムでは賃金水準の高い高学歴者の構成が高かったので、見かけ上は若干賃金が高くなっていたからと考えられる。その学歴であるが、ここの分析結果は、確かに高学歴者の賃金が高いこ

表 7-3　賃金の重回帰分析（Ⅰ）

	(a) B	(a) t	(b) B	(b) t	(c) B	(c) t
定　数	−1567.746	−7.125**	156.458	.711	131.801	.599
国ダミー						
[Ref：中国]						
インド	−302.073	−7.266**	−300.705	−8.075**	−289.714	−7.855**
ベトナム	−546.927	−12.633**	−558.068	−14.216**	−563.147	−14.365**
タ　イ	−50.708	−1.676†	−96.751	−3.546**	−100.685	−3.696**
インドネシア	−499.102	−11.603**	−479.276	−12.399**	−472.956	−12.376**
女性ダミー	−107.950	−4.671**	−41.564	−1.977*	—	
[Ref：男性]						
年　齢	120.023	10.018**	62.256	5.420**	62.837	5.468**
年　齢^2	−1.112	−6.978**	−.590	−3.948**	−.595	−3.980**
学歴ダミー						
[Ref：大学卒]						
高　卒	−488.631	−11.225**	−400.841	−10.006**	−397.104	−9.912**
短大卒	−299.057	−10.538**	−241.062	−9.441**	−239.813	−9.387**
修士卒	315.174	8.891**	238.209	7.467**	233.187	7.329**
博士卒	709.844	4.857**	700.032	5.352**	709.018	5.419**
職位ダミー						
[Ref：部長クラス]						
課長クラス	—		−322.586	−11.598**	−325.095	−11.691**
係長クラス	—		−525.665	−15.100**	−531.844	−15.315**
一般従業員	—		−660.490	−20.195**	−672.028	−20.815**
F	120.398**		149.071**		159.952**	
自由度調整済み R^2	.437		.551		.550	
n	1,693		1,693		1,695	

（注）　**，*，†は，それぞれ1％，5％，10％水準で有意なことを示す。

とを示している。性別に関しては，男性と比べて女性が，US$ 108 ほど低いという結果である。肝心の年齢は，予想どおり一次項が正で，二次項が負である。年齢と共に賃金が高まるが，徐々にその高まり方が小さくなるという関係が確認できる。

　職位ダミーを入れた(b)でも，上記の関係は基本的には同じである。ただしここで注目すべきは，上記の変数の中で性や年齢という属人的要素は，依然として説明変数として有効ではあるが，(a)と比べると，B や t の絶対値の大きさが小さくなっていることである。このことは，新たに投入された職位の違いを考慮すると，属人的要素の説明力が少し低下することを示している。特に女性ダミーは，有意水準も低下している。ともあれ，新しく投入された職位ダミーは，

職位が低い人ほど賃金が低下し，その低下額も多くなることを，明瞭に示している。各職位の t 値は，他の変数のそれより大きいので，現地人材の賃金を語る際には，まず職位の違いに注目する必要があることを示している。実際，職位を考慮していない(a)と比較すると，計測式全体の適合度や説明力を示す「F 値」や「自由度調整済み R^2」の値が，(b)の方が良好になっている。

次の(c)は，(b)で説明力が低下していた女性ダミーを除いて分析した結果である。(b)と比べると(c)は，自由度調整済み R^2 はほとんど変わらず，F 値はむしろ若干改善されている。つまり，(a)や(b)で見たように，確かに女性は男性より賃金は低いものの，その額や影響力は小さいので，(c)のように分析上は性に関する変数を除外しても問題はないと言える。

② 勤続年数を用いた分析

同様の推計を，年齢の代わりに勤続年数を用いて行った結果が，表7-4である。職位を考慮していない(d)では，勤続年数は正，その二次項は負で，共に有意である。しかし，職位を投入した(e)や(f)では，共に有意ではない。賃金関数において，職位を考慮した場合に勤続が説明力を持たなくなるという松繁・徐(2002)の指摘と，同様の現象が現れている。

既述した年齢を考慮した結果と比較すると，この結果では，B や t の大きさから判断して，国や学歴の影響はあまり変わらないが，性と職位という変数の説明力が大きくなっている。ただし，女性ダミーは(e)では1%水準を維持しているものの，これらの数値は小さく，元々金額に与える影響，つまり男女格差は小さいと見てよい。それに対し，ここで新しく投入された勤続が有意でないため，職位の B も t も，年齢を考慮した結果より，大きくなっている。年齢を考慮しない場合には，職位による賃金格差が大きく推計されるようだ。なお，F 値と自由度調整済み R^2 を見ると，(d)が小さく，(e)と(f)がほとんど同じである。これらは計測式全体の適合度や説明力を示しているので，モデルとしてはより少ない変数で(e)と同等の結果を出している(f)が，3つの中では一番良いと言えよう。女性ダミーを落とした計測が一番良いというのは，既述した年齢の結果と同じである。

職位の分析結果

ここまでの分析では，職位が賃金に大きな影響を与えていた。その職位は，何によって決まっているのだろうか。そこで次に，職位が上位の人とそうでない人がどう異なっているのかを分析しよう。使用しているデータは，既述した

表 7-4 賃金の重回帰分析（Ⅱ）

	(d)		(e)		(f)	
	B	t	B	t	B	t
定　数	917.283	27.898**	1613.306	41.671**	1597.433	41.755**
国ダミー						
[Ref：中国]						
インド	-163.830	-3.496**	-273.373	-6.900**	-256.827	-6.549**
ベトナム	-582.575	-12.171**	-553.876	-13.599**	-561.132	-13.785**
タイ	-65.567	-1.882*	-100.100	-3.398**	-104.476	-3.547**
インドネシア	-489.208	-10.124**	-438.855	-10.762**	-426.427	-10.586**
女性ダミー	-181.883	-7.247**	-58.503	-2.700**	—	
[Ref：男性]						
勤　続	48.319	8.940**	4.310	.869	4.641	.935
勤　続^2	-.785	-3.625**	.079	.422	.066	.348
学歴ダミー						
[Ref：大学]						
高　卒	-584.791	-12.111**	-407.817	-9.730**	-402.866	-9.603**
短大卒	-281.386	-8.980**	-211.613	-8.001**	-209.506	-7.911**
修士卒	428.726	11.019**	257.279	7.728**	250.749	7.546**
博士卒	866.107	5.395**	731.709	5.414**	744.487	5.503**
職位ダミー						
[Ref：部長クラス]						
課長クラス	—		-351.431	-12.373**	-354.861	-12.486**
係長クラス	—		-622.542	-17.876**	-632.370	-18.224**
一般従業員	—		-821.704	-25.876**	-840.387	-27.032**
F	72.951**		132.108**		141.248**	
自由度調整済み R^2	.319		.520		.518	
n	1,693		1,693		1,695	

（注）　**，*，†は，それぞれ1%，5%，10%水準で有意なことを示す。

ように部長クラスまでの職位に限定したので，まず「部長クラスか否か」を従属変数とする。しかし，より範囲を広げて課長クラスも含めた「部課長クラスか否か」という変数も作成し，それも従属変数とする。共に，該当する場合に1，該当しない場合に0というダミー変数なので，ロジスティック回帰分析を行う。計測のモデルは，これまでに適合度が最も良かった(c)と(e)を参考に，次のようにする。

　　　　上位職位か否か＝f（年齢，年齢^2［または勤続年数，勤続年数^2］，学歴ダミー，国ダミー）

　年齢を用いた分析結果が表7-5であり，勤続年数を用いた結果が表7-6である。共にロジスティック回帰分析なので，表には，それぞれの説明変数が変化

表 7-5　上位職位決定のロジスティック分析（Ⅰ）

	部長			部課長		
	B	標準誤差	Exp(B)	B	標準誤差	Exp(B)
国ダミー 　[Ref：中国]						
インド	.433	.236†	1.542	－.315	.248	.730
ベトナム	.481	.266†	1.617	－.683	.238**	.505
タ　イ	.812	.174**	2.253	－.074	.181	.929
インドネシア	.418	.233†	1.520	－.562	.238*	.570
年　齢	.574	.095**	1.775	.928	.087**	2.530
年　齢^2	－.005	.001**	.995	－.009	.001**	.991
学歴ダミー 　[Ref：大学]						
高　卒	－1.867	.451**	.155	－1.222	.262**	.295
短大卒	－.801	.194**	.449	－.505	.162**	.603
修士卒	.734	.191**	2.083	.577	.214**	1.780
博士卒	－.741	1.073	.476	1.376	1.092	3.959
定　数	－15.103	1.882**	.000	－20.196	1.644**	.000
－2 対数尤度		1,392.251			1,608.957	
χ^2		426.542**			739.820**	
Cox & Snell R^2		.222			.354	
n		1,695			1,695	

（注）　**，*，†は，それぞれ 1％，5％，10％ 水準で有意なことを示す。

した場合に，従属変数が 1 になる確率（つまり，上位職位に就く確率）を示すオッズ比（Exp(B)）も示してある。B の数が正なら 1 以上の値になり，負なら 1 以下の値で，共に 1 から離れるに従って，その確率が高くなる。

　年齢と勤続は，共に一次項が正，二次項が負で，有意となっている。年齢または勤続の数値が大きいほど，上位職位に就く確率が高いことを示している。ただし，その数値が大きくなると，二次項が負なので，あまり確率が高まらないことも示している。勤続に関しては，それが延びても，既述したように賃金は高まらなかったが，昇進確率は高まっているので，松繁・徐（2002）の指摘と同じ結果になっている。彼らは，このような昇進に関する結果から，労働市場の内部化，すなわち昇進において内部経験が評価されることを推論している。

　しかし，表 7-6 からわかる勤続の影響を示す確率，つまり勤続の説明力より，表 7-5 の年齢の説明力の方が高くなっている。確かに内部経験は評価されているが，それのみでなく，外部経験や社会経験も含めた広範な経験も職位決定に

表 7-6　上位職位決定のロジスティック分析（Ⅱ）

	部長			部課長		
	B	標準誤差	Exp (B)	B	標準誤差	Exp (B)
国ダミー 　[Ref：中国]						
インド	1.157	.236**	3.182	.985	.228**	2.678
ベトナム	.071	.256	1.074	−1.017	.230**	.362
タ　イ	.585	.174**	1.794	−.210	.173	.810
インドネシア	.364	.236	1.439	−.502	.246*	.605
勤　　続	.218	.030**	1.244	.373	.029**	1.452
勤　　続^2	−.004	.001**	.996	−.007	.001**	.993
学歴ダミー 　[Ref：大学]						
高　卒	−2.154	.444**	.116	−1.796	.247**	.166
短大卒	−.756	.189**	.470	−.491	.154**	.612
修士卒	1.060	.186**	2.887	1.170	.197**	3.222
博士卒	−.254	1.072	.776	2.477	1.084*	11.909
定　数	−2.935	.196**	.053	−2.056	.159**	.128
−2 対数尤度		1,531.307			1,844.892	
χ^2		287.487**			503.885**	
Cox & Snell R^2		.156			.257	
n		1,695			1,695	

（注）　**，*，†は，それぞれ 1％，5％，10％ 水準で有意なことを示す．

影響を与えていると考えられる。

　他方，学歴の影響を見ると，いずれに関しても，低学歴者は高い職位に就く確率が低く，高学歴者は高くなっている．ただし，勤続モデルの方が年齢モデルより学歴の説明力は大きい．学歴は外部経験であるので，それも考慮している年齢が同時に投入されると，それによって外部経験が一部考慮されてしまい，結果として年齢モデルにおける学歴の説明力が低くなるからであろう．

　ともあれ，ここでの分析から，上位職位に就くのは，内部経験のみでなく，外部経験や社会経験も評価された結果と考えられる．そして，既述したように，そのようにして決定された職位が賃金に，強い影響を与えている．

推計された賃金の軌跡

　では，このようにして推計された賃金がどのような軌跡を描くかを示そう．これまで紹介した推計結果のうち最も良好であった(c)を用い，中国の男性大卒者という設定で，25 歳から 60 歳までの賃金を，各職位別に描いたものが，図

図 7-5 推計された賃金の軌跡
(US$)

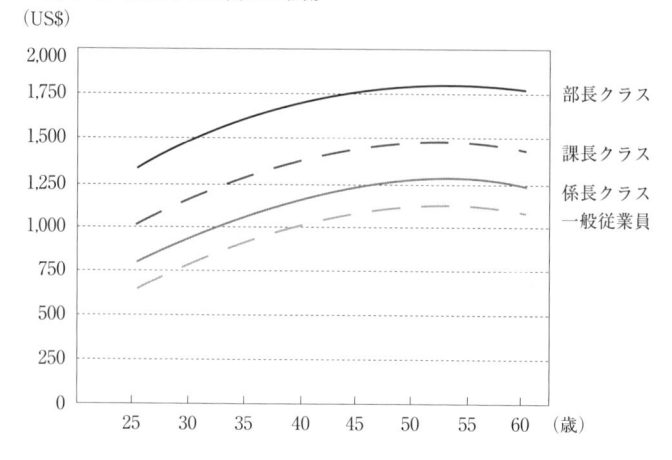

7-5 である。職位はダミー変数なので，それぞれの軌跡は平行線である。

　課長レベルを見ると，25歳で約 US＄1,000 のこの人の賃金は，徐々に上昇率が少なくなるものの，緩やかに 50 歳ぐらいまで上昇する。そして，53 歳の時点で約 1.5 倍の約 US＄1,465 に達し，最高額となる。その後今度は金額が低下を始め，60 歳時点ではほぼ 45 歳の時と同額の水準になる。内部昇進が行われると考えると，25 歳一般従業員で US＄ 650 だった人が，昇給と昇進により 50 歳代前半に US＄ 1,800 となり，約 3 倍に高まることが推測される。約 3 倍という水準は，日本の大企業ほどではないかもしれないが，かなり高い倍率であろう。年齢と職位の賃金への影響力が確認できる。

ま と め

　この章では，現地人材の賃金が実際にはどうなっているかを，統計的・計量的に分析した。その結果，性別の影響は少なく，学歴や職位に影響力があることがわかった。海外では，その人の資格や仕事内容が賃金に強い影響を及ぼすのが一般的なので，納得しやすい結果である。しかし，同時に年齢や勤続の影響もあるので，その点も詳しく分析した。勤続に関しては，先行研究は，勤続が長くなると職位が高くなるので，その結果賃金が高くなることを指摘していた。その点は，今回の分析でもほぼ同様の現象が確認された。しかし，年齢について分析すると，年齢が高くなると職位が高くなり賃金が高くなるが，それ

だけではなく，職位が同じでも年齢が高くなると賃金が高くなることが確認された。しかも，賃金や職位の決定に関しては，勤続より年齢の方が強い説明力があることがわかった。このことから，日系企業では入社後の内部経験のみではなく，入社前の外部経験，さらに社会経験も含む広範な経験を評価し，職位や賃金を決定していると考えることができた。

このような結果を示した原因の1つとして，操業年数の問題が想起される。操業年数が短い場合は，経験者を採用せざるを得ないので，外部経験をより重視する可能性があるからである。今回の分析データの60％は，調査時点に急速に進出が行われていた中国のデータなので，このような事情が作用しているかもしれない。もしそうならば，時間の経過とともに年齢から勤続重視の処遇に変わることが推測される。

しかし，年齢に影響力がある原因は，それだけではないかもしれない。日本企業にとっては，年齢が賃金に影響する方式の方が馴染みやすいし，またそうあるべきだという考えがあるかもしれないからである。つまり，同等の仕事をしていても，年齢の高い人の方が優遇されるべきだという考えである。成果主義が強く主張されてきたにもかかわらず，かつてよりやや緩やかになったとはいえ，依然としてきれいな年功的な賃金線が見られるのが，日本企業の現実である。そのことを考えると，年齢を重視すべきという考えが背景にあることを，あながち否定できない。

そのような場合，問題になるのは，現地人材がそのような賃金決定に納得し満足しているのか，ということである。ことによると，より短期的に成果や努力の程度と賃金が連動することを望んでいて，結果として現地人材の意欲の低下や転職行動を促しているかもしれない。あるいは逆に，企業へのコミットメントを高めたり，離職の抑制につながっているかもしれない。しかしこのような点は，今回のデータからはわからない。この調査は，あくまでも現地人材の上司に焦点を当てたものだからである。現地人材が望む賃金とはどのようなものか，それを含めた調査が，今後必要であろう。

ともあれ，日系企業の賃金は，職位のみならず年齢も影響して決定されていることがわかった。そのことが，そこに働く現地人材の希望にかなったことか否かは，残念ながら不明だが，そのこと自体，興味深いことである。というのは，この発見事実が，日系企業と現地人材双方のニーズにより適合する賃金を探索するための，第一歩になると思えるからである。

注
1) ここで紹介したもの以外に，賃金の現状を調査しその集計値を公表する，いわゆる賃金調査はある。それには，日経リサーチ編（2010）や上海時迅商務諮詢有限公司編（2009）があるが，いずれもその集計値を得ることが目的なので，そのデータをもとに何らの分析が行われているわけではない。
2) なお資本関係を見ると，1987年では，国有組織と集団所有組織に勤務する人の割合が98%に達していたのに対し（Knight and Lina, 1991），1995年には国有部門が83%，2002年にはそれが68%と低下していて（馬，2009），中国社会の急激な変化が窺える。
3) 馬（2009）の用いた経験年数は，この調査で回答者に直接尋ねたデータなのか，年齢等に関する回答から推計したものなのかは不明である。
4) ただしこれは1987年と2002年に関する結果であり，中間の1995年は両者の間に有意な差が見られていない（馬，2009）。
5) 近似平均は，区分データに，その区分の中央値を代入して求めた。ただし，最低年齢区分である「25歳未満」に関しては，22歳を代入した。
6) 最低区分のUS$ 300未満にはUS$ 250を，最高区分のUS$ 1,500以上にはUS$ 2,000を，それぞれ代入した。
7) このような限定を加えたのは，数値の安定性や信頼性を確保するためである。
8) 性別格差の小さいことは中国に限定した結果であるが，松繁・徐（2002）も指摘している。
9) カテゴリー・データとしての月収額をそのまま用いて順序プロビットなどの手法で分析する方法もあるが，ここでは連続変数とみなして分析する。その理由の1つは分析が容易になることである。他の1つの理由は，結果の解釈が，例えば年齢が1歳高いと賃金が○○ドル増えるというように，わかりやすくなることである。

参考文献
Knight, J. and S. Lina（1991），"The Determinants of Urban Income Inequality in China", *Oxford Bulletin of Economics and Statistics*, vol.53, no.2, pp.123-154.
小池和男（2008），『海外日本企業の人材形成』東洋経済新報社。
馬欣欣（2009），「中国の都市部における男女間賃金格差の変化およびその決定要因」『アジア経済』7月，2-25頁。
松繁寿和・徐雪梅（2002），「中国の日系企業における中間管理職の昇進と賃金」『大阪大学大学院国際公共政策研究科ディスカッション・ペーパー』DP-2002-J-019。
日経リサーチ編（2010），『日系企業における現地スタッフの給料と待遇に関する調査』各国版。
上海時迅商務諮詢有限公司編（2009），『日系企業中国現地社員給与動向 2009年度版』エヌ・エヌ・エー。
白木三秀編著（2005），『チャイナ・シフトの人的資源管理』白桃書房。
付記 本章は，永野仁（2013），「海外日本企業における現地人材（ローカルスタッフ）の賃金」『政經論叢』（明治大学）第81巻，第3・4号，3月，151-173頁，を加筆・修正したものである。

第III部

グローバル・マネジャーを
いかに育成するか？

第8章 グローバル・マネジャーに求められる人材マネジメント
リテンションに関するマネジャーの意識調査より

杉浦　正和

はじめに

　アジアをはじめとする海外諸国に海外駐在員（エクスパット：expatriate）として派遣される日本人の多くは，マネジャーとして赴任する。そのミッションの1つは，当該の国において効果的な人材マネジメントを行うことである。そして多くの日本人エクスパットが遭遇するのは，アジア諸国における退職率（turnover）の高さである。有能な人材を組織に留めることすなわちリテンション（retention）は，アジアにおけるグローバル・マネジャーが共通して重要かつ困難であると指摘する人材マネジメント上の課題である。

　本章においては，シンガポールと東京で行った2つのアンケート調査の結果を参考にしながら，グローバル・マネジャーに求められる人材マネジメントのありかたについて考察する。またリテンションをエンプロイアビリティの概念との関連から整理したうえで，特にコミュニケーション技法の観点からグローバル・マネジャーの育成に関する方策を検討する。

1. 目的と構成

　リテンションは世界中のどの国においても重要な経営課題である。日系企業においても，1990年代の不況期を脱して構造調整がある程度終了し労働市場に人手不足感がみられるようになった2000年代初頭から人材のリテンションは人的資本マネジメントにおける重要な課題となった。特に経済成長の続くアジア各国においては，2008年10月の金融危機によって労働市場の過熱感が後

退するまで，リテンションは経営課題の上位にあげられた。その後金融危機後の急速な景気の減速があったものの，アジアにおいてリテンションは引き続き重要な課題の1つであり続けている。リテンションを高めることはアジアにおけるグローバル・マネジャーのミッションの1つである。本章の目的は，このような問題意識にもとづいて行った2つの調査をもとにしてリテンションの問題にアプローチすることである。

シンガポールには，アジア地域の地域本社（Regional Headquarters）が数多く集積する。海外経営専門職人財養成プログラム（G-MaP）において調査対象となった日系企業の多くも同地に地域本社を有している。世界金融危機直後の2009年は対前年比で僅かにマイナスを記録したが，同年後半から回復基調に転じ，2010年には急激に上昇した。シンガポール貿易産業省（Ministry of Trade and Industry: MTI）によれば，製造業部門が成長を牽引し，建設部門および貿易および観光関連産業を中心とするサービス部門についても好調であった（MTI 2010年7月14日）。

シンガポールにおける日系企業現地法人のグローバル・マネジャーは，リテンションについてどのような意識を持っているかを調査するため，2007年11月にシンガポールに進出している35社38名を対象として簡易的な定量調査を行った。1年後の2008年11月には日系企業49社50名を対象とする同様の定量調査を東京で行った。2つの調査は4つの理由からもともと直接的な比較を行うことを目的としたものではなかった。第1に，2つの調査は同じ企業群を対象として行われたものではなかった。第2に，前者は金融危機の前に行われた調査であるのに対して，後者は金融危機後の調査であった。第3に，前者はシンガポール現地法人の日本人マネジャーの意識についての調査であるのに対して，後者は日本の企業のマネジャーの意識についての調査であった。第4に，前者がシンガポールの現地法人に勤務するローカル社員を念頭に置いた調査であるのに対して，後者は社員一般を念頭に置いた調査であった。

しかしながら異なる2つの調査の共通する質問項目を並置してみると，回答の平均値の順位や分散には興味深い類似性がみられた。そのことから，リテンションに関してマネジャーが有する問題意識は対象企業・時期・地域・対象者などの違いを超えて比較的普遍的といえるのではないかと考えられた。

なかでもリテンションに関しては「普段のコミュニケーション」が効果的であるとの見方についてほぼコンセンサスと言ってよい。この結果について，グ

ローバル・マネジャーが行う人材マネジメントの観点から G-MaP の活動の一環として行った上海での企業インタビューで得たコメント等を踏まえて考察を行う。

　本章は6節から構成されている。第2節においては，リテンションの定義を行う。第3節においては，2007年にシンガポールで行った調査と翌2008年に東京で行った調査の概要を述べるとともに，双方の結果を比較し分析を行う。また，シンガポールの現地法人トップ・マネジメントとのインタビュー内容について記述する。第4節においては，エンプロイアビリティの概念を整理し，人材投資を通じてパラドックスを乗り越える可能性を考察する。また，人的資本マネジメントの観点からリテンションについて考察する。第5節においては，グローバル・マネジャーに求められるコミュニケーション技法としてコーチングとアサーションに触れる。第6節においては本章における調査の限界を示すと共に今後の研究の方向性を示す。

　なお本章におけるアンケート調査については2012年7月15日に行われた日本労務学会第42回全国大会における発表（杉浦，2012）の一部としてより詳細な分析を行った。本章においてはアンケート調査とインタビューの結果を踏まえ，G-MaP の全体テーマであるグローバル・マネジャーの育成と評価の観点から考察を行うことを目的とした。

2. リテンションの定義とターンオーバーに関連するコスト

　はじめに本章の主題であるリテンションの定義を行う。リテンションは日本においては「退職防止」などとも訳される。しかし，現実にはいったん退職を決意した人材の意思を撤回させる「引き止め」は難しい。むしろリテンションは常日頃から人材を「引き留める」活動と理解されるのが適切であろう。

　リテンションは退職を防ぐという防衛的な意味だけでなく，むしろ「定着」させるという積極的な含意を持つ。リテイン（retain）の語根である tain の元となったラテン語 tenere は「保つこと」であり，maintain, sustain, contain など継続に関わる言葉と共通する。「繰り返して」を意味する接頭語 re- を伴う re-tain が意味するのは，「繰り返し保つこと」である。そこからリテンションは一般名詞としては「保持力」を意味し，組織・人材マネジメントの分野においては「エンプロイー・リテンション」として使われ，「従業員を組織内に確

保する（引き留める）こと」（山本，2009）を意味する。

　リテンションの比率が高いことは，即ち退職率（turnover）が低いということである。ジャコフスキーとピータースは，ジョブ・ターンオーバー（職務間移動）とカンパニー・ターンオーバー（組織間移動）の概念を提示している（Jackofsky and Peters, 1983）が，本章では後者を意味する。退職率が高い職場では，継続的に退職と採用が繰り返されることになる。成長している企業では退職者を上回る数の採用を行うため，さらに採用活動が加速する。

　ターンオーバーに関連するコストは多額にのぼる。新たな人材の採用に関する外部の採用専門家に対する直接的なフィーだけでも，年収の20%から30%のコストが必要である。さらに，社内の採用チームの運営コスト，役員が面接に使う時間の機会損失などの間接的コストを考える必要がある。また，採用した人材が優れたパフォーマンスを示すかどうかは未知数であり，また少なくとも入社当初の1〜2カ月は即戦力にはなりにくい。入社後のアシミレーションおよび企業特殊的な知識に関するトレーニングも必要となる。期待されたパフォーマンスが上がらないばかりか，入社後間をおかずに退職に至る場合も稀ではない。前任者の退職にかかるコストも大きい。これらは大きな経営上の負担となる。加えて，エンプロイー・リテンションの失敗がカスタマー・リテンションの失敗につながること（Heskett et al., 1997）や人材が入れ替わることに起因して知識の蓄積が進まなくなること，組織のモラールが低下することなども，高い退職率がもたらす負の効果である。

　フィリップスとコンネル（Phillips and Connell, 2003）は，ターンオーバーに関するコストのカテゴリーとして前職者の退任に伴うコスト（departure/exit costs），リプレースメントに関するコスト（replacement costs），新しい人材が馴染むためのコスト（orientation/training development costs）およびターンオーバーの結果もたらされるもの（consequence of turnover）の4つを示している。そして，ターンオーバーに関わるコストは最も低く見積もられがち（underestimated and undervalued）であるとして，表8-1に示す包括的な12のカテゴリーを提示している。

　フィリップスとコンネルは数多くの調査を踏まえ，ターンオーバーの総コストは表8-2のとおりであり，特にエンジニア，スペシャリストの場合は年間の報酬額（wages/salary）の2倍以上がかかっていると指摘している。

　にもかかわらずこれらのコストはまとまった報告書として提示されるわけで

表 8-1　ターンオーバー関連総コストの12のカテゴリー

Exit costs （退職に直接関わるコスト）	Lost productivity （生産性の低下）
Recruiting costs （採用活動に関わるコスト）	Quality problems （品質の低下）
Employment cost （代替する人材に支払うコスト）	Customer dissatisfaction （顧客満足の低下）
Orientation cost （オリエンテーション関連コスト）	Loss of expertise/knowledge （経験・知識の喪失）
Training cost （トレーニング関連コスト）	Management time for turnover （退職に関わるマネジメントの時間）
Wages and salaries while training （トレーニング期間中の給与）	Temporary replacement costs （一時的な雇用に関わるコスト）

（出所）　Philips and Connell, *Managing Employee retention*, 2003, p.26, Table 2-1.（カッコ内は筆者訳。）

表 8-2　仕事の種類/カテゴリーごとのターンオーバーのコスト

仕事の種類/カテゴリー	ターンオーバーのコスト （年間報酬に対する割合）
Entry level-hourly, non skilled (e.g., fast food worker)	30- 50%
Service/production workers-hourly (e.g., courier)	40- 70%
Skilled hourly (e.g., machinist)	75-100%
Clerical/administrative (e.g., scheduler)	50- 80%
Professional (e.g., sales representative, nurse, accountant)	75-125%
Technical (e.g. computer technician)	100-150%
Engineers (e.g., chemical engineer)	200-300%
Specialist (e.g., computer software designer)	200-400%
Supervisors/Team leaders (e.g., section supervisor)	100-150%
Middle managers (e.g., department manager)	125-200%

（出所）　Philips and Connell, *Managing Employee retention*, 2003, p.69, Table 4-1.

はなく，またマネジャーに対してルーティーンとして報告されるわけではない（Phillips and Connell, 2003）。フィリップスとコンネルは，コストを「見えるもの」と「見えないもの」に分けている。「見えないコスト」にはさらに隠れたコストとして，モラールの低下，組織的知識の逸失などがある。リテンションはトップ・マネジメント，人事部およびライン・マネジメントに共通する，企業業績に直結する重要なテーマである。日本においては，特に2007年の団塊の世代の大量退職が射程に入った2005年前後から世界金融危機のあった2008年の前半まで，労働市場は売り手優位が継続し，リテンションは日系企業においても最も解決困難な人材マネジメント上の課題となっていた。

第8章　グローバル・マネジャーに求められる人材マネジメント　　183

欧米の企業において一般に共有されている人材の新陳代謝の基本的フレームワーク（人材のフロー・モデル）に，「アトラクト（Attract）―リテイン（Retain）―ディベロップ（Develop）」がある。「アトラクト」は企業の魅力で惹きつける採用の活動，「リテイン」は引き留め，引きつけ続ける活動，「ディベロップ」は教育・訓練・異動などを通して能力を引き上げる活動である。従ってこの基本的フレームワークは「惹きつけ―引きつけ―引きあげ」と訳すことも可能である。このフレームワークにおいては，給与，賞与，福利厚生，昇格，昇給，考課など，人事制度の運用および人材マネジメント活動のほとんどは，入社と退職の間にある「リテンション」に関係していることになる。

アイゼンバーガーらは，リテンションにつながるものとして，上司による支援の認知（perceived supervisor support: PSS）と組織による支援の認知（perceived organizational support: POS）を挙げている（Eisenberger et al., 2002）。コーチング，カウンセリング，メンタリング等の活動は，コミュニケーションの観点から従業員の満足度とコミットメントを高め，リテンションの向上に貢献する。

3. リテンションに関するマネジャーの意識調査

シンガポールおよび東京における日系企業のマネジャーの意識

リテンションについての問題意識の高まりを背景に，定着率向上に効果のある施策を討議するためのセミナーが活発に行われてきた。その場を活用して行った調査が本節における定量調査である。

シンガポールにおける 2007 年の調査［2007（S）］は，シンガポールに進出している日系企業の現地法人 35 社の現地法人トップ・マネジメント，マネジャー層および人事部責任者 38 名に対して行われた。調査票は，リテンションとエンプロイアビリティをテーマとするシンガポール商工会議所（JCCI）主催のセミナー会場において配布された。セミナーは双方向で行われ，質問票記入については各質問項目に関する質疑応答を行いながら行われた。

東京において同様に行われた 2008 年の調査［2008（T）］は，日系企業の経営者および人事部責任者 49 社 50 名を対象に行われたリテンションとエンプロイアビリティに関するセミナーの中で行われた。セミナーは双方向で行われ，グループ討議・発表が行われた後，質問票が配布され，各質問項目に関する質

疑応答を行いながら記入が行われた。セミナーにおいてはシンガポールでの調査結果も参考として報告し，リテンションのための方策に関する討議を行った。

いずれの調査においても，回答者はスライドを用いた口頭説明および不明点についての質疑応答を受けながら記入していることから，問いに対する誤解や記入ミスは少ないと想定され，正確性は高いと考えられる。また，セミナー中に回答用紙が回収された本調査の性質から，回収率は極めて高い。一方，2つの調査に共通する質問項目の数は7つに限定される。本調査の標本はいずれもセミナー参加者であり，リテンションについての問題意識を顕在的に有する点で一般の調査と比較して偏りがあることにも留保しなければならない。

調査の方法と概要

シンガポールにおける調査［2007（S）］

調 査 名： 人材のリテンションに関するアンケート調査（シンガポール）
調査日時： 2007年11月6日
調査場所： Singapore Management University, Singapore
調査対象： シンガポールに進出する日系企業現地法人等35社に所属する経営者，人事部門責任者および営業部門，技術部門マネジャー等38名。
有効回答： 38（100%）
所属部門： 経営者7名（18.4%），人事関連8名（21.1%）の他は営業・技術関連が多い。
職　　位： 現地法人社長（Managing Directorおよび同等）7名（18.4%），部長（Director, General Managerおよび同等）13名（34.2%），課長（Managerおよび同等）10名（26.3%），他8名（21.1%）。
性　　別： 男性27名（71.1%），女性11名（28.9%）。
業　　種： 電気・電子8名（21.1%），化学5名（13.2%），金融3名（7.8%），IT3名（7.8%），商社2名（5.3%），建設1名（2.6%）など多岐にわたる。

東京における調査［2008（T）］

調 査 名： 人材のリテンションに関するアンケート調査（東京）
調査日時： 2008年11月18日
調査場所： 東京江東区
調査対象： 日系企業49社の経営者および人事担当責任者50名
有効回答： 50（96.2%）

所属部門： 役員 5 名（10.0%），経営企画 17 名（34.0%），人事 22 名（44.0%），ライン 6 名（12.0%），であった。経営企画のうち殆どは経営企画部長，経営企画室長などの肩書きを有する責任者であった。
職　　位： 人事部ないし管理部人事課のうち殆どは部長，担当部長，次長などのタイトルを有する部門責任者ないしシニア・マネジャーであった。
性　　別： 男性 41 名（82.0%），女性 9 名（18.0%）
業　　種： 鉄鋼，食品，電気，IT，物流，貿易，旅行，金融，教育など多岐にわたる。

本質問票においては，最低得点（全くそう思わない）を 1，最高得点（全くそう思う）を 4としその中間に 3.5 点，2.5 点，1.5 点を設ける形で 7 段階のリッカート形式を用いた。

2つの調査の結果の分析（1）：平均値の順位に着目して

シンガポールでの調査（2007（S））および東京での調査（2008（T））について，共通する質問項目と各項目の回答の平均値を並置すると表 8-3 のとおりとなる。

表 8-3　2つの調査に共通する質問内容と各項目の平均値の順位 （単位：点）

2つの調査に共通する質問項目	2007（S）シンガポール(n=38)		2008（T）東京（n=50）	
	平均値（点）	順位（位）	平均値（点）	順位（位）
リテンションを高めるためには，普段のコミュニケーションが有効である。	3.49	1	3.40	1
「人こそが財産だ」という認識は，近年高まっている。	3.26	2	3.37	2
今後人材に対する投資をより積極化していく予定である。	3.21	3	3.16	3
リテンションを高めるためには，トレーニングなど人材投資が有効である。	3.01	4	3.02	4
リテンションを高めるためには，給与を上げることが有効である。	2.87	5	2.57	5
リテンションを高めるためには，早い昇進が有効である。	2.59	6	2.36	6
エンプロイアビリティという言葉の意味を理解している。	2.32	7	2.13	7

（出所）　2007（S）および 2008（T）をもとに筆者作成。

表8-3から，2つの調査は全体として近似した数値を示す項目が多いことがわかる。ただし，2つの調査は前述のとおり対象企業・時期・地域・対象者などに違いがあることから，それぞれの数値の持つ意味が同じではないと想定されるため，同じ項目における2つの調査の平均値同士の直接的な比較は必ずしも厳密な意味を持たないことには注意を要する。

　一方で，同じ調査の項目同士の相対的な関係すなわち平均点の順序関係について比較することは可能であると考えられる。

　2007（S）と2008（T）の各項目の平均値を並置してみると「普段のコミュニケーションが有効である」が共に1位であり，「『人こそが財産だ』という認識が高まっている」が共に2位である。そして人材投資関連の質問項目である「人材投資をより積極化していく予定」と「トレーニングなど人材投資が有効である」がそれぞれ共に3位と4位となっている。それに対して「給与を上げることが有効」と「早い昇進が有効である」といった具体的な処遇についてはそれぞれ共に5位と6位となっており，「エンプロイアビリティという言葉の意味を理解している」が共に7位となっている。ただし最後の質問については認知ではなく知識についての質問項目であるため種類が異なる。

　このように順位が同じであったことは，本調査が「個人を分析単位として」「日本人マネジャーの認知を問うている」という2点において，ある程度自然な結果であるとみなすことも可能であろう。しかしながら，2つの調査は本来比較可能ではないと考えられるほどの質的違いがあることを考えると，7つの項目の平均点の順序が全く同じであることは注目に値すると考える。

2つの調査の結果の分析（2）：回答の散らばりに注目して

　次に，各質問項目における点数の分布と標準偏差を表8-4に示す。それぞれの項目で回答者が10％を超える場合については網かけによって強調した。

　表8-4から，2007（S）と2008（T）の結果は平均値が近似し項目同士の相対的順位が同一であるのみならず，点数の散らばり方においても類似性を有していることがわかる。

　なかでも「リテンションを高めるためには普段のコミュニケーションが有効」の項目においては，2007（S）の標準偏差が0.49であるのに対して2008（T）の標準偏差が0.48でほぼ並んでおり，人数の分布についても類似している。また他の項目についてもばらつき具合に大きな違いはみられない。

　唯一の例外と考えられるのは「リテンションを高めるためには人材投資が有

表 8-4　回答の点数別分布と標準偏差　　　　　（単位：点，網掛けは 10% 以上）

		←全くそう思わない					全くそう思う→		
		1.0	1.5	2.0	2.5	3.0	3.5	4.0	標準偏差
コミュニケーションが有効	2007（S）	0.0%	0.0%	0.0%	5.3%	31.6%	23.7%	39.5%	0.49
	2008（T）	0.0%	0.0%	2.0%	0.0%	46.0%	20.0%	32.0%	0.48
「人こそが財産」の認識	2007（S）	0.0%	2.6%	7.9%	7.9%	31.6%	15.8%	34.2%	0.69
	2008（T）	0.0%	0.0%	6.0%	4.0%	38.0%	14.0%	38.0%	0.60
人材投資をより積極化	2007（S）	0.0%	0.0%	2.6%	10.5%	42.1%	10.5%	21.1%	0.55
	2008（T）	0.0%	0.0%	4.0%	16.0%	44.0%	16.0%	20.0%	0.55
人材投資が有効	2007（S）	0.0%	5.3%	2.6%	18.4%	44.7%	15.8%	13.2%	0.61
	2008（T）	0.0%	0.0%	6.0%	16.0%	52.0%	20.0%	6.0%	0.46
給与を上げることが有効	2007（S）	0.0%	2.6%	10.5%	18.4%	52.6%	10.5%	5.3%	0.53
	2008（T）	0.0%	2.0%	24.0%	22.0%	36.0%	2.0%	4.0%	0.55
早い昇進が有効	2007（S）	0.0%	2.6%	18.4%	47.4%	23.7%	5.3%	2.6%	0.49
	2008（T）	0.0%	4.0%	46.0%	26.0%	22.0%	2.0%	0.0%	0.46
エンプロイアビリティ	2007（S）	15.8%	10.5%	18.4%	23.7%	18.4%	7.9%	5.3%	0.86
	2008（T）	20.0%	10.0%	30.0%	14.0%	20.0%	2.0%	4.0%	0.81

（注）　2007（S）の設問（7）のみ，回答のないものが 13.2% あった。
（出所）　2007（S）および 2008（T）をもとに筆者作成。

効」の項目についてのみ，2007（S）の標準偏差は 0.61 であり 2008（T）の標準偏差が 0.46 と比較して相当程度高くなっていることである。より詳細に点数の散らばり方を見ると，もっとも肯定的な回答（4.0 点）については 2007（S）では 13.2% あったのに対して 2008（T）では 6.0% にとどまり，逆にかなり否定的な回答（1.5 点）が 2007（S）では 5.3% あったのに対して 2008（T）では 0.0% であった。このことから，シンガポールにおいては，リテンションに対する従業員投資の効果について肯定的な見方と否定的な見方がより交錯していると見ることができるのではないかと考えられる。

4．エンプロイアビリティと人材投資

エンプロイアビリティの定義

　人的資本マネジメントと関連の深い言葉に，エンプロイアビリティ（employability）がある。固定的な訳語はなく，カタカナのまま人事関係者の間である程度使用されているが，一般への浸透度は決して高くない。シンガポー

ルで行った日系企業の人事部関係者および現地法人トップに対する定量調査においても，英語で業務を行う環境であるにも関わらず，この言葉を理解していないとする回答者は半数近くに達し，よく知っているとする回答者の割合は全体の5%程度に過ぎなかった。

エンプロイアビリティは，直訳すれば雇用（employ）され得る（-able）能力であり，自社で雇用され続ける力，社外でも通用する力，労働市場でのマーケット・バリューを維持する力と解釈して良いだろう。この言葉は，最初にアメリカを中心に使用が始まり，日本にも1990年代に紹介された。ヒレッジとポラードは，雇用される能力（ability to be employed）を次の3つに分類している。すなわち，①最初に雇用される能力（ability to gain initial employment），②雇用され続ける能力（ability to maintain employment），③新規雇用を得る能力（ability to obtain new employment）である（Hillage and Pollard, 1998）。

1990年代に世界的に不況が続き，経営環境が不透明さを増し，雇用を守ることが難しくなった。同時期に，日本では，過度の組織依存を改めようとする機運も強くなっていた。エンプロイアビリティの概念は，そのような情勢の中で，社員の自立性・自律性に注目する立場から紹介された。企業が，リストラクチャリングを進める必要に直面した1990年代後半に，「会社は社員の人生の面倒をまるごとみることはもうできない」というメッセージとして発信された側面もある。高橋（2000）は，「人材輩出企業」と「人材排出企業」を対比している。エンプロイアビリティは，排出された人材にはなく，輩出された人材にはある。エンプロイアビリティは，社会で望まれる市場性のある「売れる能力」を備えていればいつでも職を失う心配はないので，そのような能力を高めていこうという，働く個人（＝被雇用者）向けのメッセージの込められた言葉であった。

この言葉は，同時に組織（＝雇用者）に対しては知的労働者のリテンションを行うためのキーワードとして注目されている。社外価値を高めてくれる組織であると認知するほど，逆に従業員は当該企業に定着するからである。逆説的であるが，リテンションを高めるためには，人材のエンプロイアビリティを高めるための企業努力を行うことが，少なくとも知的労働者にとっては効果が高いとみなされるようになった。エンプロイアビリティとリテンションの一見矛盾するが実際には相補う関係は，知的労働へのシフト，人材の流動性の高まり，外部労働市場の成立などの構造的変化を背景に，今後も強化されていくと考え

られる。
エンプロイアビリティのパラドックスと人材投資
　本章の問題意識は，各企業にとって最も効果的な定着率向上の方策を探ることである。この企業（＝雇用者）側からの問いは，「どのような組織に人材は留まり続けたいと思うのか」という個人（＝被雇用者）側からの問いに置き換えることができる。その答は「自分の市場価値を高めてくれる会社」であり，「他社でも通用する力をつけてくれる企業」である。すなわち「エンプロイアビリティをつけてくれる雇用主」である。

　エンプロイアビリティは，それまでの人事制度全体の底流にあった従業員の「囲い込み」とは対照的な概念である。一方，外部でも求められる人材に仕立て上げれば人材の流出につながるのではないかとの懸念があるのは当然である。

　上記アンケート配布時および追加的インタビューにおいて，「あなたの部下にはエンプロイアビリティを求めますか」と質問すると，否定的な答が散見された。「人材流出を招くと分かっている施策を会社主導で行うことはない」という意見も聞かれた。しかし，「あなた自身はエンプロイアビリティを高めたいですか」と質問すると，自分自身についてはエンプロイアビリティを高めたいとの積極的な答が返ってくる。このパラドックスは何故生じ，どのようにして解決可能なのであろうか。

　ナレッジ・ワーカーや将来のリーダーの資質の従業員は，もともと学習意欲が高いことが特質である。今後の伸びが期待され有能といわれる社員ほど，エンプロイアビリティに対する感応度が高く，それがある限りにおいては組織に留まろうとする傾向が見られる。逆にそのような人材こそが知識社会において価値ある人材なのだともいえる。エンプロイアビリティをつけさせてくれる企業で働き続け鍛えられ続ければ，他社でも通用する力（＝社外価値）を日に日に高めていくことができる。それに価値をおく成長ポテンシャルの高い人材は，投資の対象とされている限りにおいては，その企業を去ろうとはしないことになる。さらにそのような企業からの投資を受けている人材の供給は，決して多くはない。数の上で希少性があるため，いよいよ市場価値が増すことになる。従ってエンプロイアビリティを高められている間は，つまり自分がその企業で成長し続けていることが実感できる間は，他社に移籍しないことが自分にとって一番得策だと考えるのである。株価上昇が見込めるうちは現金化するオプションを行使しない判断を行うことと同様である。

特に，否定的な見方の代表として，現地で長く操業を続ける食品企業の現地法人社長は次のように述べている。

　「投資をして資格を取らせると，それを理由に昇給を要求して来ることがある」

　「トレーニングに投資をした結果，却って人材を他社に取られたりする」

　「これらの事象が人材投資が逆効果となった事例として知覚されており，教育投資を逡巡する原因となっている」

確かに「トレーニングした結果人材を他者にとられてしまう」という面があることも事実である。しかし同時に，人材に対する企業からの投資は，他のどのような処遇にも増して，有能な人材に対する雄弁なメッセージとなるという側面があることも事実である。この点に関し，シンガポールの日系企業に勤務し，人的投資（経営系大学院進学についての資金的助成）を受けていた人材に対してもインタビューを行った（2007年11月4日）。インタビュー項目の1つである「大学院進学を助成してくれた企業に対して，コミットメントは高まりましたか」の質問に対する2名の答はそれぞれ次のとおりであった。

　"The fact that I am invested is the message from the company, and I am motivated from the message."（「投資を受けていること自体からメッセージを受けていますし，それが一番モチベーションのもととなります」）（日系法人ユーザー向け電子機器メーカーのアシスタント・マネジャー，アジア地区ヘッドクオーター勤務，20代女性，シンガポール人）

　"Yes, because I am a 'human being'."（「高まりました。『人間』ですから」）（日系コンシューマー向け電気製品メーカーのマネジャー，アジア地区リージョナル・ヘッドクオーター勤務，30代男性，シンガポール人）

人材への投資は，適切に運用することができれば従業員のエンプロイアビリティを向上させると共に，モチベーションとコミットメントを高めることを通じて有効なリテンションの方策となりうる。人材投資の運用について留意すべき具体的なタイミングと内容およびその理由は次のとおりである。

第1に，投資意思決定以前の段階においては，従業員が持つ個別のニーズをよく聞くことが必要である。従業員の価値観はさまざまであり，従業員が望む投資でなければ効果が少ないからである。

第2に，投資の意思決定直後の段階においては，組織が当該従業員に抱いている期待について明確に伝えることが有効である。従業員は投資そのものもさ

ることながら，そこに込められたメッセージからモチベーションを喚起されるからである。

　第3に，投資を行っている途中の段階においては，投資の有効性を確認することが必要である。そのことを通じて投資を生かす道を共に考えていくことができるからである。

　従業員の能力と意欲の向上は結果的に企業の生産性向上の有効な方策となる。自らの能力と価値を高めていくことができると知っている従業員は，能力の向上に対して強い達成のモチベーションを感じる。また，コミットメントは，有効なコミュニケーションを通じて強化される。人材投資が効果的に運用されるための条件は，ニーズをよく聞くこと，期待のメッセージを伝えること，フィードバックに基づき次のステージにつなげることであるが，それらのいずれも，コミュニケーションに関わっている。それができてはじめて人材投資は，「人材」（被雇用者・被投資者）と「組織」（雇用者・投資者）が win-win の関係構築を行うための，1つの道となりうる。

　「雇用される側の魅力」としてのエンプロイアビリティに対して，「雇用する側の魅力」を表す言葉が，エンプロイメンタビリティ（employmentability）である。被雇用力としてのエンプロイアビリティと，雇用力としてのエンプロイメンタビリティは，一見対抗する概念のように見える。しかしながら，エンプロイアビリティとエンプロイメンタビリティの2つの概念はターゲット人材のリテンションに関しては，逆説を乗り越えて止揚されうる。その理由は次のとおりである。

　第1に，ターンオーバー比率は単に低ければよいというものでなく，経営上重要なのは，本来組織がリテインすべきターゲット人材のリテンション比率を高めることである。

　第2に，知識社会におけるターゲット人材は，学習する能力と意欲のある人材であり，そのような人材は，本来学習の機会としての人的投資を行えば組織に対するコミットメントを高める。逆に言えば，そのような人材こそが知識社会におけるターゲット人材である。

　これらの2つの点を組み合わせると次のように結論づけることが可能となる。教育に関する人的投資は，学習意欲の高いターゲット人材に関する限り，当該個人のエンプロイアビリティを与えると同時に，リテンションに対してもポジティブに作用し，従って当該組織のエンプロイメンタビリティを高めることに

なる。

人的資本マネジメントとリテンション

「企業はつまるところ『人』である」「人材こそ最も重要な経営資源である」——このようなフレーズは，継続的に語られてきた。しかし，その意味するところは近年急速に変化している。「職場で働くひとびと (people at workplace)」は，現在では「人材」と呼ばれるが，かつては「労働者 (laborer)」あるいは「雇員 (personnel)」と呼称された。労務管理を行う部署は労務部 (Labor Management Department) であり，雇員管理を行う部署は欧米では"Personnel Department"であった（梅津，2003a, Otaki, Umezu and Sugiura, 2010）。

過去4半世紀の間に，人材は「人的資源 (human resources)」と呼ばれることが多くなった。これに呼応し，海外における人事部および日本における人事部の英文名は"Human Resources Department"と呼称されることが一般的となった。人材を資源と捉えるアプローチは，代表的な戦略の定義の1つである「限られた資源の最適配分 (optimal allocation of limited resources)」の概念とも整合し，「戦略的人的資源マネジメント (Strategic Human Resources Management: SHRM)」はトップ・マネジメント，それをサポートする人事部およびライン・マネジメントが共同して行う重要業務となった。人材や人事部に対する呼称が変化したことは，単なる看板の掛け替えに留まらず，「職場で働くひとびと」に関する見方が本質的に変化したことを示唆している。

しかし，資源 (resources) は，いずれ使いつくされる，あるいは使えば価値を減じてしまうとの意味合いを持っている。それに対して，人材をむしろ投資すればその価値を高める対象 (capital) であると考えるのが人的資本マネジメント (Human Capital Management) である（梅津，2003a, Otaki, Umezu and Sugiura, 2010）。人事部に相当する英文名称が Human Capital Department に変更される企業も増加した。労働者から，雇員へ，そして人的資源へ，さらには人的資本へと，「職場で働くひとびと」をめぐるコンセプトは根本的な変化を遂げた。人材の育成と適材適所への配置は，企業が最も重視する経営上の課題へと変化した。

「資本」はキャピタルであるが，「首都」もキャピタルである。また，「頭文字」はキャピタル・レターである。キャピタルの様々な意味は，ラテン語で「主」「頭」「首」を意味する *caput* に由来する。キャピタルの用語は，財務的資本 (financial capital)，知的資本 (intelligent capital)，人的資本 (human capital)，

社会資本（social capital）に分類して使用されることも多くなった。

シュルツが「人的資本」の用語を使ったのは1961年であった。"Investment in Human Capital"において，シュルツは次のように述べている。「人間に『投資をする』という発想には抵抗がある人もいるだろう。なぜならそれは『奴隷』に対するものだったからだ。人間を投資によって価値が増大しうる富として扱うことは，本当は根深い価値観に逆らうものだ。」(Schultz, 1961。筆者翻訳) 人材に「投資」するというのはまるで人を大切に扱っているかのような印象を与えるが，むしろシュルツが人間を奴隷扱いすることと混用されないように気遣っていたことは示唆深い。

ベッカーは，金銭的・経済的問題のみを対象としてきたマクロ経済学の範囲を人間行動の合理性に適用し，特に教育・トレーニング・人材育成・人材マネジメントなどが結婚・信仰・犯罪などと共に，マクロ経済学の枠組みで分析可能であることを実証した（Becker, 1964）。

人材の獲得と育成が企業利益と成長の根源であると認識される理由は，労働の主要な部分が知識創造活動となったことに起因する。適切な投資を行うことで初めて企業は成長が可能である。人的資本の充実が持続する組織能力の基礎となるとの認識は，現在では広く受容されるに至っている。

1990年代半ばから2000年まで，先端技術を応用する企業群および金融業界を中心に人材をめぐる競争が激しさを増した。このような競争は，人材獲得戦争（the war for talent あるいは talent war）と呼ばれた（Michaels et al., 2001）。

ピータースは，人材に対して教育やトレーニングに投資されている時間が少なすぎることを指摘し，警告を発した（Peters, 2005）。梅津は人的資本マネジメントについては，一人ひとりの人間が教育投資による能力向上とモチベーションの向上によって能力一杯まで活用される人間尊重の側面を強調している（梅津 2003a，2003b）。

「人的資本」の概念をヒントに，人材（＝被雇用者）と組織（＝雇用者）の関係を「労働と資本」（Labor and Capital）の関係の射程内で捉え直してみることも可能である。この両者は伝統的にはもともと利益の配分をめぐって対立し対決するものとして捉えられていた。「資本家（Capital）」と対立していたはずの「労働者（Labor）」が自ら投資対象としての資本（Capital）となったことは，単なる言葉の変化を超えてこの2つの対立関係がある種の信頼のもとに止揚されていく過程にあると捉えることも不可能ではないと思われる。その根本変化を

繋いでいるのが，リテンションとエンプロイアビリティであるということもできるであろう。

5. グローバル・マネジャーのコミュニケーション・スキル

　リテンションを高める1つの方策は，職場における人材尊重のマネジメントであり，調査結果が示すように「コミュニケーション」が大きな役割を果たす。

　シンガポールにおける調査［2007（S）］において，東京で行われた調査と共通する質問項目とは別に「日本独特の人事慣行はリテンションの妨げになっているか」との項目を設けている。その点数の標準偏差は比較的高く，見方が分かれていることを示唆している。

　シンガポールの調査結果から特徴的と思われる第1の点は，「コミュニケーションの有効性」についてその有効性を認める回答がシンガポールにおいては最高値（4.0）が最頻値となっていることである。これは「英語でのコミュニケーション」がいかに難しく，それがリテンションを含むマネジメント上の効果性を決定づけると認識されているかを示していると考えられる。

　日本人駐在員にとっては，それを英語あるいは現地の言葉で行わなければならない点で，特別なチャレンジであるといえるだろう。そして本当のコミュニケーションができて初めてグローバル・マネジャーとして効果的なマネジメントができているといえる。このことは，グローバル・マネジャーの育成には，言い古されたことではあるが，コミュニケーション力の向上が必要であることを意味している。

　組織においてマネジメントとは「人を通じてやり遂げる」（get things done through people）ことであるともいえる。そのためには，意図や思いを通じる――つまり，本当の意味でのコミュニケートする――能力を持たなければならない。

　コミュニケーション力が重要であることは，どの国への派遣者であるかには大きな違いはない。海外経営専門職人財養成プログラム（G-MaP）において行われたメーカー（住宅設備等，中国には約100名の日本人を派遣）の現地法人トップ（グループ副総経理兼グループ企業総経理）に対するインタビュー（2009年2月：上海市）においては，次のコメントを得た。

　「リーダーは『家族の長』なのだ。だから，不況の時こそ徹底的にコミ

ュニケーションをとらなければならない」
　「日本ではある部門の専門家であればハイパフォーマーであることができるが，こちらではそうはいかない。突然全く違う次元のこと，例えば部下の相談に乗るといったことが求められるようになる」

　これらのコメントに典型的にみられるように，海外に派遣されたマネジャーは，英語または現地語で部下とゴールを設定し，モチベートし，人材を育成していかなければならない。しかしながら，目標設定を行い，業績評価を行い，フィードバックを行い，場合によっては「伝えにくいことを伝える」ことは母国語でも難しい。ましてそれを母国語以外で行うのは至難の業といえる。

　具体的な解決策としては，ビジネスにおける状況別に最も効果的なコミュニケーションのためのフレーズを記憶することも具体的な解決策としてあげることができるであろう（杉浦，2008）。なかでも，海外に派遣される日本人マネジャーが持つと良いと思われるリテンションに関わるコミュニケーション能力としては，コーチング（coaching）とアサーション（assertion）が挙げられる。

　コーチングはコミュニケーションの様々な領域に関わる方法論であるが，ピータースが「1対1のリーダーシップ」（Peters, 2005）と表現しているとおり，一方的な指導・指示あるいはアドバイスではなく，「傾聴（active listening）」「承認（acknowledgement）」「質問（questioning）」がベースである。思いを「共有」する，本来の意味でのcommunication（＝共にすること）ができて初めて効果的なマネジメントが可能となり，結果的にリテンションにも有効となる。コーチング・スキルは，様々なコミュニケーションの場面で活用されるが，「キャリア・ディベロップメント」の文脈においても有効に活用される。「車のわだち」を意味する「キャリア（career）」についてのコミュニケーションに「馬車（coach）」を語源に持つコーチングの技法が最も適するのは自然であると考えられる（杉浦，2008）。そして，企業側から見た「リテンション」は，会社に留まるか離職するかについて考える従業員側から見ると「キャリア」に他ならない。

　海外に派遣されている日本人のマネジャーにとって最もチャレンジングなコミュニケーションは，アサーション（assertion）といってよいであろう。アサーティブネス（assertiveness）は，自己主張と訳されることもあるが，「爽やかに自分の思いを表明する」「はきはきとして，丁寧ではあるが，言うべきことをきちんと伝える」意味であることである（杉浦，2008）。アグレッシブでもな

く，またノンアサーティブでもない「アサーション」は，相手の状況や気持ちに配慮しつつ自分の気持ちや考えを相手に伝えようとする方法であり，自分はどう考えるかという「"I"コミュニケーション」が重要であるとされる。しかしながら，母国語において主語"I"を省略する傾向が強く，また「阿吽の呼吸」に代表されるように文化的背景などのコンテクストに高い共通性を有するハイ・コンテクスト文化（high context culture）（Hall, 1976）で仕事をしてきた日本人にとって，「自分の思い」を伝えることは容易ではない。しかしながら，グローバル・マネジメントを行う人材にとっては避けて通れない。「私も正しく，あなたも正しい」（I am right, you are right）を基本とするアサーティブネスは，自分も相手も同時に尊重することにつながる。そして，出身国の違いを超えたマネジャーと部下の間の信頼を醸成し，結果的に本章のテーマでもあるリテンションの向上にもつながる。

しかしながら，率直さと丁寧さの絶妙なバランスを保ちながら適度に合わせ持ち，「徹底的にコミュニケーションをとる」ためには，「コミュニケーションの技法・技術」は1つのきっかけとしての重要性を持ち得ると考える。スキルがあればおのずとそれを応用しようとし，そのことが真のコミュニケーションの成功体験となり，そこから更に小手先でない技術が磨かれていくからである。

さいごに

以上，本章においてはマネジャーに対する意識調査をベースとして効果的なリテンションの方策について考察を行った。

リテンションの向上はグローバル・マネジャーが派遣先におけるミッションを達成していくうえでの重要なサブゴールである。リテンションの方策としての人材投資にはシンガポールのマネジャーたちの意識には肯定的な意見と否定的な意見がみられるが，知識社会においてエンプロイアビリティのパラドックスを乗り越えて有能な人材を組織内に「惹きとどめる」ためには継続的な人材投資が必要である。

また調査からは，リテンションのためには普段のコミュニケーションが効果的であると意識されていることもわかった。日本以外の土地で日本語以外を用いて人材マネジメントを行う単なる語学の習得ではないマネジメントの場面に応じたコミュニケーション・スキルを獲得することが必要であり，この点がグ

ローバル・マネジャーの育成において最も重要であると考える。

　本章におけるマネジャーの意識調査にはさまざまな限界がある。標本数が十分でないことに加え，調査項目の数もきわめて限定的であった。また既に述べたとおり 2 つの意識調査は質的に異なるため厳密には比較可能なものではない。しかしながら，2 地点での意識調査は今後の継続調査の展開の可能性を示す出発点となった。

　1 つ目は，従業員の視点との対比である。本章はリテンションの努力を含む人材マネジメントを提供するマネジャー側からの分析であったが，実際にはマネジメントを受ける側である一般従業員の認知についても知る必要がある。そのような観点からシンガポールにおけるマネジャーの認知の調査とアジアからの業務経験を持つ留学生に対する調査を組み合わせた分析を試みた（杉浦, 2012）。

　2 つ目は，分析単位の転換である。本章においては「個人」を分析単位としてマネジャーの意識の傾向をつかもうと試みた。それに対してシンガポールに進出する企業と行ったインタビューをまとめ直して企業の意思決定について考察するためには分析単位を「企業」とするのがよりふさわしい。このような観点から，シンガポールにおける調査のうちインタビュー対象企業と比較可能な企業に限定して分析・考察し直す試みも行っている（杉浦, 2014）。

　3 つ目は，質問数を増やしたうえで定量調査を再度行うことである。特にインタビュー調査をまとめるプロセスで得た視点をもとに具体的質問事項として質問票に盛り込む試みを続行中である。

　本章においては，グローバル・マネジャーに求められる人材マネジメントのありかたについて幅広く考察を行うため，コミュニケーションを含む幅広いテーマについて考察した。本章で考察したリテンション，エンプロイアビリティ，人的資源マネジメント，コミュニケーション・スキルの相互関係について明らかにする調査を継続し，グローバル・マネジャーのコンピテンシー開発に資する具体的提言に結びつけていきたい。

参考文献 ─────

Becker, Gary S.（1964），*Human Capital: A Theoretical and Empirical Analysis, with Special Reference to Education*, The University of Chicago Press.（佐野陽子訳『人的資本─教育を中心とした理論的・経験的分析─』東洋経済新報社，1992 年。）

Beer, Michel, Paul R. Lawrence, D. Quinn Mills, and Richard E. Walton (1984), *Managing Human Assets*, Free Press.（梅津祐良・水谷栄二訳『ハーバードで教える人材戦略』社会経済生産性本部, 1990年。）

Eisenberger, Robert, et al. (2002), "Perceived Supervisor Support: Contributions to Perceived Organizational Support and Employee Retention", *Journal of Applied Psychology*, (American Psychological Association), Vol.87, No.3, pp.565-573.

Hall, E. T. (1976), *Beyond Culture*, New York: Doubleday.（岩田慶治・谷泰訳『文化を超えて』阪急コミュニケーションズ（新装版）, 1993年。）

Heskett, James et al. (1997), *The Service Profit Chain: How Leading Companies Link Profit and Growth to Loyalty, Satisfaction, and Value*, Free Press.（山本昭二・小野譲司訳『バリュー・プロフィット・チェーン―顧客・従業員満足を「利益」と連鎖させる―』日本経済新聞社, 2004年。）

Hillage, Jim and Emma Pollard (1998), "Employability: Developing a Framework for Policy Analysis", Department for Education and Employment, Institute for Employment Studies, *Research Brief*, No 85, Nov 1998. (available on web: http://www.education.gov.uk/research/data/uploadfiles/RB85.pdf)

Jackofsky, Ellen F. and Lawrence H. Peters (1983), "Job Turnover versus Company Turnover: Reassessment of the March and Simon Paticipation Hypothesis'," *Journal of Applied Psychology*, Vol.68, No.3, 490-495.

中村建一 (2005),『ビジネスに日本流, アメリカ流はない―グローバルマネージャー入門―』東洋経済新報社。

Michaels, Ed et al. (2001), *The War for Talent*, Harvard Business School Press.（マッキンゼー & Co.・渡会圭子訳『ウォー・フォー・タレント―人材育成競争―』翔泳社, 2002年。）

Ministry of Trade and Industry (MTI), Singapore (2010), "MTI Revises 2010 Growth Forecast to 13.0 to 15.0 Per Cent," Press Release, 14 July 2010.

Otaki, Reiji, Hiroyoshi Umezu and Masakazu Sugiura (2010), *Fundamentals of Human Capital Management for Asian Global Companies*, Marshall Cavendish.

Phillips, Jack J. and Adele O. Connell (2003), *Managing Employee Retention: a Strategic Accountability Approach*, Elsevier.

Peters, Thomas J. (2005), *Tom Peters Essentials: Leadership*, Dorling Kindersley Publishers（宮本喜一訳『トム・ピーターズのマニフェスト〈2〉リーダーシップ魂』ランダムハウス講談社, 2005年。）

Schultz, Theodore W. (1961), "Investment in Human Capital," *American Economic Review*, 51, March.

杉浦正和 (2008),「英借文と『マネジメント』の3つのキーワード」（メリル・ルニオン著, 杉浦正和・曽根宏訳『マグロウヒル・パーフェクト英文実例シリーズ2: 社員をヤル気にさせる英文フレーズ456』マグロウヒル, 日本語版の訳著序）日本出版貿易。

杉浦正和 (2012),「アジアにおける人材のリテンション―企業側と人材側の認識―」『日本労務学会第42回全国大会 研究報告論集』57-64。

杉浦正和（2014），「シンガポールに進出する日系企業における現地従業員のリテンション」『実践経営学研究』No 6。
高橋俊介（2000），『キャリアショック―どうすればアナタは自分でキャリアを切り開けるのか？―』東洋経済新報社。
梅津祐良（2003a），『MBA 人材・組織マネジメント』生産性出版。
梅津祐良（2003b），『MBA 講座人材尊重マネジメント―「個」を活かす人事・組織戦略―』日本経団連出版。
山本寛（2009），『人材定着のマネジメント―経営組織のリテンション研究―』中央経済社。
山本寛（2008），「M&A と従業員のキャリア発達」『日本労働研究雑誌』No.570, 28-36.

第9章 現地法人における異文化コミュニケーションとその能力開発

堀井 惠子

はじめに

　日本人派遣者が海外で指摘される最大の弱点は，コミュニケーション能力とリーダーシップであるといわれている（松村・白木，2010）が，現地法人におけるコミュニケーション能力は，単に英語をはじめとする外国語（場合によっては母語）の言語知識や言語運用能力だけではない。その場に最適なビジネス・コミュニケーションのためには，国内ビジネス現場において必要とされるコミュニケーション能力（だけ）ではなく，現地にある異なる文化についての知識や理解に基づいた，非言語を含めた言語使用と行動を伴う異文化コミュニケーション能力が求められることはもはや周知のとおりである。

　G-MaP調査結果からも，
  ① 仕事の進め方の4因子である，問題解決能力，P/Mリーダーシップ，信頼構築能力，異文化リテラシーは在中国日本人派遣者の仕事上の成果を高めている（梅澤，2010），
  ② 日本人派遣者には業務知識のみならず今まで以上に高い管理能力や部下育成能力，リスク・マネジメント力，情報発信力，異文化適応能力などが必要となっている（松村，2010），

と異文化リテラシー，異文化適応能力の必要性が再確認されている。一方，異文化コミュニケーション能力については分野（社会科学，心理学，言語学，経営学など）ごとに研究・発表されているが（Hannigan, 1991; Rathje, 2006），日本人海外派遣者の育成を焦点にした学際的，体系的な研究はまだ少ない。

　加速するグローバル化の中で，大手企業のみならず中小企業においても海外

の事業展開が進む今，異文化コミュニケーションについての認識とその能力の養成はますます重要なものとなっていくと思われる。

本章では，先行文献と筆者の海外日系企業調査結果から，現地法人における異文化コミュニケーション上の摩擦の課題をまとめ，日本人派遣者に求められる異文化コミュニケーション能力（ここでは便宜上，異文化リテラシー，異文化適応能力などを含む）を明らかにし，その能力を育成する研修方法を提案する。

1. 派遣者に関連した異文化コミュニケーション上の用語

ここでは，海外派遣者育成に関わると思われる異文化コミュニケーションとその周辺用語を簡単に整理したい。派遣前にこれらの用語についての理解を深めておくことで，現地で異文化上の困難に遭遇したときに客観的に対処することができる可能性が高くなる。

江淵（1997）では，

異文化コミュニケーション： 自文化以外の，異文化で行われているコミュニケーション。

異文化間コミュニケーション： 異文化との接触や交流を通した相互作用の過程において発生するコミュニケーション。

としているが，後者を含めて，または後者の意味で「異文化コミュニケーション」と言っていることが多い。本章でも，引用以外は一般的にわかりやすい前者を使用して論を進める。また，英語では，Kim and Gudykunst（1988）などをはじめ Intercultural communication が使われていることが多いが，Cross-cultural communication（コミュニケーションの違いなどを比較することで，両者のコミュニケーションでどのような問題が起こるかなどを推測する）も使用されている。

なお，異文化の「異」にマイナス・イメージを感じることから，他の訳語が考えられたこともあるが，現在は「異文化」が定着している。

関連する用語を以下にあげる。

異文化理解： 人は程度の差はあるものの，異文化に接した時，生まれ育ち慣れ親しんだ自分の文化との違いの調整に困難を感じるものであるが，自分の持っている「自文化中心主義」に気づき，そこから抜け「文化相対主義」の立場で異文化に接することができるようになることを異文化理解という。

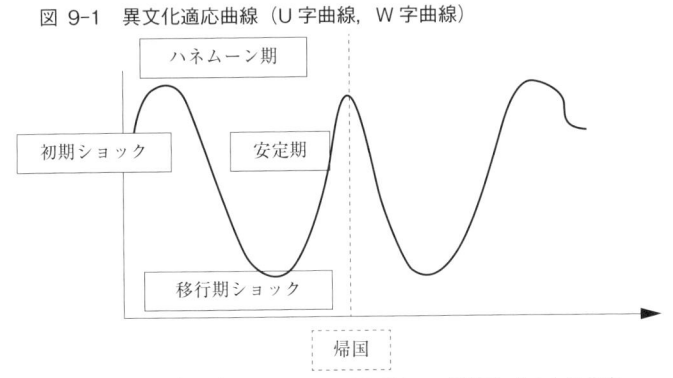

図 9-1　異文化適応曲線（U字曲線，W字曲線）

（注）Lysgaard (1955) ; Gullahorn and Gullahorn (1963) をもとに作成。

　派遣時は，国内同様の仕事の仕方ではスムーズに進まないことが予想以上に出てくる。その際，まずは相手の文化をも尊重し，受け入れながら，自文化との接点を見つけていく思考様式が持てるかが，第1のカギとなる。
　　異文化適応：　人が異文化に接し，その文化と調和的関係を持った生活を
　　　　送れるようになることを異文化適応と言う。
　異文化適応に至るには，共通のパターンがあるといわれ，リスガードは異文化に入った直後の「初期ショック」，異文化での生活に対し好奇心などで気分が高揚し懸命に適応しようとする「ハネムーン期」，次第に生活が落ち着き周囲が見えるようになるにつれ不満とストレスが募り，落ち込みが見られる「移行期ショック」を経て，「回復と安定の時期」へ至るU字曲線仮説（Lysgaard, 1955) を，また，ガラホーン＝ガラホーン（Gullahorn, J. T. and J. E, 1963) は，帰国後の自文化での再適応過程まで曲線を伸ばしたW字曲線仮説を唱えている（図9-1）。
　これらの仮説は証明されてはいないが，派遣者が着任時，さらに帰任時にこの適応モデルの，自分がどの状況にあるのかを客観視することで，特に移行期の時はその後安定期がくることが推測されるので必要以上に落ち込まないですむためにも参考にするとよい。
　アドラー（1991）は「国際マネジャーは移行によるストレスをうまく処理すること」が必要であるとしているが，派遣者の中には，特に途上国において次項のカルチャー・ショックから異文化適応ができず，危機的状況になってしまう者が出る例もある。

カルチャー・ショック：　自文化とは異なる「文化」に接したときに経験する違和感やストレスを伴った精神的衝撃。派遣者の場合，着任時だけでなく帰国時の逆カルチャー・ショックも頭に入れておく必要がある。カルチャー・ショックは，それをマイナスととらえず，自己の成長に結びつけていくことが望ましい。

ステレオタイプ：　「○○人は○○だ」「日本人は何を考えているかわからない」などのように，特定の集団や制度などについての単純化された固定的・画一的な観念やイメージ。人はともすると，○○人は……という話をしがちだが，日本人にも様々なタイプがあるのだから，特にビジネスではステレオタイプで見ることの危険は避けたい。メディアがステレオタイプや偏見を強化している状況があることにも注意が必要。

同　化：　外国人社員に日本人社員と同じようになることを要求してしまうことがあるが，それは同化を強いることになるので注意が必要。

異文化リテラシー：　異なる文化的背景を持つ者同士が出会い，交流する際の，相互の文化的伝達，理解，そして調整の能力（本名，1997）。異文化適応力が異文化に適応する力であるのに対し，異文化リテラシーは適応するだけでなく，異文化間の調整までをする力。

2. 文化の相違と困難度の調査

　西田（2008）は，これまでの文献から企業内で異文化（間）コミュニケーション摩擦を起こすととらえられてきた行動を抽出し，便宜的に「人間関係」「業務遂行」「経営管理」に分けた45の項目をヒントとする文化スキーマ分析を用いた質問票で，中国，マレーシア（マレー系，中国系），フィリピン，アメリカの日本人駐在員および現地管理職に，互いのどのような行動に文化の相違を感じていたのか（以下，文化の相違調査）と，互いにどのような行動を困難に感じていたのか（困難度調査）を調査した。

調査された企業行動とその分類

　以下に，調査対象となった企業行動（質問項目）の中から（西田，2008，186-187頁），現地法人における異文化コミュニケーション摩擦の具体的なチェック項目としても貴重な参考資料と考えられるものをあげる。

人間関係行動
・職場のお互いに対する態度

- お互いのコミュニケーション
- 「ノー」の言い方（「イエス」「ノー」をはっきり言うか）
- 会議での議論，話し合いの仕方，反対意見の表現の仕方
- 仕事で失敗した際の叱り方（例えば，人前で注意せず，個別に注意するなど）
- うまく仕事を遂行した際の褒め方
- 言葉遣いや礼儀作法（挨拶の仕方など）
- 仕事が終わった後のつきあい（酒を飲みに行くなど）

業務遂行行動
- 時間の守り方，有給休暇の使い方
- 早退/欠勤/遅刻の仕方，その対応の仕方
- 残業/休日出勤することについての対応の仕方
- 「仕事のための時間」と「自分自身/家族のための時間」の区別の仕方
- 日本語/英語/中国語で意思疎通をはかること
- リーダーシップ・スタイル
- 仕事の分配の仕方
- 仕事内容の指示の与え方（日本人部下よりも明確に指示を与えなければならない／大体の方向性のみを与え，仕事の詳細は任せようとする）
- 仕事内容を理解できない際の行動（例えば，仕事内容について，わからないのに尋ねてこない，逆に理解するまできちんと説明しないなど）
- 仕事の進捗状況について，しばしば報告することについての対応の仕方
- チームワークのとらえ方
- 仕事についての考え方，やり方
- 仕事上の問題点を追求する姿勢
- 指示されなくても自主的に仕事をすることについて

経営管理行動
- 物事を決定するために要する時間
- 品質管理/事務管理の仕方
- 品質管理（QC）サークル活動への姿勢
- 会社の規則や手続きの守り方
- 仕事に対する評価の仕方
- 「仕事範囲/責任範囲」のとらえ方
- 転職の仕方
- 年功序列に基づく給与制度/昇進制度に対する反応
- 昇給を要求する行動について

- 配置転換/人事異動に対する反応
- 上司も部下も同じ部屋で仕事をすること
- 仕事や会社についての情報の共有の仕方
- 宗教に基づくさまざまな行動について
- 男性・女性管理職の扱い方

日本人派遣者と現地人管理職が感じていた行動

この調査の結果，前述の4カ国で働く日本人回答者が特に文化の相違を感じていたのは現地人管理職の

① 転職の仕方
② 仕事範囲/責任範囲のとらえ方
③ 時間の守り方

がトップ3であった。

一方，現地人管理職が文化の相違を感じていた以下のことから，西田（2008）は「日本人の中に現地従業員との人間関係・コミュニケーション構築に関する文化スキーマを獲得しているものが非常に少ないことを示している」と述べている。

① 英語/中国語での意思疎通
② 日本人上司とのコミュニケーション
③ 品質管理/事務管理の仕方
④ 物事決定に要する時間
⑤ 規則や手続きの守り方
⑥ 日本人上司のリーダーシップ
⑦ 仕事上の問題を追求する姿勢
⑧ 現地の仕事のやり方に対する日本人の理解
⑨ 日本人の「ノー」の言い方
⑩ 日本人同僚とのコミュニケーション

また，困難度調査の国別の調査結果としては，中国に進出した日系企業で働く日本人駐在員が，中国人管理職の企業行動について「困難に感じる」ことは，

① チームワークがない
② 自分の中国語の問題
③ 仕事・責任範囲しか仕事をしない
④ 仕事に関する報告・連絡をしない，自主的に仕事に取り組まない

表 9-1 各国における「困難を感じること」

	日本人が困難を感じる	日本人に対して困難を感じる
フィリピン人	時間を守らない 自主的に仕事に取り組まない 問題追求姿勢(徹底しない) 遅刻が多い わからなくても質問しない 意見をはっきり言わない 細かい指示が必要 気を使う(人前でしかないなど)	メンツを考えない 意見をはっきり言わない 転職を好ましく思われない 意思決定に時間がかかる 家庭を軽視している
マレー系マレーシア人	問題追求姿勢 品質管理/事務管理能力が低い 時間を守らない すぐに転職してしまう わからなくても質問しない	指示の仕方 意見をはっきり言わない 意思決定に時間がかかる 日本人の言葉の問題(英語力) 相手の意見を聞かない
中国系マレーシア人	問題追求姿勢 すぐに転職してしまう 仕事/責任範囲しか仕事をしない 自主的に仕事に取り組まない わからなくても質問しない	意見をはっきり言わない 指示の仕方 日本人の言葉の問題 年功序列型昇給 意思決定に時間がかかる
米国人	英語でのコミュニケーション 品質管理/事務管理能力が低い すぐに転職してしまう 細かい指示が必要 仕事/責任範囲しか仕事をしない	議論の仕方 情報の共有の仕方 日本人の「No」の言い方 意思決定に時間がかかる 英語でのコミュニケーションの問題

で，一方，中国(北京・上海・重慶)に進出した日系企業で働く中国人の調査結果から，職場における日本人管理職の行動で困難に感じるものとして
① 意思決定に時間がかかる
② 日本人の中国語の問題
③ 仕事のやり方：中国の事情を理解しない
④ 年功序列型昇給の問題
⑤ 昇給要求についての問題

と，両者の間にギャップがあること，中国語使用に関するものが共に上位であることがわかった。また，英語がより広く使用されている他のアジア圏(フィリピン，マレーシアなど)に比べると，中国ではより現地語の使用が必要であることがわかる。

中国以外の国についての同様の結果は表 9-1 のとおりであった。

ここでは，日本人に対して困難を感じる項目に注目すると，「意思決定に時間がかかる」「意見をはっきり言わない」（「日本人のNoの言い方」を含む）が顕著に表れている。
　以上から，現地法人において異文化コミュニケーション摩擦を起こすととらえられる「日本人の行動」の項目として
　① 意思決定に時間がかかる
　② 意見をはっきり言わない
　③ 現地語や英語での意思疎通ができない
が確認される。②は指示のしかた，リーダーシップ不足に，③は現地事情理解不足にもつながる要因と考えられる。

3. 現地人管理職へのインタビュー調査から

　堀井（2009a）は，2006年10月に中国上海日系企業の日本人管理職，現地人管理職を対象に元留学生の採用・就業の実態とそこで生起する問題点を洗い出し，ビジネス日本語教育に加えるべきものを探るために調査を行った。ここでは，異文化コミュニケーション摩擦の実態をみるため，日本語で行われた半構造インタビューの文字おこしの内容分析から，ビジネス上の異文化摩擦に関するカテゴリーにおける以下の中国人管理職（表9-2）の発言部分の一部を挙げる。
　対象とした中国人管理職はみな，元留学生であるため，日本についての一定以上の文化理解ができている上での発言である。優秀な現地人管理職ならではの鋭い，しかし単に日系企業を批判しようとするのではない発言である。彼らは本社と現地をつなぐ文字通りブリッジ人材としての役割を果たしていた。
　現地人管理職へのインタビュー調査は，信頼できる事情通の人を介さなければなかなか取れないものだが，今回は本音に近いものを集めることができたと思われる。

表 9-2

A社（製造業）	管理本部長	O（中国人）
B社（製造業）	行政部長	R（中国人）
C社（コンサルティング）	戦略コンサルティング主任	I（中国人）

インタビューは連続的なものなので，周辺文脈も合わせて掲載する。
① **中国人社員はストレートに言う，日本人ははっきり言わない，意思決定に時間がかかる**

「やっぱり，こっちの人のドライさには，結構皆（日本人）びっくりですね。やっぱり，あのー物事はっきり言うし，自己主張が強いかな。自己主張が強いですよね。例えば，給料にしてもね，このぐらいじゃなきゃ辞めるとか，ストレートで，単刀直入で，皆，最初はびっくりですね。そこまで言うかという感じで。」

「中国はストレートです。かなりストレートです。これはうちの会社だけじゃなく周りの日系企業もいっぱいあるんですが，スタッフが友達と話をするときに言っていたんですが，日本人はストレートにおっしゃらない……つまり責任を負いたくない……何か間違えたら私の責任になるんじゃないかなと。課長はじゃあ部長に聞きなさい，部長は忙しいから……本社に聞きなさい，本社が言わないとこちら決定できないからとか。こういう風にぐるぐるまわって，ものすごく決定が遅いです。この，権限の不透明度，決定が遅い。」

② **中国語や英語での意思疎通ができない。相手を受け入れようとする気持ちがなにより大切**

「マネージャーになる日本から来た日本人は中国語は必須ですよね。」

「日本人はですね，いやー私は中国語わからないから……と，いつもこういう調子でね，確かに言葉がわからないと細かいところでコミュニケーション難しいけど，やはり気持ちですね。言葉ができなくてもうまくコミュニケーションしている日本人はいっぱいいるんですよ。」

「気持ちですね，現地化にならないと，それは本当にしんどいところですね。やはり自分が頑張っても，最後のところで受け入れてくれないんですよ。こっちの気持ちですよね。やはりこの辺で，なかなか，いけないですよね。」

「帰化まではいかないけど，グリーンカード……中国の永住権をとる……そういう方も結構います。」

ここでは，言語だけでなく，日本人のコミュニケーションに対する意欲，現地に溶けこもうとしているかについても言及されている。

③ **仕事のやり方：中国の事情を理解しようとしない**

「中国どんどん変わりつつあるんですよね。時間が必要なんですよ。こ

ういう段階で，事情がわかっていないとうまくいかないですよ。こういうところですね，現地スタッフを活用しないとうまくいかない。」

「自分があわせないと，自分が苦労するから……やはりある程度ですよね。だから，まあ日本人が中国へ来る，中国人が日本へ行く，一緒なんですよ。自分である程度合わせないとすごく苦労するんですよね。結局自分が気分が良くなくなって辞めてしまうんですね。合わないと。」

「同じ髪の毛，同じ目の色をしていることによって，同じ感覚をもっているという錯覚を……これはよく企業さんに申し上げるんですけれども，日本人は，例えば何かをこうやっているなかで，アメリカ人とかが，自分たちが思っているのと違う反応をしたときに納得できるんです。違う国の人だからって。それが，中国人が自分たちが思っていることのと違う反応をしたときには拒否反応を示します。反感とかを示すんですね。」

④　リーダーシップの欠如

「こっちのローカル・スタッフからみれば，派遣されてくる人は，本当に皆優秀であるべき，そうじゃなければどうして我々の上司になれるでしょうか，しかし，そうとは限らない。一部分の人は本社では管理職じゃないんですよ。一般スタッフですよ。丸々一般スタッフですよね。ここの一般スタッフとそんなにレベルは変わりません。全く変わりません。物事に対する認識とか，考え方，単なる日本語のレベルが高いというだけで全く一緒。でも，本社ですね。何かの考えで派遣しようと，例えばある企業さんのことがわかるとか。ここは，本社のものを製造しているわけですから。この辺なら日本人なら，よくわかるだろうと，ということで派遣するんですね。でも，本当に能力は変わらないですよ。でもここに派遣したら，皆の上になるんですよ。自分が管理職として，課のリーダーシップをとって，マネージメントする，こっちの人を管理する……でも，日本人だからといって管理できないですよ。おまけに外国人ですよ。そもそもそういう知識が備わっていないんですね。何もない。いきなり来て，上になった。これはむしろトラブルの種。」

これらは，西田の調査結果から示唆される，現地法人における異文化コミュニケーション摩擦を起こすととらえられる日本人の行動の項目とまさに重なるものとなっている。

根橋（2007）は，中国進出日系企業で働く日本人従業員の「後任者へのアドバイス」を調査したが，その分析結果は以下のように，直接的な異文化コミュ

ニケーションに関するものがすべてであり，その一番重要なことは「コミュニケーションをとること」であった。
① コミュニケーションをよくとる・よく話す
② 自分の意見・考えをきちんと明確に話す
③ 相手の言語を学ぶ
④ 5A（アセラズ・アワテズ・アキラメズ・アナドラズ・アテニセズ）
⑤ 文化の違いがあることを理解・認識する
⑥ 相手を対等・公平に扱う

また，西田（2007）は，異文化コミュニケーション摩擦調査から共通して判明したこととして，
① 日本人の多くが文化背景の異なる人々と企業内で行動を共にするという体験をしてこなかったことが大きく影響している。
② 日本人の多くが言葉で自己の考えや意見を明確に相手に伝えるというスキーマを獲得してこなかったことが少なからず影響している。

として，ジェトロのビジネスコミュニケーション研究会の結論としての提言——(1)異論を評価し奨励せよ，(2)言語技術を磨け（「会議での発言は3分以内，結論を先に言う」など），(3)社員の英語力を企業が必要とするレベルまで引き上げる——に言及している。そして，
③ すでに日本人が獲得している日本の文化スキーマを変えるために，意識的に新たなスキーマを獲得することが必要になってくる。新たなスキーマを学ぼうとする動機を持つこと，環境を整えること，それによって自己の文化内で獲得した「文化スキーマ」を「自文化スキーマ」として認識できるようになる，としている。

さらに，
④ 文化スキーマの違いからくる行動上の相違についての知識を前もって持っていることは，実際の現場での様々な行き違いをコントロールできることを意味している，として，
⑤ 文化スキーマ分析を利用したトレーニングの実践
⑥ 異文化（間）コミュニケーション研究の活用

をあげている。

4. 日本語コミュニケーションの特徴

さて、ここでは、異文化コミュニケーション摩擦の原因との関連で、堀井（2004）で述べた日本語コミュニケーションの特徴をあげる。

Hall（1977）によると、日本人は最も高コンテキスト文化を持つといわれている。したがって、日本語によるコミュニケーションも会話で話される言葉よりも、場面・文脈・人間関係等のコンテキストによるメッセージの伝達依存度が高い。単純なメッセージでも深い意味を持つので、言語の価値が低く、かわりに細かい形式や礼儀作法が重視され、「察し」の能力が要求される。これに対して、低コンテキスト文化では個人主義が発達し、共有される前提が限定されていて、個人は明確なメッセージを構築して、自らの意図を他者に押し出さなければならない。高コンテキスト文化を持つ人と低コンテキスト文化を持つ人の間の異文化コミュニケーションには困難が生じる可能性が高い。

具体的には、
(1) 述語が文末にくるので、最後まで結論がわからないことがある。
(2) 省略が多い。主語は言わないことが多い。
(3) 対話より共話的（あいづちが多い）。
(4) ウチ・ソトと敬語および敬意表現が発達している。
(5) 「つまらないものですが……」に代表されるようなネガティブ・ポライトネスが大切にされている。
(6) 日本企業では報告・連絡・相談が重視される。

以上から、日本語によるコミュニケーションでは、「ちょっと……」で断るなど、日本人同士では伝わるが、低コンテキスト文化に慣れている外国人にははっきりしないのでわからないという印象を与える。その一方で、ホウ・レン・ソウ（報告・連絡・相談）としての細かい伝達も求められていることに外国人社員は戸惑う。

5. 日本人派遣者・経営管理職に求められる異文化コミュニケーション能力

リテラシーと意思決定力

日本人派遣者・経営管理職に求められる異文化コミュニケーション能力とし

て，
① 日本人が意見をはっきり言わない⇒明確な意見をのべる，
② 現地語や英語での意思疎通ができない⇒外国語習得，
③ 意思決定に時間がかかる⇒素早い意思決定，

があげられているが，それが獲得されていない原因と対策を考察していく。

日本人が「意見をはっきり言わない」のは，前述の高コンテキスト文化の中で，日本人同士の間でははっきり言わなくても伝わるからであり，学校教育でも，パブリック・スピーキングのような意見をはっきり言う練習がされていないことにもよる。また，自分より先に他人がどう考えるかを思考することが多いため，「No」を言うことは，相手の意に沿わないことになるので，言えなくなってしまうのである。

日本人同士でのコミュニケーションでは，これでおおむね問題はないが，グローバル化の中の異文化コミュニケーションにおいては，特に異文化ビジネス・コミュニケーションにおいては，これらは大きな妨げとなる。

これらの対策としては，

(1) まず，論理的根拠に基づいた自分の意見を持ち，それを他にわかりやすいように言語を使って論理的に伝えられるような言語訓練が求められる。国語教育の中に，このような言語教育をきちんと位置付けたい。大学ではゼミ活動を中心としたアカデミック・ジャパニーズ教育（堀井，2009b）実践が行われつつあるがこれは大変効果的であろう。企業内では単発的な研修ではなく持続的な言語教育効果を配慮した発表の場を作ることがよいが，その場合，言語教育の専門家による指導が望ましい。論理的な話し方のためにはディベートも良い練習方法となる。その延長に，論理的な説明力，説得力，交渉力を育成するためのプログラムも活用するとよい。

(2) 次に外国語学習も強化が必要である。英語はもちろん，それ以外の言語も複数使いこなせるようにするためには，学校教育における外国語教授法の見直しが必要である。各自が積極的に実際の使用場面の環境設定をし，実際の使用によって必要な言語習得をしていくことは可能であるが，ここで，日本人の消極性が災いをする。現代は，語学留学はしないでも国内で外国語を身につけることが可能であるのだが，消極性を一時的に棚上げするために，語学留学が効果を上げることも多々ある。留学は生の文化体験ができる点も大きい。

これらは，広い意味でのリテラシーである。小学校からのリテラシー教育が望まれる時代となっている。
(3) 意思決定については，周りのコンセンサスをとってから進めることの多い日本企業では，自己の責任で決定をするということが難しいことが多い。しかし，変化の激しい現在，意思決定の遅いことは致命的なこともある。組織的なことは別にして，個人レベルでの意思決定は訓練により身につくので，身につけておいたほうがいい。

その他の注意点
さて，その他，日本人派遣者として認識しておくとよい点をあげる。
① 対等なコミュニケーション
　　縦社会の残っている日本では，上司や部下とのコミュニケーションが一方的になりがちである点に気をつけ，また，日本人同士よりもコミュニケーションをとろうとすることが重要である。
② 叱り方，褒め方
　　面子を大事にする相手には失敗をした際，人前で注意せず個別に注意するなど配慮する必要がある。また，日本ではあまり褒める習慣がないが，また，褒められても「とんでもない」などと謙遜することが多いが，褒めることは大変重要である。

現地管理職の価値観・労働観への対応
最後に，現地管理職・社員の以下の行動についての対応について考察する。
① 転職の仕方。
② 仕事範囲/責任範囲のとらえ方。
③ 時間の守り方。

これらはすでに様々な分析と対応策がたてられているが，多くの文化では，転職をしてステップアップを図ることが評価されることや，仕事範囲・責任範囲も，自分に割り当てられた仕事は責任を持ってあたりそれ以外はしないことが多い，つまり日本のやり方のほうが少ないことを認識しておく必要がある。時間についても，例えば，電車が1分遅れたことで車掌が謝罪をする国は他には見られないといえよう。
④ 残業，休日出勤，有給休暇の使い方――有給休暇消化率の少ない日本と比べ，有給は当然のこととしてしっかり取る文化が多い。同様に，残業，休日出勤についても，日本では当然のように行われているが，「仕事のた

めの時間」より「自分自身/家族のための時間」を優先する文化では，抵抗感を持たれる。
⑤　進捗状況を報告すること——個人プレイではなく，全体で仕事を進めていくことの多い日本企業では，ホウ・レン・ソウ（報告・連絡・相談）が重要とされるが，そうでない文化からは違和感を持たれる。

このほか，
⑥　宗教に基づく様々な行動について，それについての対応——イスラムなど厳格な戒律のある文化については，特に，お祈り時間，食事，ラマダン（断食期間）について理解が必要である。
⑦　規則や手続きの守り方，それについての対応の仕方——コンプライアンス意識は様々であるので，まずは意識を確認する必要がある。
⑧　昇給を要求する行動について——昇給や昇進の要求を直接的にはほとんどしない日本と違い，昇給，昇進についてもはっきり要求してくる文化が多いので，対応を考えておく必要がある。
⑨　男性・女性管理職の扱い方——女性管理職の非常に少ない日本と違い，女性管理職が活躍する文化での対応も考えておく必要がある。

以上，まずは相手文化を十分受け入れてみる。

6．異文化コミュニケーション能力の育成方法

　海野（2001）による日米異文化トレーニング実施の実情調査によると，アメリカでは57％の企業が社員の海外転勤前に異文化トレーニングを実施しているのに対し，日本ではわずか11％の企業が全員を対象に，また，26％の企業が一部の海外転勤者に事前トレーニングを実施しているにすぎない。また，アメリカでは事前トレーニングのみでなく，39％の企業が海外転勤者の赴任先で，33％の企業が海外転勤者の帰国後にもフォローアップ・トレーニングを実施しているのに対し，日本ではフォローアップ・トレーニングを実施している企業はわずか8％であった，とある。その後，増えているとはいえ，異文化トレーニング，特にアジア圏の赴任先に向けてのトレーニングは，必須であると思われる。
　堀井（2009a）でも，中国人管理職からの異文化トレーニングについての言及があった。

「本社からこちらに日本人が転職してくる場合は，人材もそんなにありませんから，きっちり教育を受けずにきてしまうというのがあって……そういうのが駄目で何十年前からわかっているんですけれども。さすがに最近は前と比べて相当異文化教育をうけてきて，国別に考え方の違いとかを教えてこっちへ来るようになって，それ以前はかなりギャップがありましたね……。」

「かなり違いますよね。それをせずにきていきなり修羅場に放り込まれても……やはり，中国人は非常に強いですから，日々文句を言われて……。」

「新しいことを受け入れるのがあまり得意ではない人はやっぱり浮いてしまうでしょう。」

異文化コミュニケーション研修 としては，以下のような，講義（理論）⇒討議⇒体験 のワークショップ形式が適切と思われる。

(1) 講　　義

自分の価値観などを含む自文化の認識，文化の差の認識，さらに自分が持つステレオタイプや偏見を認識することである。例えば，文化によって同じジェスチャーや行動が違う意味を持つということの認識。それから，常識自体が文化によって違うという認識。どういう行動が礼儀正しいとされるのかも文化によって違うという認識等である。

(2) 討　　議

異文化接触とはしばしば感情的なものでもある。カルチャー・ショックやアイデンティティー・クライシス等を感じることもある。これらについて事前に討議することによって，様々な気づきが得られる。

(3) 体　　験

実際に異文化コミュニケーションの摩擦が起きた際にどのように分析し，対処するかを学ぶ。1つの方法としてはDIE法で，文化の異なる者同士の接触では行動や動作を誤って解釈したり，評価したりする傾向があるため，Description（描写），Interpretation（解釈），Evaluation（評価）に分けて，なるべく客観的な描写をし，解釈や評価に当たってはその文化の中で育った人々に聞いて確かめてみる。体験には，このほか，ケーススタディ，ゲーム，ロールプレイなどがある。また，アサーティブ・コミュニケーション（相手を尊重しながら自分の意見を伝えるコミュニケーション）や相手の話をひたすら聞くエポケーなども，異文化を受け入れるために効果的な方法である。

また，現地社員向け研修として，なぜ日本人経営者は転職を嫌うのか，なぜ日本の企業では職務がはっきりしていないのか，なぜ意思決定に時間がかかるのか，なぜ日本人は残業をするのか，なぜ家族と離れて仕事をしているのか，など，行動の理由についての理解を求め，話し合う場を設けることも効果的である。

　堀井（2009a）では以下のような声が中国人管理職より聞かれた。
　「ホウレンソウ簡単でしょ？　でもうちのスタッフわからない。やはり，私が教えるんですね。なぜホウレンソウが重要ですかと。自分が面倒くさいと思っても，やったら実はもっといい効果があるんですよ。自分が体験しているうちに，本当にいいところもあるんだとわかる。だから，日本の経済ここまで成長してきたかも。いいところいっぱいあるんですよ。いいところですよ，これをみんなに教えてあげるんですね。」
　「日本の社会の中では協調性みたいなのが，求められていてそういうことが身についていれば，日本で就職するときは役に立つんではないかなと，ディスカッションします。」
　「日本人のお客様がよく言っているのは……お礼ができない。それはよく言っていますよね。」

ま と め

　海外での日本企業の人気がないという。その原因の1つが，異文化間コミュニケーションがスムーズにできていないということではないだろうか。
　まずは，西田（2007）のいう，
・日本人の多くが文化背景の異なる人々と企業内で行動を共にするという体験をしてこなかったことが大きく影響している。
・日本人の多くが言葉で自己の考えや意見を明確に相手に伝えるというスキーマを獲得してこなかったことが少なからず影響している。
の2点の解決を図ること，つまり，企業内で外国人材との接点を増やす，自分の考えや意見を明確に相手に伝える訓練をする，ことは可能であろう。
　さらに，文化の違いからくる行動上の相違についての知識を前もって持ち，訓練を受けていることは，実際の現場での様々な行き違いをコントロールできることを意味している，ということから，異文化コミュニケーション・トレー

ニングを効果的に行うことも重要である。

近年は大学教育の中に，異文化コミュニケーションや異文化理解に関する科目が設置されている。グローバル人材育成を目指し，論理的思考，批判的思考やパブリック・コミュニケーション，プレゼンテーション力を磨く工夫が授業内でなされている。学生として，または，社会に出てからも留学をする機会が増え，e-ラーニングを初め外国語学習の機会も増えた。これらの効果が少しずつ出てくることは期待できよう。

また，元留学生をブリッジ人材としてもっと活用することで異文化摩擦を減らすことも考えられる。

現地法人における異文化コミュニケーション能力の重要性は，大きい。日本人の変容が待たれる時代となったとも言えよう。

今後の課題は，派遣前だけでなく，派遣中や帰任時の異文化コミュニケーション・異文化適応トレーニング機会の増加と充実，国別の異文化コミュニケーション・トレーニングの開発だと思われる。

参考文献

Adler, J. Nancy (1991), *International Dimensions of Organizational Behavior*, second edition, PWS. Kent.

Gudykunst, W. B. (1988), "Uncertainty and anxiety." in Y. Y. Kim and W. B. Gudykunst (eds), *Theories in Intercultural Communication*, pp.121-156

Gullahorn, J. T., and Gullahorn, J. E. (1963), "An extension of the u-curve hypothesis," *Journal of Social Issues*, 19 (3), pp.33-47.

Hall, Edward (1977), *Beyond Culture*, Anchor; Reissue.

Hannigan, T. P. (1990), "Traits, attitudes, and skills that are related to intercultural effectiveness and their implications for cross-cultural training. A review of the literature," *International Journal of Intercultural Relations*, 10 (3), pp.301-310.

Lysgaard, S. (1955), "Adjustment in a foreign soceity: Norweigian Fullbright grantees visiting the United States," *International Social Science Bullein*, 7 (1) pp.45-51.

Rathje, S. (2006), "Interculturelle Kompetenz, zustand und Zukunft eines umstrittenen Konzepts," *Zeutscgruft fyr ubterjyktyrekkeb Frendsoracgennuterrucgt*, Ⅱ (3), p.15.

石井敏他 (1997),『異文化コミュニケーション・ハンドブック』有斐閣選書。

江淵一公編 (1997),『異文化間教育研究入門』玉川大学出版部。

梅澤隆 (2010),「在中国日本人派遣者アンケート調査概要」G-MaP 最終報告会，上海配布資料。

海野素央 (2001),「グローバル企業における異文化トレーニング」『明治大学教養論

集』通巻348号，明治大学教養論集刊行会。

西田ひろ子編著（2007），『米国，中国進出日系企業における異文化間コミュニケーション摩擦』風間書房。

西田ひろ子編著（2008），『グローバル社会における異文化間コミュニケーション』風間書房。

根橋（中原）玲子（2007），「中国進出日系企業で働く日本人・中国人従業員の後任者へのアドバイス」『米国，中国進出日系企業における異文化間コミュニケーション摩擦』風間書房。

堀井恵子（2004），「日本人大学生はどのように異文化間コミュニケーション力を身につけることができるのか―日本語教育実習を通して―」『武蔵野女子大学文学部紀要』第5号。

堀井恵子（2009a），「留学生に対するビジネス日本語教育のシラバス構築のための調査研究―中国の日系企業へのインタビューからの考察―」『武蔵野大学文学部紀要』第10号。

堀井恵子（2009b），「アカデミック・ジャパニーズ・グループ（AJG）は何を目指し，何を積み重ねることができたのか―今までの会の活動を振り返って―」『アカデミック・ジャパニーズ・ジャーナル』No.1。

本名信行（1997），「言語教育と異文化間リテラシー」『異文化間教育』1997年11号，アカデミア出版会，pp.52-65。

松村幸輝（2010），「進化システムを用いた海外派遣者適性評価ツールの開発」G-MaP最終報告会，上海配布資料。

松村幸輝・白木三秀（2010），「進化システムを用いた日本人経営管理職適性評価ツールの開発」G-MaP最終報告会，上海配布資料。

八代京子他（2001），『異文化コミュニケーション・ワークブック』三修社。

第10章 本社におけるグローバル人材の育成と内なる国際化

今村　俊子

はじめに

　本章では主として，日本の本社側から見たグローバル人材育成の諸課題について，ビジネス・モデルの変遷に伴って生じる具体的な課題に焦点を当てて考察を行う。また，本質的な課題として，本社側の「内なる国際化」について，日本の企業の事例を紹介する。

　昨今，「グローバル人材」というテーマが新聞や経済誌に取り上げられる機会が多くなった。しかしながら，「グローバル人材」とひと口に言っても，意味する内容は幅広い。組織のどのレベルの人材か，どの職種か，短期的なニーズか中長期的なニーズかなど，様々な切り口が存在する。特に日本企業の場合には，欧米のグローバル企業とはビジネスを遂行する上での前提が異なっていることが多い。そのため，単純に他社のベスト・プラクティスを参考に施策を打っても，意図する効果が上げられないというのが実務担当者の実感である。

　本章は，5つの節から構成されている。第1節においては，グローバル化の進展についての先行研究について整理する。第2節においては，グローバル・ビジネスの進展を「輸出」「事業別展開」「現地化」「地域化」「グローバル化」の5つの段階に分けて整理する。第3節においては，それぞれの段階に応じて求められる海外派遣者に求められるコンピテンシーを考察する。第4節においては，様々な状況下における「グローバル人材」育成上の課題について，グローバルにビジネスを展開している富士通株式会社の事例を挙げながら確認する。第5節においては，「内なる国際化」について考察する。

1. グローバル化とグローバル人材

　グローバル化の進展については，先行研究がいくつかの考え方を提供している。ポーター（Porter, 1986）は，国別の活動の相互調整の度合いと各拠点の集中＝分散の度合いの2つの軸によって，「輸出中心」「マルチドメスティック」「グローバル」「世界志向」の4つのカテゴリーに分類した上で，企業戦略の方向性は，「世界志向」へ向かうとしている。また，バートレットとゴシャール（Bartlett and Ghoshal, 1989）は，グローバルの標準化の度合いの高さによるグローバル統合と，現地市場環境への適合の高さによるローカル適合の2つの軸によって，「インターナショナル」「マルチナショナル」「グローバル」「トランスナショナル」の4つのカテゴリーに分類した上，「トランスナショナル」をグローバル統合とローカル適合の双方を両立した理想型として示している。

　しかしながら，トランスナショナル・モデルに対しては，1990年代以降，具体性と実現へのプロセスが示されないとの批判もある。ビジネスを推進する立場で考えると，必ずしもあるカテゴリーが他のカテゴリーよりも優れている，ということを意味するわけではない。また，ビジネス・モデルによっては，同時期に複数の類型が混在することもあり得る。「トランスナショナル」によって示唆されている，グローバル統合とローカル適合が両立した状況というよりは，グローバル・モデルとローカル・モデルの双方が並立しているというのが実態に近いといってよいであろう。このような複雑な状態を効率的に運営することを目的に，グローバルに事業展開する各社は地域別の組織構造を導入した。しかしながら，地域別組織と事業別組織との間でバランスを取ることは容易ではなく（Galbraith, 2000），実態としては，日本に本社機能を持つ多国籍企業においても，グローバル・モデルとローカル・モデルの両極を往復しつつ変化を繰り返しているのが実情である。

　多様なモデルや組織の状態が混在すること自体は必ずしも悪いとは言えない。ノーリアとエクルスが指摘するように，効率的なグローバル組織にはそもそも複雑性が必要とされている（Nohria and Eccles., 1992）。また，変遷の状況も，段階的・連続的に変遷するというよりは，企業買収など，ある時点での戦略的意思決定により，非連続的に別のカテゴリーに変化した後で，若干の揺り戻しがあり過去の形態に回帰していく現象も観察される。ビジネス環境の変化と多様化に対応するために，組織の側にもある程度の柔軟性が求められ，そのため

には,組織と人材との関係が重要な鍵となる。

ブラックらは,グローバル化のパターンと海外勤務の課題について「輸出段階の企業」「マルチドメスティック企業（MDCs）」「多国籍企業」「マルチフォーカル・コーポレーション（複数の中枢を持つ多国籍企業）」の4つのカテゴリーに分類した。そして,それぞれの段階において本社が海外派遣者に託す役割が異なっていることを指摘している。また,それぞれの段階に適合する海外派遣者の類型を「親会社への忠誠心」と「子会社への忠誠心」の高低から「本社志向型」「現地志向型」「フリー・エージェント型」「統合（二重帰属）型」の4つに分類し,ビジネス・モデルの段階によって,異なる派遣者が求められていることを指摘している（Black et al., 1999）。

このように,グローバル化の進展に伴い,それぞれの段階で本社から海外子会社への派遣者（expatriates）に異なる能力やスキルが求められる。「グローバル人材」の定義とニーズを整理するため,富士通株式会社における海外展開を事例とし,グローバル化のそれぞれの段階で求められる海外派遣者の能力やスキルを考察し,課題を確認したい。

2. グローバル・ビジネスの進展の5つの段階

第1段階:「輸出」

グローバル化の初期の段階は,日本から海外への「輸出」である。国内で企画・製造した製品を海外市場で売ることであり,その活動は「国内販売」の延長である。一般に「販社」と呼ばれる海外拠点の主たる役割は,販路の拡大であるが,それに伴い,アフター・サービスなどの付属的機能を現地で立ち上げることが必要となることから,拠点の機能はマーケティング・販売・サービスが中心となる。この段階においては,海外拠点では販路拡大のため,各地の政府などとの交渉が必要となることが多い。したがって,現地の言語に熟達し地域の事情に通じた,「地域スペシャリスト」と呼ぶべき人材が必要となる。本社の製品別事業部からは,国内を基準とした「製品スペシャリスト」と呼ぶべき人材が海外拠点に派遣される。この時点では海外拠点の規模は小さいため,「製品スペシャリスト」は当該海外拠点のカネ・モノ・ヒト・情報の全域にわたって日常的な管理を行うのが通常である。また,海外拠点のローカル人材は経理や総務を中心とする管理部門のサポート人材であることが多く,本社から

の派遣者の役割をローカルのオペレーションの視点から補足する。採用・評価・報酬制度などの基幹的な人事マネジメントやその他の組織運営やガバナンスに関するルールについても，一般的に本社からの派遣者の方針のもとに行われる。

多くの日本の製造業は，この「輸出」の第1段階を経てグローバル化を開始した。この段階においては，海外子会社はあくまでも日本の組織の「出先」であると認識されている。そのため，本社との連携が強く，製品知識や本社からの情報が豊富であることが海外派遣者の強みとなり得る。したがって，語学力などの要件が整えば，純粋に本社の視点から人選して派遣しても，うまくいくことが多い。しかしながら，この段階においては，海外担当部門に海外派遣を繰り返す「海外専門人材」的な人材グループが形成されることで，社内では「海外派遣」は特殊なキャリアであると認識され，国内市場を担当する多くの従業員にとって，海外勤務や海外部門は身近なものにならない。

第2段階：「事業別展開」

第2段階目は，「事業別展開」の推進である。この段階は，第1段階の「輸出」の延長線上にあり，特定の事業について販売以外のバリュー・チェーンを海外に展開していく段階である。特に，製造機能を海外に移転することが多く，その場合，海外拠点は製造と販売の機能を持つことになる。販売については，当該国内に留まらず，近隣の第三国へ輸出したり，あるいは日本市場に逆輸入することも含まれる。1980年代の国際貿易摩擦をきっかけとして，日本の自動車産業などが製造機能の海外移転を促進したことなどが，第2段階の典型的なパターンである。

この段階は，海外拠点において，購買・製造・生産管理・品質管理・ファシリティなど様々な機能が付加される。それに付随して，各地域においてそれぞれの専門分野の人材の採用や育成が課題となる。この段階において，海外派遣者はそれぞれの機能別組織から派遣され，ローカル人材への指導や技術移転が行われる。第2段階では，海外拠点が自律的なマネジメント体制を整え，規模も大きくなる。その一方，本社側においては，拠点の経営管理をサポートする機能が必要とされるようになる。海外派遣者については，単に語学ができるだけではなく，それぞれの機能についての専門知識を持つ人材が派遣されるようになる。「事業別展開」の第2段階における本社からの海外派遣者の大きな役割の1つは，本社から海外拠点へ知識や情報を移転することである。

この段階においても，製品企画やマーケティングは，「輸出」の第1段階同様，日本国内部門中心に存在し，基本的には各地で「日本的マネジメント」を展開することになる。そのため，この段階においても海外派遣者の人選は本社側の視点で行われる。また，依然として，海外拠点のトップやライン長は，日本にある本社からの人材が多数を占めており，海外拠点と日本本社の間の情報の流れについても，海外派遣者がゲートキーパーの役割を担うことになる。一方で，ローカルの人材には，いかに日本の技術やビジネス・プロセスあるいは企業文化を理解してもらい，忠誠心を持って貢献できる人材に育成するかという点に力点が置かれる。したがって，各地域の人材育成も基本的に，日本的な価値観をベースに行われる。

　多くの日本企業で，第1段階の「輸出」から第2段階の「事業別展開」の段階へと移行した背景は，国内生産の輸出型モデルがビジネスとして成り立たなくなったことにあるが，現時点でも，多くはこの形態である。グローバル・ベースで多事業展開をする企業でも，個別の事業の単位でみればこの形を取っていることがある。

　ローカル市場に対する理解やローカル人材のマネジメントの要素が増えるため，本社側の組織内部においても外国人の採用や活用が始まるなど，いわゆる「内なる国際化」の必要性が認識され始めるのもこの段階であることが多い。

第3段階：「現地化」

　第3の段階は，「現地化」の推進である。「事業別展開」段階から「現地化」段階への転換は，「輸出」から「事業別展開」への変化と比較し，より質的な飛躍（quantum leap）が求められる。そのような質的転換の最も象徴的な事例が海外における企業買収である。例えば，欧米企業の企業買収を行えば，買収先の海外拠点のトップをはじめ従業員は欧米人中心となり，企業文化は欧米の文化に立脚し，業務プロセスは欧米流に行われる。この段階において特筆されるのは，情報の流れが「輸出」や「事業別展開」の段階とは逆になることである。すなわち，「現地発」の情報を日本の本社がどうように受け止め，咀嚼できるかという点が課題となる。

　この場合，現地化を推進する動機は，海外市場の効果的かつ迅速な拡大である。また，製品開発については買収元企業と買収先企業それぞれの強みを生かしながら共同で行われるようになり，グローバル標準化が進む。また，マーケティングや営業の機能についても，現地の上級幹部が主導する形で行われ，経

営管理も現地のやり方で進められる。

　この段階においては，まだそれぞれの海外現地法人がそれぞれのスタイルでビジネスを推進する形が中心であり，ポーターのいう「マルチドメスティック」(Porter, 1986) のレベルにあると考察される。すなわち，個々の企業組織間において調整はそれほど頻繁には行われない。特に，買収先の企業に旧組織のリーダーシップが残る場合，日本本社側の関与が少なくなり，コントロールの度合いが低くなる。グローバル・ビジネスのリーダーシップが世界に分散するため，一見すると一般にグローバル展開の理想的な形として紹介されている「マルチフォーカル（複数の中枢を持つ）」(Prahalad and Doz, 1987) の形態のようであるが，実態としては，買収先と本社とのそれぞれの中枢における統合の度合いは低く，開発部門などの特定のエリアを除けば，それぞれが独立してグローバル経営を進める形がとられ，日本本社との関わりより，現地の市場とのつながりの強さが強調される。

　本社の役割については，単に日本のことを現地に情報伝達し知識移転するのではなく，現地の状況や知識や情報を吸い上げることに力点を置かざるを得なくなる。現地組織のトップ・マネジメントが「日本人以外」「日本本社出身者以外」である場合には，そのような経営者と文化・言語を超えて信頼関係を構築することが重要になる。また，経営の大部分について権限委譲を行うことになるため，管理部門については内部統制やコーポレート・ガバナンスの観点から，海外で健全にビジネスが遂行されているかをチェックする機能が求められる。相手陣内のフィールドでプレーすることになるため，専門知識だけでなく相手のスタイルや考え方についての理解とそれに基づく対応が求められるようになる。例えば，人事制度でいえば，これまでは，日本人の理解する範囲で採用・昇進・評価・報酬などの決定が行われていたが，この第3段階においては，異なる価値観に基づいて人材マネジメントを行わなければならなくなる。

　このことから，第3段階においては海外派遣者にも，「輸出」や「事業別展開」の段階とは異なるコンピテンシーが求められる。すなわち，単に語学力や製品・サービスの知識だけではなく，各分野における真に国際的なビジネス感覚や知識が求められるようになる。ローカル市場におけるビジネス情報やスキルはローカル人材の方が豊富に有しているため，それを一段上回る「グループ経営」の視点から，マネジメントのあるべき姿を的確に伝達できる深い経験や高い専門知識が要求される。海外派遣者にとって，第1段階の「輸出」，第2

段階の「事業別展開」から第3段階の「現地化」への質的飛躍は極めて大きい。

このように，第3段階の「現地化」においては，海外派遣者は本社と現地の双方のサイドに立ってビジネスを進めることになる。しかしながら，ブラックらが指摘する通り，この2つを両立する「二重帰属市民型」となることのできる派遣者は稀少であり，育成することも容易ではない（Black et al.,1999）。現地志向が過度に強いと，現地の経営者からは評価されるが，本社への帰属意識が薄れ，最終的に日本の本社組織に戻ってこないなど，リテンションに難しさが生じる。また，本社へ必要な情報が流れなくなることも起こり得る。一方，本社志向が過度に強いと，現地マネジメントの懐に入ることができず，結果として本社の方針を適切に伝達できないなどの問題が生じる。本社の視点からは，現地志向の強い経営者と信頼関係を築きながらも，同時に本社に情報を的確にフィードバックできるバランスの取れた人材を配置し，現地への権限委譲と本社による統制のバランスがとれることが望ましい。

第4段階：「地域化」

第1段階の「輸出」，第2段階の「事業別展開」，第3段階の「現地化」が並存し複雑に入り組むようになり，事業部や複数の「グループ中枢（買収先企業の元本社機能）」ごとに，個々に海外展開が進展すると，各市場の顧客視点からは理解しにくいオペレーションとなる。そのため，市場から見たわかりやすさとオペレーションの効率化を同時に達成することを目的として，地域で1つの小規模本社を持つ「地域統括体制」が実施されるようになる。本稿ではこれを第4段階の「地域化」と呼称する。

地域統括体制のメリットとデメリットを整理すると次の通りとなる。

メリット
・財務・マーケティング・購買などの共通機能を効率化できる。
・グループ採用により優秀なローカル人材を集められる。
・地域ごとに管理部門の専門家を配置することで，適切なコンプライアンスを遂行できる。
・本社の代表として，広報・渉外活動，ブランド統合など，対外的な窓口を一本化することで活動の推進が図れる。
・ビジネスを機能別に繋ぐ横の連携が可能となりシナジー効果を出すことができる。

デメリット

・事業部門や現地法人の経営者からみると，レポート階層が一段階増え，コミュニケーション・パスが増大・複雑化し，調整に遅れが生じる。
・責任が分散し，不明瞭となり，意思決定のスピードが鈍化する。
・多様なビジネスをすべて1つの組織で管理しようとすることによって，「規模の小さい大企業病」の状態が生まれることがある。
・地域本社機能としての実質的なパワーと現地法人にとっての実利が目に見える形で伴わなければ，各社は地域本社の方針を軽視して個別最適の意思決定を行いがちである。

以下は，富士通における「地域化」の課題の実例である。

富士通のケース　富士通においては地域統括体制に課題が生じたのは，グローバル・アカウント向けビジネスの展開であった。グローバル・アカウント・ビジネスは，顧客側の日本本社，または，欧米のグローバル企業の本社との間で，一括でグローバル全体の商談を管理し，各海外拠点から製品やサービスのデリバリを行う。このビジネス・モデルでは，本体の商談主導でビジネスの内容が規定されるため，各地域や拠点では，デリバリの品質と責任を負う以上の戦略的な判断や責任は求められない。グローバル・アカウント全体としては，収益の出るビジネスであっても，顧客の事情により，特定の地域においては収益が出ないこともあり，地域の貢献に対する評価が複雑化し迅速な意思決定やビジネスの推進を阻害するケースもあった。グローバル・アカウント・ビジネスについては，「事業別展開」段階のモデルの方が運営しやすいため，結果として，地域統括体制の実態が弱体化するということも起きた。

ここで例示した状況下においては，「地域本社」に求められる海外派遣者は，「現地化」の段階以上に，本社側・現地側・各社間のバランスが取れる力を持つ人材が必要となる。各社の社長や，本社との間，他の地域との間における利害を調整し，場合によっては地域代表として，個社との間で利害の対立があっても，自分自身の方針を示さなければならないこともある。

そのような存在感を持つには，本社側，現地側双方の経験があり，どちらからも信頼される経営者と専門性の高いスタッフが必要となるが，このような人材はさらに稀少であると言わざるをえない。このような人材を育成するには，数段階の計画的なステップと相応の時間が必要と思われる。なお，地域本社のトップとしての経営経験は，グループの外国人社長や海外の重要顧客との直接

交渉など，グループのグローバル経営に必要な能力を育成できる要素を多くはらんでいるため，将来の経営者候補にチャレンジを与えるために本社から送り込む形を取ることができれば，グローバル人材育成上意義のあるポジションであるといえる。

第5段階：「グローバル化」

最後となる第5段階が「グローバル化」の推進である。この段階は，ポーター（Porter, 1986）の言う，より経営の集中の度合いが高い「グローバル」，またはバートレットとゴシャール（Bartlett and Ghoshal, 1989）による，グローバル・レベルの標準化を高い度合いで進めるという段階にあたる。しかしながら，日本企業では，言語の問題もあり，日本企業独自の慣習・価値観・経営プロセスなどをそのまま海外に適用するのが難しいという観点から，成立は必ずしも容易ではない。これに対する解決策として考えられるのは，日本の本社を欧米でも通用し英語の世界で展開するものに変革した上で，そのモデルを世界に展開するという2段階の方法ではないかと考える。

現実的には他の多くの日本企業にとっては，外資系企業との競合が相対的に少ない日本市場は依然として魅力的である。日本の顧客への対応を考えると，すべてのプロセスを英語ベースのグローバル・スタンダードに標準化し展開することは，必ずしもベスト・ソリューションとはいえず，また現実的でもない。

日本の企業において観察される「グローバル化」の実態は，下記の2つのうちいずれかではないかと考えられる。

(1) マルチナショナル（「事業別展開」「現地化」）な段階から，「地域化」の枠組みを経て，必要な部門について日本国外主導でグローバルに標準化し，トランスナショナルを目指している過程。

(2) 複数の国を起点とするグローバル・アカウント・ビジネス（すなわち「事業別展開」）の段階を発展させつつ，地域レベル，グローバルのレベルでの連携や制度の統合，人材の流動化を進めている過程。

本社機能については日本以外の地域にも点在させ，グループ内で相対的に強みがあると考えられる組織に統括機能を持たせ，世界的にバーチャルに分散した形となる。

人材マネジメントの観点からは，グローバル市場へのビジネス展開をスムーズに行っていくという点から，人材の流動化を進め，グローバル・レベルの経営者を確保・育成するための人事プラットフォームが必要となる。そして，人

材育成（タレント・マネジメント），評価（パフォーマンス・マネジメント），報酬，等級（グローバル・グレード）のしくみや，実際に人材を動かす際のサポート体制（グローバル・モビリティ機能）などが必要となってくる。

　欧米の「グローバル」企業と比較すると，日本の企業では，上記の「グローバル・レベルでの標準化」を行う際に，日本が例外扱いされている点が特記される。すなわち，グローバルに統一するが，日本本社だけは別のしくみになっており，日本を完全に一地域として世界本社の下に位置付けているケースは一般的ではない。日本本社の制度も含めた正味のグローバルな統一を実現している日本の企業はいまだ稀であるといえる。日本の企業は，「グローバル」と「ローカル」のレベルを同程度に重視し，ビジネス・モデルに合わせて柔軟に「グローバルな統合」と「ローカルの適合」を同時に進めようとしていると観察される。

　この段階における海外派遣者には，グローバル・ベースで活躍しているローカルの同僚と同じように価値を生むことができるコンピテンシーが求められる。「地域化」の段階では，「現地」と「本社」の双方の利益をバランスを取って考えることができる人材が必要であることは前述した通りである。「グローバル化」の段階においては，さらに一歩進んだ取り組みが必要である。すなわち，グローバル・グループの一員として各分野でグローバル・レベルに活躍する力を持つ一方で，日本をオリジンとする企業のグループとしての価値観や強みやアイデンティティを継承し伝達できる人材が必要となる。本社での業務遂行方法が必ずしも世界全体で通用する一般性を持つわけではない一方，社外からの人材調達の多い海外拠点においては多様な価値観を持つ従業員が組織に加わり，また企業買収やアライアンスなども行われる。意図的にグループのアイデンティティを強化する努力を行わなければ，グループとしての求心力が失われ，多種多様な一貫性を欠くスタイルの経営が各地で展開されてしまう結果となりかねない。

　海外派遣者については，日本人が日本的なやり方で業務を遂行すればよかった「輸出」や「事業別展開」の段階と比べ，この段階においては，非日本人の同僚にも認められる価値をもたらす人材を派遣しなければならない。必然的に，海外派遣者の人選のハードルは高くなる。現地に経営を預け，任せていればよかった「現地化」の段階と比較すると，グループのアイデンティティを伝え，求心力を保つ立場としての日本人派遣者の役割はより重要になってくる。

言語などのハンディを乗り越えて，上司，部下や同僚との信頼関係を構築し，存在感を示すには，グローバル・レベルでみたリーダーシップやビジネス遂行能力，高いレベルの専門知識などが必要とされる。日本国内の日本のコンテキストにおいて高業績者であっても，日本とは異なるコミュニケーションの方法や自己表現の技法を身につけていなければ，海外において自らの価値や強みを伝えることもできない。逆にコミュニケーション力が高くても，相手に伝えるべきコンテンツを持たない人材では役割を果たせない。「グローバル化」の段階においては，それぞれの拠点は対等である。「本社」と「現地法人」は格が違うという大前提に守られることがない状況においては，個人として価値を示せる人材でなければ相手にされない。日本人の海外派遣者でこのような基準をすべて満たす人材は稀少であり，そのような人材は意図して計画的に育成していかなければならない。

　なお，日本人派遣者が，特に海外派遣中に伝えるべき，企業グループとしてのアイデンティティは，同質的な集団である日本国内にいると意識される機会が少ない。アイデンティティを意識するには，異文化に対するエクスポージャーを持つことが効果的である。外国人の採用や海外からの出向者の日本本社での受入れを増やすなど，「内なる国際化」を進めたり，計画的に海外派遣者に異文化の体験をさせて，アイデンティティを意識させたりするという取り組みが必要になってくる。「内なる国際化」の課題については，別途述べる。

3. 海外派遣者に求められるコンピテンシー

グローバル化と海外派遣者の要件

　既に触れたように，グローバル展開の各段階において，海外派遣者にも異なる要件が必要となる。しかしながら，実際には，そのような要件を備えた人材が常に都合よく本社に豊富に確保できるわけではなく，語学力があるなどの限られた人材が何度も海外派遣を繰り返すことで対応せざるを得ないという状況になっている。海外派遣を繰り返すことで，本社への帰属意識が薄れ，他社へ転職してしまうこともある。また，逆に，本社への忠誠心の強い，本社純粋培養で育っている有能な人材を突然海外に派遣しても，特に第3段階の「現地化」から第5段階の「グローバル化」のステージにあるビジネスにおいては，思うような効果が得られないジレンマが生じる。ローカルの言語能力などが重

表 10-1　グローバル化とグローバル人材ニーズ

グローバル展開の段階	本社からの海外派遣者の役割・要件（例）	ローカル人材の役割（例）
①輸出	・販路の拡大 ・語学力（現地語） ・海外拠点管理全般	・オペレーション・サポート
②事業別展開	・事業部の現地における戦略立案と実行（事業部と共同で実施） ・ローカル拠点の経営資源管理（ヒト・モノ・カネ・情報） ・技術指導 ・ライン・マネジメント，プロジェクト・マネジメント	・製造要員/製造管理 ・生産管理 ・事業管理（労務，経理，総務等） ・営業（補佐） ・デリバリ/サービス
③現地化	・本社とのリエゾン/ローカル経営者との関係構築 ・経営監視（ガバナンス）機能 ・本社の技術や企業文化の伝達 ・アライアンス先やパートナーとの交渉 ・共同開発（エンジニア）	・経営者及びライン・マネジメント ・各社の戦略立案，経営資源管理 ・営業（トップ・セールス，戦略立案） ・マーケティング（戦略立案） ・デリバリ/サービス ・プロジェクト・マネジメント
④地域化	・地域戦略の立案，調整と実行 ・渉外，広報等の社外活動 ・地域における経営資源の管理 ・個々の現地法人の経営のモニタリング ・企業文化の伝達と推進 ・本社機能の整備（制度の統一，シェアード・サービスの推進，等） ・内部統制やガバナンス機能の強化	・「現地化」と同様の人材 ・＋地域内で個々の海外現地法人を超えて活躍できる経営者または各分野におけるプロフェッショナル人材
⑤グローバル化	・「地域化」段階の「海外派遣者の要件」と「ローカル人材の要件」を兼ね備えた人材 ・企業グループとしての価値観を伝える人材	・「地域化」と同様 ・＋グローバル・ベースで，本社や個々の現地法人を超えた領域で活躍できる経営者または各分野におけるプロフェッショナル人材

（注）　筆者作成。

視された「輸出」の段階や，日本流で展開していた「事業別展開」の段階から，ビジネス・モデルが変化して次の段階に進んでも，海外派遣者が変化しきれず，グローバル展開に障害が生じてしまうこともある。次に，特にアジア地域において，各段階における派遣者の課題を挙げておく。

アジア地域における派遣者の課題

まず，「輸出」段階においては，語学力を武器に，ローカル市場へ入り込み，

現地企業と合弁会社を設立するなど，拠点を一から立ち上げて販路を拡大するバイタリティが求められる。しかしながら，ビジネス・モデルが次の段階以降に進展した際には，派遣者本人が求められる役割の変化にうまく対応しないと，派遣者の高い人件費と相俟って，ローカル側から見れば必要ない人材とみられがちである。

　「事業別展開」の段階に入ると，拠点の規模も大きくなる。アジアの拠点では，この段階になると，一定レベル以上のローカル従業員は英語か日本語が話せる人材を採用するため，語学はそれほど高いレベルがなくても仕事を進めることができる。ここで重要となるのは，ローカル人材を指導できるリーダーシップ，及び各分野における専門性で，経営管理のしくみや各種の制度・ルールを日本から取りこみ，組織としての体制を整えていく力が重要となる。特に，営業・購買・現金出納・人材採用・報酬決定のプロセスなど，組織として機能させるためのルールとルールを決めるプロセスの双方を明確にする必要がある。この段階における最終的な目的は，本社の価値観や経営プロセスを理解し，技術を継承するローカルの人材を多く育て，先生役の派遣者を減らし，ビジネス全体としてのオペレーション・コストを下げていくことにある。

　次の「現地化」段階の派遣者には，ローカルの社長との間に信頼関係を構築し，ローカルの情報が本社に適切に上がるようにすることが求められる。しかしながら，アジア拠点の場合には，「輸出」や「事業別展開」の段階のビジネスが併存していることが多く，完全に本社から独立して経営できるケースは少ないため，日本人の経営者が引き続きリーダーシップを取ることも多い。日本人であっても，関係会社における経営経験があるなど，「事業部門の利益代表」を超えた概念で現地の経営ができる人材であれば「現地化」の状況に近付くことができる。アジア地域の「現地化」推進の議論の中で，よく日本人派遣者が多すぎるので本社に戻すべきであると議論されることがあるが，日本人派遣者の「数」の議論は，「事業別展開」の段階においては有効かもしれないが，「現地化」以降の段階においては相対的重要性が増すのはむしろ「質」である。単純に「数」減らしを目標にすると，本当に現地で必要とされる人材が残らず，海外拠点の質的弱体化につながり，より高次の目的であるグローバル展開が停滞してしまうことに注意する必要がある。

　地域統括機能は，前述のように，グループ経営体をまとめる機能，個々の現地法人のレベルを超えた地域戦略を立案・推進する機能，コーポレート・ガバ

ナンスを遂行する機能，オペレーションを効率化する機能などが含まれる。このステージにおいては，本社からの派遣者には，ブリッジというレベルを超え，「地域」の視点からの戦略を自ら主体的に発信し，作り上げていく力が求められるようになる。そのための活動としては次のようなものが考えられる。

・本社に地域のニーズを発信して本社の戦略に影響を与える。
・本社の企業価値を地域や各国の文化に合わせてアレンジして浸透させる。
・各社の制度を統合して個々の海外現地法人のエゴを調整する。

このような人材を確保するためには，本社と現地（アジア拠点以外の経験を含む）の両方においての業務経験と人脈を蓄積することを通じて派遣者を育成していく必要がある。

「グローバル化」のイニシアティブが進むと，アジアでは，「事業別展開」において事業部が持ち込んだプロセス，「現地化」段階におけるローカルや欧米流のプロセス，「地域化」段階における地域の標準プロセスのさらに上に，「グローバル・ビジネス」の要素が加わる。英語圏においては欧米とのつながりが強まり欧米流のマネジメントが導入され，華人ネットワーク内においては中国式のビジネス上のつながりが生まれる一方，日本の事業部発の日本語を使った日本的なビジネスの展開も同時並行的に進む。

この段階の派遣者に必要とされることは，第1に，ローカルの顧客との関係を作り，ビジネスを立ち上げ，グループに貢献すること，すなわちローカルを強くすること，第2に，多様なステークホルダーから必要なサポートを得て，撤退の判断を含む各拠点の戦略的方針を確立することである。「現地化」段階で必要とされたローカル・ビジネスをよく知る人材という点だけでは不十分であり，次のような要件が必要となる。

・日本やアジアだけではなく欧米でのビジネス経験を持つこと。
・キーとなる人材との人脈などを有しており調整ができること。
・日本本社の支援を得るため日本本社の経営者やシニア・マネジメント層との強固な人脈を有すること。
・経営層として複数事業部や機能部門を束ねる経営経験があること。
・方針や戦略の策定を自ら行い，提案・発信できること。
・混沌とした状況の中で自らの立場や考えを各方面に発信・主張し，交渉・調整できること。

このステージにおいては，海外派遣元も，日本本社から，欧米拠点から，中

華圏域内からと複雑性を増す。この段階の海外派遣者においては，日本人であるか否かに関係なく同等の要件が必要となる。

効果的な海外派遣に向けて

既に述べたように，アジアの拠点の全ての海外派遣者について「グローバル化」段階の要件が必要であるということではない。様々なビジネスの段階が共存する中で，海外派遣者の人選はビジネス・モデルに合わせたミッションと要件，そして人材配置のバランスを丁寧に行う必要がある。特定のタイプの海外派遣者に偏ると，ビジネスの展開に悪影響が出る。一方，英語や中国語等のローカル言語が堪能な人材は限られたリソースであり，そのような人材を有効に活用するためには，海外派遣者が自らキャリア・パスを描き，ミッションやビジネス・モデルの変化に対応し，自分を変革・ステップアップできるようなサポートが必要である。

「グローバル化」段階のように，ローカル・本社・本社以外の海外拠点の3方面に対して力を発揮する人材を短期間には育成することは難しい。単に語学堪能な海外経験のある人材を外部から採用・登用するだけでは通用しない。ローカル・ビジネスの経験だけではなく，日本本社での相応の経験と実績が必要で，そのためには，海外派遣者の帰任後も日本本社に留まって日本でも経験を積むことが求められる。海外派遣経験者が，帰任後に，違和感なく日本本社でさらに経験を続けていくためには，「内なる国際化」という課題もある。次節では，このような海外派遣者を計画的に輩出していくための取り組み事例をあげ，課題の整理を行いたい。

4．グローバル人材育成の取り組みと課題

グローバル人材の育成の意味

第1節においては，「グローバル人材」といっても様々な切り口があることを述べたが，現在組織がおかれている現状によって，複数のケースが考えられ，それぞれにおいて「グローバル人材」の意味するところは異なると思われる。

グローバル人材の育成は，日本本社の日本人だけの課題ではなく，海外グループ会社のローカルの従業員にとっても同じ課題であるが，ここでは，日本人が日本のローカル・ビジネスを中心にビジネスを進めている環境をスタート地点として，いかに，日本本社でグローバル・ビジネスで活躍できる人材を多く

表 10-2　組織の状況と「グローバル人材」

現状	内部環境	グローバル人材育成の意味
グローバル化に晒されていない/意識することが少ない	日本企業に勤める日本人（または日本語を母語とする人）の大多数が海外ビジネス/海外派遣を経験していない人材である	外国語を学ぶ、異文化を学ぶ、海外ビジネスを経験する、外国人に接するなど、「グローバル」を「意識」することが出発点となる
グローバル化に晒されている/意識することが多い	海外経験がある従業員が多い/組織内に外国人の従業員がいる/外国語を使って仕事をすることがある	実際のグローバル・ビジネス推進において効果を上げるコンピテンシーを身につけるという点にフォーカスされる
	買収などによって海外企業の在日子会社の形となっているが、日本ローカルの企業文化を継承している	本社の企業文化や、その国以外のグループの活動についても知る人材を育てるという、より広い概念となる

輩出していくかという点に絞って、3つのステップに従って事例を取り上げていきたい。3つのステップとは、「"グローバル"を意識する」「"グローバル"を体験する」「"グローバル"な視座を得る」である。

ステップ1："グローバル"を意識する

　日本企業に勤めて、日本語を母語とし、日本国内のビジネスにのみ従事している人材を「グローバル人材」に育てていくためには、自分の文化以外を意識してもらうという段階から始める必要がある。日本の製品を輸出する段階や、1980年代以降、貿易摩擦で海外に工場を展開していった時期には、会社の方針として特に意図しなくても、ビジネス上の必要に駆られて日本人が海外に出て行き、拠点を設立し、ビジネスを展開する機会があった。入社間もない若手の人材であっても、海外出張に出て、直接現地の顧客と交渉するような機会もあった。しかし、グローバル・ビジネスの展開が進むにつれて、日本以外のビジネスをローカル人材や非日本人の第三国の人材が担当するようになると、最前線へ日本人が直接出向く機会がむしろ減少してくる。また、近年はネットワークの発達とともに海外との日常的なコミュニケーションが容易になったことから、以前のように若手が「社会見聞」「カバン持ち」などで上司の海外出張についていくといった機会も減っている。加えて、昨今、報道でも言われているように、今の若い世代は、学生時代に海外留学や海外旅行を行う機会も減っており、全体として海外への関心が低くなっていることも指摘されている。

　富士通のケース　　現在、海外ビジネスの上級ポジションで活躍している日本人人材のほとんどは20代～30代前半の若い時期に海外駐在を経験

している。また，直接駐在を経験していなくても，若いときから製品・技術開発の分野などで海外のパートナーや関係会社と交渉するなどの経験をしている。通常，このようなベーシックな経験を経ることなく，グローバル・ビジネスでいきなり活躍できるような人材に育つことは考えにくい。前述のように，昨今の時代背景では，先手を打たなければ，現在の若手社員の中から将来グローバル・ビジネスで活躍できる人材（グローバル・リーダー）のプールを確保することがますます難しくなる。グローバル・ビジネスが，語学やコミュニケーションに留まらない様々な能力を要求していることから，人材のプールを広げて候補者を増やすことは至上命題である。その意味からも，グローバルを意識することを会社の主体的な取り組みとして始めることを大切な第1のステップと考える。

日本人の場合は英語及び英語によるコミュニケーションの力をつけるということも必要であるが，まずは，実際に異文化を体験できる状況に身を置くということがより重要である。グローバル企業の先進事例としてサムスンの「地域専門家制度」がよく取り上げられている。この制度では，派遣先の国に1年間滞在させるが，仕事の義務はなく，その国の言語や文化を学ぶため，自主的に計画を立て，実行させている。1990年から同制度を導入しており，この制度で派遣された卒業生は4,000人を超えている。徹底して地域に入り込んで文化を理解し，現地の事情を熟知する人材を育て，その国のプロを育てている（日本サムスンHP）。このような大胆な取り組みを実施できる企業は多くないが，将来グローバル・ビジネスに抵抗なく入っていける人材プールを幅広く確保しなければならないという危機感は，多くの会社が持っていると思われる。

富士通のケース　　上司の推薦により，6カ月間，集中的に異文化や英語のトレーニング機会と海外研修の機会を与える制度（グローバル・コンピテンシー養成研修）を2008年度から開始した。対象は，入社後3年目程度，規模としては，新入社員の約20%程度がこの制度を活用できるようになることを想定している。グローバル人材育成のいわば最初のステップとしての制度であり，まずは，異文化を「体験」できる機会を提供しグローバル人材プールの裾野を広げることを目的としている。

異文化を体験できる環境は，外国籍従業員を増やすということでも比較的容易に実現できる。新卒に占める外国人の割合は増える傾向にあるが，中国，韓国などアジア系の日本への留学生が大多数で，英語だけを使う人材の採用はま

だ少ない。今後は，海外拠点からの出向者など経験者を含めてより人数を増やしていく必要がある。また，日本の職場環境も日本語・日本人中心のプロセスであり，職場環境を整備していく必要もある。グローバル人材のステップの第一歩は，まずは，足元の環境を整えて，グローバルを意識できる環境を整えていくことである。

ステップ2："グローバル"を体験する

グローバル人材の次のステップは，実際にグローバル・ビジネスを体験してもらうことである。グローバルを体験する過程の中で課題となるのは，本人への意識付けの方法である。ある程度本社の意向でビジネスを進めていける「輸出」や「事業別展開」の段階のビジネスで，本社の紐付き派遣であれば，本人が仕事の進め方で迷うことも少ないが，「現地化」以降の段階のビジネスでは，本人が自らの価値を周囲にアピールし，自分で仕事を作り出して提案していかなければならない。米国や中国など，人材の流動性の高い国では，海外派遣者の存在は，自分の仕事やポジションを奪う存在でもあり，周囲の同僚が日本から来た経験の浅い派遣者に対して，進んで手を差し伸べてくれるということは考えにくい。また，米国のように，全米の広い範囲にオフィスやオペレーションが散在していて，同僚や上司が常に物理的に近くにいるということがない環境では，電話会議などがコミュニケーションの中心で，言葉のハンディを補って相手に自分の価値を理解してもらうには，やはり自ら積極的に仕事を取っていかなければならない。特に海外を初めて体験する若手社員には，人を頼らず自分自身で自分の存在価値を作り出していく，という気概を持って赴任期間を過ごすための意識付けをする必要がある。この最初の「仕事を取っていく」体験が後に「グローバル化」段階のグローバル展開の場においても通用する，自律したグローバル・リーダーとなるためのステップとして重要になってくる。

富士通のケース　富士通では，先に述べたグローバル・コンピテンシー養成研修の次のステップとして，将来のリーダー候補となりうる人材を人選し，海外に2〜5年間派遣する「海外ローテーション制度」を導入した（2013年度より派遣期間を1年に見直し）。以前から，ソリューション部門や管理部門などで，部門の取り組みとして若手人材を海外に派遣する制度はあったが，今回は，より長期的なキャリア形成を意識し，全社的な取り組みとしてリニューアルした。実際には，現地拠点のグローバル化が進展している影響で，日本本社が単にトレーニーを受け入れて欲しいと依頼し

ても，現地の意向でなかなかスムーズに受け取ってもらえないケースもある。少なくとも日本では独り立ちして成果を上げている優秀な人材を送り，現地で理解される価値を示せなければ，制度が機能しない。そこで，新しい制度では，「トレーニー」という概念を捨て，人選するターゲット層をこれまでより少し引き上げて入社5〜6年の中堅社員とし，また，日常で全く海外と関連がない部門からも，本人のポテンシャルを見て人選し，派遣している。

　たとえ日本語が通用するアジア地域の経営層を育てることが目的であっても，若年層には，日本人中心で進めているハードルが低い環境への派遣を経験するより，欧米圏，または，ローカル中心でビジネスを進めているアジアの拠点や，ビジネス・プロセスが日本とは異なる環境下における，「仕事を積極的に取っていく」経験を積ませる方が効果的だ。最初の派遣で，相手に価値を認めてもらえない不満足な結果に終わったとしても，学びや気づきは大きい。この「失敗体験」が重要で，若いうちは修正が効くため，次の派遣でリベンジを，という新たな目標も生まれてくる。派遣者の成功は，本人の気概と努力，及び，価値を認めてもらえるまでのしばらくの間，少々失敗したり，相手にされなくても動じない精神的タフさがあるかという点にかかっている。

　なお，海外赴任の期間中，現地で日本本社にいるよりも幅広い領域についての責任を任されることがある。海外では，概してビジネス遂行において，ビジネス・マネジャーの裁量が大きく，例えば人の採用や解雇など，日本では管理部門がサポートするような内容もすべて自分で判断して実施しなければならない。日本では部下も少ない若手であっても，特にアジアの拠点などでは，いきなりチーム・リーダーやマネジャーのポジションを得て幅広い分野の責任を負うことがある。管理部門以外からの派遣であっても，リソース・マネジメントや資金管理などの経営判断の経験を積むことができる。また，現地の法令についての知識も求められ，日本ではほとんど意識する必要がなかった労務関連の法令などについても経験上，知識を得ることになる。

　海外で幅広い経験を得られることにも関連するが，若年層の海外派遣者をスムーズに帰任させ，帰任後，次のステップとして日本本社での経験を積むことができるか，という点は大きな課題である。先に述べたように，グローバル化が進展した状況においては，海外派遣者は，単にローカル側のビジネスに詳しいということでは通用せず，日本本社の経営層や幅広い部門との人脈などが求

められる。若手が海外派遣から戻った後に、日本本社で再度成果を上げ、経験や人脈を広げる必要がある。派遣中、ローカルの中に入り込んでチャレンジングな仕事を経験し、苦労を乗り切って成長した人は、海外で非常にいい経験を得た半面、帰国後、逆に日本での仕事の進め方に対して、物足りなさを感じがちである。若手リーダー層で海外経験がある人材は、外部からの勧誘も多く、外資系企業などに転職してしまうケースが他の年代よりも多い。グローバル人材の育成がこれから本番という段階で抜けてしまうという事態は会社としては避けたい。そのため、赴任する前と同様のレベルで、帰任前後のケアやコーチングを丁寧に行うことが重要となる。

　富士通のケース　帰任者に対してインタビューを行った結果、海外赴任から帰任する際に、比較的シンプルな対応がされていないことで、帰任者を失望させ、転職先を探すきっかけを与えてしまっている場合があることが分かった。比較的シンプルな対応というのは、「話を聞く」ということである。ある帰任者は、帰任の1年前から、上司に帰任先はどこになるのか、という相談をしたが「まだ早すぎる」と言われた。その6カ月後にもまた同じ質問をしたが、結局、帰任の3カ月前に、一方的に帰任先を告げられた。本人としては、帰任後に担当している仕事に特段大きな不満があるということではない。ただ、海外で得た貴重な経験を生かしてやってみたいことがあったが、話を聞く機会を与えられず、一時は転職を考えたという話をしていた。長期雇用、ローテーションを前提とする日本国内の異動では、本人の希望をあまり考慮せず、純粋に会社都合で一方的に異動を決定することは珍しいことではないが、海外の会社から日本に帰ってくるということは、本人にとっては、単なる「社内異動」ではなく、会社を転職するほどインパクトがある変化である。帰任するのも転職するのも同じように変化を伴うのであれば、待遇もよいし、自分のやりたい仕事をやろう、と転職に動くこともあるだろう。転職するハードルが下がっている以上、受け入れる側も、積極的に本社の仕事やキャリアの魅力をアピールして「勧誘」し「採用」するくらいの気構えがなければならない。

　また、別の帰任者は、帰任者自身が、自身の能力を過大評価しがちであることの問題を指摘している。海外へ行き、自分でやりたいことをアピールし、進めていくことができたのは、環境や文化、仕事の進め方の違いによるものも大きい。中にはそれを自分自身の能力の高さと捉えて、日本本社に戻った時に、自分の能力や価値を周囲が理解していない、という誤解

をしがちである。大きな組織体で動いている本社では，すべて自分でやってしまうという行為が全体として非効率を生むこともあり，「自分でやらず，人（組織）を使って動かす」という仕事の進め方が必要となるが，これは「海外」と「日本」の違いではなく，「中小企業」と「大企業」の違いによることも大きい。海外の比較的小規模な組織で自分で切り開いてやってきた若年層には，大きな組織の日本本社へ戻ることは，赴任前とは異なる次のより高いステージへ至る新たなチャレンジであり，ステップにもなることを適切に示す必要もある。

　一般的に，海外赴任を始める前には，人事担当者などが面談を行い，赴任先の職場でも前任者や職場の他の派遣者などからアドバイスを得る機会が多い。赴任する側も，外国へ行くという「分かりやすい異文化」に入っていく覚悟や準備もできている状況である。一方で，赴任を終えて帰任する際には，少なくとも，帰任者を受け入れる職場側は，同じ日本人である帰任者が「異文化」を持ち込むということを認識していないし，帰任者側でも，赴任前後の自分自身の変化を客観的に判断できず，職場が変わっていないことに対して落胆するということが起こる。本来は，帰任時にも異文化に入っていくという覚悟や準備が必要で，帰任前に本人のキャリア志向やモチベーションの方向などが赴任時と比べてどう変化したか，客観的に振り返り，帰任する準備をすることが求められる。

　なお，もちろん帰任者の離職問題は，帰任する本人だけではなく，帰任者を受け入れる職場側にも課題がある。この点は，「内なる国際化」の課題として最終節で述べる。

ステップ3：〝グローバル〟な視座を得る

　グローバルを体験した人材の次のステップはグローバルな視座（perspectives）を得ることである。ステップ2でグローバル・ビジネスの現場を，人によっては複数回体験したら，残る課題は，現状のグローバル・ビジネスを俯瞰して，将来像を描ける視座を持つことができるか，という点である。海外拠点の従業員もグローバル・ビジネスを理解しているわけではないため，海外拠点のローカルの経営幹部候補にとっても共通の課題である。グローバル・ビジネスというのは多様なローカルの現場の集合体であり，その中に入り込めばすべてローカルの視点になる。ただし，ローカルな視点や能力を集めただけでは，グローバル全体の中長期の将来像は描けない。ローカルの現場は過

去の経緯を経てたどり着いた「現状」であり，現状の延長線上では，現状の制約からの発想以上の方向性が見えにくい。例えば，若年層を海外拠点に派遣し，海外の現場を知ったとしても，派遣先の現地法人の社長が考えているレベル以上の大きなグローバル・ビジネスの流れを理解することは難しいだろう。将来進むべき方向はもっと大きな視座から「現状」を捉える必要がある。現状のグローバル・ビジネスの枠組みや環境とは異なるインプットや経験が必要である。

　欧米の大企業では，経営者が複数の会社を渡り歩いて様々なグローバル・ビジネスの経営スタイルを経験していることが多く，また業種を超えた経営者のネットワークを形成し，国を超えたグローバル・レベルの政治，経済，環境問題，軍事など様々な情報に接する機会を持っている。もちろん，日本でも国内では，多くの経営者が，政界や財界の要人などと人脈を持っていて，相応の影響力を持っているが，国際レベルで影響力がある日系企業の経営者は比較的少ない。グローバルな視座は，海外赴任経験を積むこととは別次元で，グローバル・レベルの政治経済についての最先端の議論を行う場に出て，影響力を与えたり，自社の方向性もその大きな流れの中で考え，実行していける力を持つことで培われる。

　　富士通のケース　2000年からグローバル・ナレッジ・インスティテュート（Global Knowledge Institute: GKI）という経営人材育成プログラムを実施している。事業部長や統括部長の候補者のレベルを対象とし，FUJITSUの「知」を創造し，結合し，共有する場を提供している。このプログラムのカリキュラムの中には，「グローバルな視座」を持つための世界の先端のビジネスに関わる議論やインプットも含まれている。なお，グローバルの視座を身につけるプロセスは，経営者育成のプログラムが全てではなく，実際に世界中の各界の大物や一流のリーダー，アカデミックな人脈とも親交を持つ機会を得，常にアンテナを高くして世界の動きをキャッチしておく，ということが必要になる。また，経営層がチームとして，社外から知見を得てグローバルの視座を高める体制を取るということも必要である。

　特にグローバル展開の「地域化」や「グローバル化」段階の海外派遣者には，個々の海外現地法人の現状と外部環境，本社の戦略など複雑な状況を整理した上で，世界全体の動きを感知しながらビジネスの方向付けをしていく力が必要で，ここが，海外赴任でローカル・ビジネスの経験を踏むだけでは対応できな

くなる部分である。本社の戦略を理解することももちろんだが，様々なレベルの発想や利害がコンフリクトをする状況下で，「グローバルな視座」を持って，自ら進むべき道を見出し，非日本人を含む，周囲を引っ張っていく力を持っていることがリーダーとしての要件となる。

　上記のように，グローバル展開の各段階をそれぞれ支えるグローバル人材は，語学力がある人材，海外で仕事ができる人材，というレベルから，いくつかのステップとレベルを経ながら長期的に育成されていくべきものである。グローバル展開の「地域化」や「グローバル化」の段階になれば，もはや国籍を問わず，地域を問わず，共通した能力を備えるグローバル・リーダーが求められるようになる。アジアの海外派遣者についても，ある段階から，地域で通用するローカル人材ではなく，グローバル・リーダーが必要になる。このような人材を欠くと，グローバル・ビジネスにおける地域の持つ位置づけや利点を十分に生かしきれず，船頭ばかりが多くなって，現地ビジネスの立ち上げすらも難航してしまうこともある。各方面のエゴを調整しながら，ローカルを引っ張ることもできる，バランスのよいグローバル・リーダーもしくはリーダーシップ・チームが求められている。

5．内なる国際化へ向けて

　本章をしめくくるにあたり，前節で述べたような「グローバル人材」を育成し，根付かせる土壌として，必要となる「内なる国際化」の取り組みについて述べたい。「内なる国際化」とは，海外に出て行く国際化と異なり，自国内あるいは自組織内に海外の人材が多く入り，日本国内の従業員や職場自体が全体としてグローバル化していくことである。象徴的な事例としては，楽天とファーストリテイリングのケースがあげられる。

　楽天は，社内公用語を全て英語化し，決算発表も英語で行っている。ファーストリテイリングも同様に社内公用語を英語とする方針を取っている。このようなアプローチに対しては，賛否両論がある。しかしながら，公用語を英語とすることで，ショックを与え「内なる国際化」を加速させたいという経営者の強い意志の表れであると考えられる。「内なる国際化」は世界中の人材を対等に活用し，優れたグローバル・リーダーを輩出するための前提条件となる。育成プログラムや海外派遣を行い，また外部から外国人の登用や採用など，様々

な施策を打ったところで,結局本社本丸の「国際化」が伴っていなければ,本質的に変革していくことは難しい。

「内なる国際化」に最も貢献するのは,「内側」に異文化を持ち込むこと,つまり日本本社に外国人を増やすことではないだろうか。新卒採用のレベル,海外拠点からの逆出向者,役員レベルへの外国人の登用などを進めると,外国籍従業員の人数が増えるにつれ,必然的に日本人側のやり方を変えていかなければならず,意識も変わっていくものと思われる。今後,さらに彼らの活躍で「内なる国際化」を進めるためには,彼らが働きやすい職場を実現していく必要がある。そこで,ここでは,象徴的な「内なる国際化」の課題として,外国籍従業員のキャリア形成の問題を取り上げたい。

外国籍従業員の中には,将来母国に帰って活躍をするキャリアを想定している人も少なくない。彼らのキャリアを後押しするためには,いわゆる「海外部門」ではなく,敢えて日本のローカル・ビジネスのコアの部門で叩きあげた上,日本を知る強みを母国に帰った際に生かしてもらうことも必要となる。アジアや中国の拠点では,ローカル化,グローバル化が進展し,相応のレベルの高いローカルの従業員が,派遣者に比して格段に安い水準の給与で活躍している。外国籍従業員が,母国に帰国して仕事をするに当たり,自ら低い報酬水準を受け入れて,ローカルの従業員として勤務するなら別だが,海外派遣者として派遣することを想定すると,いわゆる「駐在待遇」を正当化できるだけの目に見える能力や経験上の差がなければ,ローカルの従業員に受け入れてもらえない。このため,特に新卒で日本本社に入社し,将来母国に帰って活躍する意志がある外国籍従業員には,本社での経験でしか得られない何かを身につけてもらう必要がある。「輸出」や「事業別展開」の段階であれば,単純に現地と本社とのリエゾン役として,語学堪能な人材として活躍ができるかもしれないが,「現地化」段階以降になると,ローカル・ビジネスの主役はローカル人材になるので,本社からの海外派遣者には何らかの付加価値が必要となる。

一方,新卒の外国籍従業員を受け入れる日本本社の職場側は,外国人を受け入れる体制になっていないことが多い。日本人と同じように採用基準をクリアし,日本語も話せる人材ではあるが,日本人の礼儀作法など,根本的な価値観には違いもあり,誤解やコンフリクトを生じることもある。ある外国籍従業員の上司は,外国人の部下の問題行動が「個性」なのか「文化的背景」から由来しているものなのか,判断がつかず,結局遠慮して日本人の部下を叱るのと同

じようにはしつけることができない，ということに悩んでいた。日本人・外国人を問わず，社会経験の浅い新入社員であれば，社会人としての常識に欠ける行動を取ることもあるが，上司が外国人に対しては，注意をしていいかどうか自信がなく，結局コミュニケーションを避けてしまうこともあるようだ。

　コンフリクトは異文化体験の典型的かつ重要な要素だが，会社としては，異文化体験を始めた職場に対して，教育などを通して，自信を持ってコミュニケーションができるように環境を整える必要がある。外国籍従業員が，日本の職場で日本人の同僚と違和感なく仕事ができるようになれば，彼ら自身が日本のコア・ビジネスを理解する機会が得られ，外国人の数を増やしてさらに「内なる国際化」を進めることができる。外国籍従業員を特別扱いする必要はないが，将来につながるキャリアを形成していけるよう，また会社としても将来の海外ビジネスの現場で長く活躍してもらえるよう，側面サポートを行っていかなければならない。元々，外国企業（日本企業）に勤めるということを通して，グローバルを「意識」し，「体験」している人材で，かつ，本社のことがよくわかっている人材なので，上手く育てて，かつグループ内部で定着すれば，「グローバル・リーダー」となるポテンシャルは高い。

　新卒採用で外国人を採用する以外に，職場に外国人を増やすルートは，海外拠点からの出向者の受け入れである。富士通のケースでもまだ日本人の海外出向者に比べ，海外拠点からのいわゆる逆出向者は少ないが，職場によっては彼らを受け入れたいというニーズも高い。例えば，製品開発の現場では，欧米企業との共同開発などで，日々，パートナー企業の技術者との間で交渉や折衝を行う必要がある。日本人だけの集団ではどうしても交渉力に欠け，良い条件で業務を進めることができない。このような環境では，海外拠点からの出向者は，その交渉や折衝を自社の立場で行ってくれる即戦力人材である。新卒採用で日本語を話さない人材を一から教えて育てるのは大変だが，既に海外拠点での業務経験や知識・技術があり，即戦力として使える逆出向者であれば，日本語ができない人材であっても，十分活躍できる場面がある。海外拠点側も，本社との強いパイプ役となれる人材を育てるため，本社へ出向者を出したいというニーズもある。なお，海外拠点からの出向者の場合，元々長期雇用の慣習がないため，日本から海外への出向者以上に，元の職場への帰任後のリテンションが難しく，出向元の海外拠点が派遣に二の足を踏みがちであることがネックとなるが，今後その数を増やしていく必要があると思われる。

富士通のケース　日本語を使わない従業員が社内に増えてくると，職場のバイリンガル化（英語対応）が必要になってくる。富士通では人事部門に北米拠点からの出向してきた外国人を中心に，2007年にIntegr8（インテグレイト）というプロジェクトを立ち上げ，外国籍従業員への情報提供，相互のネットワーク作り，規定やルールの英文化，英文による問い合わせサポートなどを推進している（現在は，対象を外国籍従業員に限らず，異なる国籍の社員間の交流促進等も実施）。これは，外国人出向者がリーダーとなって進めた「内なる国際化」の一事例である。バイリンガル環境整備が先か，逆出向者の受入れが先か，の順番には議論がある。トップダウンでショック療法的にバイリンガル環境整備を進めるやり方もあるが，ビジネス・ニーズと密接に関連していなければ継続的な取り組みにするのは難しい。現場の実感としては，環境や受入れ体制は急に整うわけではない。個別の現場のビジネス・ニーズを丁寧に掘り起こして海外からの出向者を迎え入れ，その上で彼らの周辺から徐々にバイリンガル環境を整え，環境整備が新たな逆出向者を呼んで，「内なる国際化」の良循環につながっていく，というように，地道な活動を継続することで少しずつ進化している。まずはビジネス・ニーズから外国人や異文化の流入のボリュームを増やし，継続的にバイリンガル化や環境整備に取り組んでいくことで「内なる国際化」を確実に定着していくことが必要である。

「内なる国際化」の別の効果としては，職場が異文化への耐性を持つことで，海外赴任からの帰任者が違和感なく帰って来られる環境ができるということもある。前節では「グローバル人材」の育成にとって，海外経験が重要なステップとなっている一方で，海外赴任経験者のリテンションが難しい，という問題を取り上げた。グローバル展開の第5段階（「グローバル化」）でも通用するようなグローバル人材の育成のためには，段階を追ったプロセスを経ることと，人材を引きとめることは，非常に重要なポイントである。「内なる国際化」を進め，本社側の意識に変化を与えることにより，帰任者が長期的なキャリア・パスを会社と共有し，本社組織で引き続き活躍するモチベーションを保ち続けることができる環境があれば，ビジネスを支える重要な基盤となりうる。

以上，本章では，富士通の実際のケースを参照しつつ，各グローバル・モデルやビジネス展開を与件としてそれぞれの段階に合った人材をどのように育成し，確保するかに焦点を当てて実務的な観点から考察した。世界のグローバル・プレーヤーは，非常に速いスピードでグローバル・ビジネスを展開してい

る。ここで取り上げた実際の取り組みも，じっくり腰を据えて考えるというよりは，常に走りながら考え，修正し，進めているというのが実態である。特に中国やインドといった国は勢いがあり，早いスピードでビジネス展開を進めている。日本企業の日本人派遣者も本社側も，1つのビジネス・モデルや施策に安住するのではなく，自らを変革し，ビジネスの展開や変化に適応していく必要がある。グローバル人材の育成は一朝一夕にはできるものではない。しかしながら，育成プログラムの提供，海外派遣，海外派遣帰任者や外国籍従業員の受入れサポートなど，様々な取り組みを同時並行的かつ継続的に積み重ねることにより，将来さらに進んだグローバル・ビジネス・モデルを支えることができる人材を輩出し，日本企業のグローバル・ビジネスの展開に活力を与えることができると考えている。

参考文献

Bartlett, A. C. and S. Ghoshal (1989), *Managing Across Borders: The Transnational Solution*, Boston, Massachusetts: Harvard Business School Press., (吉原英樹監訳『地球市場時代の企業戦略』日本経済新聞社，1990 年。)

Black, J. S., H. B. Gregersen, M. E. Mendenhall and L. K. Stroh (1999), *Globalizing People Through International Assignments*, Addison-Wesley Publishing Company, Inc. (白木三秀・永井裕久・梅澤隆監訳『海外派遣とグローバルビジネス―異文化マネジメント戦略―』白桃書房，2001 年。)

Galbraith, J. (2000), *Designing the Global Corporation*, Jossey-Bass Inc. (斎藤彰悟監訳，『グローバル企業の組織設計』春秋社，2002 年。)

Nohria, N. and R. Eccles (1992), *Networks and Organizations*. Boston: Harvard Business School Press.

Porter, M. E. ed. (1986), *Competition In Global Industries*, Boston, Massachusetts: Harvard Business School Press., (土岐坤・中辻萬治・小野寺武夫訳『グローバル企業の競争戦略』ダイヤモンド社，1989 年。)

Prahalad, C. K. and Y. Doz (1987), *The Multinational Mission; Balancing Local Demands and Global Vision*, Free Press.

日本サムスン，ホームページ，「地域専門家制度」 http://www.samsung.com/jp/aboutsamsung/group/corecompetence/person/area.html （2010 年 8 月 10 日アクセス）。

第11章 外部企業による
グローバル人材の育成

堀江　徹

1. 日本企業のグローバル人事への取り組み

　近年,「グローバル人材」という言葉がよく使われるようになった。日本企業が「グローバル人事」や「グローバル人材の育成」に取り組むようになってからの歴史はそれほど長くはない。1990年代までは本社人事部の中に，日本人海外赴任者及びその家族の世話をする海外人事担当者がいただけであり，海外拠点の人事制度や日本人海外赴任者の育成，外国人人材の採用・育成・選抜といったことについて本社が関与することは殆どなかった。本社が海外拠点に権限委譲していた，というよりは，極端な話，本社はこの分野について過去長期間にわたって放任してきた。

　欧米先進国では，日本企業進出の歴史も長く，また外国人人材の中に人事業務のプロが存在するなどして，各地域・各国・各拠点で，それぞれの課題に応じた諸策が採られている場合も少なくなかった。一方で，アジアにおいては，進出の歴史が長い東南アジアでも，比較的進出の歴史が短い中国でも，財務・経理畑出身の日本人赴任者が人事業務を兼務しながら管轄し，その下で総務担当の若い現地人材が給与支払い等の実務に徹するのみで，特に大きな施策が採られることもなく人材マネジメントが実施されてきた。

　1990年代半ばになり，東南アジアや中国で，優秀人材のA＆R（Attraction and Retention：採用と引き留め）が困難になり，労務問題が発生し，各地域・各国・各拠点で必要に迫られて対策を講じるようになった。

〈第1段階〉　1990年代後半：海外拠点主導の人事制度改革

　日本企業では，日本本社で長期にわたって導入・運用してきた「年功序列」

「終身雇用」に基づく人事制度が海外でも幅広く導入されてきた。意図的に導入してきた，というよりは，海外拠点には本社人事部からの特別な指示やサポートがなく，また，海外拠点の人事担当者が多くの企業で財務・経理畑担当者で人事関連の業務経験がなかったため，日本の制度をまねて現地制度を作り，運用してきた。日本では通用してきた制度でも，現地では，職務・役割の考え方が明確であるため，日本の制度では責任権限や昇格基準がわかりにくい，実力があり成果を上げても昇格が早まることはあまりない，マネジャーになるまでに相当な時間を要するがマネジャーになったからといって大きな権限責任が与えられるわけではない，などと現地のスタッフからは不評で，モチベーションが上がらず，優秀な人材が獲得できず，引き留められないという問題が発生してきた。

海外拠点のヘッドや管理部長が「これではいけない！」と各地で制度改革を行うケースが多くなった。制度改革の主たる内容は，職務記述書の作成，役割の明確化，報酬制度の社内公平性や対外競争力の担保，評価制度の理論武装とプロセスの整備，評価結果と報酬のリンク，評価結果のフィードバックの徹底，といったことで，その改革プロセスにあまり本社は関与していなかった。

〈第2段階〉 2000年代前半：本社主導の人事制度の世界統一

日本企業の海外売上・利益比率が大幅に拡大し，本社の海外事業に対するガバナンスをより強く利かせていかなければならないと考える企業が増え，本社人事部の中に，海外の人事を取り扱うグローバル人事部，海外人事チームといった部・チーム・担当者が置かれるようになった。

グローバル人事部，海外人事チームといった本社の人事機能は，まず，海外の人事制度の世界的統一・標準化に着手した。資格やグレード制度を統一する「グローバル・グレーディング」が流行になった。海外各拠点が，それまでに既に職務の大きさに基づくグレード制度をベースにしていたならば，ある拠点のどのグレードが，他の拠点のどのグレードに相当するのか，読み替え表を作成することで済むわけだが，そもそも各拠点の制度が職務ベースか職能ベースか，何の根拠に基づいたものなのかが不明な場合も多く，グローバル・グレーディングを構築するためには，グレード制度の根本的な考えを統一するところから始まる。同じタイトルの名称を使っていても，その組織，業務の規模や難易度によって役割の大きさは異なり，事業部，地域，機能といった様々な角度から異なる価値観に基づく意見が出され，企業によってはグローバル・グレー

ディングを構築するだけで2～3年を要するケースも出てきた。

　欧米企業では，グローバルで，どの拠点でも職務ベースでグレード制度が敷かれ，グローバル・グレーディングが整備・維持されているケースは多い。統一のグレードを用いて，国や拠点を超えた異動や選抜がスムーズに行われている。報酬の絶対額こそ異なるが，現地の市場水準に対してどのくらいの報酬パッケージを支給すべきかといった議論が，グローバル・グレーディングを用いて行われる。

　この頃は，グローバル・グレーディングのみならず，報酬制度，評価制度のプロセスや仕組みといった人事制度の世界統一・標準化が推進されたが，制度統一が目的化し，グローバル・グレーディングや統一・標準化された報酬制度・評価制度が完成したときには，統一・標準化した目的は何だったのか戸惑う企業も少なくはなく，また担当者の異動で，せっかく完成させた制度がその後消滅・形骸化して維持できない企業も多く生じた。

〈第3段階〉　2000年代半ば：本社と現地が共同で外国人人材を育成

　制度の整備や世界統一・標準化に偏りすぎた反省もあり，各社の施策は制度から人材育成に大きく軸が移行した。中でも，「現地化」という言葉が流行し，「日本人赴任者が担当している役割を現地の外国人人材に譲り渡すこと」が現地化を意味するようになった。

　日本では日本人社員を対象として新人研修や新任管理職研修といった階層別研修を行っている企業が殆どだが，海外の外国人人材向けに研修を体系だって行ってきた企業は稀で，まずは外国人人材の経営幹部レベルを日本に招聘して行う「リーダーシップ研修」が大流行した。

　3～5日間の研修で，社長や役員が企業理念を説き，各事業部長からビジネス戦略を聞き，場合によっては企業発祥の地を訪問し，リーダーシップの講話があった後，懇親会をして終わる，といった内容。これまでこういった経験がなかった外国人人材は日本及び本社を訪問することができ，本社の経営幹部に会い，他の国の経営幹部とネットワーキングできるため，総じて好評であり，本社のグローバル人事担当者も，研修遂行というアウトプットが出ることで達成感を得，評価されることとなった。

　ところがこれにも問題が生じる。3～5日間だけ日本に招聘して研修するだけでは，帰国すればまた普段の業務に戻るだけであり，現地化という目的を果たすことができるのか。参加者の中からも，この研修に参加することによって，

自分たちのキャリアや役割，処遇は変わるのかというような質問が出る．1度目，2度目は各拠点で参加する人材が比較的明確で問題にならなくとも，参加者の選考基準が不明確であると3度目，4度目の人選でもめるケースが出てくる．また上司である日本人赴任者のマネジメント能力を高めて欲しいといった意見が出された．研修自体を英語で実施すると，中国人人材は日本語しかできない，南米の人材はポルトガル語かスペイン語でないとわからない，といった統一言語がない問題が生じる企業もあった．日本人社員を合流させる試みも実施されたが，言語の問題，ニーズの不一致が浮き彫りになった．

　また，現地化というのは単に日本人赴任者の役割を現地外国人人材に譲り渡すことなのか，日本人赴任者の存在が重要な場合も多く，外国人人材育成の前に，未だ各拠点で鍵を握る重要なポジションに就いている日本人赴任者の選抜や育成の必要性が語られることとなった．

〈第4段階〉　2000年代後半：日本人のグローバル化

　高度成長を遂げ，海外進出を進めてきた日本企業には，40代から60代に，海外要員の人数が多い．多くの国で専門知識や外国語を駆使しながら，現地の外国人人材と一緒に事業を立ち上げ，経営を推進させる．新任地に突然赴任しても，好奇心と柔軟性を持ち合わせ，現地外国人人材とネットワークを広げ，うまくコミュニケーションを取る．日本企業全体が，こういった海外要員に支えられてきた．

　今，この団塊の世代が徐々に定年退職する時期に来る一方で海外事業は拡大して，より多くの人材が必要になるが，海外要員以外の人材はドメスティックな人材で海外に出たがらない，あるいは海外で活躍するスキルや経験は持ち合わせていない．若手は海外志向と非海外志向の2つの人材に分かれる．こういった状況下，日本人のグローバル人材の需給に急速にアンバランスが生じ，日本人のグローバル化が喫緊の課題となっている．

〈第5段階〉　2010年に入って

　日本人のグローバル化という課題が継続される中，日本企業は下記のような項目に取り組み始めている．

① **地域本社の役割**　海外拠点個社主導から，本社主導を経て，今は本社と海外拠点が一緒に様々な施策を講じようとしている．しかし，本社と海外拠点が直接やりとりするのは物理的にも意識の上でも遠すぎる．また，欧米，アジア，中国といった地域によって人事的な課題はかなりその内容を異にする．

日本企業では，アメリカ，ヨーロッパ，シンガポール，上海などを地域統括拠点とする3極・4極体制で本社のガバナンスを利かせている企業が多いが，ガバナンスは，財務，営業，技術・調達・マーケティングなどに限定されているケースが多く，ヒトの部分では地域総括拠点の機能が不明確で，権限委譲があまり進んでいない。欧米企業では地域本社の役割が大きく，本社からの人事担当赴任者と，現地外国人人材の優秀なマネジャーを置いているケースも少なくない。地域本社機能を強化し，本社機能をどこまで委譲できるか，地域本社にそれを行うだけの優秀な人材を採用し，3極・4極の現地外国人人材がバーチャル・ネットワークを形成して本社機能をサポートすることを理想の姿として諸施策を講じ始めている。

② **グローバル・ベースでの人材データ管理** 人材のプロファイルやキャリア，強み弱みなど，日本本社採用の日本人社員についてはしっかりとデータ管理がなされている一方で，海外の外国人人材のデータが本社に集約されていない企業が多い。これではいけないとデータを収集しても，それをエクセル管理していては更新も困難であり，また，選抜・異動に機能的に活用することもできない。グローバル・レベルでシステムを組み，人材データを管理・活用する必要が出てきている。主要ポジションの職務記述書や必要要件，人材プロファイルや幹部人材を中心とした人材の報酬データ，評価結果やキャリア・パスを本社で統括管理することにより，人材の選抜・移動は確実にスムーズに行われる。

③ **グローバル本社と日本本社の分割** グローバル・レベルで人事を考える際，日本だけが特殊だと感じることがある。暗黙知管理，職能資格制度，大きな差異を求めない国民性，などなど。グローバル施策を考える上で，日本をベースにするがゆえに，海外で大きな施策に打って出ることが難しくなっている。実際，グローバル人事といいながら，日本の制度や人材は対象外として進める，いわゆる海外人事を推進している企業も多い。グローバル戦略を考えるグローバル本社と，他の国と並列した1つの国として日本の事業を考える日本本社の2つを棲み分けし，人事もグローバル人事と，他の国に並列する日本人事に分割することで，考え方が非常に明確になり，施策を打ちやすい。人的リソースの制限もあり，実行に踏み出せている企業は数少ないが，グローバル本社と日本本社の分離は今後益々進んでいくものと考えられる。

④ **本社機能の海外移転** 国内事業より海外事業が大きくなり，日本人社

員数より外国人人材数の方が多くなっている企業にとって，法人税の観点からも，もはやグローバル本社を日本において置く必要はないという話を時々耳にするようになった。ただ，企業発祥の地，経営理念，創業者といった観点から考えるとやはりグローバル本社を国外にもっていくことは難しい。一方で，機能によっては，その中枢を海外に移す企業は増えている。マーケティングのプロがいるからマーケティング機能のヘッドはアメリカに，スタッフ数が現在一番多く，今後の拡大も最も期待される中国に人事機能のヘッドを，日本事業を大きく上回る事業を持つインドに商品開発機能を，といったように，企業によって状況は異なるが，各機能のコアな人材や役割を日本ではなく海外に持っていく動きは今後加速されていくことが予測される。

⑤ GEO（Global Employment Organization）　雇用する人材の国籍や雇用契約が複雑になり，国際間異動が活発化する中，本社雇用で異動する日本人と海外各拠点で雇用され異動しない外国人という従来の管理体制では管理できないため，国際間異動が活発な人材だけを雇用管理する組織である GEO の設立を検討する日本企業も増えている。

2. グローバル人材

　日本人のグローバル化の重要性，また今それが大きなトレンドになっていることは前述した。日本人のグローバル人材化については，各社が種々試行錯誤している。

　薄皮饅頭を思い浮かべて頂きたい。薄い皮につつまれ，外見は茶色い饅頭だが，中身の大部分は黒い餡こである。日本とは異なる政治，経済，文化，歴史，国民性を持つ海外で，外国人人材と共に働き，世界を股に活躍することができるグローバル人材は，あたかも日本のリーダーとは全く異なる人材のように捉えられがちだ。ただ，海外で外国人人材と働く際に理解しなければならない日本との違い，つまり，その国の政治，経済，文化，歴史，国民性は，薄皮饅頭の周りの薄皮の部分である。饅頭の大半を占める黒い餡この部分は，リーダーシップであり，マネジメントであり，日本，海外といった国の違いを問わず同じように必要とされる部分だと考える。

　日本におけるこれまでの人材マネジメントは，終身雇用，年功序列，同一民族，あうんの呼吸，先輩の背中を見て育つ，夜の飲ミニケーションといった日

本独特の企業構造や風土を反映し、海外のそれとは大きな違いがあった。しかし、従来当たり前とされてきた慣習に必ずしも従わない個性的な若者や、日本における外国人人材の採用によって、これまでの常識が日本国内においてもくつがえされてきている。海外において、日本人経営幹部のリーダーシップやマネジメントについて現地外国人人材から受ける「しっかりと方向性を示してくれない」「全くコミュニケーションされないままに目標が設定されている」「評価の結果が全然フィードバックされない」といった批判やコメントは、必ずしも海外勤務や異なる職場環境のみに起因するものではなく、日本国内でも同様の問題が発生している。

国内の担当者レベルの日本人社員は、海外に赴任するとマネジメントを任されるケースが多い。国内担当者が海外マネジャーになるためには、まず「マネジメントの壁」を乗り越えなければならない。さらに、それを海外で行うためには、「異文化の壁」を乗り越える必要がある。グローバル人材育成には、「マネジメントの壁」と「異文化の壁」という2つの壁を乗り越えなければならないことになる。

図11-1を見よう。薄皮饅頭と2つの壁の概念を、3つのサークルにまとめ

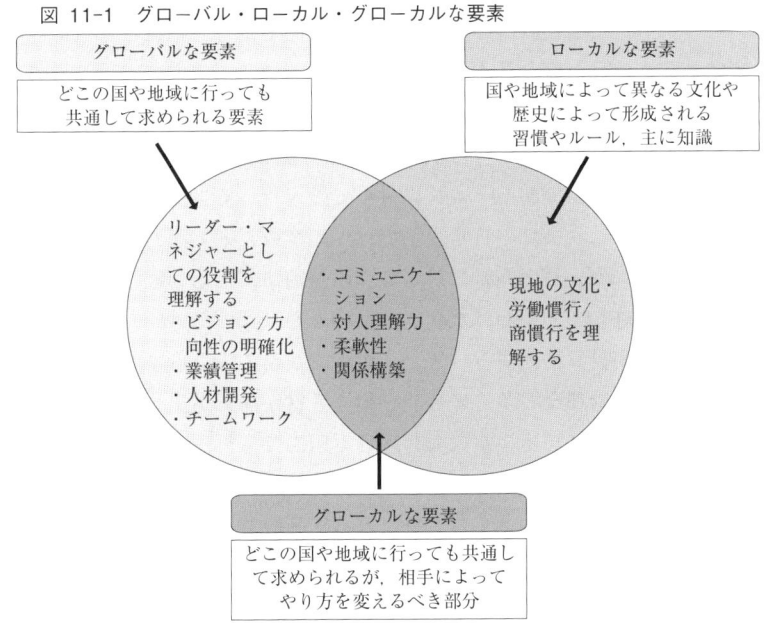

図 11-1　グローバル・ローカル・グローカルな要素

グローバルな要素
どこの国や地域に行っても共通して求められる要素

- リーダー・マネジャーとしての役割を理解する
  - ビジョン/方向性の明確化
  - 業績管理
  - 人材開発
  - チームワーク

グローカルな要素
どこの国や地域に行っても共通して求められるが、相手によってやり方を変えるべき部分

- コミュニケーション
- 対人理解力
- 柔軟性
- 関係構築

ローカルな要素
国や地域によって異なる文化や歴史によって形成される習慣やルール、主に知識

- 現地の文化・労働慣行/商慣行を理解する

ている。「マネジメントの壁」に対するものは，日本国内でも，どこの国や地域に行っても共通して求められるリーダー・マネジャーとしての「グローバルな要素」である。これに対して「ローカルな要素」は，現地の文化・労働慣行や商慣行，国民性や歴史などの知識，それに準じてリーダーシップやマネジメントを柔軟に変更できる経験であり，「異文化の壁」に対するものである。今グローバル人材に求められるのは，この両方の要素と，その交わる部分に示される「グローカルな要素」である。それは，異文化の中で，グローバルに要求されるリーダーシップやマネジメントのスキルを用いて行われるコミュニケーションや対人関係理解，柔軟性，関係構築力などである。

3. 日本人社員のグローバル人材化メニュー

　前述した2つの壁を乗り越え，3つのサークルを身につけたグローバル人材を育成するためには，企業はどのような育成をしなければならないだろうか。

　日本企業では，大学新卒を採用した後の新卒入社時研修をはじめ，3年目，5年目といった勤続年数に基づく集合研修，また，主任研修，新任管理職研修，新任部長研修といった役割に基づく研修を行うのが一般的である。ただ，これまでのそういった階層別教育の中には，海外で働くことを意識したグローバル人材育成の要素は殆ど盛り込まれていないのが実情である。

　一方で，海外勤務に関しては，英語や中国語といった語学研修，異文化研修，赴任前研修，赴任後研修といった類の研修を，海外に赴任することが決まった人材や海外に赴任するであろう人材に対してのみ行ってきた。

　前述した通り，これまでの日本企業では，高度成長期，海外進出期に海外要員として認識された一部の人材に対して，階層別研修と切り離して，海外勤務に関する教育を施してきたわけだが，そういった一部の海外要員は近い将来定年退職し，海外要員は枯渇する。また，生産や技術のみならず，営業やマーケティング，開発，管理など多くの機能を担う人材が海外進出するばかりか，日本にいても海外とのビジネスが増大し，日本国内でも外国人社員も増える日本企業では，海外勤務や外国人とのビジネスへの対応は，一部の人材のものではなくなり，企業の中にいる多くの人材にとって一般的・普遍的なものとなる。階層別教育とグローバル化教育を統合させ，階層別教育自体に，グローバル化教育を盛り込んだ教育を実施することが大切になってくる。教育プログラムの

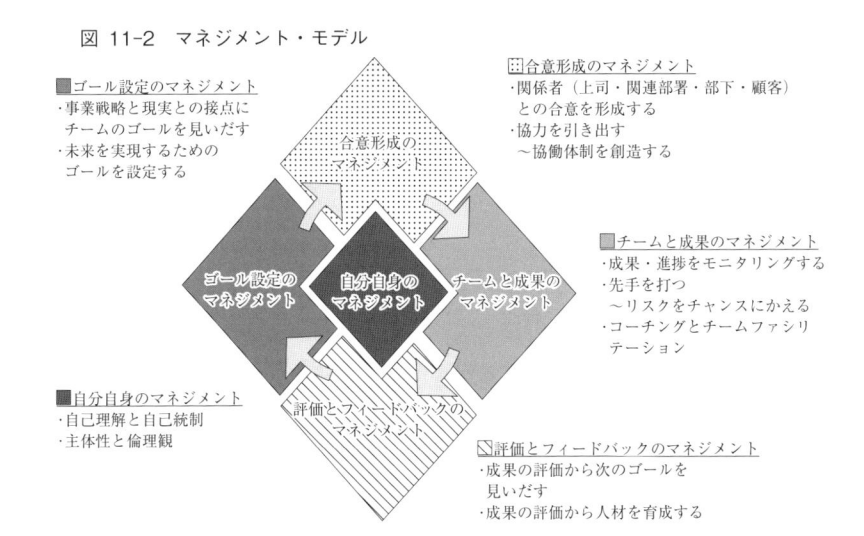

図 11-2　マネジメント・モデル

- ■ゴール設定のマネジメント
  ・事業戦略と現実との接点に
  　チームのゴールを見いだす
  ・未来を実現するための
  　ゴールを設定する

- ⋮合意形成のマネジメント
  ・関係者（上司・関連部署・部下・顧客）
  　との合意を形成する
  ・協力を引き出す
  　〜協働体制を創造する

- ■チームと成果のマネジメント
  ・成果・進捗をモニタリングする
  ・先手を打つ
  　〜リスクをチャンスにかえる
  ・コーチングとチームファシリ
  　テーション

- ■自分自身のマネジメント
  ・自己理解と自己統制
  ・主体性と倫理観

- ▨評価とフィードバックのマネジメント
  ・成果の評価から次のゴールを
  　見いだす
  ・成果の評価から人材を育成する

（中央：ゴール設定のマネジメント／自分自身のマネジメント／チームと成果のマネジメント／合意形成のマネジメント／評価とフィードバックのマネジメント）

一部を紹介することとしたい。

グローバル・マネジメント研修

① 目的：　一部の人材だけではなく，誰でも海外で優秀なマネジャーになれるよう，グローバル・マインドを醸成し，ドメスティック人材をグローバル人材に変身させ，グローバル人材の量産化，及びその候補者のプール化を目指す。

② 研修内容：　海外勤務と国内勤務の違い，国内での経験を活かせる部分と異なる部分の分析，ケース・スタディーを通して，海外業務未経験者に海外ビジネスへの自信を持たせる。

③ 対象：　海外業務未経験者。

図 11-2 にマネジメント・モデルをまとめている。マネジャーは，ゴールや方向性を設定した後，部下をはじめ上司や関連部署，顧客も含めて合意形成をしなければならない。また，合意されたゴールに向かう過程ではチームと成果をマネジメントする。結果が出た後にはその結果を事実に基づいて評価し，フィードバックを行うこととなる。これらの行動を行いながら，自分自身のマネジメントを行うことも重要である。

このモデルに示されるマネジャーの行動は当たり前のことではあるが，終身雇用，同一民族，年功序列の色彩が強く，勤務終了後の飲ミニケーションなどでマネジメントや意思決定までもが行われる日本人の間では，意外ときっちり

と行われていない。行われなくとも組織として成り立ってしまうのが日本である。ところが，海外で外国人人材が関与すると，このマネジメント・スタイルは，最低限当然求められるものであり，外国人人材を相手にマネジメントすることを前提に行う教育こそがグローバル人材になるための教育で，2つの「マネジメントの壁」についての研修である。

　研修に盛り込む内容や時間配分は，企業のめざすべき方向性，人材の特性や経験・知識レベル，参加対象人数，予算，育成の緊急度などで変わってくる。一般的な部課長研修の内容と似通っているが，ポイントは，本章の前半で述べられてきた「海外における日本企業の実情」を紹介した上で，海外で，マネジャーとして外国人人材をマネジメントする役割を担う上で求められる要件について理解させることである。マネジメントの解説や演習・ロールプレイの中では，日本で日本人社員のマネジメントを行うことのみならず，勤務地が海外になった場合や外国人人材のマネジメントを想定させる。ロールプレイでは，外国人人材を起用してリアルに行う。企業によっては地域を限定し，場合によっては外国語で行う。

　特に海外では，自らゴールを設定すること，それを部下にコミュニケートすること，そのゴール達成のためにチームをマネジメントし，課題を解決していくこと，モチベーションを高く保つこと，結果が出たら正しく評価し，評価結果をフィードバックすること，給与・賞与に対する不満を取り除くこと，などが非常に大切な行動となる。

　企業の需要によるが，新規立ち上げ期にある企業などは，採用や人事制度について全く関与してこなかった日本人赴任者が海外でそういった責任を担うことから，採用面談のポイント，人材マネジメントの基本，簡単な制度構築のポイントといったプログラムを挿入することもある。

グローバル・キャリア・デザイン研修

① 目的： 海外に行きたがらない，自らのキャリア設計に海外勤務という選択肢を考えていないような人材に，海外勤務を視野に入れたキャリア・デザインをするように仕向ける。

② 研修内容： ビジネス上，あるいは，自分の人生の中で，海外で働くことの楽しさを伝える。長期的に人間力を高めるためにリベラル・アーツを紹介する。

③ 対象： 新卒，20代若手社員。

海外に行きたいという若者が以前に較べて少なくなっていると言われている。ただ，以前にも増して強く海外勤務を望んでいる若者も存在する。こういう若者は，海外進出が活発で，海外勤務を自社の強みとしてアピールしているような企業に就職している。一方で，日本での生活が楽しく，海外には旅行で行けばよい，あえて海外勤務は望まない，と考えている若者は，海外勤務の楽しさを知らずにそれを拒んでいる，いわゆる「食わず嫌い」である。食わず嫌いが好きになるためには，食べてみるしかないので，若手社員を早い段階で，業務トレーニーや語学研修生として海外に出してしまうのが手っ取り早いが，対象人数が多い企業にとっては，それは容易ではない。そうすると，若いうちに海外勤務の極意を教え，自らのキャリアの選択肢とするように促す必要が出てくる。

　また，海外赴任の中で，外国人から自らの個人的な意見を求められることが少なくないため，自分自身の意見を確立しておく必要がある。それは単に業務上に限定されるわけではなく，政治，宗教，家族，職業といったことについてどのように考えるのかという個人的な軸である。個人的な軸は，海外赴任直前に知識やスキルとして詰め込むことで準備ができない分野であり，若い頃から普段からその必要性を認識した上で，常に考える癖をつけておかなければならない。そのためにはリベラル・アーツの学習が有効である。

　日本企業では，大学新卒採用をしている企業が多く，4月から期間の違いこそあれ，入社時新人研修を行っている。また，入社後半年後か1年後に，場合によっては3年目研修などと称して，フォローアップ研修を実施している企業もある。そういった新卒を対象とした研修の内容は，社会人としての心得や，企業理念の紹介，またビジネスに最低限必要となる業務知識や報（告）・連（絡）・相（談）などのスキル習得を目指したものが大半である。新人は放っておいても業務にのめりこみ，ある意味視野は狭くなってくる。そこで，若い時期に，海外で勤務することを自らのキャリア・デザインの中に織り込む，あるいは，そのために広い視野を持つことを促す仕掛けが必要となってくる。新人研修やフォローアップ研修に，半日～2日間ほど，下記のようなプログラムを挿入することが有効である。

自社の先輩社員の体験談
・入社時は海外勤務など考えていなかったが，海外に勤務する機会が与えられた。

- 最初は戸惑ったが，海外勤務のおかげで日本にいてはとても得られないような業務知識やスキルを習得することができ，帰国後日本国内の業務に非常に役立っている。
- 最初の海外勤務の経験が，2度目の海外勤務に大変活かされた。
- 業務上のみならず，海外生活，外国人とのつながりが，とてもエキサイティングで楽しく，貴重な経験ができた。
- 国を超えた親友ができ，人生にとってかけがえのない経験になった。
- 本人のみならず，家族にとっても貴重な経験になった，家族のつながりが深まった，家族みんなで外国生活を楽しんだ，子供の教育にプラスになった，帰国後に海外から子供の友人が遊びに来た。

外部スピーカーによる体験談　自社内に，上記に記載するような体験を持つ人材がいない場合には，外部スピーカーを起用する。

課題図書　外国での生活を業務上，あるいは，それ以外の角度から，奮闘しながらも楽しんだ体験記を課題図書として事前に読ませる。

キャリア・プランに関するディスカッション
- 会社側から，どのようなキャリアが考えうるか，会社はどのようにサポートできるか説明する。
- 参加者同士で，将来のキャリアについてディスカッションさせる。
- 海外勤務という選択肢を入れてキャリア・デザインさせる。
- 自らのキャリア・プランを考えさせ，またそれを提出させることによって，会社側の人事異動の参考にする。

リベラル・アーツ　人文科学，社会科学，自然科学など。
- 業務の範囲内で物事を見ることに限定されず，もっと長期的に幅広い視野に立って物事を観察・判断できるような手助けをする。
- 哲学，宗教，古典，音楽，スポーツなど，業務と直接関係のない科目について，専門家から講話をする。

異文化研修

① 目的：　海外勤務することが内定した者や，海外・外国人人材とのビジネスに従事する者に対して，該当する地域・国の文化や国民性を知ることによって，業務をスムーズに行い，パフォーマンスを高め，業務と生活をより有意義なものとする。

② 研修内容：　赴任する，あるいは業務で従事する地域・国に関する基礎情報（経済，社会，歴史），国民性，労働法規の特殊性，日本企業の評判，

日本企業の抱える典型的課題，有効な人材マネジメント，欧米企業や地場企業のベスト・プラクティスなど。
③　対象：　海外赴任内定者，海外業務従事者，海外赴任者を統括する事業部長など。

2つの壁の「異文化の壁」についての研修であり，以下1日で行う研修の一例である

  ミッション・役割　　赴任後接することになる部下をはじめとする外国人人材は，新しく赴任してきた日本人赴任者が，どのようなミッションを持って，どのような役割で赴任してきたのかに大きな関心があり，明確に答えることが必要となる。自らのミッションと役割は何か，どのように伝えるかについて事前に準備しておくことは非常に大切である。

  基本情報　　政治，経済，文化，社会，生活などに関する最低限知っておくべき情報（表11-1を参照）。

  国民性・人となり　　どのような国民性を持っているか，人生観や職業観，それらはどういった歴史的・政治的・国土的背景からきているのか，モチベーションの源泉はどこにあるのか，商習慣上・ビジネス上やってはいけないタブーは何か，など。

  労働法・労働市場　　法務担当者として赴任するわけではないにしろ，その国に勤務してその国の部下をマネジメントするにあたって採用・報酬・評価・労働条件といったことに関する最低限知っておくべき労働法の要点や労働市場の特徴。

  日本企業の現状　　その国では日本企業はどのように見られているのか，就職する人気対象としてはどうか，日本人赴任者はどのようなことで困っているか。

  人材マネジメント　　上記5項目を受けて，その国ではどのような人材マネジメントが効果的か，どのようなことに注意すべきか。

  アクション・プラン　　赴任後何に気をつけなければならないか。

日本で働いているときに突然自分の上司が外国人になったと仮定してみよう。日本に来るのは初めてで日本のことは全くわからない，何語を話して何を食べ何を信じているのか，どんな歴史があってどんな政治が行われているのか，日本人はどんなことを大切にする民族でどのような仕事の仕方をするのか，何に価値をおいているのか，労務関係上重要な日本の慣行は何か，そういったことについて，詳細に知っていることは求めていないまでも，全く何も知りませ

表 11-1 各国の特殊性

	中国	シンガポール	マレーシア	インドネシア	タイ	フィリピン	ベトナム	インド
基本情報	・5000年の歴史 ・中華思想 ・大国 ・無宗教社会 ・強い政府 ・新しいもの好き	・アジアの先進国．国際都市 ・多民族 ・管理社会 ・罰金社会 ・賢い政府	・多民族 ・マレー人優遇 ・ブミプトラ政策 ・イスラム教 ・日本の影響（マハティール） ・英語教育水準高い	・イスラム教 ・多民族 ・長期間植民地（ポルトガル・オランダ・イギリス） ・オランダ植民地時代の愚民政策 ・世界第4位人口 ・日本経済協力多い ・大学進学率10%	・独立国家タイ王国への誇り ・95%仏教 ・国王	・93%キリスト教（カトリック） ・長期間植民地（スペイン・アメリカ） ・スペインからカトリック、アメリカから英語 ・教育と民主主義 ・出稼ぎ ・親日	・80%仏教 ・社会主義ながら外資主導経済開発発展 ・ベトナムにとって日本は最大援助国 ・10年前の中国 ・汚職	・5000年の歴史 ・大国 ・2030年人口世界一 ・イギリス植民地時代に貧困化 ・世界最大の民主主義国 ・83%ヒンドゥー教 ・IT産業
労働法 労働市場 商慣習	・契約法 ・雇用契約に詳細な規定 ・採用/選抜時人材見極めの重要 ・コンプライアンスの意識、ビジネスマナーレベル高くない	・政府のタイムリーな指導 ・格一的な教育	・シンガポール同様しっかりした政府 ・6:3:1 ・外国人労働者 ・シンガポールへのあこがれ	・従業員に有利な労働法 ・労働組合活動活発約PKB一苦労 ・人事担当はインドネシア人 ・賄賂社会	・いったん雇えばいつまで雇用、採用時の選抜重要 ・労働争議、ストライキ多い	・労働争議多発 ・政府の政策により減少傾向 ・みんなで楽しい食事、イベント、お祭り好き	・混沌とした状態 ・欧米式人材マネジメント導入 ・3度目契約雇用で終身雇用 ・人民委員会の通達 ・役所の対応に時間がかかる	・労働法複雑 ・ストライキ多発 ・ストライキ解決時間手続きと労力
人となり 価値観 動機	・形式主義 ・個人主義 ・能力主義 ・キャリア志向 ・China Dream	・優秀 ・上昇志向 ・学歴志向 ・多言語対応 ・柔軟性高くない ・ドライ ・個人主義 ・金銭志向強い	・中華系はシンガポール人と同様ドライ ・マレー系はウェット ・権利志向	・個々人はいい人で温厚 ・言われたことはきちんとやる ・同じ間違いをすることも	・笑顔、丁寧 ・本音と建前 ・地位やステータス、品格重視	・カトリック：ホスピタリティー ・誠実、家族大切 ・スペイン：陽気で明るい、楽観的 ・植民地、柔軟性 ・自信強くない	・知識欲高い ・まじめ、素直 ・素朴 ・手先器用 ・優秀 ・言われたことはきちんとやるが創造性に乏しい	・グローバル感覚に秀でている ・英語 ・理論的、攻撃的 ・中国人より WET ・インド国家の発展を熱望

と言われた場合，少しくらい勉強してから来てくれ，と思うだろう。一方で，日本人赴任者をみたときに，何の知識も持たずに赴任してしまっているケースは少なくないのが現実である。

　上で示したようなセッションを，中国・タイ・アメリカというように各国別で行うのか，ASEAN，ヨーロッパといった地域別に行うのか，あるいは，海外として大括りで行うのか，また頻度を毎年1〜2度とするか，毎月にするか，などは，企業の赴任者の数や赴任辞令の回数，赴任する地域や国の動向による。アメリカの労働規制が厳しいことから，アメリカだけは弁護士を交えて研修するという企業は，以前から多い。近年の傾向を見ていると，やはり中国・タイ・シンガポールに赴任する日本人が多く，また，新たな赴任地としてはベトナム・インドが多くなってきていることから，こういった国に関しては国別にセッションを開催する企業が増加している。

　また，赴任者の階層と赴任経験により研修の重点が異なる。海外拠点のトップで行く赴任者は，ミッション・役割が極めて重要であり，赴任後初日の自らの挨拶や初心表明までロール・プレイすることも重要。

　海外における人材マネジメントについては，グローバル・マネジメント研修でマネジメント行動の一つひとつを学んでいくことになる。グローバル・マネジメント研修と異文化研修をどのように実施するか次第だが，時間に少しでも余裕があるのであれば，さらに詳しく，採用面談，目標設定，フィードバック面談，諸問題への対処方法（ビジョンや方針の徹底コミュニケーション，給与賞与への不満，部下同士のコンフリクトの処理，辞職通告）について，国や地域を限定して，ロール・プレイを交えて学ぶことが非常に有効である。特に，その国の人材をロール・プレイの相手方にすると，臨場感があって緊張感が増し，赴任後にとても役立ったという評価を受けている。

4．外国人社員の自社化

　第3節までは，日本人のグローバル人材化を狙った3つの研修プログラムを紹介してきた。この節では，海外拠点で働く外国人経営幹部の育成のための研修について紹介する。

GBL（Global Business Leader）研修とは
　① 目的：　現地化をさらに推進させるために，自社の経営を任せられるリ

ーダーを育成する。
　② 研修内容： 外国人に，自社の戦略，経営理念を習得させ，経営幹部とのネットワークを強化することで，「自社化」し，外国人経営幹部を育成する。
　③ 対象： 外国人経営幹部，経営幹部候補生。
　日本企業の現地化は，当初は日本人赴任者のコストが高いことから単純に日本人のポジションを現地の外国人人材に置き換えるというところからスタートした。企業によっては交代するポジション数や帰任させる日本人赴任者の人数を定量的な目標とした企業もあった。一方で，外国人人材より日本人赴任者が遂行した方が良いポジションまで外国人人材に置き換えることは本末転倒だという議論が生じることとなった。
　その後，外国人人材のキャリア・パスを拡大することによって外国人人材のモチベーションを高めようという動きが強まった。どれだけがんばっても結局は経営幹部のポジションには日本からの赴任者が就くことになるガラスの天井の存在で，外国人人材のやる気は失せ，人材引き留めにも悪影響を与えることとなったためである。
　最近の現地化，外国人リーダーの育成は，ビジネス・ニーズに基づいたものが多い。現地事情に即した商品・技術の開発や，現地での販売には，優秀な現地外国人リーダーが不可欠だというものである。ヘッド・ハンティングで外部同業者から優秀な人材を投入する場合，内部人材を経営幹部に登用しようとする場合，いずれもその試みを阻むものとして，経営理念や自社戦略を十分に理解していないから，という原因を挙げる企業は多い。一方で，ではそのために企業は何か策を講じているかというと必ずしもアクションが採られていないのが現実である。優秀な外国人人材に，経営理念や自社戦略を習得させ，さらに社内のネットワークを築かせることで人材を「自社化」し，経営幹部にしようという試みはどの企業も緊急課題であり，様々な試行錯誤が行われている。

GBL のいろいろ

　企業がどのように GBL を行うかは，様々であるが，各国から 20 名程度の経営幹部あるいはその候補人材を年に 1～2 度，各 5 日間程度招集し，ニーズに応じて下記のような項目を織り交ぜながら研修を実施するのが一般的である。

　自社戦略の理解　経営幹部や事業部長から企業の中長期事業戦略について，また，スタッフ部門長よりコンプライアンスや人事，法務，財務と

いった事項に関する全社レベルの取り組みについて話す。

経営理念の学習　経営幹部の講話，企業発祥・由来の地へ訪問，経営理念に関するディスカッションを通して，経営理念をより深く理解，納得し，海外拠点でその伝道師になれるような人材に育成する。

社内ネットワーキング　参加者同士でお互いを知り，成功例，失敗例を分かち合うことによって，ビジネスのヒントを得，刺激を与え合う機会を提供する。また，参加者を超えて，本社社長や経営幹部，異なる事業部やスタッフ部門主管の責任者との交流を深めることで，企業の大きさを肌で感じるとともに，将来的に何か相談事が生じた際に自由に連絡をすることをより容易にする。

リーダーシップ開発　360度多面評価の結果などを用い，リーダーとして求められる資質を個人レベルに落とし込んで気づきを与え，よりよいリーダーになるためのディスカッションを行う。

アクション・ラーニング　課題を与え，地域・国・事業・職能を超えたメンバーで形成されたグループにてグループワークを行い，議論のアウトプットを経営幹部にプレゼンする。

ミニMBA　戦略構築力，ファイナンス，マーケティング等，ビジネス・スクールで学ぶような科目を凝縮版で教え込む。あるいは，外部から，グローバル・リーダーに関する講話や座学を入れる。場合によってはリベラル・アーツなども組み込む。各地で教育機関やe-Learningなどを用いることが多く，集合研修の時間を使うケースは比較的少ない。

　上記6項目をどのようにちりばめるのかは企業の戦略や方針，参加者の資質やニーズ，開催する日数や予算によって異なってくる。リーダーシップ開発を強調する場合の一例を図11-3に示した。

　GBLが単発的で効果がない，という議論もある。どれほど長期間準備した内容の濃いもので，大勢の本社経営幹部が例えば5日間フル・コミットメントで参加したとしても5日間は短い。近年では，同じメンバーを1度のみならず，2度，3度と場所を変えるなどして招集したり，また，集合研修の合間に，e-Learningを組み合わせたり，集合研修の前後にグループワークを電話，メール，テレビ会議ベースで課す企業も増えている。

　また，GBLはお祭りのように盛り上がるのが常だが，そもそもGBLを行う目的，その背景になる人材需給分析，参加するメンバーの選抜基準といったことを十分に議論・決定した上で，全体の人材育成の一部分として組み込まれる

図 11-3　リーダーシップ開発を重視する GBL の例

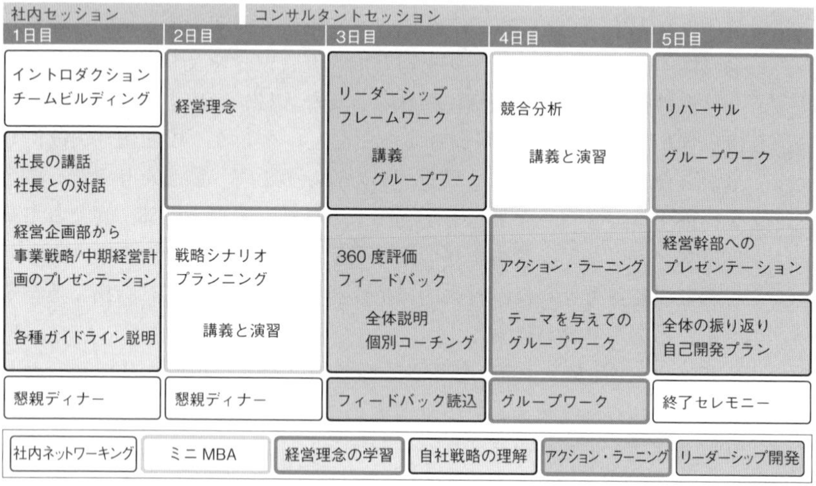

社内セッション		コンサルタントセッション		
1日目	2日目	3日目	4日目	5日目
イントロダクション チームビルディング	経営理念	リーダーシップ フレームワーク 講義 グループワーク	競合分析 講義と演習	リハーサル グループワーク
社長の講話 社長との対話				
経営企画部から 事業戦略/中期経営計 画のプレゼンテーション	戦略シナリオ プランニング 講義と演習	360 度評価 フィードバック 全体説明 個別コーチング	アクション・ラーニング テーマを与えての グループワーク	経営幹部への プレゼンテーション 全体の振り返り 自己開発プラン
各種ガイドライン説明				
懇親ディナー	懇親ディナー	フィードバック読込	グループワーク	終了セレモニー
社内ネットワーキング	ミニ MBA	経営理念の学習	自社戦略の理解	アクション・ラーニング　リーダーシップ開発

べきで，主催者が開催することによって自己満足を満たすだけという危険性を回避することが意外に見失ってはならない大きなポイントである。

現地人材「自社化」に必要な経営理念の浸透

2009 年，1 年間にわたって，多業種から大手企業 61 社が集まり，「グローバル・リーダーシップ研究会」が開催された（主催：エーオンヒューイット）。各社からグローバル人事，経営企画，あるいは事業部のメンバーの参加を得て，毎回グローバル・リーダーシップに関するいずれかの項目について発表及びディスカッションが行われた。毎月いろいろな項目についてヒアリングが行われたが，経営理念に関する調査結果（回答者数 31 社）を 3 つ紹介したい。

(1)　経営理念浸透は企業業績を左右するか

31 社の中で，経営理念の浸透が企業業績を左右すると回答した企業は 28 社，どちらとも言えないと回答した企業は 3 社で，左右しないと回答した企業は 1 社もなかった。

(2)　経営理念の浸透のための施策

経営理念を浸透させるための有効な施策として，25 社が「経営理念の多言語化」，17 社が「小冊子や DVD などの配布」，14 社が「本社から訪問して説明する」を選んでいる。その後，「ワークショップの実施」(13 社)，「既存研修への組み込み」(13 社)，「伝道師の養成」(7 社)，「行動指標化」(6 社) と続く。

(3) 経営理念の世界展開における課題

　経営理念を世界に展開するために課題となっているのは，22社が「経営理念を浸透させる手段，施策の中身」，21社が「経営理念そのものの解釈，わかりやすさ」，16社が「経営理念を浸透させようとする本社の意思・意向」と回答している。その後，「経営理念を理解しようとする社員の意思」(14社)，「社員の価値観や文化の違い」(9社) と続く。

　職業柄，海外の様々な国で現地の人たちのインタビューをすることが多いが，経営理念に関しては，以下のような意見を聞くことが非常に多い。

・日本企業の経営理念については，大学で学んだことがある。
・日本企業の経営理念は，社会への貢献や人格尊重，チャレンジ精神などを謳ったものが多く，とても共感できる。
・日本企業の海外拠点に入社してみると，日本企業が大切にしている筈の経営理念は，ただ日本人の間だけで共有されていて，現地の外国人人材には十分にコミュニケーションされていない。
・日本人は経営理念を行動で実践しているように思う。しかし，経営理念についてもっと知りたいと日本人赴任者に質問して説明を求めても，言葉で十分に説明してくれない。
・同業種の中で他社と異なる自社の経営理念を理解し，自らの会社に誇りを持って働くことは，会社を選択する上でも，モチベーションを上げて働く上でも大変重要であると思う。

　グローバル・ベースで経営理念を社員全員で共有することによる企業風土の一体化，進むべきベクトルの統一，業績への有効性などを日本企業から学んだ欧米企業は，日本企業に比べて人材流動比率も高いことから，経営理念をわかりやすく示し，多くの言語に翻訳し，伝道師を育成し，標準化してコンピテンシー・モデルに落としこんで評価や採用，選抜に適用しながら積極的に，また，体系的に世界浸透を計っている。一方で，日本企業はこれまで，海外での経営理念の世界浸透を積極的に行ってこなかったことから，日本人社員の間で何となく共有されてはいるものの，外国人人材には十分に伝わっておらず，また浸透の仕組みや仕掛けも未整備だと考えられる。

　経営理念の世界浸透を，どのレベルまでどの程度行うのか，については企業によって考え方は異なる。以下に，目指すべき浸透の度合いと，それぞれのレベルに必要な浸透施策を記載した (図11-4も参照)。

図 11-4　経営理念の浸透度合いと浸透策

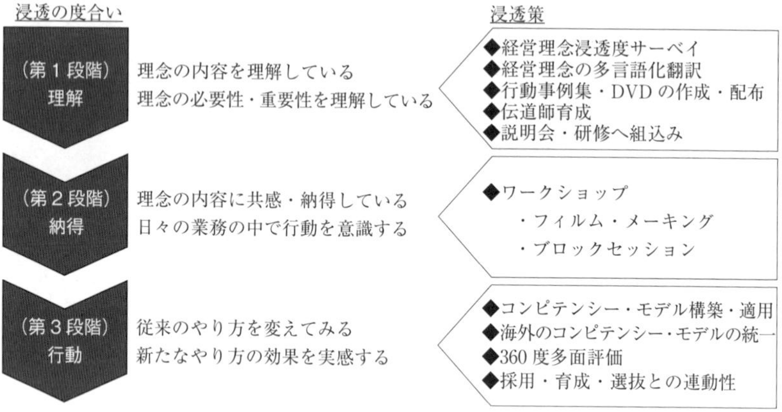

浸透の度合い		浸透策
（第1段階）理解	理念の内容を理解している 理念の必要性・重要性を理解している	◆経営理念浸透度サーベイ ◆経営理念の多言語化翻訳 ◆行動事例集・DVDの作成・配布 ◆伝道師育成 ◆説明会・研修へ組込み
（第2段階）納得	理念の内容に共感・納得している 日々の業務の中で行動を意識する	◆ワークショップ 　・フィルム・メーキング 　・ブロックセッション
（第3段階）行動	従来のやり方を変えてみる 新たなやり方の効果を実感する	◆コンピテンシー・モデル構築・適用 ◆海外のコンピテンシー・モデルの統一 ◆360度多面評価 ◆採用・育成・選抜との連動性

(1)　第1段階＝理解
・理念の内容，及びその重要性を理解することを目指す。
・このレベルを実現するためには，経営理念を多言語化したり，DVDを本社主導で作成することが多い。経営理念の翻訳のみで理解しづらい場合には，理念を体現する行動事例を集めた小冊子を作成することで，理解はかなり深まる。

(2)　第2段階＝納得
・理念の内容を理解するのみならず，共感し，納得するところまで目指す。
・いくらよい小冊子やDVDがあったとしても共感・納得のレベルまで深まることは望めないため，ワークショップやディスカッションが必要になる。

(3)　第3段階＝行動
・納得することと，それを自らの新しい行動として体現化することとは大きな違いがある。
・行動に体現化するためには，経営理念を標準化してコンピテンシー・モデルに落とし込み，360度多面評価を行って，行動に現れているかどうかの結果を示し，気づきを与えることが必要となる。また，採用，育成，選抜に連動させることも重要である。

　一般的に，単一事業で，かつ，ビジネス・モデルやビジネス・プロセスがグローバルで統一されているような企業は，オペレーターを含めた世界中の文字通り社員全員の行動に体現させるレベル（第3段階＝行動）まで浸透を目指し，

実際に成功している企業もある。一方で，事業部が多く，また，地域や国によってそのビジネス・モデルやプロセスが異なるような企業では，同じグループ会社の一体化を担保するために，経営理念を最低限理解するレベル（第1段階＝理解）まで望むケースも少なくない。

前項で述べたGBLで経営理念の世界浸透を重視している企業は非常に多い。GBLに参加する海外経営幹部に第2段階＝納得のレベルまで求め，彼らに各地域・各国の伝道師となってもらい，各地域・各国に帰ってその浸透に貢献させることによって各地域・各国のレベルを第1段階＝理解まで持っていこうとするものであり，日本企業が目指している浸透レベルとしては最も多く，理想的であるように筆者は感じている。

GBLの中で「フィルム・メーキング」という手法を用いることは有益である。参加者をグループに分け，グループ毎に，経営理念を紹介する3分間のコマーシャルを作成するよう指示してビデオカメラを提供する。グループ内ではまず，3分間のコマーシャルを，寸劇にするか，インタビューにするか，イメージ広告にするか，形式について議論が行われる。いずれの形式が採られたとしても，その後いざ経営理念の内容の議論になったときには，様々な国から集まった異なるバックグラウンドを持つグループのメンバーの中では，経営理念の理解は異なる。経営理念をどのように解釈するのか，どういう行動にこそ体現されているかといったことについて活発な議論がなされる。最終的に各グループのコマーシャルが上映され，それを作成する段階でグループ内でどのような議論がなされたのかが発表され，質疑応答が行われる。アウトプットのコマーシャルとそれを作成する上でのプロセスの共有や質疑応答によって，参加者の理解ははるかに深まり，それぞれが深く納得することとなる。自社の経営理念を理解，納得することは，外国人リーダーの「自社化」には不可欠で，GBLで果たすことが要求される。

　　　［追記］　執筆当初，筆者は，エーオンヒューイットジャパン株式会社の代表取締役社長の職に就いていたことから，内容にはエーオンヒューイットの研修プログラムも含まれています。

第12章 グローバル経営人材育成のための適性評価ツール

松村 幸輝

はじめに

　経済のグローバル化に伴い，現地法人トップの育成が重要課題となっている。
　日本企業は全世界の主要都市に子会社として現地法人を設立し，営業拠点あるいは生産拠点として積極的に企業活動を行っている。そのような現地法人には，日本からの駐在員が本社のミッションをもって派遣され，マネジメントや技術供与を行っている。海外派遣者たちは，日本本社にあっては優秀な人材であるが，現地法人に赴くときには本社の役職より約1.9ランクアップし[1]，それに伴って，職域と職責は増大する。特に，現地法人トップとして派遣される人はトップ・マネジメント経験のないまま派遣されるケースも多い。トップ・マネジメントの重要な業務内容が今まで経験のない最終意思決定を担うことでもあり，かなりの重責を負うことになる。
　このようなことから，海外派遣者の派遣地への不適応は，派遣者本人の不利益だけでなく派遣先現地法人や本社にも経済的損失をもたらすことになる[2]。これを考慮し，現地法人のトップ・マネジメントに必要とされる資質や要件が種々検討されている[3)4)5]。そのなかで，コミュニケーション能力とリーダーシップ能力が不可欠であることはわかってきているが，その詳細は未だ明らかでない。そのため，これらの要因をさらに定性的・定量的に明確にし，海外派遣に関わる人的資源管理を有効に行うことが必要となる[6]。
　この観点から，本章では，派遣候補者の適応性の事前分析によって候補者の選抜を効率的に行うとともに，被派遣者としての能力育成のための教育プログラムやキャリアパスに関して知的支援する評価システムを構築することを試み

る。[7]

　調査地域は中国およびアセアン，インドとし，役職をはじめとする種々の条件についてより詳細な解析によって，海外派遣要員に必要とされる能力について検討する。

　システムの構築方法としては，データ・マイニングの分類問題解決手法に基づき，知的原理に評価基準となる決定木手法を用いて，これを進化型計算手法[8]——遺伝的アルゴリズム（GA），遺伝的プログラミング（GP）——で最適化するアプローチをとった。これにより，アンケート調査により得られたデータから，グローバル人材に必要な資質や能力に関する新たな知見を，先入観に捉われず人知を超えた新たな観点から客観的に得ることを期待する。

　また，上述のシステム構築原理に基づいて実際に評価ツールを試作し，実務レベルでの使用の可能性を検討する。

1．アンケート調査

アンケートの目的

　アンケート調査は，海外派遣要員として求められる能力や要件をそなえているかを見る適性評価ツール作成のための重要なデータ収集である。そして採集したアンケート結果からデータ・マイニングによって分類規則を見出す。このデータ・マイニングは，データの中に含まれる傾向やパターンを決定木（ディシジョン・ツリー）を用いて抽出するもので，この決定木の最適化に進化型計算手法を用いる。一連の手順を図12-1に示す。

アンケートの内容

　アンケート項目は，回答者および勤務先の基本的な概要から成るフェース部分と，現地法人でトップ・マネジメントあるいはシニア・マネジメントとして業務を遂行する上で特に必要とされるコミュニケーション能力とリーダーシップ能力に関する質問で構成し，より定性的・定量的に明確化するため，主に5段階評価で回答するものとした。

　具体的には，①言語力，②経営管理能力，③部下管理能力，④問題解決能力，⑤情報管理能力，⑥行動特性（コンピテンシー），⑦異文化適応能力，および，⑧目標の達成度（成果）とした。

図 12-1　適性評価の手順

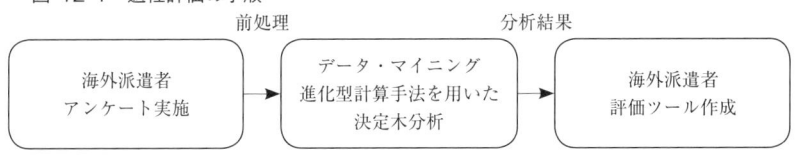

```
                    前処理                    分析結果
┌─────────┐      ┌─────────────┐      ┌─────────┐
│ 海外派遣者 │ ───→ │データ・マイニング│ ───→ │ 海外派遣者 │
│アンケート実施│      │進化型計算手法を用いた│      │評価ツール作成│
│         │      │  決定木分析  │      │         │
└─────────┘      └─────────────┘      └─────────┘
```

調査の対象

　調査対象は，日本企業の現地法人に派遣されている日本人社員，およびローカル・スタッフ（現地法人部下）とする。なお，ローカル・スタッフは，上司として日本人派遣社員を持つ者と現地人上司をもつ者とで構成している。調査地域は中国（北京，天津，上海，大連，蘇州，広州，深圳），アセアン（フィリピン，インドネシア，タイ，マレーシア，シンガポール，ベトナム）およびインドとした。

調 査 方 法

　今回の調査の特徴は，数多くの信頼性のあるアンケート結果を得ようとしたことにある。そのため，先ず，中国，アセアン，インドに営業拠点や生産拠点などの現地法人や支社・支店を展開する日本企業で，アンケート調査に応じていただける日本企業の日本本社すべてを訪問し，現地でのアンケート調査の趣旨を説明してアンケート調査の許可を得た。その後，実際にアンケート調査に応じていただける現地法人・現地支社・現地支店すべてを訪問し，調査への協力を依頼した。

　アンケート調査の実施に当たっては，企業訪問時に手渡しした紙ベースあるいは電子メールで回答してもらうようにした。回答結果は，紙ベースの場合は他の者には見られないように回答用紙を厳封した状態で送り返してもらい，また電子メールでの回答は直接当方に添付ファイルで送付してもらうように手配した。なお，ローカル・スタッフへのアンケートで用いた言語は，インドネシア，タイ，マレーシア，ベトナムは現地語，その他は英語とした。

アンケート調査データ

　アンケート調査の概要を表12-1に示す。同表は，配布数，回収数，有効回収数，有効回収率を，日本人派遣者とローカル・スタッフに分けて記述している。

　なお，対象とした企業数は，日本人派遣者の調査で34社，ローカル・スタッフの調査で88社であった。

表 12-1　アンケート調査の概要

	日本人派遣者			ローカル・スタッフ		
	中国	ASEAN+インド	合計	中国	ASEAN+インド	合計
配布数	732	743	1,475	1,318	1,588	2,906
有効回収数	410	470	880	1,110	1,082	2,192
有効回収率	56%	63%	60%	84%	68%	75%

調査対象となったローカル・スタッフの企業の主な業種と規模，およびその割合は次のとおりである。

(1) 中国　現地企業は製造業のうち電気・電子機器が37.0%，機械が16.0%，情報技術業が11.9%，その他製造業が21.8%であった。規模としては300人未満が42.1%，300〜999人が26.1%で，3,000人以上は11.9%であった。資本構成は，日本資本100%が78.2%，合弁企業（日本資本が過半数）が20.1%であった。親会社は電機・電子部品が40%，その他製造業が25%で，5,000人以上が75%であった。

(2) ASEAN　製造業のうち自動車・部品が38.1%，電気・電子機器が7.5%，機械が13.1%，情報技術業が9.8%，その他製造業が14.7%，卸・小売・貿易が14.7%であった。規模としては300人以下が30.2%，300〜999人が31.5%で，3,000人以上は25.2%であった。資本構成は，日本資本100%が43.0%，合弁企業（日本資本が過半数）が50.1%であった。

(3) インド　製造業のうち電気・電子機器が48.1%，機械が36.5%，自動車・部品が10.3%，その他は運輸業が5.1%であった。規模としては300人以下が56.4%，300〜999人が14.7%，3,000人以上が20.5%であった。資本構成は，日本資本100%が56.4%，合弁企業（日本資本が過半数）が43.6%であった。

また，日本人派遣社員の駐在年数を表12-2に示す。同表において派遣社員の地域・役職に関わらず駐在年数は5年未満が最も多いことが示されている。なお，トップでも2〜3年がピークとなっていた。

上述の結果より，本調査は表12-1で示すように回収率が全体で74%と，この種の他のアンケート調査に比較して格段に高く，回答の1票1票のもつ重みは大きいものと考えられる。

表 12-2 日本人派遣社員の駐在年数

(単位：％)

駐在年数	5年未満	5年以上 10年未満	10年以上
全　体	57	28	15
部長より上	36	35	29
部長以下	64	26	10
中　国	58	28	14
部長より上	39	36	25
部長以下	64	26	10
インド	49	22	29
部長より上	21	14	64
部長以下	61	26	13
ASEAN	57	29	14
部長より上	35	37	29
部長以下	64	27	9

2. 分析方法

データ・マイニングの分類問題解決手法として，分析結果の評価・解釈が容易な決定木分析を使用する。

決定木分析

決定木は，意思決定の"決定"や命題判定の"選択"，物事の"分類"などを多段階で繰り返し行う場合，その「分岐の繰り返し」を階層化して樹形図に書き表したグラフ表現，あるいはその構造モデルである。

決定木分析は，一定の規則により自動的に分類するものである。対象データ全体を最もよく分類できる属性変数を探索し，それに従って分類されたデータ群にそれぞれまた最も分類効率の高い属性変数を探索するという作業を繰り返し，分類できなくなるまで分岐を行う。

本手法における決定木は，例として図12-2に示すように，アンケートの質問項目を決定木の非終端子（図12-2の例では決定木の先端にはない節〔ノード〕であり，例えば「戦略立案」や「語学力」などの項目が設定されている節）に設定して回答者を分類していき，終端子（図12-2の例では決定木の先端にある節。例えば「適性なし」や「適性あり」が設定されている節）に設定した達成度からその分析と予測を行う。そのため，決定木の最も上位にある節（ルート・ノード：この例では「戦略立案」が設定されている）に全質問項目のうちから1つを選択して設定し，

図 12-2 決定木の例

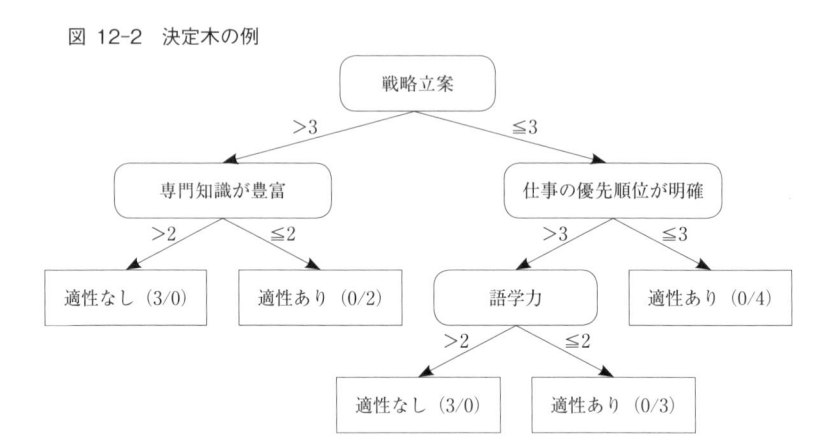

```
                    戦略立案
              >3  /      \  ≦3
        専門知識が豊富      仕事の優先順位が明確
        >2 /    \ ≦2      >3 /        \ ≦3
   適性なし(3/0) 適性あり(0/2)  語学力    適性あり(0/4)
                          >2 /    \ ≦2
                    適性なし(3/0) 適性あり(0/3)
```

そしてその下の階層でさらに詳細に分類するように別の質問項目を設定するという操作を繰り返していく。このようにして最終的には終端子に達成度を設定することによって，決定木を構成し，これによって適性度の分析と予測を行うのである。

　決定木作成のための分類アルゴリズムとして一般には，CHAID，CART，C4.5/C5.0 [9)10)] などが知られている。本手法では質問項目の新しい分類方法として，次項で述べるように，(1)分割基準にエントロピー分岐ルールを用いたクラスタリングと遺伝的アルゴリズム（GA）を組み合わせた方法と，(2)遺伝的プログラミング（GP）による方法との2種類の方法を用いた。

　ここで，クラスタリングとは，データ解析手法の1つで，機械学習やデータ・マイニングなど多くの分野で用いられる。クラスタリングではデータの集合を部分集合（クラスタ）に切り分けて，それぞれの部分集合に含まれるデータがある共通の特徴をもつようにする。これにより，1つのクラスタには，ある一定の類似性や特徴をもったものとして分類されることになる。

　また，エントロピーとは，元は物理学分野の概念を表す用語で，「乱雑さ」とも訳されており，物質やエネルギーの局在（偏り）の度合いを表す用語であったが，情報科学の分野では「事象の不確かさ」を表す情報量として用いられている。したがって，上述のエントロピー分岐ルールとは，合計するとデータの50%になる2つのグループにクラスを分けようとする，すなわち不確かさ「情報エントロピー」が最大になるような分類の仕方をするルールを示す。この詳細は次項に述べる。

さらに，遺伝的アルゴリズム（GA）および遺伝的プログラミング（GP）は進化計算手法と呼ばれる最適解探索のための手法である。これには遺伝的操作（淘汰，交叉，突然変異等）を用いて行うが，これについても後述する。

　終端子（決定木の先端に位置する節で，適性度や達成度が設定される）は次のようにして設定した。エントロピー分岐ルールを用いた方法では，予め非終端子（決定木の先端に位置しない節で，能力などの質問事項が設定される）を次節で述べるエントロピー分岐ルールで設定したのち，未設定の終端子を繋ぎ合わせて1個体とし，これを遺伝的アルゴリズムの手法で最適化するものとした。また遺伝的プログラミングの方法では始めの段階である初期木の作成時には終端子および非終端子ともにランダムに設定しておき，後節で述べる木全体に対する遺伝操作（淘汰，交叉，突然変異）によって決定木を最適化していくという方法を取った。

　このようにして構成した決定木分析の利点は，グローバル人材に必要な能力などの分析をより客観的に行うことができること，また，派遣候補者の適性の有無を判断するための質問リストが得られることにある。

クラスタリングの分割基準

　本手法で用いるクラスタリングは，エントロピーによって質問項目を選択し，これを下位ノードにまで繰り返すことによって階層構造を構成し，木構造のセグメント化を試みるものである。

　各質問項目のエントロピー H は，その質問項目の条件式（例えば，「戦略立案の度合いが4以上」など）が成立して右の子に遷移する割合を P で表して，次式に基づいて計算する。

$$H(P) = -P \log P - (1-P) \log(1-P) \tag{1}$$

そして，最大のエントロピーをもつ質問項目の条件式をルートノードに設定する。この操作を，ルートノード以降，下位にある末端のノードまで，その都度，再計算と同様の操作を繰り返して割り当てていくことによって2分木構造を構成する。これにより，エントロピーに基づいてデータ量がほぼ同数となるようにグループ分けされる。

　この手続きを所定の階層まで行っていき，決定木のもととなる未学習の初期木を作成する。そしてこの初期木を複数作成して初期集団を構成する。このようにして作成した初期木に対して次項で詳述する進化型計算手法（GA，GP）を用いて決定木の最適化を行い，最終的に有効な決定木に成長させていくので

ある．

ここで，上述したエントロピーによる方法は，CARTやC4.5等による決定木作成手法でも用いられるが，これらの方法では決定木の最適化のための重要な成長過程に，枝刈りという方法を用いている．この枝刈りに代わって，本手法では決定木の最適化に進化型計算を適用するのである．

また，進化型計算手法は，解空間に存在する解候補すべてについて検証するのではなく，解空間中のきわめて少ない解候補から遺伝操作に基づき新たに有望な解候補を創成していくというように，ヒューリスティック（近似解探索で用いられるように発見的）に最適解を見つけ出すことを可能にする．

進化計算（GA，GP）と遺伝操作

GA，GPの処理は一般的に，評価，選択，交叉，突然変異の遺伝操作の繰り返しを1世代と称し，これらの遺伝操作が完了するごとに世代数を1増加させる．そして終了条件である所定世代数に至ると進化は終了する．遺伝操作を次に述べる．

(1) 初期個体群の作成　まず，終端子や非終端子を規定の方法（ランダムあるいはエントロピー分岐ルールなど）で設定して初期木を作成し，これを個体として所定の数の個体を発生させる．できあがった個体群を初期個体群と呼ぶ．

(2) 評　価　評価は個体の適応度を計算する操作である．適応度とは環境に適応する度合いを数値で表したものである．この適応度にしたがって交叉において優先的に選択される個体が決定される．そのため問題に適した評価式を作成する必要がある．

(3) 選　択　選択にはランダム選択や，ルーレット選択，エリート保存などがある．ランダム選択は，個体をランダムに選出する選択である．ランダムであるので，各個体の選出される確率はほぼ同じである．ルーレット選択は各個体の適応度に比例した確率に応じ，選ばれる可能性が異なる選択方法である．つまり適応度の高い個体ほど選ばれる可能性が高い．しかしながら，これらの選択方法は確率的に選出を行うため，その確率的ゆらぎにより集団内の最良個体が失われる可能性がある．エリート保存は適応度の高い上位数個の個体を次世代に残す個体として選択する方法である．これにより最良個体を強制的に次世代に残すことができる．

(4) 交　叉　交叉は個体を複数選択し，遺伝子の一部を入れ替える操作である．目的は遺伝子内に新たに効果的な構造を生成することである．ある程度

図 12-3 交叉の例 —— GA 処理の場合と GP 処理の場合

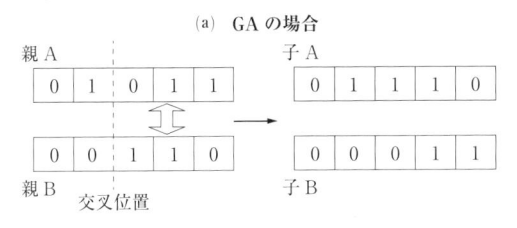

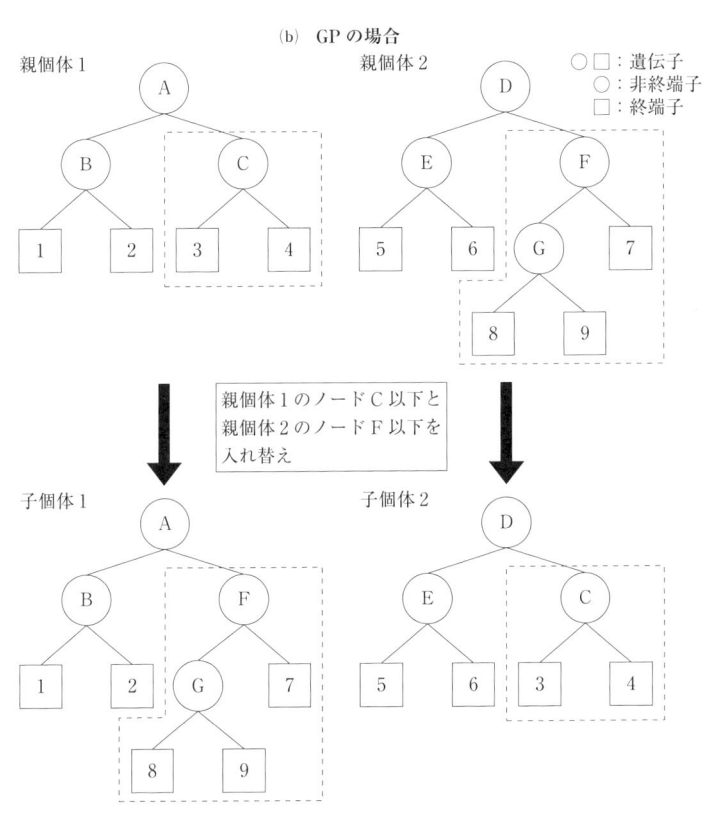

(a) GA の場合

親A　0 1 0 1 1　　子A　0 1 1 1 0
親B　0 0 1 1 0　　子B　0 0 0 1 1
　　　交叉位置

(b) GP の場合

○□：遺伝子
○：非終端子
□：終端子

親個体1のノードC以下と親個体2のノードF以下を入れ替え

進化した個体は効果的な構造をもっており，交叉によりこの構造を組み合わせることでより環境に適応した個体を作成する。そして交叉により生成された個体の構造が良好であれば適応度も高くなり，次世代に残りやすくなる。例として図12-3(a)に線形構造で表される個体についてGA処理する場合の交叉の手続きを，また図12-3(b)に木構造で表される個体についてGP処理する場合の

図 12-4 GP の突然変異の例

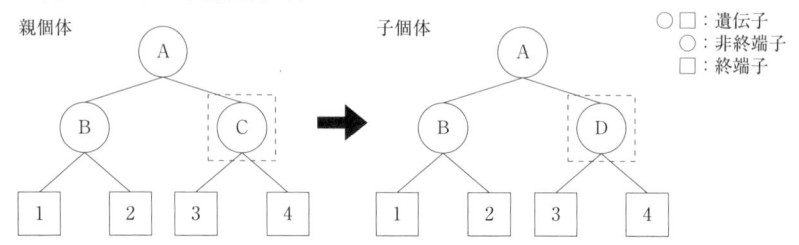

親個体　　　　　　　　　　　子個体　　　　　　　○□：遺伝子
　　　　　　　　　　　　　　　　　　　　　　　　○：非終端子
　　　　　　　　　　　　　　　　　　　　　　　　□：終端子

交叉の手続きを示す．図に示すようにランダムに選択したノード以降を入れ替えることで行われる．

(5) 突然変異　個体の遺伝子の一部を新たな遺伝子に変化させる操作である．図 12-4 に GP の場合の突然変異の例を示す．図に示すように，ランダムに選ばれた個体中の 1 つの節（ノード）をランダムに変化させた．突然変異は，交叉のみでは進化が進んだ際に同様の構造をもった個体が大半を占めてくるので，個体群の多様性を維持するために有効となる．

3. 決定木の作成

以下では，海外派遣要員の適性を判断する決定木の具体的な作成方法を述べよう．作成方法としては，上述した 2 種類の進化型計算手法（GA および GP）を試みた．

決定木の構造

適性度を予測する決定木の構造は，アンケート項目の質問項目（達成度〔成果〕に関するものを除く）を非終端子に設定し，終端子には適性度を表す派遣者の達成度を 5 段階表示したグレードが格納されている．なお，「他者との比較」は，巻末資料①の問 5-3 での質問項目の結果をまとめて表したもので，問 5-2 の主観的な達成度に対して，客観的な達成度としている．（なお，実際の決定木は次節の実験結果で得られた図 12-10 および図 12-12 を参照されたい．）

詳しくは，分岐ルールを示す非終端子に 3 項目の表示があり，各項目は次の事柄を示す．

　① 1 項目は分岐ルール（例 Q3-4　→質問 3 が 4 以上は右へ，4 未満は左へ分岐する）

図 12-5 個体の構成

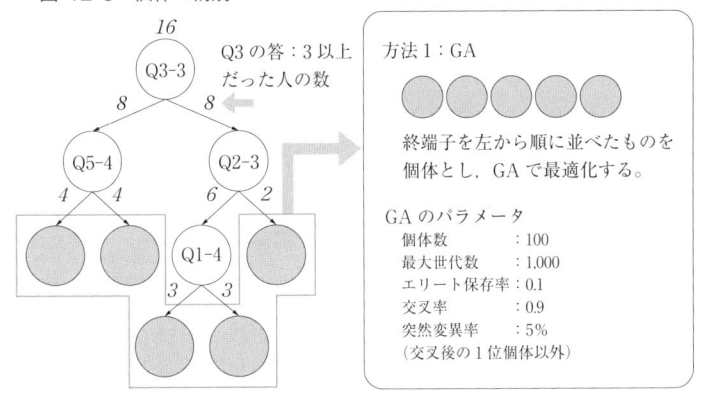

方法1：GA

終端子を左から順に並べたものを個体とし、GA で最適化する。

GA のパラメータ
- 個体数　　　　：100
- 最大世代数　　：1,000
- エリート保存率：0.1
- 交叉率　　　　：0.9
- 突然変異率　　：5%
- （交叉後の1位個体以外）

② 2項目は学習部のデータの度数（例 0/1/5/6/0 →1が0人，2が1人，3が5人，4が6人，5が0人）
③ 3項目目はテスト部のデータの度数（例　学習部と同様）

一方，終端子にも3行の表示がある。その内容は次のとおりである。
① 1項目は最適達成度であり，分類結果としての代表値を与える。
② 2項目および，③ 3項目は，非終端子と同様である。

また，矢印の横にある数字は移動した人数を示す。スラッシュの左が学習部，スラッシュの右側がテスト部の人数。たとえば後述する図 12-10 の決定木を例に取れば，最上位のノードの学習部の人数を見ると，200人が左に99人，右に101人と移動することを示す。

これらのノードを用いて，質問の回答を手がかりに適性度を推測しうる決定木を構成し，クラスタリングと進化型計算手法によって評価ツールとして機能しうる有効な決定木に最適化する。

クラスタリングと GA の結合手法

まず，終端子（達成度）を除いて，非終端子（質問項目）から成る2分木構造をもった決定木を上述のエントロピー分岐ルールに基づく分類方法に従って作成する。そしてその後に，未設定となっている終端子に，GA を用いて最適な適性度を動的に設定する。

したがってこの方法は質問項目の適切な配置を系統的に行うとともに，最適な適性度を進化型計算手法によって自動設定するという双方の利点を併せ持ったもので，これらの処理を一連の手続きで行うものである。この例を図 12-5

に示し，具体的な手続きを次に記述する。

(1) アンケートデータを用いてエントロピーに基づいて質問項目を分類し，決定木の基となる2分木を作成していく。この操作は，所定の階層になるまで繰り返す。これにより，非終端子には質問項目からなる分岐ルール（条件式）が設定される。なお，ここで分岐ルールは回答番号が3未満あるいは4未満の3段階とした。この分岐ルールは，上述したように系統的に無駄なく設定されると考えられるので，決定木の構造はこの木構造に固定する。

(2) 終端子を進化型計算手法で探索する。この場合の木構造は，終端子以外は固定されているため，達成度が入る終端子の位置と個数が固定される。そのため，決定木の未設定部分であるすべての終端子を連結して線形構造で表現した1つの個体とすることができる。このように，個体が一次元配列の個体構造で表現されることから，GAを用いて終端子に適切な達成度が設定されるように最適化することがより有効となる。なお，本実験では非終端子部分を5階層を基準とした。この場合，終端子の数は32となった。

(3) 終端子で構成されるGA遺伝子構造について次のような条件で遺伝操作を行い，最適な終端子の組合せを導く。

遺伝操作は次の条件下で行った。個体数を100個とし，エリート保存（複製）で10個体（10%），ルーレット選択法による交叉で90個体（90%），突然変異（新規個体の生成）によって5個体（5%）を，次世代の親個体群として選択することとした。個体（決定木）の適応度は，誤分類率とした。誤分類率は，遺伝操作で設定された適性度と，教師データとして用いられる海外派遣者のアンケート結果の達成度との相対距離に基づいて，1〜-1の評価値を与えることによって算出した。このための評価値を与える評価関数を図12-6に示す。

例で示せば次のようになる。たとえば，決定木の終端子に適性度として4が設定されていて，サンプルデータの65番の達成度が3であった場合を考える。このとき終端子の設定値が4であるので，図12-6の評価関数(d)を用い，同図より回答結果が3であるので横軸の3を取ってこれに対応する縦軸の0.0を得る。この0.0がそのデータに関する評価値となる。

このような手続きを全サンプルデータについて行い，これらの値を合計したものを個体の評価値gとした。そしてこれを全データ数Dで除した正解率g/Dを1から減算することによって適応度である誤分類率を得る。

ここで，情報エントロピー分岐ルールを用いる場合，同じような内容の質問

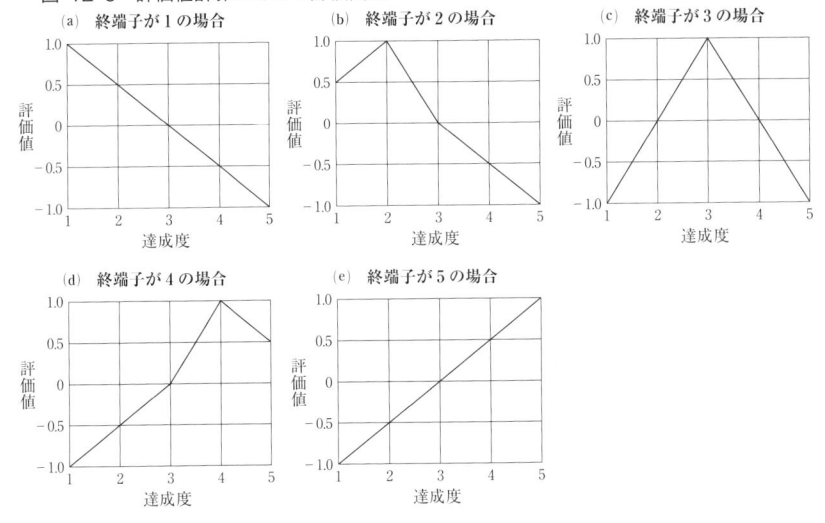

図 12-6　評価値計算のための評価関数

(a) 終端子が1の場合　(b) 終端子が2の場合　(c) 終端子が3の場合
(d) 終端子が4の場合　(e) 終端子が5の場合

項目は相関係数が強いので，意図せずに省くことができるという利点がある。同じような内容であれば，回答の傾向も同様となり，情報エントロピーが最大になる条件式の値も同じになる。ある質問を情報エントロピーが最大になる回答値で分けてしまうと，その質問はデータが偏ってしまい次のノードには選ばれにくくなる。そして，その類似項目も回答傾向が同じなので同様にデータが偏ってしまう可能性が高くなる。よって次のノードに同じような内容の（相関係数が強い）質問項目がくる可能性は低く，結果的に木の階層を少なくして有効な分類が可能となるのである。

GP手法

GPによる学習は次の条件下で行った。はじめアンケート項目の中から非終端子候補と終端子候補（達成度）をランダムに選択して初期木を集団の個体数分 (100個体) 作成する。そして，それに対して遺伝操作として1世代にルーレット選択により5個体を選び出し，2個体交叉（部分木ごとの交換）を2回し，1個体を突然変異させ，親子個体のうち良い個体を残す。このような操作を所定の世代 (1万世代) 繰り返すことによって最適化を行った。

学習に用いた適応度 (*fitness*) は，ノード数に制限を掛けるものとし，以下の式で与えた。

$$fitness = (F + 0.5^{*}N)/D \tag{2}$$

ここで，F, N, D はそれぞれ，学習データの誤分類数，決定木のノード数，学習データ数である．

4. 実験結果と考察

アンケート結果の概要と本システムの性能等について検討する．

アンケート結果の概要

まず例として中国での調査結果を用いて，日本人派遣者自身による評価値およびローカル・スタッフの日本人上司と中国人上司に対する評価結果を比較した．この結果を，図12-7に示す．また，それぞれの各評価値の分布を図12-8に示す．

図12-7からは，日本人派遣者自身の値は全般的に低く，また図12-8からは，日本人派遣者の評価値で5と回答することは極端に少ないことがわかる．これらの結果から，概して日本人派遣者自身は各項目に対してかなり控えめな評価をするものと思われる．

また，各質問項目について，中国人上司を評価した直属ローカル・スタッフの回答の，および同じく日本人上司を評価したローカル・スタッフの回答の，そして日本人派遣者が自身を評価した回答の平均値と標準偏差を算出した．さらに，中国人上司を評価した直属ローカル・スタッフの回答の平均と日本人上司を評価したローカル・スタッフの回答の平均の差も算出した．

この結果から，経営管理能力の項目では，「戦略立案ができる（-0.11）」「目標達成志向が強い（-0.15）」「仕事上の方針がぶれない（-0.13）」「専門知識が豊富である（-0.12）」「常に改善に取り組む（-0.15）」などが日本人上司は中国人上司よりも優れていることが示されており，リーダーとして日本人駐在員は高い評価を受けていることがわかる．

部下管理能力の項目では，日本人上司は，「部下に公平に接している（-0.10）」「部下に明確な業務目標を示している（-0.10）」が優れている一方で，「部下育成のためのチャンスを与えている（0.09）」がやや劣っている．これは中国人上司に比べて部下に接する機会が少ないことも1つの要因と考えられる．

情報管理能力に関しては，「会社の進むべき方向を明確に部下に伝える（-0.11）」の項目が日本人上司は優れており，会社組織での役割を果たしていることを示唆する．

図 12-7　回答者による評価値の比較

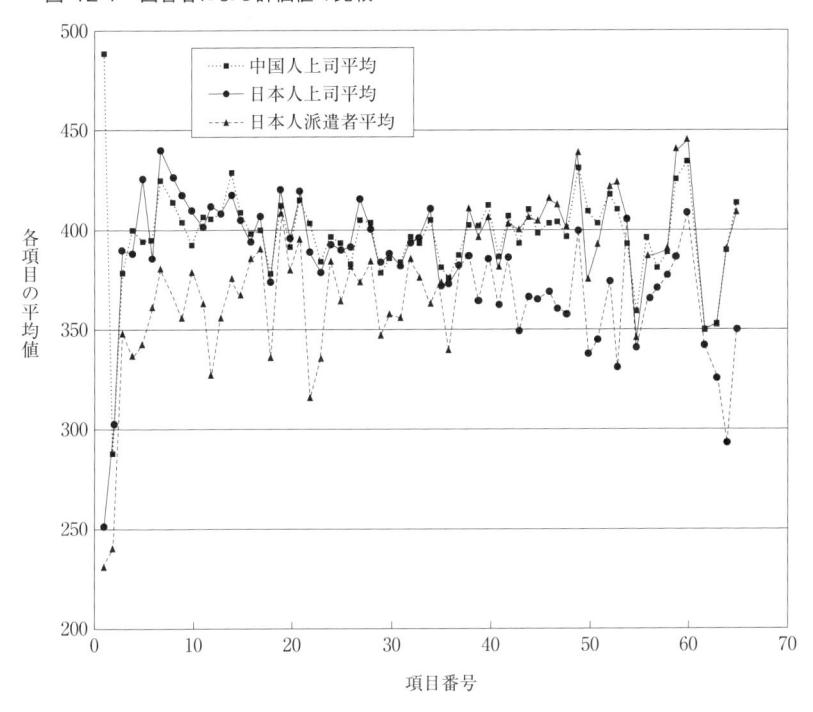

図 12-8　回答率分布の比較

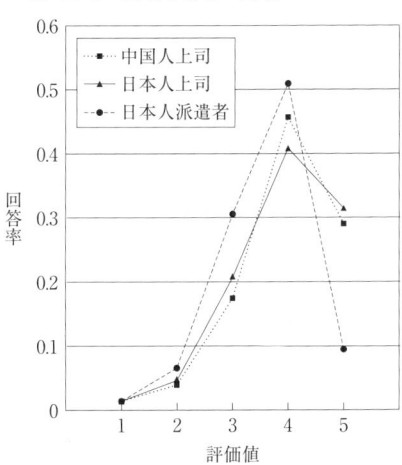

第12章　グローバル経営人材育成のための適性評価ツール

問題解決能力に関しては，日本人上司は「あらゆる状況において，冷静に対応できる（−0.05）」はやや優れているが，「目標実現に向けて，リスクをとることができる（0.06）」「問題の因果関係を突き止め，対策を立てることができる（0.06）」がやや劣るように評価されている。

行動特性に関しては，「人脈が広い（0.34）」のは中国人上司が優れていることは当然のこととして，日本人上司は「他部門の悪口を言わない（−0.13）」「自分がミスをしたときは率直に認める（−0.14）」「規則を尊重し，適切に行動する（−0.14）」に優れていると評価されており，好ましい結果となっている。

なお，決定木の作成は，日本人派遣者本人およびローカル・スタッフから採取した種々のデータを用いて行った。以下の実験では，アンケート・データを学習用とテスト用に，ほぼ2：1に分けて用いた。学習用データは，訓練データとして所定の回数だけ，システムへの入出力を繰り返し行い，遺伝操作による決定木の最適化（再構成とチューンアップ）に用いた。その後，決定木の正当性を確かめるために，学習に用いなかったテスト用データを用いて評価実験をすることによってその性能を調べた。

クラスタリングと GA の結合手法

GA による決定木の進化過程を図 12-9 に示す。なお，用いたデータは，中国における日本人派遣者から採取したもので，終端子には自分の達成感を主観的に数値で評価した達成度（質問項目 65 番の）を設定した場合の例である。同図より，決定木が効果的に学習するとともに未知データに対しても誤分類率が低く信頼性のある評価ができることになる。

また，作成された決定木の例として，5 階層まで表示した決定木を図 12-10 に示す。

日本人派遣者の 265 人の達成度の度数を計算したところ，達成度が 1 と回答した人は 0 人，2 は 35 人，3 は 73 人，4 は 144 人，5 は 13 人となった。達成度 4 と回答した人が最も多く，ほとんどの人は達成感を持っていたということがうかがえる。また，達成度を 4 や 5 などのように高く回答した人がどのような要素を持っていたかを調べることによって海外派遣に必要な要因を知る上で重要な知見を得ることができる。

このことを考慮し，アンケート結果から得られる相関ルールを算出した。これは達成度を 4 あるいは 5 と回答した人は他にどのような項目を選んでいるかをまとめたもので，相関ルールの重要な指標である支持度と確信度を示す。日

図 12-9　決定木の進化過程（日本人派遣者の場合の例）
(a) 学習部（深さ5階層）　　　(b) テスト部（深さ5階層）

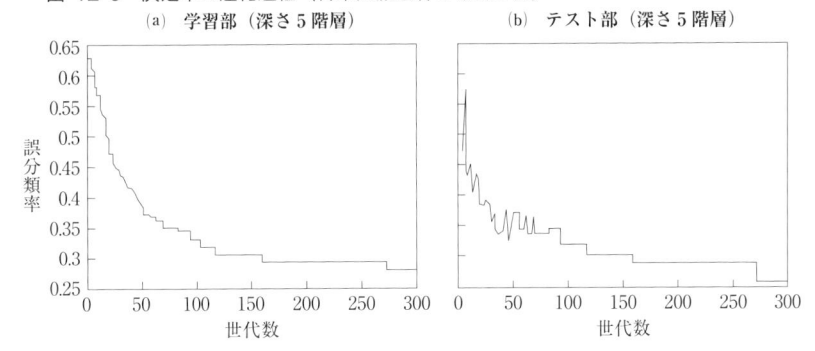

本人派遣者の項目では達成度5と回答した人は13人であったので支持度の最高値は約0.05となる。

　この相関ルールから，日本人派遣者自身が回答したもので，たとえば達成度が5（Q0A5）のうちで支持度が最大となる項目は「戦略立案」（支持度0.041，確信度（左向き）0.84）であった。このことから「戦略立案」は海外派遣者にとって重要な要因の1つとなる。

　一方，現地法人のトップからのヒアリングで多くの貴重な知見を得ている。そのなかで，「自分で考える」「決断力がある」「最終意思決定ができる」「信念がある」「責任感がある」「信頼関係がある」「リーダーシップ」「論理的に話せる」「創造力がある」「コミュニケーション力がある」「スペシャリストである」ことなどが重要な要因であることが示されている。相関ルールのところでも述べた「戦略立案」は，これらに密接に関連するものである。そして，決定木からも達成度5と回答した13人は全員「戦略立案」ができると答えて（右の枝に進んで）いる。

　さらに，この決定木で達成度が5になる終端子は右から3つ目となっているが，この終端子に至る経路には「戦略立案」の他，「英語ができる」「上司の間違いを指摘できる」「中国語ができる」という3つの要素を兼ね備えていることが示されている。これらの要素はヒアリング調査の結果から得られる知見とほぼ同様な結果となっている。特に，英語や中国語ができるというのは「言語を理解しようとする人」に該当し，コミュニケーション能力の重要性を示唆している。

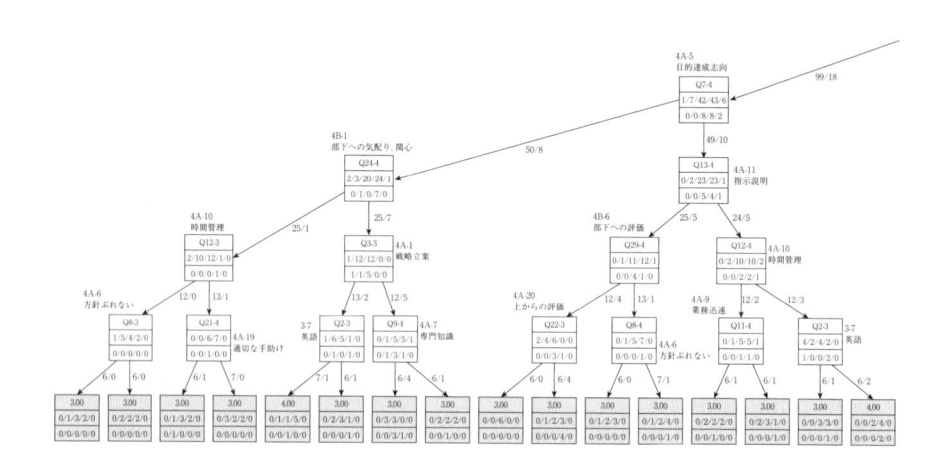

図 12-10　日本人派遣者自身の評価に基づいて作成された適性決定木

ＧＰ手法

　GP による決定木の進化過程（中国における日本人派遣者の場合の例）を図 12-11 に示す．

　同図においても，決定木が効果的に学習するとともにテストデータに対しても良好な分類率が可能となる．また，作成された決定木の例を図 12-12 に示す．

　GP を用いた決定木は，より良く分割できるルールを選択しつつ，組合せにより木が小さくなるように進化する．木は大きくなり過ぎると過学習を起こしてしまうため，できるだけコンパクトな方が望ましい．そこで，精度を維持しつつ，よりコンパクトな木を探索できる GP は有効なものとなる．

　図 12-13 は，相関係数が 0.33 以上となった主要な項目を図示したものである．また，図 12-14 は，相関ルールでの支持度が 0.36 以上となった主要な項目を図示したものである．なお，両図中では，達成度の質問番号を Q0 と表記している．

　GP による適性決定木を観察すると，主要な分岐ルールとして「対外交渉力」「部下に役割を自覚させる」「業務を迅速に遂行できる」を見ることができる．これらの項目は，図 12-13 に示される相関係数のグラフ表現の図中で，各部分領域の代表的な項目となっているものである．このことは，相関係数が大きい

288

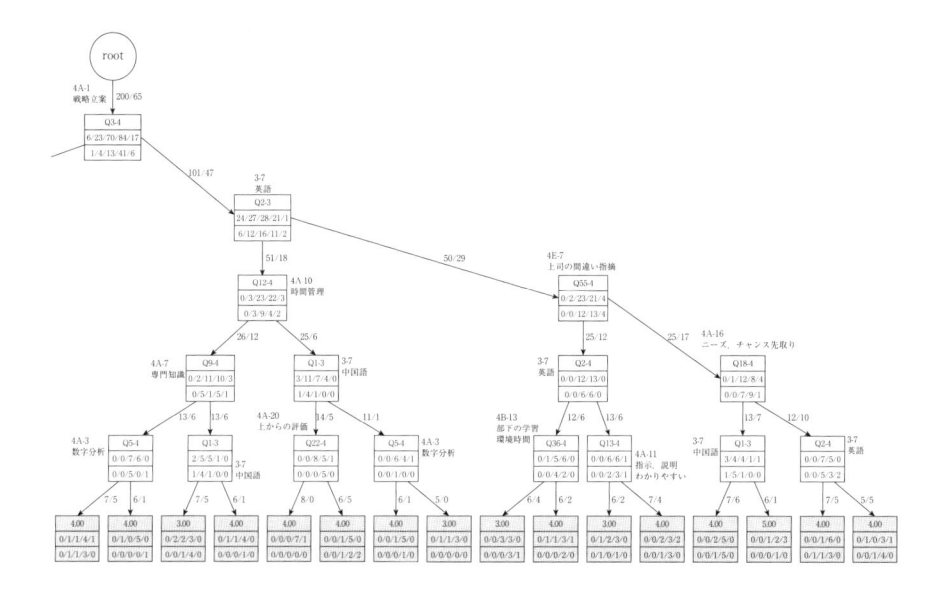

図 12-11 GP による決定の進化過程（日本人派遣者の場合の例）

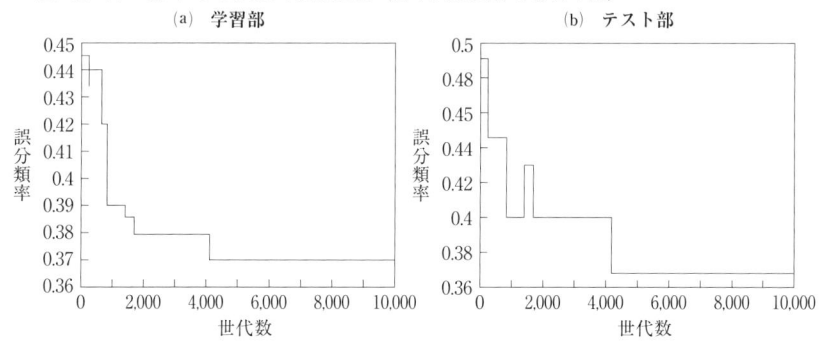

(a) 学習部

(b) テスト部

項目同士は，同様な分類傾向があるため，ノード数を制限して作成した GP による決定木では極力無駄が省かれ，類似したものは決定木には現れなかった結果である．これらのことは，GP によってより少ない数のルールでコンパクトに効率的な決定木が作成されていること，そして GP の進化過程では質問項目が似ていない様々な組合せが試され進化していることを示唆している．

一方で，支持度を表す図 12-14 より，「関連部署から支援や理解を得ている」「部下に対する気配りや関心」「部下の間違いを的確に指摘」や「問題の対策を

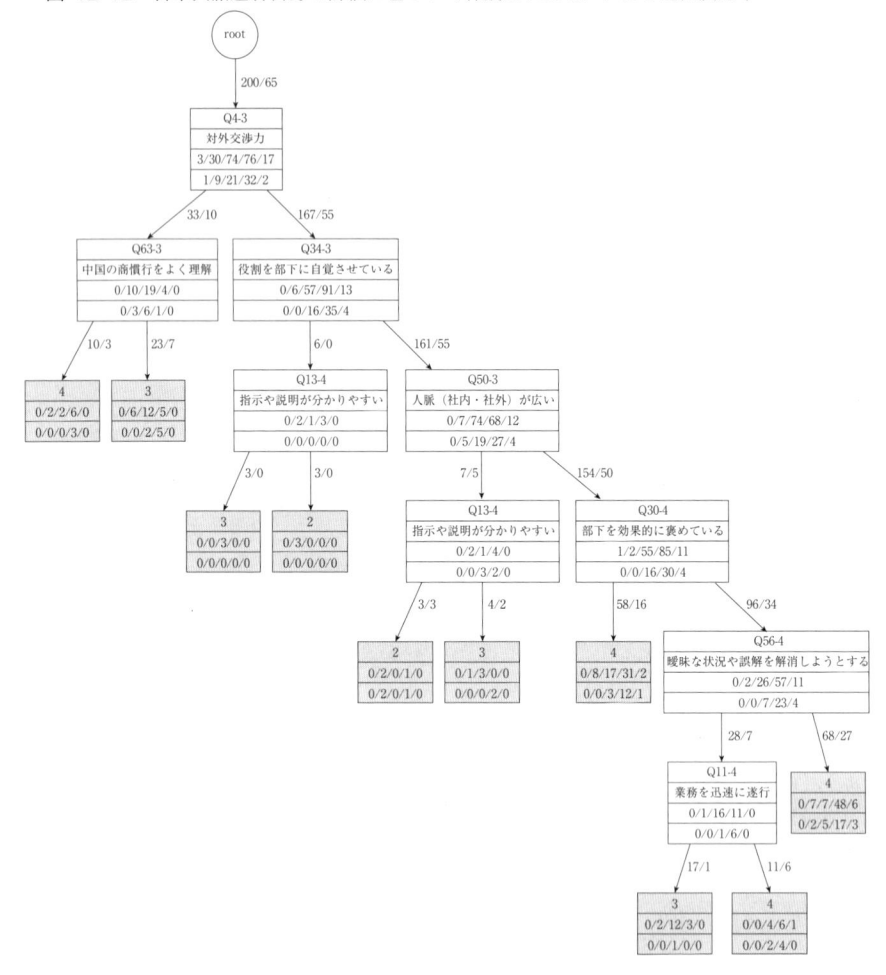

図 12-12　日本人派遣者自身の評価に基づいて作成された GP による適性決定木

立てる」で回答 4 を答えた人は，「達成度」で 4 と答える割合が高く，達成度と関係があることがわかる。また，「問題の対策を立てる」で 4 と答えた人は，他の質問項目でも 4 と答える割合が高く，「達成度」も 4 と答えており，重要な質問項目となっている。このことは，進化型計算手法では選択されなかった因子も重要な役割をもつことを示唆するものと考えられる。

他者との比較による達成度評価

上述の日本人派遣者の評価は，日本人派遣社員本人が回答した結果であるた

図 12-13 相関係数のグラフ表現（日本人派遣者）

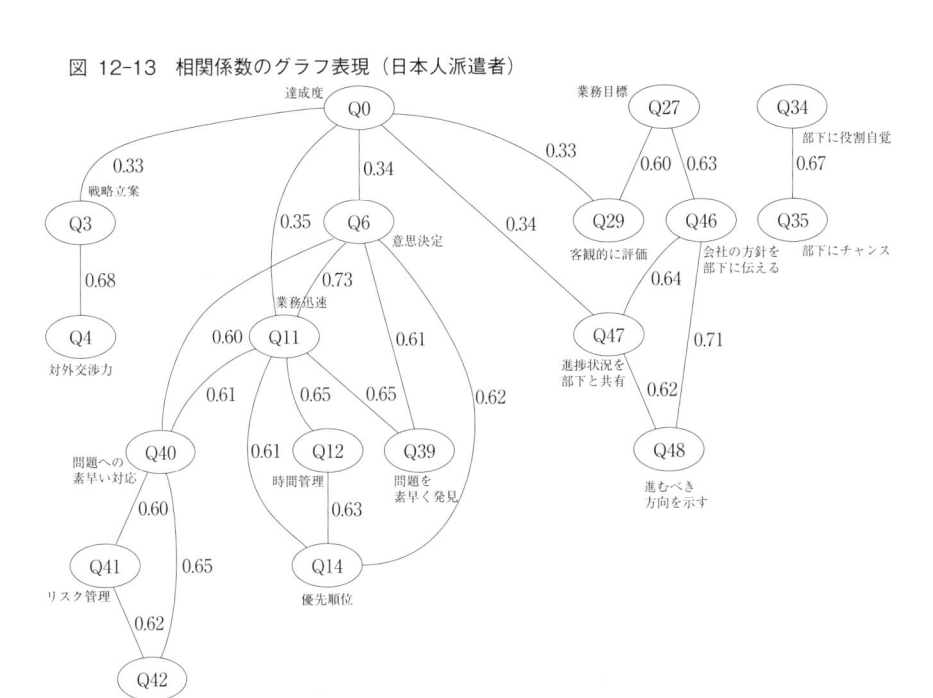

図 12-14 支持度のグラフ表現（日本人派遣者）

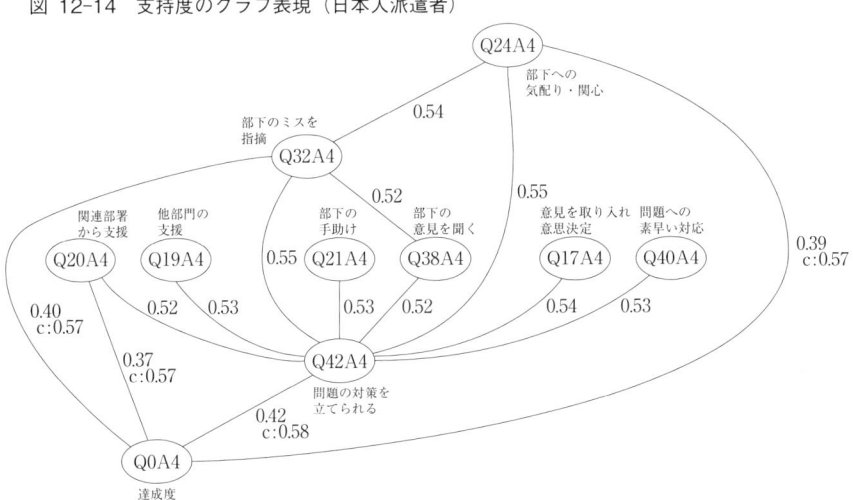

図 12-15 達成度の度数比較

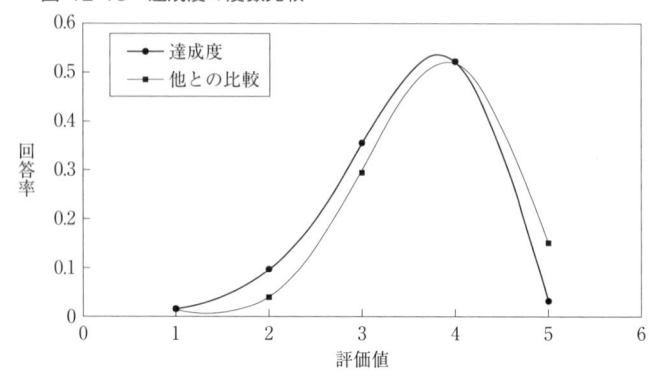

め，主観的になりやすく正しく評価できているかどうかという問題がある。そこで，回答結果に客観性を担保するために，達成度（資料①の質問項目問 5-2）の回答部分をその派遣社員が他者と比較した達成度（前任者，同じ職場の日本人派遣者，同格のローカル・マネジャー，同業他社の日本人派遣者，日本で勤務している同期入社者，日本で勤務していた時の自分）（資料①の質問項目問 5-3）の平均値に替えて決定木を作成し，これについて検討した。

まず図 12-15 に達成度の度数分布を示す。他と比較しない場合の主観的な達成度を 5 と回答したのが 3% 程度であったのに比較して，他者との比較で達成度を 5 と回答したのは 11% 程度となっており，かなりの差が生じた。これは，前者の主観的な達成度の結果が図 12-8 に見られたのと同様に控えめな姿勢で回答しているのに対して，他者と比較した達成度のほうが自信をもって回答したものと思われる。

そこで，これらの達成度（65 番の主観的な達成度，66 番の客観的な達成度）をそれぞれ別個の異なった実験として，終端子に設定するようにして，クラスタリングと GA を用いて決定木を作成した。このときの進化の様子を，誤分類率の世代推移で表した結果を図 12-16 に示す。なお，データ数は 200 とし，学習部で 150，テスト部で 50 とした。同図において，明らかに他者と比較した達成度を用いたほうが，学習部とテスト部でともに誤分類率の減少速度は早く，かつ最終値も小さくなっている。これは，他者と比較した達成度を用いたほうが，より精度の高い決定木が作成されることを示唆している。

実際，それぞれ作成した決定木による誤分類数を調べた。その結果，入力デ

図 12-16 他者との比較による達成度評価
(a) 学習部　　　　　　　　　　(b) テスト部

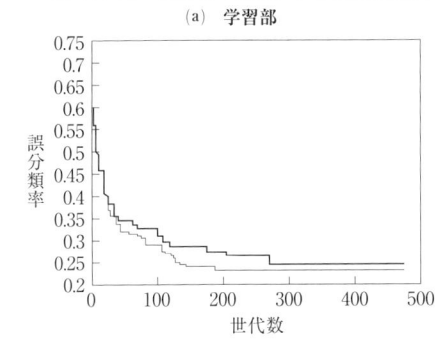

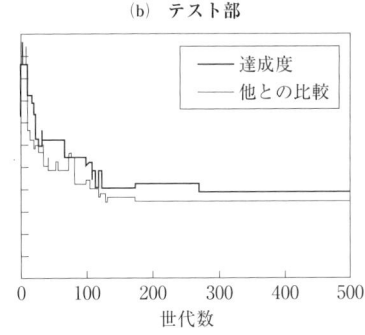

ータ 200 についてすべてを確認したところ，誤分類数は，主観的な達成度の場合で 92，他者と比較した達成度の場合で 87 であった．またこの 200 のデータを学習部で 150，テスト部で 50 として同様に調べたところ，学習部でそれぞれ 63 と 53，またテスト部でそれぞれ 27 と 23 となり，他者との比較による達成度を用いたほうが誤分類数は少なくなっている．

このことから，他者との比較による達成度を用いるほうが，より精度の高い決定木を作成できることがわかった．

役職別等の各種条件による能力評価

日本人駐在社員の現地法人での役職によって本社側の期待要件も異なり，それに伴って必要な能力も違ったものとなる．また，現地法人が設立されている地域・国あるいは業種や規模による管理体制の違いによっても同様である．さらには，日本人駐在社員を評価する主体が本人自身の場合と他の者からの場合では相違することが考えられる．そこで，次に業種や規模および地域別・役職別に必要とされる能力の評価基準について，またそれを主観的評価結果と客観的評価結果から検討する．

検討方法として，それぞれの条件で決定木を作成した場合に非終端子ノードとして出現する質問項目（各能力の有無を判断する項目）を，能力別の 7 つのカテゴリ——① 言語力（資料①の問 3-7），② 経営管理能力（同問 4A），③ 部下管理能力（同問 4B），④ 問題解決能力（同問 4C），⑤ 情報管理能力（同問 4D），⑥ 行動特性（コンピテンシー，同問 4E），⑦ 異文化適応能力（同問 4F）——に分類し，それらの出現頻度が上記の各種条件下でどのように変化するかを調べた．なお，決定木の作成は，表 12-1 で示した全有効データについて，上記のクラスタリ

ングと GA を用いた方法で行うものとした.

　まずこのようにして得られた結果のうち業種別および規模別による各能力の出現頻度を算出した．この結果である「業種別」にはそれぞれ，製造業（精密機械），製造業（自動車），製造業（電機・電子），製造業（その他），情報技術業，卸・小売業，その他で分けた場合の各能力の出現頻度を，また「規模別」では同様に従業員数を 300 人未満，300〜999 人，1,000〜2,999 人，3,000 人以上に分けた場合の各能力の出現頻度を算出した．この結果から，業種別・規模別のいずれにおいても，言語力と経営管理能力に関する項目が決定木のノードとして頻出しており，これらの能力が重要な要素となりうることがわかった．

　そして「業種別」においてこれらの能力の必要度は業種によって異なる傾向があることが示された．これは，各業種によって現地部品調達や品質管理あるいは人材管理などの管理面に違いがあることに基づくものと推察される．ただ，今回のアンケートの質問項目が，一般的な社員として求められる能力に関する項目が多く，各業種に特化した能力を判定する項目が少ないため，業種別に分類を行っても顕著な差が生じにくく，それ以上の知見を得ることは困難であると思われた．

　一方，これらの能力以外で，「規模別」における部下管理能力が目立った．この結果は会社の規模が大きくなるにつれて部下管理能力の重要性が高まることを示唆しており，実務上の結果と定性的に一致する．

　なお，業種別・規模別での管理面の相違について明確にすることは，この種の調査結果を解析する上で重要であるので，今後これについてのより詳細な検討が必要となる．

　次に地域別・役職別にについては，地域別では中国，アセアン，インドに分け，役職別では経営のトップ・グループとシニア・グループとするため部長より上の役職および部長以下の役職に分けて，各カテゴリの出現頻度を算出した．なお，これは日本人駐在社員本人による自己評価から得られた主観的評価結果で，ローカル・スタッフがその上司である日本人駐在社員を評価した客観的評価結果を合わせ算出した．

　ここで特筆すべきことは，日本人派遣社員本人から採取したデータに基づいて作成した決定木には，いずれの地域においても共通して，部長より上の役職では，言語力に関する項目の出現頻度が高いこと，そして部長以下の役職では経営管理能力に関する項目の出現頻度がより高くなっていることである．これ

は，経営トップには，言語力で代表されるより広い観点からのコミュニケーション能力を基本とした総合的な統率力がより強く求められていること，そして部長職以下の駐在員には，経営や技術に関して実際上の最前線の指揮官として現地ローカル・スタッフを直接的に指導するための実践的な経営管理能力が必要とされていることを示唆するものと考えられる。

　それに対して，ローカル・スタッフが上司である日本人派遣社員を評価した結果においても，上述のような役職別による同様の傾向がほどの地域でも観られるが，日本人派遣社員のものとは若干相違した要素も含んでいる。それは，ローカル・スタッフの評価では言語力と異文化適応能力に関する項目の出現頻度が，日本人派遣者自身のアンケート結果に比べて多くなっていることである。

　この理由として，現地人であるローカル・スタッフは，言語力については，現地で働く日本人派遣社員が仕事を遂行する上でローカル・スタッフをはじめ現地の顧客などの関係者とのコミュニケーションが重要であること，そして異文化適応能力については異文化圏である現地に馴染めるかどうかを左右する重要な要件となりうるものであると認識しているからと理解できる。

　しかしその一方で，ローカル・スタッフにとって，日本人派遣社員に経営管理能力があるかどうかなどというような詳細については，わかりづらいことも否めない。言い換えると，日本人派遣社員はローカル・スタッフにとって馴染みの少ない外国人であり，また上司だということもあって日本人派遣社員の仕事振りなどの詳細は見えないことが多い。そのため，実際のところ詳細までは把握しきれないというのが実情で，したがってこれらの項目は，日本人派遣社員自身の評価の場合に比べては大きな評価要因になりにくいのではないかと推察されるのである。それで，ローカル・スタッフの回答結果から得られた決定木では，ローカル・スタッフからよく見える言語力や異文化適応能力についての判断項目が頻出するという結果が得られたものとも考えられるのである。

　さらに言えば，日本人派遣社員の動向を見るためには，実際に自分のことをわかっている日本人派遣社員自身のアンケート結果に基づいて解析を行うほうが，やや客観性には欠ける点もあるかもしれないが，この範囲においては全体的により正確に表現できるという結論が導かれる。

　なお，ローカル・スタッフによる日本人派遣社員に対する評価は客観性を有するので有用な知見が得られる可能性が高い。したがって，この客観性を担保して，より正確な知見を得るためには，ローカル・スタッフが日本人派遣社員

図 12-17 アンケート入力画面（WEB版）

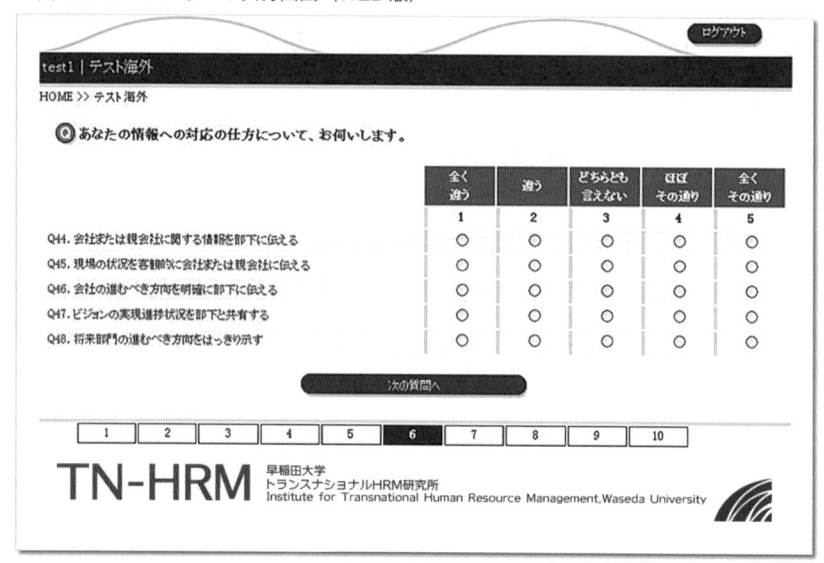

を評価した結果とローカル・スタッフが現地人上司を評価した結果とを比較検討することが必要となる。これについては，第5，6章を参照されたい。

評価ツール

実際にアンケート入力と結果出力を行う評価ツールを試作した。図12-17および図12-18は，JSP（Java Server Pages）を用いてWEB上でオンラインによるアンケート入力と検査結果表示を実現した例である。これらはアンケート入力画面では被験者の操作性を考慮したものとするとともに，結果出力画面では海外派遣要員としての総合的な評価結果である適性度を表示したうえで，回答結果から得られる有用なコメント（優れている点，改善すべき点，相関関係から抽出した必要関連事項，達成度の回答分布など）も表示できるように設計した。これにより本システムは実務で利用しうるものであると期待できた。

5. 適性評価ツール開発の成果と課題

海外派遣要員の適性を事前に分析することによって派遣候補者の選抜を効率的に行うとともに，候補者の能力育成のための教育プログラムやキャリアパスに関して知的支援する評価ツールを作成することを試みた。知的原理として評

図 12-18　適性検査結果出力画面（WEB 版）

海外派遣適性診断（その他海外）test1

| 社員番号：1234 | 性別：男性 | 年齢：25〜29 歳 | 受験日：2012・01・23 17:54 |

診断結果

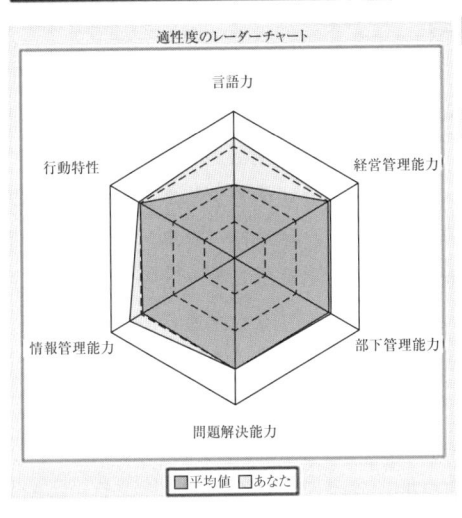

適性度のレーダーチャート

（言語力、経営管理能力、部下管理能力、問題解決能力、情報管理能力、行動特性）

■平均値　□あなた

海外派遣の期待達成度　A

偏差値　62.8

各項目の偏差値

項目	偏差値
言語力	67.5
経営管理能力	62.4
部下管理能力	63.3
問題解決能力	62.9
情報管理能力	62.5
行動特性	61.6
異文化対応能力	65.3

あなたが伸ばすべき項目

Q11. 業務を迅速に遂行できる　　Q24. 部下に対する気配りや関心を示している

Q41. 目標実現に向けて、リスクをとることができる　　Q49. 責任感が強い

あなたが最も伸ばすべき能力は問題解決能力です。日々の業務で発生する問題はもちろん、海外では文化や習慣の違いから不測の事態が発生することも多くあります。それらの問題に迅速に対応し解決することができなくては、派遣で与えられた任務を遂行することは困難になるでしょう。問題を見つけ冷静に対処することができるよう心がけましょう。解答結果から特に「Q41. 目標実現に向けて、リスクをとることができる」を伸ばすとよいでしょう。

価基準に決定木手法を用い，これを進化型計算手法で最適化する方法を提案し，その有用性を検証した．

その結果，本手法は，適性評価のための決定木が効果的に学習するとともに未知データに対しても誤分類率が低く，信頼性のある評価を可能にするものであることがわかった．

また，分析方法として，決定木の作成で終端子に他者と比較した客観的な達成度を用いたほうが，誤分類率が小さく，客観性のあるより精度の高い決定木が作成できることがわかった。
　さらに，業種別・規模別および地域別・役職別に必要とされる能力について検討した。これにより特に，作成された決定木には地域・国によって多少の違いや特徴があっても，部長より上の役職では，言語力に関する項目の出現頻度が高いこと，そして部長以下の役職では経営管理能力に関する項目の出現頻度がより高くなっていることが観察された。これは，経営トップには，言語力で象徴されるより広い観点からのコミュニケーション能力を基本とした統合力が求められること，そして部長以下の駐在員には，現地ローカル・スタッフを直接的に指導しうる実践的な経営管理能力が求められることを示唆するものである。また，ローカル・スタッフによる評価から，日本人派遣者が仕事をしていく上で，言語力とともに異文化適応能力が現地に馴染めるかどうかを左右する重要な要件であることが指摘された。
　以上のことから，進化型計算手法を用いて海外派遣候補者の適性評価に有効に機能する自律システムを実現する可能性を見出すとともに，派遣者に求められる能力・資質などについての有用な知見を得ることができた。
　なお，試作した評価ツールについて詳細な検証を重ねることによって，具体的にはビッグデータとして現在注目されている大規模データの解析の代表的なデータマイニング手法としての相関ルールを応用した方法など[11]，実務的なシステムの実現に向けて改善する必要がある。また，アンケート結果の分析において，客観性を担保して，より正確な知見を得るために，ローカル・スタッフによる日本人派遣社員の評価結果と現地人上司の評価結果とを比較検討するなど，さらに詳細な考察が必要となる。これらについては第5，6章で論述している。

注
1) 労働政策研究・研修機構『第7回海外派遣勤務者の職業と生活に関する調査結果』2008年3月．
2) 田中利佳「海外派遣者の異文化適応要因」『日本経営教育学会全国研究大会研究報告集』53, 2006年, 69-72頁．
3) 日本在外企業協会『海外派遣者ハンドブック：中国（WTO加盟後の労働事情）編』2003年．
4) 日本経済団体連合会『日本人社員の海外派遣をめぐる戦略的アプローチ―海外派

遣成功サイクルの構築に向けて―』2004 年 11 月 16 日。
5) 佐藤厚「経営のグローバル化と人的資源管理・電機メーカーの事例」『*Doshisha University policy & management*』8 (2), 2006 年 12 月, 1-29 頁。
6) 白木三秀「日本企業のグローバル化とグローバル人材マネジメント―日本在外企業協会のアンケート調査結果からの考察―」『月刊グローバル経営』2009 年 6 月号, 2009 年, 4-11 頁。
7) 松村幸輝・吉野宏章・木村周平・白木三秀「進化型計算手法を用いたグローバル経営人材育成のための適性評価システム」『経営情報学会誌』Vol.19, No.2, 2010 年, 1-25 頁。
8) Koza J., *Genetic Programming*, MIT Press, 1992.
9) マイケル・J. A. ベリー＝ゴードン・リノフ（江原淳・佐藤栄作他訳）『データマイニング手法』海文堂出版, 1999 年。
10) J. R. キンラン（古川康一監訳）『AI によるデータ解析』トッパン, 1995 年。
11) 松村幸輝・衣笠智・白木三秀「進化計算手法を用いたデータマイニングによるグローバル経営人材育成のための海外派遣適性評価システム」『電気学会論文誌 C』Vol.134, No.5, 2014 年, 718-728 頁。

終 章

グローバル・マネジメントの開発と活用の方向性

白木 三秀

はじめに

　グローバリゼーションの進展に対し，企業もそれに対応すべくマネジメント人材の開発に向け，様々な対応策を打っている。序章でも述べたように，企業は，とりわけ若手社員に対して様々な対応を行っている。

　まず日本人社員に対しては，実務トレーニングの一環として若年社員を自社の海外拠点などに派遣する「海外トレーニー制度」が大手企業を中心に活発化している。具体的事例としては早稲田大学トランスナショナルHRM研究所（2012）や本書第10章の富士通の事例を参照されたい。

　従業員500人以上の企業を対象とするアンケート調査結果によると，有効回答215社のうち41.4%が「海外トレーニー制度」を実施済みであり，17.2%が実施予定となっていた。[1]

　また企業はここ数年，日本における元留学生の採用に本格的に乗り出し，また本社要員として，海外における日本人留学生や現地の学生の採用も始めている。

　日本在外企業協会の2012年の会員企業への調査結果によると[2]，回答企業（そのほとんどが大企業）の78%が外国人留学生をすでに採用していることが明らかとなった。外国人留学生採用について「採用も検討もしていない」という企業は，9%とごくわずかであった（図終-1参照）。

　外国人留学生を日本で採用する目的・事情を複数回答でみると，スコアの高い順に，①「国籍を問わず優秀な人材を採用するため」（80%），②「グローバル化に向けてグローバル人材を確保するため」（60%），③「海外現地法人との

図 終-1　外国人留学生の日本採用の有無　（有効回答数 121 社）

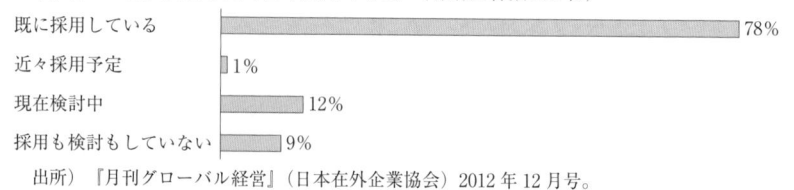

既に採用している	78%
近々採用予定	1%
現在検討中	12%
採用も検討もしていない	9%

出所）『月刊グローバル経営』（日本在外企業協会）2012 年 12 月号。

図 終-2　外国人留学生を日本（本社）で採用する目的　（複数回答，有効回答数 118 社）

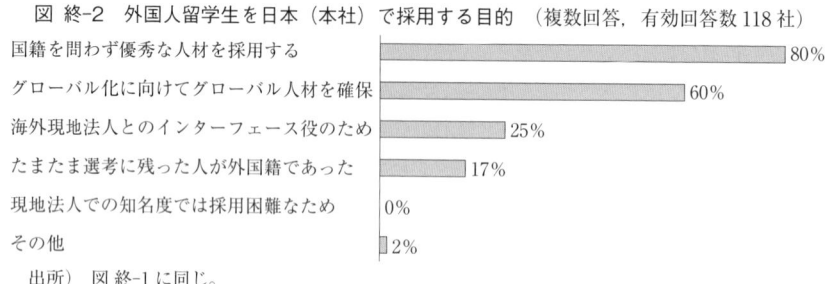

国籍を問わず優秀な人材を採用する	80%
グローバル化に向けてグローバル人材を確保	60%
海外現地法人とのインターフェース役のため	25%
たまたま選考に残った人が外国籍であった	17%
現地法人での知名度では採用困難なため	0%
その他	2%

出所）図 終-1 に同じ。

インターフェース役のため」(25%)，④「たまたま選考に残った人が外国籍であったため」(17%)，などとなっていた。①の目的は，明らかにグローバルなタレント人材の採用が目的となっている。これに対し，③の目的である海外現地法人とのインターフェース役というのは，いわゆる「ブリッジ人材」を直接意味していると思われるが，②と③の目的は海外現地法人への将来の派遣者含みであろう（図 終-2 参照）。

このように，外国人留学生の日本採用においては 8〜9 割の大企業が実施済みか，ほぼ実施可能な状態にある。その目的は，将来の非日本人派遣者養成のためであり，同時にグローバル・タレント人材の採用のためである。

いずれの場合においても，企業は将来のグローバル化に備えて日本人社員だけに頼る目線を超えた地平を見ながら臨んでいるし，そうでないとビジネスのグローバリゼーションに人材開発が対応できなくなっているといえる。

以下では，本書のこれまでの議論で中心的論点となった点，明らかになった点，さらには対応策などについて整理していく。

1. グローバル・リーダーシップと日本人海外派遣者

派遣元である親会社にとって重要な関心事は，海外派遣者がそれぞれのミッ

ション（使命や役割）をどの程度，達成しているかということであろう。その点が最も重要であることは疑いがない。日本人海外派遣者とミッション達成度との関係については，本書の第Ⅰ部に含まれる第1章，第2章，第3章で詳細に分析を行っている。

　第1章で詳述したように，職位が高くなればなるほど，「仕事上の成果」や「ミッション達成度」の自己評価が高く，結果に対する自負が高いということが明らかとなった。どうして職位の高いものほど「仕事上の成果」や「ミッション達成度」が高くなるのだろうか。それは，海外駐在経験が国内での勤務に比べてより守備範囲の広い責任度の高い業務を担当し，経営に求められるコンピテンシーを伸ばすまたとない機会を提供しているからと考えられる。この点は第3章で，タイと中国のデータを用いた数量分析で明らかとなっている。

　もちろん海外派遣者のミッションの内容は，現地での職位により大きく異なることはいうまでもない。トップ・マネジメントまたはそれに近い上位の役職であれば現地法人の統制，経営理念・経営手法の浸透や伝道が重要であり，時には，現地赴任中の部下である日本人派遣者の相談に乗ることが必要な場合もあろう。他方，現場のラインを預かるミドル・マネジャーであれば，後任の育成や専門技術やノウハウの移転がより重要なミッションとなるであろうし，若年者にとってはこの海外赴任は，本人の能力開発の一環として位置づけられている場合もあろう。

　さらに，これら「海外派遣者の職位」に加えて，「現地法人の成長段階」（操業期間の長短が代理指標となろう）という変数は，海外派遣者個々人のミッションを大きく規定する。このため，スタート・アップにある企業が多いインドでは，事業の立ち上げや市場の開拓・確保というミッションが際立っていた（第1章参照）し，タイと中国とを比べると中国はよりインドに近い状態にあった（第3章参照）。

　他者との比較も含む「パフォーマンスの自己評価」を被説明変数として回帰分析を行うと，海外派遣者の4つの行動特性である「経営手腕（マネジメント能力）」「PMリーダーシップ」「行動柔軟性」それに「異文化リテラシー」という説明変数（これらは62項目の設問の因子分析から導出された）に加えて，個人特性である海外勤務経験年数や職位などがプラスに影響していた。他方，中国をレファレンス・グループとする国別のダミー変数では，インド，マレーシア，インドネシアはマイナスに影響していた（第2章）。インドは日本人派遣者にと

って不慣れな地域であり，またマレーシア，インドネシアはイスラム教の国であることがマイナスとなった理由と考えられる。

海外勤務経験年数の長さが「パフォーマンスの自己評価」に有意に正の影響を持つということを，どのように解釈すべきだろうか。日本企業のグローバリゼーションの進展に伴い，海外勤務を経験する日本人スタッフは多くなってきているが，海外勤務経験年数が長い，あるいは1回の海外勤務年数が4～5年となっている現状を考えると，若い段階で海外勤務を経験しておくと，40歳代にトップ，あるいはシニア・マネジメントとして赴任する場合には個人の高いパフォーマンスという形で後ほど報われる人的投資となりうることを，上の結果は示唆しているといえよう。海外勤務では，ダイバーシティ度の高い環境下でストレッチのきいた仕事をすることが日常のことであり，そのことがマネジメント能力の向上を大きく促進するという面が大きいと考えられる。もちろん，この分析は，海外勤務者の成功者だけが長期の海外勤務経験者になるというサンプリング・バイアスを含んでいるかもしれないということは否定できない。

いずれにせよ，海外勤務においてマネジメント能力の発揮をよりスムーズに促進するのは，「異文化リテラシー」（第2章）または「多様性受容力」（第3章）であるということが明らかになった。このため，海外派遣者育成においては，プロフェッショナルとしてのマネジメント能力の獲得を前提として，「異文化リテラシー」なり「多様性受容力」なりをより高めるべく若い段階で，海外トレーニーも含む海外勤務経験を積ませることが有効であるということがいえる。ただし，スタッフに海外勤務をキャリア形成の一環として前向きにとらえてもらうには，任地での安全で快適な生活を保障し，海外勤務に魅力が感じられるレベルの処遇の提供が必要であることはすべての前提であることはいうまでもない（第4章参照）。

2. 日本人海外派遣者に対する現地人部下からの評価，ならびに現地人スタッフの賃金や昇進の決定方法

日本人派遣者が現地スタッフに十分，受け入れられているかどうか，高く評価されているかどうかという点が，当該派遣者と現地スタッフとが協働して経営成果を出すという点を考えれば，現地法人の業績向上の重要な要素となるこ

とは明らかである。

 そればかりではなく，直属の部下からの評価を検討することを通じて，当該派遣者がどのような点でトップあるいはミドルのマネジメントとして優れた点を持ち，同時に他方で，弱点を抱えているかがかなりの程度まで明らかとなるであろう。そのことを通じて，日本人派遣者の強みと課題が具体的に示されるはずである。本書の第Ⅱ部の諸章の多くはそのための検討に充てられている。

 まず，アジアにおける現地法人の部下から海外派遣者である日本人上司がどのように評価されているかを見てみたい。具体的には，在アジア日系企業に働くホワイトカラーを対象に，彼らが自分の直属上司（現地人上司と日本人上司）に対し，業務遂行能力，問題解決能力，リーダーシップ，部下育成能力，信頼構築能力，異文化リテラシー，そして対人関係構築能力などのコンピテンシーを62項目にわたり，どのような評価をしているのかについてアンケート調査を実施した（調査の詳細については第5章を参照されたい）。

 われわれが在アジアの日系企業に対して実施した大量調査結果によると，現地人部下による日本人上司に対する評価項目の序列は，トップ・マネジメント，ミドル・マネジメントに共通であった。明らかに，日本人派遣者は，責任感，顧客重視，コンプライアンス重視の態度でローカルの部下から高く評価されており，これらは，おそらく日本人ビジネスマンが日本国内で培い，海外でも実践しているモラル的長所であり，人的資産なのであろう。今後とも，このような人的資産は引き続き維持していく必要がある。

 他方で，上層部あるいは本社への直接的な意見等具申の回避，現地の習慣や事情などへの理解不足についてはとりわけ厳しく評価されていた。これに関連して，日本人派遣者トップ・マネジメントは現地人トップ・マネジメントと比べて，社外人脈が狭く，そして社外との交渉力に劣っていると評価されていた。

 とりわけミドル・マネジメントとして派遣されている日本人派遣者は同レベルの現地人上司と比べて，業務遂行能力，リーダーシップ能力，部下育成能力などにおいて劣ると指摘されていた。旧ASEAN諸国ではとりわけ厳しく，トップ・マネジメント層までが例外ではなかった。これらは，語学力不足を超えて，日本人派遣者が多くの業務上，各種コンピテンシーの課題を抱えているのみならず，現地スタッフのモチベーションの維持，人材の採用・確保という組織マネジメントにおいても大きな課題に直面していることを示している（第5章）。

日本人派遣者の「職務成果」に対する現地人部下の評価は，トップ・マネジメント，ミドル・マネジメントを問わず，ASEAN で最も厳しかった。その背景には，現地人ミドル・マネジメントの職務成果が企業の操業年数の長さから有意にプラスの影響を受けているという第6章の重回帰分析の結果を勘案すると，ASEAN ではすでに人材の蓄積が進んでいることがその背景にあると考えることができる。

　日本人派遣者・ローカル管理職の能力や行動特性の特徴を部下の評価により比較すると，トップ・マネジメントでは，「組織責任感」では日本人派遣者が高いが，「開放的志向」においてはローカル管理職が高く，他方，ミドル・マネジメントでは，「組織責任感」では日本人派遣者が高いという点は共通しているが，「対人関係能力」「業務遂行能力」ならびに「開放的志向」ではローカル管理職の方が有意に高くなっている（第6章）。これらは今後の日本人派遣者の育成に対して大きな示唆を与えるものである。

　同時に，トップ・マネジメント，ミドル・マネジメントを問わず，「開放的志向」で日本人派遣者が有意に低く評価されている点を今後の課題として掘り下げて考えておく必要がある。「開放的志向」は「職務成果」に対してプラスに働く因子であるにもかかわらず，日本人派遣者にとっては弱点となっている。「開放的志向」因子の内実は，社内外における人脈の広さ，視野見識の広さ，好奇心の強さ，それに，はっきりとした意思表示が含まれる。日本人派遣者にとって企業組織を超えて外の世界にポジティブにかかわっていけるコンピテンシーを今後意図的に育成していく必要がある（第6章）。

　本書第Ⅱ部では，現地人部下調査が大量データであるということの副産物として，ローカル・スタッフの賃金決定や昇進に関して大きな知的収穫があった。重回帰分析やロジスティック回帰分析を行うことにより，賃金や昇進の決定に際しては，勤続より年齢の方が強い説明力があることが分かり，そのため，アジアの日系企業では入社後の内部労働市場における経験のみならず，外部労働市場における幅広い経験も評価し，賃金ならびに昇進を決定しているということが明らかとなった。しかし，このような年齢を重視する処遇の決め方が現地に十分，受け入れられているかどうかは，明らかではない（第7章）。

3. グローバル・マネジャー育成のための諸方策

　本書の第Ⅲ部は，グローバル・マネジャーの育成と評価に関して，リテンション（人材の確保），異文化間コミュニケーション，現在のグローバル・リーダーに求められる要件，内なる国際化，グローバル人材育成の教育プログラム，さらに，グローバル・マネジャーの適性評価ツールという諸テーマからアプローチしている。

　第8章は，雇用される側の魅力である「エンプロイアビリティ」と雇用する側の魅力である「エンプロイメンタビリティ」というアプローチが，現地におけるターゲット人材のリテンションに不可欠であるということを，アジアに駐在する日本人派遣者は理解すべきであるという観点から議論を展開している。従業員への人的投資は，学習意欲の高いターゲット人材のモチベーションとコミットメントの向上を通じて，当該個人に対してエンプロイアビリティを与えると同時に，リテンションに対してもポジティブに作用し，従って当該組織のエンプロイメンタビリティを高める。興味深い実践的仮説の提示とみることができる。なお，第8章は同時に，企業側の人的投資の目的と期待を対象者に明確に意思疎通することが重要であるということを指摘している。というのも，従業員のモチベーションは有効なコミュニケーションを通じて強化されるためである。

　しかし，日本人派遣者の弱点の1つが，現地人材とのコミュニケーションそのものであることは否めない。そこで，日本人の異文化間コミュニケーション能力の開発方法について具体的に論じているのが，第9章である。具体的には，企業内で外国人材との接点を増やしたり，自分の考えや意見を明確に相手に伝える訓練をしたりすることが重要で，同時に，異文化についての知識と関心を深め，異文化間コミュニケーションの訓練を効果的に行うことが必要ということになる。

　グローバル人材育成には，異文化間コミュニケーションをはじめとする「異文化の壁」を乗り越えることは重要であるが，同時に「マネジメントの壁」も乗り越えなくてはならない。そのために各種のグローバル・マネジメント研修があり，その具体例が数多く示されているのが，第11章である。同章では，同時に，現在のグローバリゼーション下で日本企業が悩んでいる海外拠点で働く外国人経営幹部の育成のための研修プログラム（グローバル・ビジネス・リー

ダー〔GBL〕研修）の紹介も行われていて有用である。GBL を通じた経営理念の共有も重要な研修のミッションで，海外経営幹部に企業グループの経営理念を理解するだけでなく心底から納得してもらい，さらにそれを各国・各地域の現地法人スタッフに自ら伝道してもらうのが理想的な姿である。

　グローバル・ビジネスの進展は，輸出，事業別展開，現地化，地域化，グローバル化という5段階を踏んで展開するという実務に裏打ちされた独自の視点から，グローバル人材を論じるのが第10章である。グローバル化の段階においては，「本社」と「現地法人」は格が違うという大前提に守られることがなく，個人としての価値なり力量なりを海外のビジネス現場で示せる人材でなければ相手にされない。しかし，日本人海外派遣者でこのような基準を満たす人材はごく少なく，企業はそのような人材を意図して計画的に育成する必要がある。そのようなグローバル人材を組織内で育成し，根付かせるには，本社の「内なる国際化」が不可欠で，そのためには外国籍従業員を増やし，海外からの出向者を増やすなどという方法を通じて，職場の異文化への耐性力を養うことが肝要である（第10章）。

　海外に日本人スタッフを派遣する場合に，その適性やコンピテンシーが海外勤務に必要な特性やレベルに合致せず，自分の実力を十分に発揮できない場合が少なくないであろう。従って，適性の合致性や能力なりコンピテンシーなりがどの程度なのか事前に評価できれば，海外派遣人材の選抜や，能力開発のための教育プログラムやキャリア・パスに関して実務的に大いに資するであろう。第12章は，G-Map 調査の副産物として，このための適性評価ツールを，データ・マイニングの分類問題解決手法に基づき，決定木手法に対して進化型計算手法で最適化する方法を用いて，実験的に作成する試みを，その原理に遡って解説している。

4. むすび：
グローバル人材マネジメント・システムの構築とその方向

　今後の日本企業のグローバリゼーションが日本人派遣者だけに依存して進んでいくわけではないという動向を示すものとして，現地法人における外国人社長比率の現状を見てみよう。前掲の日本在外企業協会の2012年調査によると，現地法人における外国人社長比率は，日本人71％，外国人29％と，すでに約

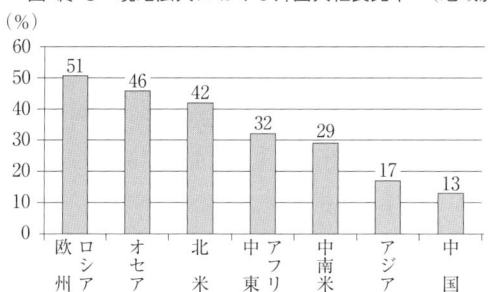

図 終-3　現地法人における外国人社長比率　（地域別）

(%)
欧州ロシア	オセアニア	北米	中東アフリカ	中南米	アジア	中国
51	46	42	32	29	17	13

（注）　日本本社109社（現地法人数4,268社）の回答による。
（出所）　図 終-1に同じ。

3割の現地法人において社長は非日本人となっていた（有効回答109社の現地法人数4,268社の現状）。なお，この日本在外企業協会調査では，外国人を現地国籍人と第三国籍人とに区別していないが，前々回の日本在外企業協会調査から類推すると，外国人という場合に，その9割以上が現地国籍人であるとみられる。また，これまでの調査結果と比べると，外国人社長比率は16％（2008年調査）から，24％（2010年調査），29％（今回調査）と着実に高まってきている点が注目される。

さらにこれを地域別に検討すると，欧州・ロシア，オセアニア，北米で外国人社長比率が高く，とりわけ欧州・ロシアでは同比率は51％と外国人社長が日本人社長より多くなっている。逆に，中国，アジアで社長が外国人である比率はきわめて低くなっている（図 終-3参照）。操業年数の比較的短い現地法人が多い中国では，現地法人の統制と経営ノウハウ・技術移転等のため日本人比率がとりわけ高くなっているものとみられる。

なお図には示していないが，親会社の業種で見ると，製造業における外国人社長比率は31％，非製造業における同比率が12％と製造業の方で高かった。製造業の中ではとりわけ精密機械の同比率は65％という高率であり，非製造業では金融・保険が50％と高かった。ただし，親会社が製造業であっても，現地法人も製造業とは限らず非製造業であることもあり得るが，本調査ではその点は不明である。

さて外国人社長がどのような方法や経緯で登用されたのかを見ると，これまでの同協会による調査結果と同様，「内部昇進」が61％と最多である。これに

終章　グローバル・マネジメントの開発と活用の方向性

「パートナー企業の指名」(30%)，「自社の他法人からの異動」（第三国籍人を多く含むと考えられる。16%)，「人材紹介会社を通じての採用」(8%)，「直接スカウト」(3%) などが続く（選択肢3つまでの複数回答，回答企業数115社）。これまでの調査結果との大きな変化は，「自社の他法人からの異動」が8%（2008年調査）から，11%（2010年調査），16%（今回調査）と着実に高まってきていることである。第三国籍人材の活用も含め，グローバルな形での人材の適材適所的な活用が着実に進みつつあると解釈される。

　外国人社長の登用理由やメリットは，まずもって第1に「本人の能力が優れていること」(64%) である。登用には本人の実力が最重要で，「内部昇進」「自社の他法人からの異動」「人材紹介会社を通じての採用」「直接スカウト」などの方法による登用が行われている。それに続いて第2に「社長が外国人の場合，現地社会に深く入りやすいこと」(45%) も大きな理由となっている。現地でのビジネス展開が進むにしたがって，この理由が多くなっていくものとみられる。

　このような理由や根拠によって外国人社長を起用するのであるが，その場合の難点や課題は何であろうか。最大の問題は，これまでの2回の調査結果と同様，「本社とのコミュニケーションが難しくなる」(72%) という点である。同様に本社から見た問題点を指摘しているものとして，「自社の経営理念の共有が難しい」(34%)，「本社主導の経営がやりにくい」(25%)，「日本人派遣者との連携がとりにくい」(14%)，「グローバルな経営戦略を理解してもらいにくい」(7%) などが指摘されている（選択肢3つまでの複数回答，回答企業数92社）。これらの問題群は，本社が外国人タレントやスタッフを統合し調和させることに依然として不慣れで，グローバル・マネジメントの活用が十分に行われていないことを示しているとみて良いであろう。

　他方で，社内に優秀な外国人人材がまだ育成されていない(37%)，会社に対する忠誠心が低い(3%) という指摘は，企業側に外国人社員をさらに起用し活用するという意欲はあるものの，人材不足や忠誠心不足の面がボトルネックとなっていることを示している。

　このため，外国人社員をさらにグローバルに起用し活用するには，本社・海外子会社を一体的に運営することができるグローバル・マネジメント・システムの構築，外国人スタッフの人材開発などの課題をクリアする必要がある。

　本社・現地法人間の人材面での統合の進展を検討するために，海外現地法人

の外国人社長が本社の役員（執行役員も含む）となっている程度を見ると，これは調査対象企業の54%である。他方，海外現地法人の日本人社長が本社の役員（同）となっているのは72%で，さらに海外現地法人の外国人社長が本社採用であるのは19%である（有効回答数108社）。これらの数値を前回調査（2010年）と比べると，海外現地法人の外国人社長が本社の役員である比率は10%ポイント，また海外現地法人の外国人社長の採用経路が本社採用である比率は，11%ポイント増加している。こうしたことから，本社・現地法人間での人材面での統合と交流が着実に進んでいることがうかがえる。

本社の海外現地経営へのコミットメントの高まりを示す動向を本調査結果からうかがうこともできる。まず海外現地経営幹部層の日本での経営研修の実施の有無であるが，実施している企業比率は54%と過半数を占めており，この比率は前回調査と比べると14%ポイント増加している。

グローバル経営を進展させるための本社から見た主要な経営課題（選択肢3つまでの複数回答，回答企業数122社）を見ると，第1が「現地人材の育成」（76%）であり，これは従来と変化がない。第2の課題が「グローバルな人事処遇制度の確立」（64%），第3の課題が「本社と現法とのコミュニケーション」（48%），第4に「日本人派遣者の育成」（39%）などとなっている。この中でこれまでの調査結果と比べて大きな変化が見られるのは，「グローバルな人事処遇制度の確立」であり，2008年35%，2010年46%，それに2012年64%と明らかにその重要性が高まっている。現地人材を育成するのみならず，その育成された人材を全体最適になるよう活用するシステムをどのように構築するかが大きな課題となっている。

さて，日系企業の人材構成の特徴とそのインプリケーションを考えるために，図終-4を見てほしい。これは，アジアにおける欧米系企業と比べた場合の多くの日系企業の人材構成上の特徴をイメージ的に示したものである。トップ・マネジメントを含む派遣者の国籍は多国籍で，欧米企業では現地国籍の人材（HCNs; Host country nationals）と外国からの派遣者とから成っており，しかも派遣者の国籍は，必ずしも本社所在の国というわけではない。とりわけヨーロッパ企業は第三国籍人材（TCNs; Third country nationals）を多く含み，文字通り多国籍人材の育成と活用が進んでいる。

他方，アジアでの日系子会社の人材構成は，日本人という本国籍人材（PCNs; Parent country nationals）と現地人材とにほぼ限定されており，実態と

図 終-4　多国籍企業における人材構成とキャリア

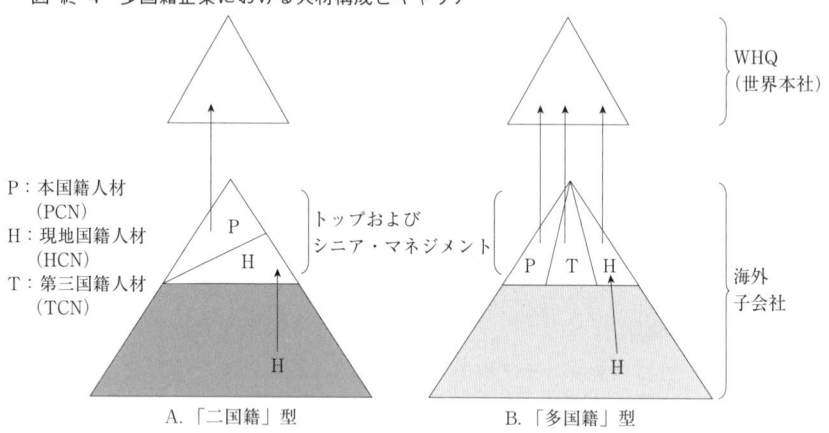

P：本国籍人材
　　（PCN）
H：現地国籍人材
　　（HCN）
T：第三国籍人材
　　（TCN）

A.「二国籍」型　　B.「多国籍」型

WHQ（世界本社）
トップおよびシニア・マネジメント
海外子会社

して「二国籍企業」（これは筆者の造語である）の域を出ていないという特徴を持つ。こうして，海外子会社の日・米欧間の違いは，派遣者の数や比率ではなく，その国籍構成において大きく異なる。

　これでは，潜在的な人材プールが小さくなってしまう。同図に示されるように，日系企業における現地国籍人材のキャリアは最高で子会社のトップ，下手をすると子会社の中間管理職ポジションが天井となっている。これに対し，欧米企業におけるローカル・スタッフのキャリアは，基本的には本国籍人材（PCNs）と同様，親会社や世界本社（WHQで表示），あるいは他国の兄弟企業にまでキャリアが伸びており，自他ともに優秀かつ上昇志向の強いグローバル人材にとってはその方が魅力的な職場と映るであろうことが想定される。というのも，人材を引きつけ，定着・確保にプラスの影響を与えるのは，キャリア形成を通じた動機付けの成否にかかっているためである。以上は，筆者が調査結果に基づき1990年代に描いたモデルである。

　しかし，日系子会社の人材構成の特徴は「二国籍企業」であることに変わりはないが，徐々にではあるが，既述の通り，現地スタッフがトップ・マネジメントに就任するケースも増大していることを考えると，図 終-4 に示される「二国籍企業」は図 終-5 のような修正型「二国籍企業」に変化しつつあるといえる。欧米系多国籍企業との大きな違いは，日系企業においては第三国籍人材（TCNs）が依然としてほとんどいないという点に求められる[3]。

　こうして，これまで多くの日系企業に見られた「二国籍企業」型という人材

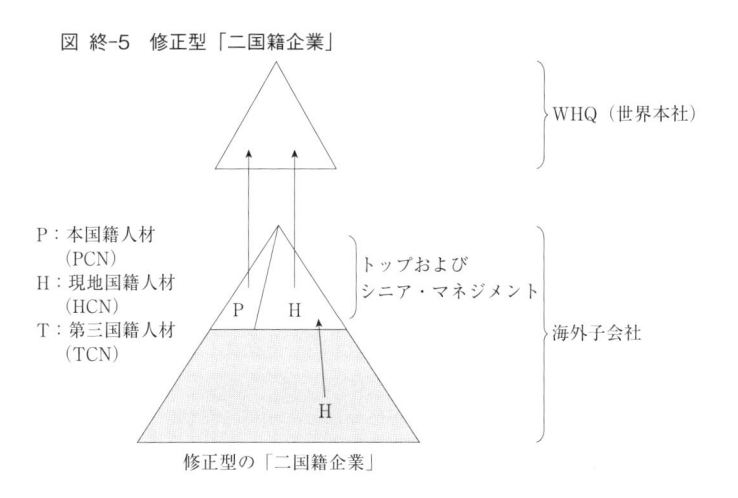

図 終-5　修正型「二国籍企業」

P：本国籍人材
　　(PCN)
H：現地国籍人材
　　(HCN)
T：第三国籍人材
　　(TCN)

WHQ（世界本社）

トップおよび
シニア・マネジメント

海外子会社

修正型の「二国籍企業」

　活用，統治の形態は，「修正二国籍企業」型を経て，徐々に「多国籍企業」型に移行し，その結果，事実上アジアを中心とする企業グループ内労働市場が形成される可能性が高まってきていると見ることができるかもしれない[4]。

　海外派遣者を超えた日本人グローバル人材の育成策について私見を述べると，若いうちから関心の重点を広く社外，海外，異文化などに向ける必要がある。各種のプロフェッショナルとしての職能，リーダーシップ能力，それに語学力を含む異文化適応能力などのコンピテンシーを高めるべく，教育訓練計画とキャリア設計が必要である。若いスタッフを先進国のみならず新興国などに積極的に派遣することである。また若いうちから最終意思決定に加わる訓練をキャリアに組み込んで行くべく工夫する必要がある。これらの人的投資は「グローバル人材」の層を厚くし，後ほど彼らが海外赴任者として海外勤務する場合に，高いミッション達成度という形で報われるのではないだろうか。

　結論として，アジア新興国市場での人材マネジメントがさらに重要性を増す中，日本人派遣者，現地スタッフの双方を含む広義のグローバル人材マネジメント・システムを早急に構築する必要性が日本企業に課されている。特に外国人トップ・マネジメントの活用について世界本社における課題が残されている。日本人の海外派遣への過重な依存から脱却し，本社での外国籍スタッフの主要部門での活用や，現地スタッフの能力をよりグローバルに活用する必要が求められている。その前提として，日本企業は，国の内外において，企業の魅力を向上させ，ダイバーシファイされた組織の中で，人材のモチベーションを維

持・向上できるシステムを提示する必要がある。

　欧米の主要企業においては，すでに1990年代からグローバル人材マネジメントを実践するための諸制度・訓練制度が策定・運用されており，世界各地域においてグローバルに活躍できる人材の蓄積が行われている[5]。これには世界本社のイニシアティブによる長期にわたる人材育成や選抜の制度構築への継続的，組織的努力とそれに伴う人的投資への負担が避けられない。

注
1) 早稲田大学トランスナショナルHRM研究所（2013），11頁，参照。
2) 日本在外企業協会が同協会の会員企業240社に対して実施した調査結果である。回答企業は123社で回収率51.3%であった。詳細は『月刊グローバル経営』（日本在外企業協会）2012年12月号，を参照されたい。
3) 大木（2013）によると，「欧米企業を扱った研究では，むしろ本国人海外派遣者を減らすことの問題点，増やすことの必要性が強調されていた」（36頁）とのことで，日本企業において，本国人派遣者の増減そのものは結果変数であり，派遣者数の数そのものを重要視する必要性は薄いといえる。同時に，「修正型二国籍企業」においてHCNsのキャリアが日本本社に伸びつつあることをみると，近い将来に彼らが兄弟会社に移動することも考えられ，TCNsが日本企業の現地法人に増えていくことも想定される。
4) 多国籍企業における企業内転勤とキャリアという側面を，「多国籍内部労働市場」という概念でもって議論しているものとして，白木（2006）を参照されたい。「多国籍内部労働市場」が実現するためには，現地法人における人材の蓄積と，兄弟会社と比べてのその優位性が前提となる。
5) 白木（2006）の第3,4章の事例を参照されたい。

参考文献
大木清弘「国際人的資源管理論における日本企業批判―日本人海外派遣者問題の再検討―」組織学会編『組織論レビュー Ⅰ』白桃書房，2013年。
産学人材育成パートナーシップ・グローバル人材育成委員会報告書『産学官で「グローバル人材」の育成を』2010年4月。
白木三秀『国際人的資源管理の比較分析』有斐閣，2006年。
白木三秀編著『チェンジング・チャイナの人的資源管理』白桃書房，2011年。
白木三秀編著『新版 人的資源管理の基本』文眞堂，2013年。
白木三秀「日本人海外派遣者の諸課題と事前評価ツールの活用」『月刊グローバル経営』（日本在外企業協会）2012年5月号。
白木三秀「日本企業のグローバリゼーションと海外派遣者―アジアの現地スタッフによる上司評価からの検討―」『日本労働研究雑誌』2012年6月号。
白木三秀「グローバリゼーションへの企業対応の進展とグローバル・マインドセット」『月刊グローバル経営』（日本在外企業協会）2012年12月号。

日本経団連『日本人社員の海外派遣をめぐる戦略的アプローチ～海外派遣成功サイクルの構築に向けて～』2004年11月16日。

早稲田大学コンソーシアム（G-MaP: Global Management Program for Japanese Leaders）『報告書―日本人グローバルマネージャーのミッション達成の秘訣―』2010年。

早稲田大学トランスナショナルHRM研究所（株式会社ウィル・シード委託）『海外トレーニー制度の実態と効果に関する予備的考察』2012年9月。

早稲田大学トランスナショナルHRM研究所（株式会社ウィル・シード委託）『日本企業における海外トレーニー制度の運用実態に関する考察』2013年4月。

資料①　日本人派遣者への調査票

日本人派遣者のキャリアと能力開発に関する調査

2009年5月

〈本アンケートへのご記入にあたって〉

1. 本調査は「海外経営専門職人財養成プログラム」早稲田大学コンソーシアム（G-MaP）（代表　白木三秀早稲田大学大学院経済学研究科教授）の一環として実施しているアンケート調査です。本調査は日系企業に勤務している日本人派遣者を対象としています。

2. お答え頂いた内容は統計的な処理を行い、貴社または貴方ご本人を特定できるような情報を関係のない人に知らせること、または本調査以外の目的に使用することは絶対ございませんので、ぜひご協力をお願い致します。

3. 質問に応じて、選択肢の番号に○を付けるか、数値等をご記入ください。

4. アンケート調査結果は○○月以降、本プロジェクトのホームページに掲載いたしますので、ご関心のある方はホームページにて、ご確認ください。
   http://www.g-map/

5. アンケート調査の質問等は以下にお願いします。

〒162-0041　新宿区早稲田鶴巻町518番　斉藤ビル3F
海外経営専門職人財養成プログラム　早稲田大学コンソーシアム
Global Management Program for Japanese Leaders　(G-MaP)
TEL：03（3207）1034　/　FAX：03（3207）1037
http://www.waseda-gmap.jp
E-mail：gmap@list.waseda.jp

● 貴社の所在国はどこですか？
　01．中国　　　　　02．インド　　　　03．ベトナム　　　04．タイ　　　　05．フィリピン
　06．マレーシア　　07．シンガポール　08．インドネシア　09．その他（＿＿＿＿＿＿＿）

問1　現在あなたが働いている会社について、おたずねします。
問1-1　現在あなたが働いている会社の業種は何ですか？
　1．製造業（精密機器）　2．製造業（自動車・部品等）3．製造業（電機・電子部品等）
　4．製造業（化学品・資材）5．製造業（その他）　　6．情報技術業　　7．卸・小売業
　8．金融業　　　　　　　9．サービス業　　　　　10．その他＿＿＿＿＿＿＿

問1-2　現在あなたが働いている会社の従業員数（正社員）はおよそ何人ですか？
　1．300人未満　　　2．300〜999人　　　3．1000〜2999人　　4．3000人以上

問1-3　現在あなたが働いている会社の資本構成は、下のどれにあてはまりますか？
　1．現地資本100％　　　2．日本資本100％　　　3．合弁企業（日本資本が過半数）
　4．合弁企業（日本資本対現地資本が50％：50％）　5．合弁企業（現地資本が過半数）

問1-4　現在のあなたが働いている会社の事業は、以下のどれにあてはまりますか？
　1．立ち上げ期　2．業務拡大期　3．安定操業期　4．縮小・撤退期

問2　日本の派遣元企業について、おたずねします。
問2-1　派遣元の日本本社の業種は何ですか？
　1．製造業（精密機器）　2．製造業（自動車・部品等）3．製造業（電機・電子部品等）
　4．製造業（化学品・資材）5．製造業（その他）　　6．情報技術業　　7．卸・小売業
　8．金融業　　　　　　　9．サービス業　　　　　10．その他＿＿＿＿＿＿＿

問2-2　派遣元の日本本社単独の従業員数（正社員）はおよそ何人ですか？
　1．300人未満　　　2．300〜999人　　　3．1000〜2999人　　4．3000人〜4999人
　5　5000人以上

問3　あなたについて、おたずねします。
問3-1　あなたの年齢は、いくつですか？
　1．25歳未満　　　2．25〜29歳　　　3．30〜34歳　　　4．35〜39歳
　5．40〜44歳　　　6．45〜49歳　　　7．50歳以上

問3-2　あなたの性別は何ですか？
　1．男性　　　　　2．女性

問3-3　あなたは今回の海外勤務を希望していましたか？
　1. 強く希望した　2. 希望した　3. どちらとも言えない　4. 希望しなかった　5. まったく希望しなかった

問3-4　あなたの現在、家族を帯同していますか？
　1.独身　2. 単身赴任　3. 配偶者を帯同　4. 配偶者と子女を帯同　5.その他（　　　　　）

問3-5　あなたの現地、現在の仕事は何ですか。
　　　　あてはまるもの全てに○を付けてください

　1.総務　　　　5.営業　　　　9.研究開発
　2.経理　　　　6.生産　　　　10. 国際事業
　3.人事　　　　7.購買・調達　11. 全社的管理（トップマネジメントの仕事）
　4.企画　　　　8.技術　　　　12. その他（具体的に：　　　　　　）

　上記で○を付けた仕事のうち主な仕事1つを選んで番号を記入してください。
　　　　そのうち主な仕事□□

問3-6　現在、現地での職位はどのレベルですか。
　　　　あてはまるもの1つを選んで○を付けてください

　1. 取締役・会長　　　　　　　　　　6. 課長クラス
　2. 社長・副社長　　　　　　　　　　7. 係長クラス
　3. 拠点長（支店長、駐在員事務所長等）　8. 一般従業員クラス
　4. 役員クラス　　　　　　　　　　　9. ライン以外のアドバイザー・顧問など
　5. 部長クラス

問3-7　あなたの語学力を5段階評価で評価すると、どれぐらいになりますか。
　　　　一番当てはまると思う番号に○をつけてください。

	1 できない	2	3 日常会話レベル	4	5 母国語レベル
現地語	1	2	3	4	5
英語	1	2	3	4	5

問3-8　あなたが現任地に赴任したのは、いつですか？
　　　　□□□□年　□□月

問3-9　現任地も含めて、海外勤務の通算勤務年数は何年ですか？　→　約□□年
　　　　またそのうち赴任地での通算勤務年数は何年ですか？　→約□□年

資料①　日本人派遣者への調査票

問4　あなた自身の仕事のやり方についておたずねします。
　　　あなたは、下記A-Fの各質問についてどの程度当てはまりますか。
　　　一番当てはまると思う番号に〇を付けてください。

1	2	3	4	5
全く違う	違う	どちらとも言えない	ほぼその通り	全くその通り

A. あなたについて、お伺いします。

1	戦略立案ができる	1	2	3	4	5
2	対外交渉力が強い	1	2	3	4	5
3	数字分析に強い	1	2	3	4	5
4	意思決定が速い	1	2	3	4	5
5	目標達成志向が強い	1	2	3	4	5
6	仕事上の方針がぶれない	1	2	3	4	5
7	専門知識が豊富である	1	2	3	4	5
8	常に改善に取り組む	1	2	3	4	5
9	業務を迅速に遂行できる	1	2	3	4	5
10	業務上の時間管理が効果的である	1	2	3	4	5
11	指示や説明が分かりやすい	1	2	3	4	5
12	仕事の優先順位が明確である	1	2	3	4	5
13	業務上の新たな知識やスキルを積極的に習得する	1	2	3	4	5
14	既存のやり方にとらわれず、臨機応変に対応する	1	2	3	4	5
15	意思決定に当たり、周囲の意見を取り入れる	1	2	3	4	5
16	将来のニーズやチャンスを先取りする	1	2	3	4	5
17	他部門からの支援を求められる時、支援する	1	2	3	4	5
18	関連部署から支援や理解を得ている	1	2	3	4	5
19	部下が問題に遭遇した際に、適切な手助けをする	1	2	3	4	5
20	上から高く評価されている	1	2	3	4	5

| 21 | 顧客から高く評価されている | 1 | 2 | 3 | 4 | 5 |

B. あなたの部下の接し方について、お伺いします。

1	部下に対する気配りや関心を示している	1	2	3	4	5
2	部下を信頼している	1	2	3	4	5
3	部下に公平に接している	1	2	3	4	5
4	部下に明確な業務目標を示している	1	2	3	4	5
5	部下の成果を客観的に評価している	1	2	3	4	5
6	部下に対する評価を具体的にフィードバックしている	1	2	3	4	5
7	部下を効果的に褒めている	1	2	3	4	5
8	叱るべき時は部下を適切に叱っている	1	2	3	4	5
9	部下の間違いを的確に指摘している	1	2	3	4	5
10	部下の経験や能力を考慮し、権限を委譲している	1	2	3	4	5
11	目標実現のための各人の役割を部下に自覚させている	1	2	3	4	5
12	部下育成のためのチャンスを与えている	1	2	3	4	5
13	部下に自立的に学べる環境・時間を与えている	1	2	3	4	5
14	部下に仕事に対する取り組み方を教えている	1	2	3	4	5
15	部下のアイディアや提案をよく聞いている	1	2	3	4	5

C. あなたの問題への対応の仕方について、お伺いします。

1	問題点を素早く発見できる	1	2	3	4	5
2	問題が発生した時に素早く対応できる	1	2	3	4	5
3	目標実現に向けて、リスクをとることができる	1	2	3	4	5
4	問題の因果関係を突き止め、対策を立てることができる	1	2	3	4	5
5	あらゆる状況において、冷静に対応できる	1	2	3	4	5

D. あなたの情報への対応の仕方について、お伺いします。

| 1 | 会社または親会社に関する情報を部下に伝える | 1 | 2 | 3 | 4 | 5 |

2	現場の状況を客観的に会社または親会社に伝える	1	2	3	4	5
3	会社の進むべき方向を明確に部下に伝える	1	2	3	4	5
4	ビジョンの実現進捗状況を部下と共有する	1	2	3	4	5
5	将来部門の進むべき方向をはっきり示す	1	2	3	4	5

E. あなたの性格と行動について、お伺いします。

1	責任感が強い	1	2	3	4	5
2	人脈（社内・社外）が広い	1	2	3	4	5
3	視野・見識が広い	1	2	3	4	5
4	自分の信念に忠実である	1	2	3	4	5
5	他部門の悪口を言わない	1	2	3	4	5
6	自分がミスをした時は素直に認める	1	2	3	4	5
7	上の人が間違っていたら、はっきり指摘する	1	2	3	4	5
8	曖昧な状況や誤解を解消しようとする	1	2	3	4	5
9	言葉で表現されなくても相手の思考・感情を察知する	1	2	3	4	5
10	幅広い好奇心を持ち、新しい仕事・挑戦に意欲的である	1	2	3	4	5
11	規則を尊重し、適切に行動をする	1	2	3	4	5
12	顧客を大事にしている	1	2	3	4	5

F. あなたの派遣国についての関心について、お伺いします。

1	派遣国の社会に関心をもつ	1	2	3	4	5
2	派遣国の文化や風俗習慣を理解している	1	2	3	4	5
3	派遣国の商慣行をよく理解している	1	2	3	4	5
4	派遣国の言語を熱心に勉強している	1	2	3	4	5

問5　現在、あなたが会社から与えられたミッションとその達成度についてお聞きします。
問5-1　日本本社から与えられたミッションは何ですか?
　　　　日本本社から与えられたミッションすべてに○を付けてください。
1. 事業の立ち上げ
2. 収益の向上
3. 市場の開拓・確保
4. 製品・技術の開発
5. 技術の移転
6. 品質管理の安定・向上
7. 企業理念の浸透
8. 現地法人の統制
9. 日本本社と現地の調整
10. 日本人派遣者のメンター
11. 自分自身の経験・研修のため
12. とくに与えられたミッションはない
13. その他（　　　　　　）

またその中でもっとも重要なミッション1つを選んで、その番号を記入してください。
　　　　　もっとも重要なミッション□□

問5-2　日本本社から与えられたもっとも重要なミッションをどの程度達成していますか?
　　　　1.まったく達成できていないから5.完全に達成している、のうちあてはまる番号を一つ選んで○をつけてください。

まったく達成	———	どちらとも	———	完全に達成
できていない		言えない		している
1・・・・・2・・・・・3・・・・・4・・・・・5				

問5-3　下記の人たちと比べて、あなたはどの程度仕事上の成果をあげていますか?
　　　　1（非常に低い）〜5（非常に高い）の5段階から一番当てはまる項目に○をつけてください。
　　　　なお比べる対象者がいない場合には6.非該当に○を付けてください。

	1 非常に低い	2 低い	3 どちらとも言えない	4 高い	5 非常に高い	6 非該当
1	前任者と比べて					

		1	2	3	4	5	6
1	前任者と比べて	1	2	3	4	5	6
2	同じ職場の日本人派遣者と比べて	1	2	3	4	5	6
3	同格のローカルマネジャーと比べて	1	2	3	4	5	6
4	同業他社の日本人派遣者と比べて	1	2	3	4	5	6
5	日本で勤務している同期入社者と比べて	1	2	3	4	5	6
6	日本で勤務していた時の自分と比べて	1	2	3	4	5	6

アンケートはこれで終わりです。

日本企業の日本人派遣者、グローバル人材の育成等について、自由に、あなたのご意見・感想をお聞かせください。

ご協力ありがとうございます。

なおこのアンケート調査結果は〇〇月以降、本プロジェクトのホームページに掲載いたしますので、ご関心のある方はホームページにて、ご確認ください。
産学連携プロジェクト「海外経営専門職人財養成プログラム」早稲田大学コンソーシアム(G-MaP)
http://www.g-map/

資料②　海外外資系・現地系企業ホワイトカラーへの調査票

≪ 日本語翻訳版 ≫

管理職のキャリアとリーダーシップに関する調査

2009年5月

〈本アンケートへのご記入にあたって〉

1. 本調査は早稲田大学コンソーシアム「海外経営専門職人財養成プログラム」（代表早稲田大学院経済学研究科教授白木三秀）の一環として実施しているアンケート調査です。本調査は外資系企業または現地系企業で働いている正社員のホワイトカラーを対象としています。

2. お答え頂いた内容は統計的な処理を行い、貴社または貴方ご本人を特定できるような情報を関係のない人に知らせること、または本調査以外の目的に使用することは絶対ございませんので、ぜひご協力をお願い致します。

3. 質問に応じて、選択肢の番号に○を付けるか、数値等をご記入してください。

4. ご記入にあたって、ご不明点がある場合は、gmapQA@list.waseda.jp　事務局まで、お問い合わせください。

「海外経営専門職人財養成プログラム」事務局
〒106-0041
東京都新宿区早稲田鶴巻町518番地　斉藤ビル3F
TEL 03-3207-1034
FAX 03-3207-1037
E-Mail:　gmapQA@list.waseda.jp

● 貴社の所在国はどこですか？
　01．中国　　　　02．インド　　　　03．ベトナム　　　　04．タイ　　　　05．フィリピン
　06．マレーシア　07．シンガポール　08．インドネシア　　09．その他（　　　　　　　）

問1．貴社について、お伺いします。
　問1.1　貴社の業種は何ですか？
　　1．製造業（精密機器）　2．製造業（自動車）　3．製造業（電機・電子）
　　4．製造業（化学品）　　5．製造業（その他）　6．情報技術業　　7．卸・小売業
　　8．金融業　　　　　　　9．サービス業　　　10．その他（　　　　　　）

　問1.2　貴社の従業員数（正社員）はおよそ何人ですか？
　　1．300人未満　　　2．300〜999人　　3．1000〜2999人　　4．3000人以上

　問1.3　貴社の資本構成を教えてください。
　　1．現地資本100％　　2．日本資本100％　　3．合弁企業（日本資本が過半数）
　　4．合弁企業（日本資本対現地資本が50％：50％）　5．合弁企業（現地資本が過半数）

問2．あなたの直属上司についてお伺いします。
　問2.1　あなたの直属上司の年齢はいくつぐらいですか？
　　1．25歳未満　2．25〜29歳　3．30〜34歳　4．35〜39歳　5．40〜44歳
　　6．45〜49歳　7．50歳〜54歳　8．55歳〜60歳　9．60歳以上　10．分からない

　問2.2　あなたの直属上司の性別は何ですか？
　　1．男性　　　　　　2．女性

　問2.3　あなた直属上司の国籍は何ですか？
　　1．日本人（本社からの派遣者）
　　2．日本人（現地で採用された）　　→　＊通算で派遣国に何年ぐらい居ましたか？
　　3．その他の国籍（　　　　　）　　　　1．1年未満　2．1〜2年　3．3〜4年
　　4．現地人　　　　　　　　　　　　　　4．5〜9年　5．10年以上

　問2.4　あなたの直属上司の語学力を5段階評価で評価すると、どれぐらいになりますか？

	1 できない----→	2	3 ----日常会話レベル----	4	5 →母国語レベル	母国語	分らない
現地語	1	2	3	4	5	6	7
英語	1	2	3	4	5	6	7
日本語	1	2	3	4	5	6	7

　問2.5　あなたは直属上司の下で何年ぐらい働きましたか？
　　1．1年未満　2．1〜2年　3．3〜4年　4．5〜9年　5．10年以上

問2.6　あなたの直属上司の職位は何ですか?
　1. 取締役・会長　　2. 社長・副社長　　3. 拠点長（駐在員事務所長等）　　4. 役員クラス
　5. 部長クラス　　6. 課長クラス　　7. 係長クラス　　8. ライン以外のアドバイザー顧問など

問2.7　あなたの直属上司の部下数は何人ですか？（直属上司が問2.6において１．２．の場合は
　6. 全従業員数　としてください）
　1.　10人未満　　　2.　10人～29人　　3.　30人～49人
　4.　50人～99人　　5.　100人以上　　6.　全従業員

問3. あなたの直属上司の仕事のやり方についてお伺いします。
　下記A～Fの各質問について、どの程度当てはまりますか。
　一番当てはまると思う番号に○をつけてください。

1	2	3	4	5
全く違う	違う	どちらとも言えない	ほぼその通り	全くその通り

A. あなたの**直属上司**について、お伺いします。

1	戦略立案ができる	1	2	3	4	5
2	対外交渉力が強い	1	2	3	4	5
3	数字分析に強い	1	2	3	4	5
4	意思決定が速い	1	2	3	4	5
5	目標達成志向が強い	1	2	3	4	5
6	仕事上の方針がぶれない	1	2	3	4	5
7	専門知識が豊富である	1	2	3	4	5
8	常に改善に取り組む	1	2	3	4	5
9	業務を迅速に遂行できる	1	2	3	4	5
10	業務上の時間管理が効果的である	1	2	3	4	5
11	指示や説明が分かりやすい	1	2	3	4	5
12	仕事の優先順位が明確である	1	2	3	4	5
13	業務上の新たな知識やスキルを積極的に習得する	1	2	3	4	5
14	既存のやり方にとらわれず、臨機応変に対応する	1	2	3	4	5
15	意思決定に当たり、周囲の意見を取り入れる	1	2	3	4	5

16	将来のニーズやチャンスを先取りする	1	2	3	4	5
17	他部門からの支援を求められる時、支援する	1	2	3	4	5
18	関連部署から支援や理解を得ている	1	2	3	4	5
19	部下が問題に遭遇した際に、適切な手助けをする	1	2	3	4	5
20	上から高く評価されている	1	2	3	4	5
21	顧客から高く評価されている	1	2	3	4	5

B. あなたの**直属上司**の部下の接し方について、お伺いします。

1	部下に対する気配りや関心を示している	1	2	3	4	5
2	部下を信頼している	1	2	3	4	5
3	部下に公平に接している	1	2	3	4	5
4	部下に明確な業務目標を示している	1	2	3	4	5
5	部下の成果を客観的に評価している	1	2	3	4	5
6	部下に対する評価を具体的にフィードバックしている	1	2	3	4	5
7	部下を効果的に褒めている	1	2	3	4	5
8	叱るべき時は部下を適切に叱っている	1	2	3	4	5
9	部下の間違いを的確に指摘している	1	2	3	4	5
10	部下の経験や能力を考慮し、権限を委譲している	1	2	3	4	5
11	目標実現のための各人の役割を部下に自覚させている	1	2	3	4	5
12	部下育成のためのチャンスを与えている	1	2	3	4	5
13	部下に自立的に学べる環境・時間を与えている	1	2	3	4	5
14	部下に仕事に対する取り組み方を教えている	1	2	3	4	5
15	部下のアイディアや提案をよく聞いている	1	2	3	4	5

C. あなたの**直属上司**の問題へ対応の仕方について、お伺いします。

| 1 | 問題点を素早く発見できる | 1 | 2 | 3 | 4 | 5 |
| 2 | 問題が発生した時に素早く対応できる | 1 | 2 | 3 | 4 | 5 |

3	目標実現に向けて、リスクをとることができる	1 2 3 4 5
4	問題の因果関係を突き止め、対策を立てることができる	1 2 3 4 5
5	あらゆる状況において、冷静に対応できる	1 2 3 4 5

D. あなたの**直属上司**の情報対応の仕方について、お伺いします。

1	会社または親会社に関する情報を部下に伝える	1 2 3 4 5
2	現場の状況を客観的に会社または親会社に伝える	1 2 3 4 5
3	会社の進むべき方向を明確に部下に伝える	1 2 3 4 5
4	ビジョンの実現進捗状況を部下と共有する	1 2 3 4 5
5	将来部門の進むべき方向をはっきり示す	1 2 3 4 5

E. あなたの**直属上司**の性格と行動について、お伺いします。

1	責任感が強い	1 2 3 4 5
2	人脈（社内・社外）が広い	1 2 3 4 5
3	視野・見識が広い	1 2 3 4 5
4	自分の信念に忠実である	1 2 3 4 5
5	他部門の悪口を言わない	1 2 3 4 5
6	自分がミスをした時は素直に認める	1 2 3 4 5
7	上の人が間違っていたら、はっきり指摘する	1 2 3 4 5
8	曖昧な状況や誤解を解消しようとする	1 2 3 4 5
9	言葉で表現されなくても相手の思考・感情を察知する	1 2 3 4 5
10	幅広い好奇心を持ち、新しい仕事・挑戦に意欲的である	1 2 3 4 5
11	規則を尊重し、適切に行動をする	1 2 3 4 5
12	顧客を大事にしている	1 2 3 4 5

＊F 現地人以外の**直属上司**をお持ちの方のみ下記の1～4を回答お願いします。

1	派遣国社会に関心をもつ	1 2 3 4 5
2	派遣国の文化や風俗習慣を理解している	1 2 3 4 5

3	派遣国の商慣行をよく理解している	1	2	3	4	5
4	現地語を熱心に勉強している	1	2	3	4	5

問4. あなたの直属上司を5段階で評価すると、どれぐらいになりますか？
下記の一番当てはまると思う番号に○をつけてください。

1	2	3	4	5
全く違う	違う	どちらとも言えない	その通り	全くその通り

1	上司は本社の期待通りの成果をあげていますか？	1	2	3	4	5
2	上司は社内で良好な人間関係を築いていますか？	1	2	3	4	5

問5. あなたの直属上司は下記の人達と比べ、どの程度仕事上の成果をあげていますか？
下記の5段階から一番当てはまる番号に○をつけてください。
なお、比べられる対象がいない場合は非該当の6番に○をつけてください。

1	2	3	4	5	6
非常に低い	低い	どちらとも言えない	高い	非常に高い	非該当

1	前任者と比べて	1	2	3	4	5	6
2	別の同格の現地人管理職と比べて	1	2	3	4	5	6
3	同じ職場の日本人派遣者と比べて	1	2	3	4	5	6

問6. あなたについて、お伺いします。
　　問6.1 あなたの年齢はいくつぐらいですか？
　　　　1. 25歳未満　　2. 25〜29歳　　3. 30〜34歳　　4. 35〜39歳　　5. 40〜44歳
　　　　6. 45〜49歳　　7. 50歳〜54歳　　8. 55歳〜60歳　　9. 60歳以上

　　問6.2　あなたの性別は何ですか？
　　　　1. 男性　　　　2. 女性
　　問6.3　あなたの最終学歴は何ですか？
　　　　1. 高卒　　2. 短大卒　　3. 大卒　　4. 修士卒　　5. 博士卒

　　問6.4　あなたの関連部署はどこですか？
　　　　1. 製造生産　　2. 品質管理　　3. 人事総務　　4. 財務経理　　5. 営業販売
　　　　6. 技術開発　　7. 購買調達　　8. 企画戦略　　9. その他（　　　　　　　　）

問6.5　あなたの現在の職位は何ですか？
　1. 役員クラス　　2. 部長クラス（副部長含む）　　3. 課長クラス（副課長含む）
　4. 係長クラス　　5. 一般従業員

問6.6　あなたは貴社にいつ入社しましたか？　□□□□年　□□月

問6.7　あなたは日本での滞在経験（ただし、観光経験を除く）がありますか？当てはまるものすべてに○を付けてください。

　1. 留学経験がある
　2. 就労経験がある
　3. 研修経験がある
　4. 出張経験がある
　5. いずれもない

　＊通算で日本に何年ぐらい居ましたか？
　1. 1年未満　　2. 1〜2年　　3. 3〜4年
　4. 5〜9年　　5. 10年以上

問6.8　あなたの語学力を5段階評価で評価すると、どれぐらいになりますか？
　　　一番当てはまると思う番号に○をつけてください。

	1　　　　2　　　　　3　　　　　4　　　　5				
	できない――→――日常会話レベル――→――→母国語レベル				
英語	1	2	3	4	5
日本語	1	2	3	4	5

問6.9　あなたの月額給与の水準（諸手当を含む手取り給）は下記のどちらに当てはまりますか？
　1. US$ 300未満　　　　　2. US$ 300〜US$449　　　3. US$ 450〜US$ 599
　4. US$ 600〜US$ 749　　5. US$ 750〜US$ 899　　　6. US$ 900〜US$ 1049
　7. US$1050〜US$1499　　8. US$ 1500 以上

　　　　これでアンケートが終了しました。
　　　ご回答どうもありがとうございました！

資料②　海外外資系・現地系企業ホワイトカラーへの調査票

日本企業の日本人派遣者、グローバル人材の育成等について、自由に、あなたのご意見・感想をお聞かせください。

なお、アンケート調査結果は１１月以降、本プロジェクトのホームページに掲載いたしますので、ご関心のある方はホームページにて、ご確認ください。

早稲田大学コンソーシアム「海外経営専門職人財養成プログラム」
http://waseda-gmap.jp/

索　引

欧　文

ASEAN　110, 119, 137, 144, 151, 155, 274
GA　286
GBL 研修　263, 264, 307
GEO　254
G-MaP　6
　──連携企業・団体　16
GP 手法　288
KSAOs　1
PM リーダーシップ　10, 58, 67
QC 活動　74
YKK ジッパー事業部　103

あ　行

曖昧さ　10
アクション・ラーニング　265
アサーション　196
アジア人部下の上司評価　123
アジアへの海外展開　137
アンケート調査　7
意思決定の時間　209
異常事態への対応　76
イスラム教　304
遺伝操作　278
遺伝的アルゴリズム　272, 277, 281
遺伝的プログラミング　272, 277, 283
異文化研修　148, 260
異文化（間）コミュニケーション研修　216
異文化（間）コミュニケーション能力　201, 307
異文化適応（能力）　84, 155, 203
異文化の壁　261
異文化理解　202
　──・活用力　83
　──能力　134
異文化リテラシー　204, 304

インド　45, 110, 274, 303
　──人部下の上司評価　123
インドネシア　303
内なる国際化　221, 243, 308
英語のレベル　34
エリート保存　278
エントロピー　276, 277
エンプロイアビリティ　188, 307
　──のパラドックス　190
エンプロイメンタビリティ　192, 307
オムロン　103

か　行

海外拠点主導の人事制度改革　249
海外勤務希望の有無　26
海外勤務者のストレス　97
海外勤務中心のキャリア　75
海外勤務特別手当　102
海外勤務に伴う困難性　97
海外勤務年数　35
海外勤務の魅力　98
海外在留邦人数　53
海外専門人材　224
海外トレーニー制度　2, 301
海外に派遣される理由　138
海外任務のコンピテンシーの因子分析　71
海外派遣者　2
　──の数　104
　──の課題　232
　──の業務　86, 140
　──の行動特性　83, 303
　──の国籍　2
　──の職業能力　83
　──の成功要因　57
　──の評価　82, 140
　──のミッション　7, 80
　──のミッション達成度　87, 303
海外赴任経験年数　62

333

海外赴任コンピテンシー　58, 61
海外赴任中の処遇　99
海外赴任中の所得構造　100
海外ローテーション制度　238
外国語学習　213
外国語でのコミュニケーション能力　83
外国人経営幹部の育成　307
外国人社長の登用　309
外国人人材のキャリア・パス　264
外国人人材（リーダー）の育成　251, 264
外国人留学生採用　301
外国籍従業員のキャリア形成　244
外資企業の賃金　161
改善活動（QC）　80, 81
開放的志向　147, 151, 152, 154, 306
学歴別の平均賃金　166
学歴や職位と賃金　160
可処分所得　100
各国の特殊性　262
カルチャー・ショック　204
関係構築コミュニケーション力　83
管理職に必要とされる能力　142
管理的成果　140
企業風土の一体化　267
技術的成果　140
技術の移転　43
規則の尊重　131
帰任者の失望　240
帰任者の離職問題　241
規模別部下管理能力　294
キャリア開発　99
キャリア・プラン　260
給与, 福祉　99
教育費用　101
教育プログラム　256
競争上の優位性確保　2
業務関連能力　83
業務遂行行動　205
業務遂行能力　133, 134, 145, 151, 155
勤続年数を用いた分析　170
クラスタリング　276, 277, 281, 286
グループ経営の視点　226
グループのアイデンティティ　230
グレード制度　250

グローカルな要素　255
グローバリゼーション　10
グローバル・アカウント　228
　　　・ビジネス　229
グローバル化　229
　　　教育　256
　　　段階　234
　　　の輸出段階　223
グローバル・キャリアデザイン研修　258
グローバル・グレーディング　250
グローバル・コンピテンシー　87
　　　の構成要素　93
　　　養成研修　237
グローバル人材　1, 221
　　　の育成　235
　　　のニーズ　232
グローバル人事　249
グローバル心理能力　12
グローバル・ソーシャル・キャピタル　12
グローバル組織の複雑性　222
グローバル知的能力　12
グローバル統合とローカル適合　222
グローバルな視座　241
グローバル・ビジネス　234
グローバル本社と日本本社の分割　253
グローバル・マインドセット　12
グローバル・マネジメント研修　257
グローバル・リーダーシップ　9, 11
　　　を構成する要素　84
グローバル・レベルでの標準化　230
経営幹部のミッション　78
経営管理基幹コンピテンシー　85
経営管理行動　205
経営管理コンピテンシー　85, 87, 93
経営管理能力項目　284
経営手腕　58, 65, 67
経営人材育成プログラム　242
経営判断の経験　239
経営品質向上（TQM）　82
経営理念　265, 266
決定木手法　272
決定木の構造　280
決定木分析　275
言語訓練　213

現地化段階　225, 233
現地管理職の価値観，労働観　214
現地企業での職種と職位　30
現地企業に勤務する日本人　3
　　――の女性比率　5
現地企業の規模　22
現地企業の業種　22
現地企業の事業の段階　24
現地企業の資本構成　24
現地企業の所在国　22
現地国籍の人材　311
現地語のレベル　34
現地採用日本人　4
現地事情の理解度　148
現地従業員調査　8
現地上司より低く評価される項目　135
現地人管理職　208
　　――の職務成果　149
現地人材とのコミュニケーション　307
現地人材の育成　160
現地人材の自社化　266
現地人材の処遇　159
現地人材の賃金満足　175
現地人材の登用　104
現地人上司に対する評価　109, 115, 304
現地人マネジャーの層　87
現地スタッフからの評価　109
現地での家族構成　28
現地文化のリテラシー　59, 67
現地法人トップの育成　271
現地法人における外国人社長　308, 310
現地法人の成長段階　303
現地法人の統制　78
現地法人の発展段階　66
高コンテキスト文化　213
交　叉　278
向社会的成果　140
行動柔軟性　59, 67
　　――コンピテンシー　66
行動特性　286
合弁企業と日本資本100％の企業　149, 154
コーチング　196
語学力　33
顧客重視　131, 305

国際的なビジネス感覚　226
個人の職務パフォーマンス（業績）　62, 81
個人レベルの業績指標　82
5段階リッカート・スケール　84
コマツ　103
コミュニケーション　195
　　――能力　195, 201, 271
コンセプチュアル・スキル　142, 156
コンティンジェンシー・アプローチ　58, 59, 65
コントロール・タイプ　55
コントロール変数　62
コンピテンシーに向上に見合う職位　104
コンピテンシーの自己評価　36
コンピテンシー・モデル　58
コンプライアンス重視・尊重　135, 305

さ　行

在外勤務経験　87
最重要ミッションの達成度　46
サムスン　237
残業，休日出勤，有給休暇　214
叱り方，褒め方　214
時間の守り方　214
事業別展開の段階　78, 224, 233
仕事上の成果に対する自己評価　46
仕事範囲／責任範囲　214
自社戦略の理解　264
事前トレーニング　215
質問数　198
社外人脈　305
若年層の海外派遣　239
社内ネットワーキング　265
主因子法　84
宗　教　215
従業員に求める行動基準　85
従業員の視点　198
従業員のモチベーション　192
終身雇用　250
住宅関連支出　100
終端子　277
昇給を要求　215
上司の職位別構成　112
上司の属性　112

上司の男女別構成　112
情報発信力　147
職　位　303
　　――階層の特徴　59
　　――による差異　153
　　――の階層　62
　　――の決まり方　170
　　――の特性　61
　　――別の平均賃金　165
職場の異文化への耐性力　308
職務間移動　182
職務成果に関する評価　143
女性管理職　215
所得構造　99
進化（型）計算手法　272, 277, 278
シンガポール　180, 195
人　材　193
　　――と人財　83
　　――の新陳代謝　184
　　――のフロー・モデル　184
　　――のリテンション　179
人材獲得戦争　194
人材データ管理　253
人材投資　190
　　――のタイミングと運用　191
人材マネジメント　179
人事業務　249
人事制度の世界統一　250
人事部　193
人事プラットフォーム　229
人的資源（管理）　10, 193
人的資本　193
　　――マネジメント　193
スタート・アップにある企業　45
ステレオタイプ　204
性格に関するコンピテンシー　1
成長ポテンシャルの高い人材　190
製品スペシャリスト　223
製品・サービスのデリバリ　228
性別の平均賃金　166
世界志向　222
責任感　131, 135, 305
全社的品質改善（TQC）　82
先輩社員の体験談　259

戦略的人的資源マネジメント　193
相互依存性　10
総合業績因子　83
総合的な業績指標　83
総合的判断力　83
組織間移動　182
組織責任感　147, 151, 152, 154, 306
組織的知識の逸失　183
組織のモラール　182

　　　　た　行

ターゲット人材　192
ターンオーバー関連コスト　182
タ　イ，74, 78, 309
第三国籍人材　311
退職率　182
対人関係能力　145, 151, 152, 155
対等なコミュニケーション　214
ダイバーシティ・マネジメント　86, 91
多国籍企業型人材活用　312
多国籍企業の戦略的目的　53
多数性　10
達成度評価　290
多様性受容力　86, 86, 91, 93, 304
　　――変数　87
地域化　227
地域スペシャリスト　223
地域専門家制度　237
地域統括機能　233
地域統括体制のメリットとデメリット　227
地域別・業種別・規模別能力分析　294
地域本社　180, 228, 252
チームマネジメント・コンピテンシー　86, 87, 93
中　国　78, 110, 152, 274, 303
中国語や英語での意思疎通　209
中国人管理職　208
中国人部下の上司評価　115
調査回答者の業種　110
調査協力企業　7
調査対象者の男女別構成年齢　26
調査方法　21
調整コンピテンシー　86, 87, 93
賃　金　159

賃金額区分の構成　162
賃金決定モデル　167
データ・マイニング　272
適性決定木　288
適性評価ツール　296
テクニカル・スキル　142, 156
転　職　214, 240
統一言語がない問題　252
同　化　204
東　芝　104
突然変異　280
トップ・マネジメント　7, 12
　──の評価　115
　──のミッション　42
トヨタ自動車　73
トランスナショナル　229
　──・モデル　222

な　行

内部昇進　161
二国籍企業　311
日系企業の人材構成　311
日本企業の海外法人数推移　137
日本語コミュニケーションの特徴　212
日本人海外派遣者　7
　──が抱えている課題　141
　──に対する部下の評価　115
　──のコンピテンシー　6
　──の職務成果　144
　──の長所　135
　──の任務達成・職務成果の判断　139
　──の能力・行動　144
日本人勤務者数　138
日本人トップ・マネジメント　123
　──の優位性　135
日本人ビジネスマンのモラル的長所　130
日本の海外直接投資額　3
人間関係行動　204
任地における所得税　101
年功序列　249
年功的な賃金曲線　164
年齢と賃金　160, 168
能力・行動に関する評価　143, 293

は　行

ハイ・コンテクスト文化　197
バイリンガル化　246
派遣候補者の適応性の事前分析　271
派遣先国の社会文化の理解　87
派遣先の商慣行，文化，言語に対する関心　131
派遣地への不適応　271
派遣任務の分類　54
派遣元企業の業種と規模　25
パフォーマンスの自己評価　61
パフォーマンスの高い上司　130, 133
　──トップ・マネジメント　133
　──ミドル・マネジメント　134
パブリック・スピーキング　213
ヒューマン・スキル　142, 156
ファーストリテイリング　243
フィルム・メーキング　269
フォローアップ・トレーニング　215
部下育成能力　135
部下管理能力項目　284
部下の学歴別構成　114
部下の上司評価　119, 123
部下の男女別構成　114
部下の年齢構成　113
複雑性　10
福祉費用　101
富士通　223, 228, 236, 237
普段のコミュニケーション　180, 187
物価調整手当　102
文化の相違調査　204
分析単位　198
平均賃金の軌跡　163
ヘッド・ハンティング　264
ベトナム　76
ベンチマーク工場　74
ホウ・レン・ソウ　215
本社機能の海外移転　253
本社・現地法人間の人材の統合　310
本社と現地子会社との調整　55
本社とのコミュニケーション　310
本社の外国人受入体制　244
本社の役割　226

索　引　337

ま 行

マクロ経済学　194
マネジメントの壁　258
マルチドメスティック・レベル　226
マレーシア　303
ミッションと職位　56
ミッションの種類　42
ミッションの達成度　46，87，303
　最重要——　46
　——の自己評価　81
ミッションの明確さ　90
ミドル・マネジメント　12
　——の評価　119，155
　——のミッション　42
ミドル・マネジャー　7
ミニMBA　265
民間企業に勤務する日本人数の推移　15
民間企業に勤務する日本人比率　15
モービル　99
モラル的長所　130，305
問題解決能力　286

や 行

役割の明瞭性　57
輸出段階　232
ユニクロ　104

ら 行

楽天　243

ランダム選択　278
リーダーシップ　10，130
　グローバル・——　9，11，84
　——開発　265
　——研修　251
　——とマネジメントの違い　11
　——能力　134，271
　——の欠如　210
リテンション　179，181，249，307
　海外赴任経験者の——　246
　——についての意識　180
　——の定義　181
リベラル・アーツ　259，260
留学生の採用　2
倫理観　135
ルーレット選択　278
労働市場の内部化　161
労働市場の流動性　76
ローカル・スタッフからの視点　139
ローカル・スタッフによる評価　139，294
ローカル・スタッフの処遇　159
ローカル・スタッフの職務意識　141

わ 行

若者の内向き志向　98

編著者紹介

白木 三秀　早稲田大学政治経済学術院教授

グローバル・マネジャーの育成と評価
──────────────────────────────

2014年8月31日　初版第1刷発行
2018年6月15日　初版第3刷発行

　　　編著者………白木 三秀
　　　発行者………大野 髙裕
　　　発行所………株式会社　早稲田大学出版部
　　　　　　169-0051　東京都新宿区西早稲田1-9-12
　　　　　　電話　03-3203-1551
　　　　　　http://www.waseda-up.co.jp/
　　　印刷・製本……大日本法令印刷株式会社
　　　装　丁………笠井 亞子
──────────────────────────────
©2014　Mitsuhide Shiraki.　Printed in Japan　　ISBN978-4-657-14012-8
無断転載を禁じます。落丁・乱丁本はお取替えいたします。